本书系国家社科基金重大项目
“一带一路背景下中国价值观的国际传播研究”
（项目批准号：17ZDA285）研究成果

国际传播背景下的亚洲电视研究：图景与路径

Research on Asian TV Industry in the Context of International Communication:

Landscape and Path

李　宇　著

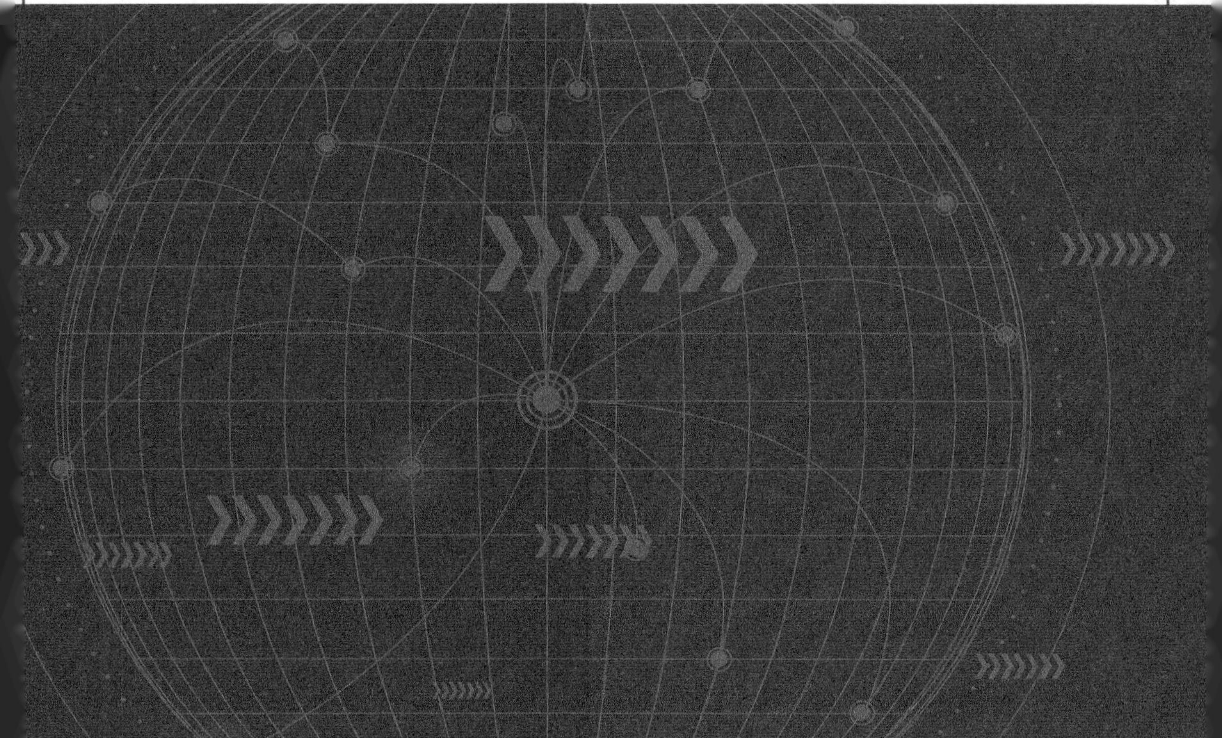

中国戏剧出版社
CHINA THEATRE PRESS

图书在版编目（CIP）数据

国际传播背景下的亚洲电视研究 ：图景与路径 / 李宇著. — 北京：中国戏剧出版社，2020.7
（中外文化与国际传播研究丛书 / 唐润华，张恒军主编）
ISBN 978-7-104-04964-7

Ⅰ. ①国… Ⅱ. ①李… Ⅲ. ①电视事业—研究—亚洲
Ⅳ. ①G229.3

中国版本图书馆 CIP 数据核字（2020）第 118521 号

国际传播背景下的亚洲电视研究：图景与路径

项目策划： 张恒军
项目统筹： 王松林
责任编辑： 郭　峰
责任印制： 冯志强

出版发行： 中国戏剧出版社
出 版 人： 樊国宾
社　　址： 北京市西城区天宁寺前街 2 号国家音乐产业基地 L 座
邮　　编： 100055
网　　址： www.theatrebook.cn
电　　话： 010-63385980（总编室）
传　　真： 010-63383910（发行部）

读者服务： 010-63381560
邮购地址： 北京市西城区天宁寺前街 2 号国家音乐产业基地 L 座

印　　刷： 北京九州迅驰传媒文化有限公司
开　　本： 787mm×1092mm　1/16
印　　张： 22.5
字　　数： 330 千
版　　次： 2020 年 7 月　北京第 1 版第 1 次印刷
书　　号： 978-7-104-04964-7
定　　价： 128.00 元

总序

唐润华　张恒军

一

文化，因其丰富性而具有迷人的魅力，因其重要性而备受关注和重视，因其复杂性而令研究者辗转反侧。

何谓文化？众说纷纭。《说文解字》云："文，错画也，象交文。"[①]"文"原指各色交错的纹理，引申成为包括文字在内的各种象征符号，又具体化为文书典籍、文章、礼乐制度等。"化"指二物相接，其一方或双方改变形态性质，由此引申出教化、迁善、感染、化育诸义。《周易·贲卦》云："观乎天文，以察事变；观乎人文，以化成天下。"[②]可见，中国先贤对"文化"的理解，已经形成了中国特有的与"神文"倾向相区别的"人文"倾向。在西方，1871年，英国文化学家泰勒在《原始文化》中为"文化"赋予了明确的定义："就其广泛的民族学意义来说，是包括全部的知识、信仰、艺术、道德、法律、习俗以及作为社会成员的人所掌握和接受的任何其他的才能和习惯的复合体。"[③]文化定义本身成为一个争论不休的学术现象，足以说明文化的重要价值。

文化在型构民族气质、推动国家发展和人类文明的进程中发挥着重大作用。

---

① 〔东汉〕许慎:《说文解字》，中华书局1985年版，第297页。

② 〔清〕阮元校刻《十三经注疏》，中华书局1980年版，第37页。

③ ［英］爱德华·泰勒著:《原始文化》，连树声译，上海文艺出版社1992年版，第1页。

文化是一个国家、一个民族的灵魂，是一种象征符号的系统，一个国家、一个民族在长期共同生活和社会实践中，不断地发明和运用符号，即创造文化。在以文化人的过程中，民性、民风会呈现出士风、士气，并传承后世，形成改变历史、推动民族进步的文化活力。这种文化活力将延续一个国家、一个民族的精神血脉，在薪火相传、代代守护和与时俱进、推陈出新中，保持国家和民族的生机与活力，支撑经济社会的发展。在人类文化发展的进程中，不同思想文化相互碰撞、彼此交融，又会共同推动人类文明的进步。尤其是16世纪以后，文艺复兴、工业革命、法国大革命等推动的现代文化，显著地改变了人类文明的进程。

文化是国家软实力的重要组成部分。20世纪90年代初，约瑟夫·奈提出了软实力的概念，认为软实力即国家的文化力量。[①] 文化确实是越来越成为一个民族凝聚力和创造力重要源泉，成为国家综合实力的重要指标。尤其是作为文化软实力灵魂的核心价值观，对外，它会展示出国家的创造力、思想的影响力、观念文化的亲和力以及文化产品的辐射力等；对内，它会表现为国家的凝聚力、民族发展的生命力、公民的创造力等。因此，习近平说："文化自信，是更基础、更广泛、更深厚的自信。"[②] 文化自信是一种广普自信，是国家、民族、人类的灵魂，也是信仰、信念的底气和支撑。文化自信是国家软实力建设的关键内容。

文化是建立国与国之间良好沟通及和谐世界的重要桥梁。随着全球化时代的来临，国家、民族之间的差距在缩小，不同文化之间和谐相处是最大的利益所在。其实，不同文化的本质或精神是相通的，约翰·贝利的适应理论、特纳等人的社会认同感理论等，都是建立在此基础上的。因此，20世纪50年代，爱德华·霍尔系统研究"跨文化传播"，旨在研究来自不同文化背景的人们如何进行交流和沟通。的确，文化可以成为国与国之间良好沟通的重要桥梁，丝绸之路、宝莱坞电影、熊猫丛书等，都是跨文化传播的典型案例。

---

① ［美］约瑟夫·奈：《软实力》，马娟娟译，中信出版社2013年版，第1页。

② 《习近平在庆祝中国共产党成立95周年大会上的讲话》，《人民日报》2016年7月2日第1版。

二

中华民族在5000多年文明发展进程中，创造了博大精深的中国文化。及至五四新文化运动，中国文化揭开了现代转型的序幕。源于中华民族内生性的演化，当代中国最终选择了社会主义文化，实现了马克思主义、社会主义与中国传统文化的有机融合，最终形成了新时代具有中国特点、中国风格、中国气派的中国文化。

中国文化是一种一体多元文化。一体，即中国文化始终内蕴着统一的核心形态的价值理念，成为各种具体文化思想的主流规范；多元，即各民族共同创造的，故其形式呈开放辐射性，内容多源而丰富。中国文化主要有三个方面的特质：一是“和而不同”仁爱精神。“和而不同”思想将有助于建设一个人与自然、与社会、与人之间和谐的、可持续发展的美丽新世界；二是万物“共生”的生命精神。中国文化主体是以“生”为核心范畴生命本体论，强调“共生”，“天地与我并生，万物与我唯一”①、“兼相爱，交相利”②。“远人不服，则修文德以来之”③、“四海之内皆兄弟也”④、“己所不欲，勿施于人”⑤，这些中国人的处世哲学，也是奉献给当代世界的核心价值理念。三是以人为本的人文精神。以人为本的人文精神是中国文化最根本的精神，是中华民族对人类的一项重要贡献。

当代中国文化深植于中华优秀传统文化。习近平总书记在评价中华优秀传统文化时，多次用精神命脉、重要源泉、坚实根基、突出优势、最深厚的软实力等，突出其地位和作用。当代中国文化继承了中华优秀传统文化中讲仁爱、重民本、守诚信、崇正义、尚和合、求大同等基因。当代中国文化立足于红色革命文化。从红船精神、井冈山精神、长征精神、延安精神、西柏坡精神到当代中国特色社会主义文化的繁荣，是党领导人民在革命、建设、发展中，创造了革命文化和社会主义先进文化。

---

① 〔清〕王先谦：《庄子集解》，商务印书馆1934年影印版，第13页。

② 〔清〕孙诒让：《墨子间诂》，中华书局2001年版，第103页。

③ 〔清〕刘宝楠：《论语正义》，中华书局1990年版，第649页。

④ 同上书，第488页。

⑤ 同上书，第485页。

中国正处在全球化背景下实现民族复兴的关键时期。如何实现中华文明与世界文明交流互鉴，用文化自信唤醒世界对中国的新认识，确认自身文化的主体性，建立一个可持续的后现代文明，是中国的历史性机遇。所幸的是，一种新的建设性的思维方式和建设性的后现代化之路正在中国不断推进，“后现代是人与人、人与自然和谐共处的时代”①、因而要“建设持久和平、普遍安全、共同繁荣、开放包容、清洁美丽的世界”。②

2012 年，中共十八大明确提出“要倡导人类命运共同体意识”。这一理念的建构与流变过程不仅彰显了中国与世界同呼吸共命运的发展战略与交往策略，同时也传递了源自中华民族传统文化精髓的伦理价值观。正如贝克所说：“全球化首先是人类共同命运的意识，世界所有国家和民族已经被纳入一个休戚与共、相互依存的‘风险共同体’。”③ 这一理念有利于破解国家理性的自利性及国家间合作共赢格局的困境，体现了各国命运与共的根本格局对国家间合作共赢的新要求，预示着人类命运共同体意识和人类共同价值的双驱动。

2013 年 9 月和 10 月习近平分别提出建设“新丝绸之路经济带”和“21 世纪海上丝绸之路”的合作倡议。“一带一路”倡议不仅造福中国人民，而且造福各沿线国家和整个人类，不仅将推动沿线国家乃至全球的经济社会发展和变化，而且将会推动中国与沿线国家乃至全球的信息交流与文化碰撞，让世界真真切切地感受中国。“一带一路”不仅是实现中华民族振兴的伟大构想，也是沿线各个国家的共同事业，使经济互补、地缘毗邻、文化趋同的国家间形成紧密的合作关系。“一带一路”蓝图的设计，向世界展现了一幅横贯东西的战略布局，为未来的世界发展带来无限的生机。

与此同时，中国面临的外部环境正在发生巨大变化：传统的政治经济格局、全球治理体系不断深刻调整，尤其是世界多极化、经济全球化、文化多样化、社会信息化日益发展，国际传播的场景和模式都发生了深刻变化，文明交流互鉴面

---

① 汤一介：《当前中西文化交流与会通的一种可能趋势》，《跨文化对话》第 29 辑，生活·读书·新知三联书店 2012 年版，第 25 页。

② 习近平：《决胜全面建成小康社会　夺取新时代中国特色社会主义伟大胜利》，人民出版社 2017 年版，第 58 ~ 59 页。

③ ［德］乌尔里希·贝克：《自由与资本主义——与著名社会学家乌尔里希·贝克对话》，路国林译，浙江人民出版社 2001 年版，第 104 页。

临着新机遇、新挑战，中国价值观国际传播也面临新问题、新需要。传统的全球理论、文化理论、传播理论都逐渐不适应新的时代特征，中国的对外交流和国际传播需要寻求新的理论支撑，从新理论中寻找方向指引、解释工具和应对方案。

三

人类文明千姿百态，文化千差万别。差异形成了人类文化的丰富多彩、博大精深，差异也形成了不同文明、文化间的冲突。

中国文化和西方文化作为人类社会非常重要的两大文化体系，差异性是客观存在的。文化学的解释不外乎三种视角：第一是地理环境，不同民族所处的地理环境不同；第二是种族，认为种族不同，文化就不同；第三是历史，认为不同的文化在长期积淀中逐渐形成。

差异不可怕，人类历史就是各种文化互相传播、碰撞、融合和不断创新的过程。尤其是在全球化、高科技时代，各个文明相互之间的冲突，意味着所有文明的整体毁灭。所以，亨廷顿也说，“在文化间的战争中，受损失的是文化”。因此，文化多元共存是人类可持续发展的需要。文化单一性必然导致脆弱，文化多样性产生稳定性；单一性导致极端性，多样性产生包容性；单一性容易导致文化中心主义，多样性有利于弘扬文化相对论。

文明的冲突归根到底是价值观的冲突。价值观念是指本民族共同坚守的行为道德标准，任何一个民族都希望自己的文化与价值观得到他民族的认同并影响他民族。国家价值观就是人们对自己国家存在意义的估价或最高评价，是人们判断国家存在、发展和变化的根源。每个国家都有自己的“核心价值观”。国家核心价值观是一个国家长期形成并经其成员认可的基本价值理念，集中体现了国民的价值追求和行为取向，是社会意识形态最重要的组成部分，对于增强本民族的向心力、凝聚力和软实力极其重要。西方的个人主义价值观和东方的集体主义价值观都有其优秀的一面。

与此同时，人类文明的进步需要各国人民形成并遵循一个共同价值观，而这个共同价值观不仅需要与各国的国家价值观兼容并蓄，而且需要各国价值观的滋养与贡献。吸收和消化不同文化传统中的优长以达到“会通”是人类文化发展的必由之路。正如罗素所说："不同文明之间的交流，过去已经多次证明是人类文明发展的里程碑。"①

20世纪以来，国际社会可谓风云激荡。随着民族意识、民族思想的崛起及其在民众间的普及与深化，第三世界国家和地区普遍寻找话语权，期待发出自己的声音。如何确立自己的文化身份，寻求走向现代化的多元模式和道路；如何有效展开主体间性，确立不同文明间的对话立场，呼应和平发展、和谐相处的时代主旋律，成为理论界、学术界探索的核心命题之一。

"9·11"事件后，研究者开始关注文明的冲突，关注跨文化沟通。国际传播的主体是谁？国家、国际性非政府组织、全球媒体和全球公民在哪些层面、哪些场景下互动？信息的跨国流动在不同的文化、制度下带来了哪些问题？文化间或者文明间的冲突不可避免吗？康德所构想的永久和平是否只是一个美丽的梦？

对于理论界、学术界而言，我们必须通过对人与人之间、文化与文化之间、国家与国家之间的深入研究，建设跨文化的学术共同体，通过"行动"和"一起做事"，探讨人类共同问题的解决之道。这也是国际传播研究的新趋势。

四

基于上述理解，我们决定出版这套《中外文化与国际传播研究丛书》。

本丛书的主要内容侧重于跨文化传播，尤其是文化的国际传播，既包括从学术上对文化传播的相关理论进行多视角、跨学科的探讨，也包括从应用上对文化传播的现实路径进行深入、系统的回顾与前瞻；既包括对中国传统文化和当代文化及其蕴含其中的价值理念的阐释，以及对中华文化海外传播历史与现状的检视，也包括对他国文化及其海外传播进行全面深入的案例剖析。

丛书同时作为国家社科基金重大项目《"一带一路"背景下中国价值观的国际传播研究》（项目批准号：17ZDA285）的阶段性研究成果和延伸性研究成果。阶段性研究成果主要由该项目课题组成员提供，这些成员包括来自中国传媒大

① ［英］罗素：《一个自由人的崇拜》，出自《中西文化之比较》，时代文艺出版社1988年版，第8页。

学、华中科技大学、武汉大学、复旦大学、北京外国语大学等国内著名高校的资深学者以及来自《人民日报》、新华社、中央电视台等权威媒体的资深专家。这些成果主要关注中国价值观国际传播的环境演变与理论创新研究、“一带一路”沿线国家对中国价值观的认知与认同研究、国家价值观念国际传播的中外比较研究、人类命运共同体视阈下中国价值观的跨文化阐释研究、“一带一路”背景下中国价值观国际传播创新研究等。延伸性研究成果主要由大连外国语大学的教学与科研骨干提供，学科领域包括新闻传播、国际关系、中国文化、比较文学、对外汉语等，主要关注跨文化传播前沿理论研究、中华文化本体研究、东西方文明与中外文化比较研究、中华文化国际传播研究等。我们希望这些学术探索对于促进全球化时代中外文化的交流互鉴、深化“一带一路”背景下中国价值观的国际传播研究等会有所裨益。

最后，感谢大连外国语大学、中国戏剧出版社对本丛书出版的大力支持。

前言

preface

本书是从国际传播的视角来研究亚洲地区的电视业发展现状、特点与趋势。本书中“电视业”是融合语境下的概念，包含了传统电视、网络视频等与视频业务相关范畴。本书的研究对象虽然是亚洲国家的电视业，但初衷和目标却是国际传播，即通过系统研究亚洲国家电视业，为国际传播“一国一策”理念提供支撑，为中国电视国际传播的目标定位、策略制定和业务开展提供参考。因此，本书不同于常规的国别电视研究，而是在国际传播框架下的国别电视研究。

国际传播理论是在传播学理论的基础上发展起来的。联合国教科文组织编辑出版、经联合国教科文组织大会通过的《多种声音，一个世界》提到，“传播是指个人之间和人群之间交换新闻、事实、意见、消息的‘过程’”。国际传播有广义和狭义两种界定。广义的国际传播包括跨越国界的大众传播和人际传播，狭义的国际传播仅指跨越国界的大众传播。[①] 传播研究在西方（主要是美国）起步于20世纪20～30年代，到40年代成为一门新兴的学科。在我国，传播学的引进和研究则迟至80年代初才开始。[②] 国际传播的实践早于国际传播理论的诞生。西方学者将国际传播实践起始年代定为19世纪30年代，因为这一时期电子通信技术取得了显著进展（1837年电报试验成功）。[③] 从“一战”到“冷战”，国际传播发展的主要推动力是政治。“冷战”结束后，国际传播进入新的历史阶段，并

① 关世杰：《国际传播学》，北京大学出版社2004年版，第1页。

② 段连城：《对外传播学初探》，五洲传播出版社2004年版，第7页。

③ ［美］罗伯特·福特纳：《国际传播——全球都市的历史、冲突及控制》，刘利群译，华夏出版社2000年版，第10～13页。

呈现出八个新趋势：一是发展中国家争取“世界信息和传播新秩序”的斗争走入低潮；二是国际斗争舞台转移；三是私有化、市场化和开放化使跨国传媒公司日渐成为国际传播的主角；四是国际传播中各种媒体整合；五是传播理念向新自由主义倾斜；六是发达国家与多数发展中国家在信息和技术方面的差距和不平等拉大；七是美英两国在国际传播领域霸主地位进一步增强，包括英语在世界语言中的主导地位增强、美英大众文化在商业上的主导增强、美英新闻在世界新闻中的主导地位增强、数据资料的主导地位增强、技术的主导地位增强；八是美国对外宣传的重点对象从苏联和东欧转到中国。[①] 这些特点是当前国际传播研究和实践都需要高度重视，并在某些方面需要积极破局。

当前，国际传播领域呈现三个显著特点：一是高新技术化，通信技术、网络技术、视觉技术等正在进入深度变革期和活跃应用期，对于国际传媒的竞争具有至关重要的决定作用；二是规模经济化，传媒机构的资本实力以及技术、人才等综合实力直接决定了媒体在国际传媒市场上的竞争力和影响力；三是结构调整和资源重组，媒介技术变革和传播形态改变给国际传播的产业链、价值链带来了深刻影响，媒体机构必须通过收购并购、业务调整、机构重组等方式来适应新的媒体市场发展要求。但反观中国的国际传播研究和实践现状，重点和立足点仍是传播内容，较少在国际传播中对技术、渠道、商务、法律、产业等方面进行深入研究，也没有充分推动国际传播与其他学科的交叉应用。概言之，当前国际传播理论和实践亟须加强整体性、系统性、联动性和前瞻性。

基于此，中国的国际传播研究亟须在以下几个方面有所突破。

一是要立足国际传播战略，强化国际传播学与国际政治学、外交学融合的理论研究。

国际传播战略关系到国际传播整体布局、发展重点和推进步骤，需要综合运用国际传播学、国际政治性学、外交学等学科的研究成果。从“二战”开始，西方国家就开始国际传播布局，已经抢得先机、占据主动。学者达雅·屠苏认为，在“冷战”期间，西德对东德的广播实际是侵犯主权的不合法行为，是不正当的，但先来者认为这是在“推广自由和民主”，是“符合规则的”。从历史的纬度，美国、英国和法国等少数西方国家在一段时间内使其主导的传播秩序以及

① 关世杰：《国际传播学》，北京大学出版社2004年版，第79页。

媒体“合法化”了，任何企图挑战其霸权的新兴媒体都必须自证其存在的“合法”理由。[①]近年来，中国在国际政治、国际关系领域主动作为，提出了“一带一路”“人类命运共同体”等理念，并得到了国际社会广泛关注，其中“构建人类命运共同体”理念在2017年首次被载入联合国安理会决议。国际传播研究不仅需要就传播目标国家和地区、节目内容、平台与渠道、传播方式等提出操作建议，更需要从理论层面提出统领所有这些布局与策略的理论和范式，并以此凝聚共识、指导实践，从而做到优化资源投放和实现效果最大化。

二是要立足国际传播话语建设，强化国际传播学与修辞学、逻辑学、符号学融合的理论研究。

中国国际传播话语体系建设是老问题，而非新话题，这方面研究很多，但理论很少，难以给国际传播实践提供有力支撑。日本当年为了扭转在国际传播和国际舆论领域中“侵略者”的被动局面，就借鉴西方话语逻辑把自己塑造成“原子弹受害者”，持续强化这一话语体系建设，并取得了“积极”成效。任何言说都体现着特定的权利意向和权力关系，福柯把这些言说统称为“话语”[②]。话语建设需要系统的理论体系支撑，其研究需要跨学科、多领域的联合攻关。当前，中国国际传播在理论建设上综合运用修辞学、符号学等领域的理论和研究成果，剖析西方的话语逻辑和符号思维，按照中国国际传播现实需要和未来发展建构出符合中国语境、适合国际解读的话语理论。正如习近平总书记2019年1月25日在中央政治局第十二次集体学习上所强调的，“在构建对外传播话语体系上下功夫，在乐于接受和易于理解上下功夫”。

三是要立足国际传播产业内涵，强化国际传播学与经济学融合的理论研究。

国际传播始于国际政治的需要，发端于信息传播与舆论引导，这也引发了20世纪70年代联合国教科文组织关于全球传播领域中信息不平衡问题的大讨论。而当下，国际传播的市场导向和娱乐倾向更为明显，影视产品不平衡与信息不平衡都是事实；商业利益诱惑使得影视文化产品霸权或不平衡持续加剧，国际视听产品的单向流动被认为是超越了经济和文化控制的一种新型帝国主义。较之

① 钟新、崔灿:《中国媒体全球化的正当性与竞争力——对话国际传播知名学者达雅·屠苏》,《对外传播》2019年6月刊，第22、23页。

② 李彬:《媒介话语：新闻与传播论稿》，新华出版社2005年版，第92页。

于欧美，中国国际传播研究更侧重于信息不平衡，关注信息、舆论、话语权等主题，对于国际传播的产业内涵没有给予足够重视。中国国际传播在理论建设上要对于国际传播的产业属性给予足够重视，结合经济学等相关学科研究国际传播的产业链、价值链，为中国媒体产品走出去提供理论支撑和引导。

四是要立足国际传播渠道平台建设，加强国际传播学与媒介技术融合的理论研究。

美国国际传播关于技术的研究促成了媒介环境学派的发展。相比之下，中国国际传播有着不同的立足点。中国国际传播关于技术的研究主要着眼于渠道和平台建设，尤其是新兴媒体技术给国际传播带来的变革。在微观层面，分发平台、产品消费模式以及商业营利模式等方面都出现了巨大变革，新兴媒体技术变革也彻底改变了媒介生态，媒体内容与电视 / 视频服务得到了极大丰富，选择趋于无限，主导权和主动权从媒体机构转移到了受众 / 消费者。在宏观层面，媒体格局以及与之相关的全球政治经济生态也出现变革。从国际传播研究来说，新兴媒体变革要对原有理论和研究模式进行调整、创新和升级。中国的国际传播理论建设需要充分研究技术特征和发展趋势，系统分析国际化、数字化、融合化及其在改变全球媒体格局和发展生态的作用，为中国国际传播的渠道布局和平台建设提供前瞻性参考。

五是要立足国际传播效果评估，加强国际传播学与社会学、心理学融合的理论研究。

效果评估研究和受众研究是传播学理论的“金矿”，美国传播学历史上的很多重要理论都是得益于这一领域的研究，包括“意见领袖”“二级传播”“议程设置”“把关人”等理论。目前，国际传播效果评估和受众研究得到了广泛关注，中央媒体也投入大量人力物力开展相关调查。但是，目前效果评估和受众研究主要的方式是问卷调查，定量研究占据着主导地位。戴维·莫利（David Morley）认为，访谈和民族志调查有利于突破经验学派传统的以统计方法为基础的量化调查模式，可以有效弥补符号学和结构主义方法对文本主导意义的高估及对受众解读的忽视。赫伯特·布鲁默（Herbert Blumer）认为，统计方法很可能忽略这些处在不断变化中的事实而得出错误的推论。因此，中国的国际传播理论研究需要充分运用社会学、心理学等学科的理论和研究成果，在研究方法上要积极创新，创新构建适合于中国国际传播特点的效果评估体系。

正是基于以上目标，本书力求突破常规的国别媒体研究框架，将国际传播理论研究与国别媒体研究进行有机整合。本书在阐述国际传播理论研究和方法创新理念的同时，按区域国别重点研究了39个国家的电视业，深入、系统梳理亚洲地区电视业发展现状和特点，力求在国际传播研究和国别电视研究领域有所创新与突破。本书系统研究亚洲地区电视业发展状况、特征与趋势，按照媒体监管与法规、内容播出、渠道运营等维度来分析相关国家电视业发展特点，以及新兴媒体环境下亚洲国家电视业呈现的新特点，尤其是网络视频和网络电视发展情况。另外，本书研究亚洲地区电视业发展的外部因素影响，主要是美国在亚洲的传播策略，并探讨了亚洲国家的电视国际传播现状，同时以韩国国际传播为对象进行了案例研究。

目前，国内学者较少从国际传播视角来研究亚洲地区的电视业发展情况。既是关于亚洲地区的国别电视研究，也存在多寡不均、详略不同的情况。例如，在中国知网上查询与韩国电视研究相关的论文，数量达到近100篇，涉及韩国内容产业、节目模式、体制政策、技术发展等方面。而与日本电视研究相关的论文更是达到了200余篇，主题涉及节目创意、产业发展、技术革新、动画制作、纪录片创作、电视剧创作、超高清发展等。总体来说，关于发达国家的国别电视研究较为深入系统，但关于发展中或欠发达国家的电视业研究成果则非常稀少，或为空白。例如，关于阿曼、阿富汗、约旦、叙利亚、黎巴嫩等国家电视业发展情况的中文研究论文几乎无从检索。从专著来说，目前与亚洲地区电视业研究这一主题直接相关的专著主要有两本。一本是张卓、王瀚东主编的《亚洲电视新景观》。该书论及中国大陆以及中国香港、中国台湾和中国澳门地区的电视发展情况，另外重点研究了韩国、日本、南亚四国以及新加坡、马来西亚的电视发展特点。另外一本是刘琛所著的《全球化背景下的亚洲电视传媒：发展与文化》。该书按照东亚、东南亚、南亚、中亚和西亚五个区域进行了国别研究，但引述和转述较多，一手资料较少，数据性资料也显单薄。总体来说，关于亚洲电视业研究的学术成果尤其是学术专著仍十分匮乏，其中关于亚洲某些国家电视业发展情况的研究一直是空白。从补白的角度来说，本书是对亚洲电视业发展研究的有效提升，并在一定程度上发挥了补白的作用。

在研究方法、路径方面，本书以文献研究和案例研究为主，并在部分章节采用了焦点小组等方法。其中，文献法主要通过互联网、数据库、图书馆进行文献查询、联机检索和网络浏览，广泛收集国内外相关研究文献，对具有代表性和分析价值的资料进行分析研究，并不断跟踪新信息、新动态；个案研究主要对在国家和传媒机构层面这两个不同层面上对发展现状、特征等进行研究。另外，本书采用了传媒经济学研究路径。传媒经济学研究有三种传统路径：理论学派、政治经济学派和应用学派，其中理论学派主要运用新古典经济学（包括微观经济学和宏观经济学）的概念和假设来研究市场体系中企业层面的供给和需求、价格和产量之间的关系，政治经济学派包括将传媒系统视作统治阶级统治被统治阶级工具的马克思主义研究，而应用学派围绕各种传媒行业及其市场结构进行研究。①

笔者从攻读博士研究生开始就一直专注于国际传播，在工作中也主要从事电视国际传播以及国际交流合作相关业务。本书在写作过程中充分加入了笔者的专业实践心得和学术理论思考，也吸收了学术研究中的一些成果，一些章节已经以论文方式发表。在成书过程中，笔者又进一步强化了理论内容、丰富了数据和资料，着力提升本书的系统性、前瞻性、参考性和实用性。囿于本人学识水平、专业背景、学术素养和研究条件等，本书难免存在诸多不足，请读者不吝赐教，以期改进提高。

李宇

2020 年 4 月

---

① ［美］艾伦·B. 艾尔巴兰：《传媒经济》，兰培译，东北财经大学出版社 2016 年版，第 23 ~ 24 页。

目录
contents

第一部分　国际传播视角下的亚洲电视业

第一章　亚洲国家电视业发展概况 …………………………………………… 3

第一节　亚洲国家及重点区域电视业发展现状与趋势 ………………… 3

第二节　亚洲国家电视国际传播发展现状与趋势 ………………………11

第三节　亚洲国家媒体发展及国际传播的案例研究 ……………………18

第二章　美国在亚洲部分区域国际传播的策略与启示 ……………………28

第一节　美国在东南亚地区的国际传播 …………………………………29

第二节　美国在阿拉伯语地区的国际传播 ………………………………33

第三节　美国在印度的国际传播 …………………………………………38

第三章　亚洲电视研究的国际传播理论视角与方法路径 …………………45

第一节　国际传播研究的内在属性 ………………………………………46

第二节　中国国际传播研究的理论创新与突破 …………………………52

第三节　国际传播研究方法探索与实践案例 ……………………………59

第二部分　亚洲电视业的国别研究

第四章　东亚地区 ……69

第一节　韩国 ……69
第二节　日本 ……89

第五章　东南亚地区 ……109

第一节　菲律宾 ……109
第二节　柬埔寨 ……118
第三节　马来西亚 ……121
第四节　泰国 ……131
第五节　新加坡 ……138
第六节　印度尼西亚 ……147
第七节　越南 ……156

第六章　中东与西亚地区 ……165

第一节　阿富汗 ……165
第二节　阿联酋 ……173
第三节　阿曼 ……183
第四节　阿塞拜疆 ……187
第五节　巴林 ……189
第六节　卡塔尔 ……193
第七节　科威特 ……199

第八节　黎巴嫩 …… 204
第九节　沙特阿拉伯 …… 209
第十节　土耳其 …… 221
第十一节　叙利亚 …… 234
第十二节　亚美尼亚 …… 236
第十三节　伊拉克 …… 239
第十四节　伊朗 …… 241
第十五节　以色列 …… 246
第十六节　约旦 …… 253

第七章　南亚地区 …… 257

第一节　巴基斯坦 …… 257
第二节　不丹 …… 264
第三节　马尔代夫 …… 266
第四节　孟加拉国 …… 267
第五节　缅甸 …… 271
第六节　尼泊尔 …… 276
第七节　斯里兰卡 …… 280
第八节　印度 …… 285

第八章　中亚地区 …… 307

第一节　蒙古 …… 307
第二节　哈萨克斯坦 …… 314
第三节　吉尔吉斯斯坦 …… 320
第四节　塔吉克斯坦 …… 326

第五节　土库曼斯坦 …… 329
第六节　乌兹别克斯坦 …… 331

主要参考文献 …… 335

后　　记 …… 339

第一部分

国际传播视角下的亚洲电视业

第一章　亚洲国家电视业发展概况

第一节　亚洲国家及重点区域电视业发展现状与趋势

“亚洲”是西方提出的一个地理政治概念，后来逐渐演变成一个文化概念。无论是地理概念还是文化概念，都是欧洲中心论的产物。16 ~ 17 世纪，欧洲民族国家形成，各国开始向东方扩展。欧洲国家根据它们当时掌握的地理知识，按距离自己的远近，分别把东方不同的地区称为远东、中东、近东。后来这三个概念被国际社会广泛采用，沿用至今。① 时至今日，亚洲仍不具有整体同质性，国家数量众多，政治制度多样，文化特征多元。受国家经济社会发展水平等因素的影响，亚洲电视业也呈现类似的特征。

一、概述

亚洲国家的电视业发展水平不一，发展模式不同，发展路径多样，呈现多元的特征。就整个亚洲地区而言，中国、日本、韩国等东亚国家发展水平整体较高。随着新兴媒体的发展，这些原本拥有雄厚电视业基础的亚洲国家将继续利用市场、资本和技术优势，在亚洲地区、乃至全球保持领先地位。就亚洲地区电视业的整体发展特征和趋势而言，亚洲电视业整体发展潜力较大，网络电视等新兴媒体发展势头迅猛，域外传媒机构积极参与竞争。

---

① 郑永年:《中国崛起：重估亚洲价值观》，东方出版社 2015 年版，第 30 页。

亚洲地区的电视业在未来几年将持续增长，增速显著。亚洲地区付费电视渗透率到2021年有望增长到69.2%，其中IPTV用户总数到2021年有望达到1.235亿。[①]付费电视业的营业收入有望从2016年的540亿美元增长到2021年的720亿美元，到2025年预计达到810亿美元。[②]在全球新兴媒体稳步发展的背景下，亚洲地区的网络电视业也将实现高速增长。根据预测，2016～2021年，亚洲地区网络电视的营业收入有望从2015年的57亿美元大幅提升到2021年的184亿美元。其中，广告是主要的增长点，2021年的网络电视广告收入预计为87亿美元；网络电视的订阅收视费收入有望达到64亿美元，是亚洲地区网络电视营业收入的第二大来源；亚洲地区的付费下载收入有望达到19亿美元。值得一提的是，亚洲地区智能手机用户是网络电视和视频业务增长的主要动力，对于营业收入的贡献率超过了宽带互联网用户。[③]

亚洲地区电视观众众多、经济发展活力大、电视市场前景广阔，在全球电视业中占据重要地位。西方发达国家出于政治或经济考虑，一直致力于开发和占据亚洲电视市场。在西方电视抢占亚洲市场的过程中，打头阵的是美国有线电视新闻网国际台（CNNI）。早在2013年，亚洲地区跨媒体调查（PAX）就显示，CNNI在所有媒体平台上都是位居第一的新闻媒体和商业品牌，并由此连续15年位居该项调查的榜首。[④]紧随其后的是英国广播公司的世界新闻电视网（BBC World）、美国全国广播公司新闻台、英国空中广播公司的空中新闻台（SKY News）、福克斯新闻网（Fox News）和微软全国广播公司新闻台（MSNBC）等。总体而言，新闻频道领先，金融、商业等专业频道紧随其后，文化娱乐频道殿后。本土化是西方发达国家媒体在亚洲地区发展的重要策略，例如英国广播公司通过中国香港一家合资公司的卫星网络把其电视台对外广播部分新闻节目播发到亚洲各地，美国的几家电视公司则通过与印度电视公司的合作而落地这个世界人口大国。[⑤]在节目制作和经营本土化方面，美国有线电视新闻网（CNN）在亚洲

① www.rapidtvnews.com/2016030742010/iptv-passes-satellite-tv-as-asia-s-top-pay-tv-platform.

② www.rapidtvnews.com/2016071443617/asia-pac-pay-tv-faces-slowing-growth.

③ www.digitaltveurope.net/540892/asia-pacific-ott-revenues-set-to-rocket.

④ Almost 300 News Channels in Europe, www.broadbandtvnews.com.

⑤ 朱景和：《电视功过论》，中国广播电视出版社2007年版，第64、65页。

地区深耕广植，实力雄厚。2012 年 10 月，美国有线电视新闻网与巴基斯坦联合集团（AG）合作开办了一个乌尔都语新闻频道“戴斯频道”（Dais）。该频道主要使用美国有线电视新闻网的新闻资源，同时也为美国有线电视新闻提供有关巴基斯坦的新闻素材。2015 年，美国特纳广播公司推出“美国有线电视新闻网菲律宾频道”（CNN Philippines）；美国有线电视新闻网菲律宾频道是特纳广播公司与菲律宾九媒公司（Nine Media Corporation）合作开办的开路频道，节目包括美国有线电视新闻网在全球采集的新闻和当地节目，美国有线电视新闻网向菲律宾九媒公司提供节目和业务支持，包括在美国总部对其员工进行培训等。美国 CNBC 频道与日本日经集团在日本合作运营日经 -CNBC 频道（Nikkei-CNBC）。CNBC 从 2013 年 4 月开始增加了在该频道中的播出时间，并开设了几档新栏目。节目播出时长由 7.5 小时增加到 12.5 小时，其中包括日语同传翻译。2016 年，福克斯电视网（Fox Networks）积极在泰国进行节目分发业务，尤其针对 IPTV、移动电视和网络电视的发展加大了节目销售的力度。此前，福克斯电视网已经在泰国运营了两个免费频道——福克斯泰国频道（Fox Thai）和星空世界频道（Star World）。

西方传媒机构还积极在亚洲地区开展资本运营。美国探索传播集团在亚洲地区积极通过收购等资本运营方式来拓展频道体系。2013 年，探索传播集团在日本收购了探索日本公司（Discovery Japan）30% 的股份，由此成为该公司的控股股东。2014 年 7 月，探索传播集团在新西兰收购了两个频道：生活频道（The Living Channel）和美食频道（Food TV）。加上自有的探索频道和动物星球频道，探索传播公司在新西兰共播出四个频道。另外，该集团在中东收购了“命运成就频道”（Fata feat），并在 2016 年与迪拜 BHS 集团合作开办了“家居与健康波斯语频道”（Home & Health Fars）。

二、阿拉伯地区电视业发展概况

在亚洲，相比其他区域，阿拉伯地区具有更为显著的文化接近性，在一定程度上可以视为单一整体进行研究，这也是本书仅对阿拉伯地区进行区域性案例分析的原因所在。电视业有着鲜明的区域性特点，这主要是区域政治、文化、经济、技术等因素的影响。以节目播出为例，该地区影视节目制作和播出有一个显著特点，它被业界称为“斋月模式”，即阿拉伯地区的影视节目制作大多锁定斋月期间的收视需求，由此造成节目制作的过度集中和收视竞争的白热化。在市场规范和行业监管方面，该地区盗版问题非常突出，美国奈飞（Netflix）等公司甚至认为这是阻碍其发展的主要障碍。需要指出的是，阿拉伯地区的观众对于节目内容的需求并非完全一致，呈现出明显的多元化特点。另外，阿拉伯地区的广播电视和网络技术、基础设施建设、服务体系等方面的发展存在较大的差异性。在卡塔尔和阿联酋等国，光纤到户的普及率达到了约 85%，而在阿尔及利亚、埃及、突尼斯等国的网络普及率则较低。

卫星电视是阿拉伯地区最主要的电视播出方式，而且呈现快速增长态势；该地区卫星电视频道规模在 20 世纪 90 年代时不足 20 个，到 2015 年就增长到 1294 个，其中包括 165 个公共频道和 1129 个私营频道。在 1294 个频道中，758 个频道是由阿拉伯国家媒体开办的，其中 29 个是公共频道，729 个是私营频道。在中东北非地区卫星频道中，体育频道数量位居首位，为 170 个；其次是电影和电视剧类频道，共有 152 个；位居第三的是音乐以及综艺频道，共有 124 个；宗教频道排在第四位，共有 95 个；另外新闻类频道和儿童频道分别位居第五、第六位，总数为 68 个和 26 个。在 1294 个频道中，除了阿拉伯语频道之外，英语频道共有 161 个，法语频道 25 个，乌尔都语频道 19 个，库尔德语频道 9 个，波斯语频道 2 个，希伯来语 2 个，另外还有印地语频道、西班牙语频道、土耳其语频道等。[①] 阿拉伯地区的电视频道以免费频道为主，2016 年时该地区免费卫星频道的数量为 854 个，其中 35.3% 的频道来自非洲地区，28.4% 频道来自海湾国家地区（GCC），另外 19.7% 的频道来自地中海东部地区。[②] 目前，面向阿拉伯地区提供卫星电视覆盖和播出业务的卫星主要有 7 颗，包括 Arabsat、Es'hailsat、Eutesat、Gulfsat、Nilesat、Noorsat 和 Yahlive。

除了卫星电视频道，阿拉伯国家也开办地面电视频道，但总体规模远不及卫星电视频道。目前，阿拉伯国家中的地面电视频道总数约为 115 个，其中伊拉克拥有 21 个地面电视频道，总数位居第一。埃及有 20 个地面电视频道，总数位居

① www.rapidtvnews.com/2015031637581/arab-world-s-satellite-tv-channel-tally-nears-1-300.

② www.rapidtvnews.com/2016080843895/mena-free-to-air-satellite-channels-now-number-854.

第二。阿联酋开办了 11 个地面电视频道，总数位居第 3。

就地区性媒体组织机构而言，阿拉伯国家为了协调区域内电视业管理、促进电视业发展，成立了区域性广播电视组织。其中，阿拉伯国家广电联盟（Arab States Broadcasting Union, ASBU）是阿拉伯地区最具影响力的专业化组织之一，隶属于阿拉伯国家联盟系统。该组织创建于 1969 年 2 月，目标为“加强阿拉伯国家广播公司之间的联系与合作，开发更好的产品和内容”。阿拉伯国家广播联盟向成员提供广播电视新闻节目、体育节目交流合作平台，开展技术支持咨询服务和广播和电视专业培训等。此外，阿拉伯卫星通信组织（ARABSAT）在促进区域内卫星通信和卫星电视发展发挥了积极作用。该组织成立于 1976 年 4 月 14 日，总部位于沙特阿拉伯的首都利雅得，成员以阿拉伯联盟成员国为主，承担着信息、文化和教育的功能和职责。

就媒体而言，阿拉伯地区最具影响力的媒体机构是中东广播中心（MBC）。中东广播中心覆盖了该地区 5000 万个家庭，广告收入约占整个地区的 53% ~ 54%。此外，半岛电视台也居于阿拉伯地区媒体机构的翘首地位。半岛电视台开播于 1996 年 2 月，开办了英语、阿拉伯语等多个频道。半岛电视台致力于从阿拉伯或穆斯林的角度呈现信息，对以西方为主导的世界新闻格局构成了挑战。

值得一提的是，阿拉伯国家政治格局的变迁和外交关系的变化对电视业发展产生了较大影响。从 2017 年开始，沙特、埃及、巴林、阿联酋四国与卡塔尔之间的外交关系急剧恶化，直接影响了整个阿拉伯地区电视业的发展状况。四国与卡塔尔之间互相设置限制，打压对方媒体公司在本国的发展。其中，阿联酋轨道佳映网（Orbit Showtime Network，OSN）和卡塔尔的碧影公司（BeIn Media）受到的冲击最为显著。2017 年以来，碧影公司的订户总数损失了 45%，营业收入减少了 6 亿美元。受此影响，碧影公司计划裁员 20%。2019 年，轨道佳映网因为营收状况没有达到预期，大幅压减了节目版权购买预算，其主要股东科威特项目公司（Kuwait Projects Company，KIPCO）则有意出售 60.5% 的股份。在 13 个阿拉伯国家中，付费电视营业产值在 2017 ~ 2019 年下降了 16%，从 12.5 亿美元下降到了 10.6 亿美元。

1. 传统付费电视业

阿拉伯地区的电视观众主要收看卫星电视频道，不过随着新兴媒体发展，通过互联网等新兴媒体渠道观看电视的比例将有所增长，这与该地区互联网设施日益普及有着密切关系。目前，付费卫星电视在付费电视业中占据主导地位。2020年，卫星电视在中东北非地区付费电视营业总额中所占比例约为2/3，收入总额为37.4亿美元，比2013年增长10亿美元，相比2010年则实现翻一番。近年来，IPTV开始得到发展，但市场规模还非常有限，目前主要集中在巴林、沙特阿拉伯、阿拉伯联合酋长国、埃及、约旦、黎巴嫩、摩洛哥、阿曼、巴勒斯坦和卡塔尔等国家。鉴于卫星电视业发展相对平稳，IPTV将是阿拉伯地区电视业下一阶段的主要增长点。

就付费电视业发展格局而言，阿拉伯国家呈现不均衡态势，13个左右的国家在付费电视业发展方面明显处于优势地位。数据显示，阿拉伯地区13个国家付费电视业的营业收入到2023年有望达到14.6亿美元，电视业务订户总数预计为584万。

就付费卫星电视运营商而言，阿拉伯地区主要有四家付费卫星电视运营商，即轨道佳映电视网（OSN）、自高平台（MyHD）、碧影传媒（BeIn）和麦加电视（Al Majd TV）。其中，最具竞争力的是轨道佳映电视网和碧影传媒。根据预测，轨道佳映网到2023年的营业收入预计为4.98亿美元，付费用户总数预计为146万。碧影传媒（BeIn）到2023年的付费用户总数预计为187万。[①] 受阿拉伯五国外交风波的影响，这两家公司经营状况出现了下滑。对此，两家公司都积极采取应对措施。目前，轨道佳映电视网凭借此前购买的一大批好莱坞影视节目版权，内容储备足以支撑到2022年。与此同时，该公司自办的雅哈拉频道（Ya Hala channels）积极强化本土化内容配置，播出大量阿拉伯本土内容，以吸引新的投资注入。此外，轨道佳映电视网在2019年调整了管理层人员和经营策略，着力实施低价策略，推出了品牌名为“差异”（El Farq）的低价位节目套餐业务。

2. 网络电视

随着互联网的普及，阿拉伯地区的网络电视业务取得了长足发展。2019年，阿拉伯地区付费网络电视业务的订户规模就已达到传统付费电视业务订户规模的40%，约为178万，与此前一年相比增幅高达45%。网络电视业务的营业收入在2018年为1.46亿美元，预计到2023年能达到4.16美元。目前，沙特阿拉伯是阿拉伯地区网络电视业务最大的市场，其次是阿联酋。

---

① www.broadbandtvnews.com/2018/01/14/competition-bites-for-mena-pay-tv.

就网络电视业务运营机构而言，阿拉伯星光播映公司（Starz Play Arabia）在付费网络电视业务领域居于市场首位，市场份额高达29%。其次是美国奈飞公司（Netflix）和阿联酋沙希德加平台（Shahid Plus），两者的市场份额分别为25%和24%。在阿拉伯地区，其中主要网络电视业务运营机构还包括艾克飞（Icflix）、艾斯提卡纳（Istikana）、美国亚马逊（Amazon Prime Video）和马来西亚艾菲（Iflix）等。阿拉伯本土的网络电视业务只有两家，即沙希德和艾克飞。沙希德是中东广播中心推出的付费流媒体业务；艾克飞创办于2013年，总部位于迪拜。

在外来竞争者中，美国多家网络电视机构具有重要的市场地位，其中以阿拉伯星光播映最具代表性。美国阿拉伯星光播映在2015年4月进入阿拉伯市场，它隶属于美国狮门影业。美国星光主要提供好莱坞影视内容，在海湾地区的订费价格为7.99美元/月，在北非地区的价格为4.99美元/月。星光播映的市场策略是与当地移动通信和IPTV运营商合作，实现销售和缴费等业务的本土化。为了强化先入为主的市场优势，星光正通过与本土电信和媒体机构的合作来强化市场竞争力。2017年底，星光与埃及欧云吉公司（Orange Egypt）建立了战略合作关系，星光的网络电视业务将与欧云吉公司的4G业务进行捆绑。在约旦、摩洛哥和阿尔及利亚，星光与阿尔及利亚欧瑞度公司（Ooredoo Algeria）也建立了合作关系，星光的视频业务与欧瑞度的通信业务在市场销售等方面采取了捆绑策略，并取得了不错的市场业绩。截至2017年年底，星光的网络电视平台上有2500多个小时的法语节目，这些节目主要来自好莱坞，被翻译成法语或添加法语字幕。为了强化节目的多元化，星光还与优帕菲利克斯（Yuppflix）合作，添加了1500小时的南亚电影。市场调查发现，这些电影添加阿拉伯语字幕后，深受印度海外侨民和阿拉伯观众的欢迎。除了引进本土节目，星光还着手进行本土节目制作。2018年，星光计划完成一部阿拉伯电视剧的制作，以吸引阿拉伯地区订户和减少退订率。

3. 西方国家的媒体竞争与舆论博弈

欧美国家都非常重视对阿拉伯国家、阿拉伯语观众的传播（美国对阿拉伯地区的国际传播详见后文）。英国广播公司于2008年3月正式播出阿拉伯语电视新闻频道，即英国广播公司阿语频道（BBC Arabic），目的是进军在后冷战时代的新闻大战中越来越重要的中东和阿拉伯世界市场，与近年来异军突起的卡塔尔“半岛电视台”抗衡。[①]2012年，英国天空电视台阿语新闻频道（Sky News Arabia）开播，该频道由新闻集团旗下的英国天空广播公司和阿布扎比媒介投资公司合作开办，两方各持一半股份，总部设在阿拉伯联合酋长国首都阿布扎比。德国之声电视台于2005年2月28日正式开办了阿拉伯语频道（DW-TV Arabia），时任德国总理施罗德和科威特信息部长费萨尔共同出席了在科威特城举办的开播仪式。该频道的节目并不是全部用阿拉伯语播出，还有一部分英语节目。鉴于阿拉伯地区的重要性，德国之声电视台此后多次增加阿语节目的播出时间。2011年9月13日，德国之声阿拉伯语频道进行全面改版，以6小时为单元进行编排，确保重点国家能收看到黄金时段的节目。此外，德国之声阿拉伯语频道重点打造了4档30分钟的新闻杂志类栏目，作为改版后频道的旗舰节目。2014年4月，德国之声电视台将阿拉伯语节目的时间增加到了17个小时。由此，德国之声阿拉伯频道每天播出17小时阿语节目和7小时英语节目。法国的法兰西24台开办了“法兰西24小时”阿语频道。俄罗斯作为国际政治的重要一极，也力求在阿拉伯地区具有话语权。2005年12月，被称为“俄罗斯的CNN”的24小时英语频道“今日俄罗斯”在莫斯科开播，随后阿拉伯语频道（RT Arabic）在2007年5月开播。根据2015年一项尼尔森调查数据，今日俄罗斯阿语频道（RT Arabic）在埃及、摩洛哥、沙特、约旦、阿联酋和伊拉克六个中东北非地区国家中的收视率位居前三，其观众规模多于英国广播公司、英国天空新闻台、美国自由电视台和中国中央电视台的阿语频道。[②]

阿拉伯地区本土的媒体也积极参与舆论竞争。继半岛电视台之后，阿拉伯地区的本土新闻频道相继开办。2015年2月，阿拉伯新闻频道（Al Arab News）开播，主要面向阿拉伯地区播出，每天播出24小时。2015年1月，阿拉伯电视网（Al Araby TV Network）开播，主要面向阿拉伯地区的年轻观众。节目以新闻和娱乐为主，其中60%为新闻节目，另外40%为电视剧、音乐和独立电影。另外，以色列犹太新闻频道JN1、黎巴嫩24小时国际未来频道、巴勒斯坦48频道等也积极参与阿拉伯地区的舆论竞争。

---

① 王银权：《对外宣传、国家软实力竞争与外宣翻译》，载姜加林、于运全主编《构建现代国际传播体系》，外文出版社2011年版，第197页。

② www.rapidtvnews.com/2015052738465/rt-arabic-launches-studio-washington.

第二节　亚洲国家电视国际传播发展现状与趋势

亚洲国家虽然在地理上被划归为一个概念范畴，但在政治、经济和文化上存在较大差异，电视发展也是如此。尽管亚洲国家的国力有强有弱，但大多国家致力于开展电视国际传播，以提升国际舆论话语权和传播本国文化。亚洲国家通常分为东亚、东南亚、南亚、中亚和西亚五个区域，这五个区域的电视国际传播能力存在差异。

一、亚洲国家电视国际传播的概况

亚洲幅员辽阔、人口众多、文化多元，在当前国际政治和经济格局中都具有重要地位。为此，亚洲成为西方国家媒体的重点目标对象，近年来西方国家主流电视媒体都纷纷在亚洲设立采访站点、开播本土频道、与当地媒体开展深度合作等。面对域外媒体强劲的“入侵”，亚洲国家高度关注。早在 1990 年，日本政府就发表了《平成 2 年通信白皮书》，指出在 1988 年度日本电视节目的进出口比例严重失调，接收国外电视节目的总量是向国外输出节目总量的 18 倍。[①] 正是基于这方面的考虑，亚洲国家也纷纷开播国际电视频道，在国际舆论场中发出自己的声音，也促进全球文化多样性。在全球电视竞争格局中，亚洲电视国际传播仍然任重而道远。一方面，电视国际传播是一个国家综合实力的自然投射，一个国际电视频道在全球的竞争力和影响力与其国家实力和国际地位密切相关。另一方面，电视国际传播的竞争力与媒体开展国际传播的目标定位和发展路径有着密切的关系，市场定位和商业路径更具内生动力，在国际竞争中也更具灵活性和适应性。随着全球化、信息化、网络化的深入推进，亚洲国家需要在电视国际传播方面全面完善战略布局、传播策略等，尤其要充分利用新兴媒体推进融合发展、优

---

① 龙一春:《20 世纪 90 年代后 NHK 发展战略的变化》,《现代传播》2006 年第 1 期，第 160 页。

化传播模式。

就电视国际传播的竞争态势而言，东亚、东南亚、南亚和中亚因为国际政治格局、语言差异等方面的原因，区域内的电视国际传播局势整体相对平和。相比之下，西亚地区的电视国际传播竞争较为激烈。西亚地区是当前国际政治热点区域，电视国际传播格局纷繁芜杂，域内和域外媒体都欲在此谋求一席之地。美国、英国、俄罗斯等国媒体机构都面向阿拉伯地区开办了阿拉伯语国际电视频道，此外德国等国还面向伊朗、土耳其、阿富汗等国开办了当地语言的频道。例如，目前境外针对伊朗播出的波斯语卫星频道多达 120 多个，包括英国广播公司波斯语频道（BBC Persian Television）和吉恩电视台（Gem TV）等。总部设在德国的优尔电视台（YOL TV）是一个土耳其语电视频道，2018 年 6 月开始通过卫星平台面向西亚等地区播出。西亚地区的电视观众主要以卫星电视为收看渠道，因此域内和域外媒体开办了各类卫星电视频道，新闻类卫星电视频道的竞争最为激烈。

二、亚洲国家电视国际传播的现状

1. 东亚

东亚国家在亚洲较早创办和播出国际电视频道，以整频道方式开展电视国际传播。日本在 1998 年 4 月开播了 NHK 环球电视频道（NHK WORLD TV）开播；2017 年，该频道覆盖了约 160 个国家和地区，触达家庭用户的规模为 2.9 亿。除了日本广播协会之外，日本商业电视台也积极参与到电视国际传播之中。2013 年 2 月 25 日，日本电视台（NTV）、东京广播公司（TBS）和朝日电视台（TV Asahi）等电视机构联合开办了一个针对海外观众播出的综合娱乐频道“你好！日本”（Hello! Japan）。

韩国在 2003 年 7 月开播了韩国放送公社世界电视频道（KBS WORLD TV）。阿里郎电视台（Arirang TV）是韩国另外一家重要的对外电视机构。该台创办于 1996 年 4 月，1997 年 2 月正式播出，总部设在首尔，台名源自朝鲜民歌“阿里郎”。该台在开播之初的目标受众是在韩国的外国人，1999 年 8 月开始面向亚洲 13 个国家和地区播出，由此成为韩国电视国际传播的重要渠道。

与日本和韩国相比，中国电视国际传播在频道规模和语种数量方面都更为庞大。中国早在1992年就开播了中央电视台第四套节目（CCTV-4，后更名为中央电视台中文国际频道）。2000年9月，中央电视台英语国际频道正式开播，后于2010年4月改组为中央电视台英语新闻频道（CCTV-NEWS）。2004年10月，中央电视台西班牙语-法语国际频道开播；2007年10月，中央电视台原有的西法语频道正式分为法语国际频道（CCTV-F）和西班牙语国际频道（CCTV-E）两个频道播出。2009年7月，中央电视台阿拉伯语国际频道诞生，同年9月10日，中央电视台俄语国际频道正式开播。2010年7月，中国新华新闻电视网（CNC）英语台开播。2011年1月，广东电视台国际频道试播，播出语言以英语为主，普通话为辅。同年1月，中央电视台纪录片频道开播，以中英文两个版本在国内和海外同步播出。2016年12月31日，中国国际电视台（中国环球电视网）成立。

2. 东南亚

东南亚地区的电视国际传播以新加坡最具影响力。新加坡在1999年3月创办了亚洲新闻台（Channel NewsAsia），2000年9月正式播出亚洲新闻台国际频道（Channel NewsAsia International）；它是新加坡唯一一个国际电视新闻频道，24小时播出新闻与时事节目。目前全球24个国家和地区，将近两千万个家庭和旅店房间，都可以收看亚洲新闻台国际频道的节目。

印度尼西亚作为地区大国，非常注重电视国际传播。印度尼西亚在2014年5月开播了“印度尼西亚频道”（The Indonesia Channel，TIC）。印度尼西亚频道每天以英语播出24小时，节目内容包括新闻、访谈、商业、时尚、体育和音乐等，在荷兰等国播出。

菲律宾非常注重电视国际传播，早在1992年3月ABS-CBN广播电视公司就开播了一个国际新闻与娱乐频道，1994年4月该公司又面向海外开播了“菲律宾人”频道（TFC）。菲律宾是世界重要的劳务输出国，在海外的菲律宾人数众多。美国和阿拉伯地区的菲律宾人较为集中，这两个地区也是菲律宾开展电视国际传播的重要目标区域。2013年4月，ABS-CBN在中东北非地区的卫星电视平台“轨道佳映电视网”（OSN）上播出“菲律宾人”频道（TFC）、体育综艺频道（Bro）、“全球第一影院频道”（Cinema One Global）和ABS-CBN新闻频道（ANC）四个频道。除了ABS-CBN广播电视公司，菲律宾GMA电视台开播了3

个国际频道，其中包括 GMA 国际新闻频道（GMA News TV International）。

越南在 2000 年开播了国家电视台第四频道（VTV4）。该频道的节目主要挑选越南国家电视台第一频道、第二频道和第三频道（VTV1、VTV2、VTV3）三个国内频道的优秀节目，面向世界各地播出。

3. 南亚

南亚地区的电视国际传播以印度为主。目前，印度杜达山电视台是世界上最大的广播电视组织机构之一，杜达山电视台开办的国际频道（DD India）覆盖了世界 146 个国家。巴基斯坦电视有限公司旗下的环球频道（PTV Global）是巴基斯坦的国际频道，主要针对欧美国家的巴基斯坦侨民播出，以娱乐和新闻节目为主。另外，巴基斯坦电视有限公司家庭频道（PTV Home）除了在巴基斯坦全国播出，还通过卫星信号向全世界播出。斯里兰卡在 2014 年开播了锡内塔卫视（Thinetha），它是斯里兰卡第一个国际卫星频道。该频道以英语、泰米尔语和僧伽罗语播出，节目类型包括新闻、纪录片、音乐、电视剧等。该频道通过卫星覆盖亚太、中东、欧洲和非洲的 116 个国家和地区。孟加拉国在 2004 年 4 月开办了孟加拉国世界电视台，时任孟加拉国总理的卡蕾达・齐亚亲自剪彩。该台为卫星电视频道，50 多个国家和地区的观众可以收看到该台的节目。

4. 西亚

西亚国家非常积极开办卫星频道，这一方面是因为当地观众主要接收方式是卫星电视；另一方面也是为了谋求区域性甚至国际性影响。卡塔尔半岛电视台是该地区知名度最高的电视频道之一，在国际电视频道竞争中也颇具实力。近年来，该台不断开播新的频道，2003 年开办了半岛体育频道（Al-Jazeera Sports）；2005 年开办了儿童频道（Al-Jazeera Children's Channel）；2006 年开办了英语频道（Al-Jazeera English）；2009 年开办了针对学龄前儿童的频道（Al-Jazeera Baraem）。

中东电视中心（MBC）是西亚地区乃至泛阿拉伯地区颇具影响力的媒体机构。它在 1991 年 3 月开播了该地区第一个阿拉伯国际卫星电视频道，当时总部位于伦敦，2002 年，它将总部移至阿拉伯联合酋长国的迪拜。因为西亚地区电视观众主要收看卫星电视节目，所以中东广播中心开办的节目都是卫星频道。截至目前，中东广播中心开办了 12 个频道，除了面向阿拉伯语观众的频道之外，还有主要针对西方观众播出的中东广播公司极限台（MBC Max），以及主要面向埃及观众播出的玛莎频道（MBC MASR）。

迪拜电视台（Dubai TV）开播于1992年，是阿联酋第一个卫星电视频道。该电视台主要使用阿拉伯语播出，其目标受众是西亚海湾地区的阿拉伯家庭。此外，迪拜电视台也落地到澳大利亚、欧洲、亚洲和北美。迪拜电视一台（Dubai One）位于首都迪拜，是一个全天24小时播出的英语频道，其前身是33频道。迪拜第一电视台主要播出娱乐节目，2004年12月，该电视台落地中东和北非。这些频道都隶属于迪拜传媒公司（DMI）。

阿联酋阿布扎比电视台（Abu Dhabi TV）主要用阿拉伯语播出新闻节目，是西亚地区颇具影响的新闻频道。阿布扎比电视台位于阿联酋首都阿布扎比，目前在中东、北美、欧洲、南美和澳大利亚等地区和国家播出。阿布扎比电视台隶属于阿布扎比传媒集团（ADMC）。

黎巴嫩国际广播公司（LBCI）在1996年播出黎巴嫩广播公司卫星频道（LBCSAT），它是该国第一个面向整个中东地区播出的免费卫星电视频道。此后在1997年，黎巴嫩国际广播公司相继开办了4个卫星电视频道，包括欧洲台（LBC Europe）、美洲台（LBC America）、澳大利亚台（LBC Australia）和撒哈拉台（LBC Sub Saharian Africa）。

西亚地区除了阿拉伯国家，伊朗、以色列、土耳其等非阿拉伯语国家也非常注重电视国际传播，以在复杂的地区关系中争取话语权。伊朗非常注重国际传播，伊朗伊斯兰共和国广播电视台（IRIB）播出8个国际频道，其中包括新闻电视频道（Press TV）。

以色列为了强化在中东事务报道上的话语权，在中东地区的舆论竞争格局中赢得一席之地，开办了多个国际频道。以色列电视33台以阿拉伯语和希伯来语播出，通过卫星在中东、波斯湾、北非、南欧以及部分独联体国家播出，它隶属于以色列广播局，是以色列重要的国际频道。2011年9月，以色列开播了该国第一个24小时国际新闻频道JN1，并通过卫星电视和有线电视等渠道在全球播出。2013年7月17日，以色列又推出一个名为“i24新闻”（i24News）的24小时国际新闻频道，以英语、法语和阿拉伯语三种语言播出。2017年2月，“i24新闻”频道在美国纽约开设了美国总部，另外在华盛顿开设了一个记者站。通过开设纽约总部，“i24新闻”频道面向美国观众播出了一个专门的美国版本，同时也为全球其他区域制作和播出节目。

在西亚地区，土耳其是非阿拉伯国家，和以色列一样非常注重电视国际传播。土耳其广播电视公司（TRT）是土耳其主要的电视国际传播机构。1990年2月，该公司开办了土耳其广播电视公司国际频道（TRT-INT）；1992年4月开办了TRT土耳其语国际频道（TRT-Turk）；2009年3月又开办了欧亚频道（TRT AVAZ）；2015年开办了世界频道（TRT World）。其中，世界频道是一个以英语播出的国际新闻频道，在伊斯坦布尔、伦敦和华盛顿设立了播出中心，通过10个卫星覆盖了全球190多个国家。2018年3月，该频道登陆英国免费卫星平台"Freesat"，以标清和高清格式播出。除了土耳其广播电视公司，土耳其多安传媒集团 (Dogan Holding) 也开办了多个国际电视频道。2007年2月，多安传媒集团在罗马尼亚开播了一个国际频道——多安欧洲频道（Euro D）。

5. 中亚

中亚地区的电视国际传播实力较弱，基本上没有开办国际电视频道。中亚地区经济实力最强的国家是哈萨克斯坦，该国开办了中亚地区为数不多的国际电视频道。哈萨克斯坦里海网络卫星频道是一个以新闻为主的卫星频道，隶属于哈巴尔通信公司，节目覆盖欧洲、中亚、中东以及北非等地区。该频道的主要目的是报道里海和中亚地区国家的新闻，播出语言为哈萨克语、俄语和英语。

三、亚洲国家电视国际传播的主要特点

亚洲国家电视国际传播整体上呈现以下几个特点。

1. 发展水平参差不齐

亚洲国家经济发展水平不一，例如，日本2018年国民生产总值约为4.97万亿美元（世界银行数据），泰国为5049.93亿美元，乌兹别克斯坦为505.0亿美元，约旦为422.31亿美元。经济实力直接决定了电视国际传播的能力和竞争力。整体而言，东亚、东南亚和西亚在电视国际传播方面较为活跃，在国际上的整体竞争力也较强。南亚和中亚则相对较少开展电视国际传播，在国际上的影响力较小；不过，印度影视产业较为发达，在电视国际传播方面较为活跃。就国家而言，中国、日本、韩国、新加坡、土耳其、卡塔尔、印度等国在电视国际传播领域实力较强，这些国家都开办了英语等外语类国际频道，并具有一定的国际知名

度和影响力。

2. 政治与文化导向为主

与欧美发达国家相比，亚洲国家开展电视国际传播的理念和目标存在较大差异。欧美发达国家的电视国际传播虽然有其政治目的，但整体上以经济目标为主。例如，欧美国家知名的国际新闻频道（CNN、FOX、BBC 等）都是基于新闻的商品属性定位，在国际传播中注重市场化、国际化和本土化。相比之下，中国、日本、韩国、新加坡、伊朗、以色列等国的国际电视频道都是立足于政治导向和文化导向，通过国际电视传播来塑造国家形象、传播政治理念、弘扬本国文化。这些国家大多是“贴钱”开展电视国际传播，而不是像欧美一些国家是通过电视国际传播来“赚钱”。

3. 传播模式相对单一

亚洲国家电视国际传播主要模式是播出国际电视频道，从频道组合到渠道模式都较为单一。首先，电视国际传播的内容模式单一，频道序列中主要是综合类、新闻类或纪实类国际电视频道。相比之下，美国电视国际传播的频道类型非常丰富，包括新闻类（CNN 等）、儿童类（Nick 等）、生活类（HGTV 等）、体育类（ESPN 等）、影视类（HBO 等）、纪实类（Discovery 等）、音乐类（MTV 等）等较为完整的专业或主题频道。其次，电视国际传播的渠道模式较为单一，除了电视频道之外，在节目销售、网络电视等方面发展水平较低，整体影响较小。值得一提的是，土耳其近年来在节目销售方面逐渐迈入全球前列。早在 2013 年，土耳其的电视节目出口金额就突破了 2 亿美元（中国影视节目出口在 2015 年才突破 1 亿美元），到 2023 年电视节目出口总额预计达到 10 亿美元。这与土耳其电视产业发展、节目创意和制作水平提升等方面有着密切关系，例如土耳其的电视小说在拉丁美洲、非洲电视市场上颇具影响力和竞争力。

第三节　亚洲国家媒体发展及国际传播的案例研究

韩国电视业的整体发展水平在亚洲居于前列，无论是政策制定、产业发展、行业监管、节目制作、技术研发以及国际传播等都有可圈可点之处。就媒体案例分析而言，韩国放送公社（KBS，也被称为“韩国广播公司”）作为韩国的公共媒体，在发挥国家媒体作用和承担社会责任的同时，也积极参与市场竞争，在韩国媒体市场以及世界传媒领域中都占有一席之地。就国际传播案例分析而言，韩国从一开始就采用产业路径，向海外出口电影和电视剧。随着韩国影视产业综合实力的不断提升，韩国开办了多个国际电视频道，其中以韩国放送公社世界电视频道（KBS WORLD TV）和阿里郎电视台（Arirang TV）等为代表，这些频道也播出新闻节目，但主打影视和娱乐节目。如果注重新闻传播的传播策略称为“刚性策略”，那么注重影视文化节目的传播策略则被称为“柔性策略”。韩国国际传播采用的是典型的柔性策略，注重通过影视文化、音乐等节目类型来塑造韩国形象，讲述当代韩国故事；同时，韩国媒体和影视集团非常重视国际传播的商业价值，着力强化产业路径。

一、媒介变革时代韩国放送公社发展策略浅析

韩国实行的是公共广播电视和商业广播电视并存的体制，其中全国性的广播电视播出机构主要有三家：韩国放送公社（KBS）、文化广播公司（MBC）和首尔广播公司（SBS）。KBS是韩国的公共媒体机构，也是国家媒体，其历史始于1926年，其间几经变革，直到1973年才正式组建成为现机构。KBS旗下有电视频道、广播频率、新兴媒体平台，也有影视剧制作公司、技术研发和服务公司等。KBS开办了国际电视频道和国际广播频率，并积极开展国际节目销售业务，是亚洲知名的媒体机构。在媒介技术变革的大背景下，KBS面临着日趋激烈的竞争态势，一方面商业媒体的竞争压力进一步加大，另一方面新兴媒体发展引

发了全面竞争。对 KBS 来说，公共媒体的属性也在一定程度上给全面参与商业竞争、推进变革造成了影响。不过，KBS 从组织架构、商业运作、新兴媒体发展等方面进行了深度变革，取得了积极成效。笔者于 2019 年到 KBS 实地交流访问，现场观摩了流行音乐节目“音乐银行”（Music Bank）的录制和电视剧《世上我最漂亮的女儿》的拍摄，深刻体会了 KBS 的创新氛围和实干精神。

针对国内外竞争环境变化和媒介技术变革，KBS 近年来在节目、管理、受众服务等方面都积极变革，不断更新和优化发展策略。

1. 节目策略

KBS 在节目策略方面主打娱乐和电视剧。

KBS 一直将“娱乐”节目作为优先发展重点。一方面，它非常注重研发和制作新的娱乐节目。2018 年，韩国放送公社共推出了 18 档新节目，包括“1%的友谊”（1% Friendship）等。另一方面，它非常注重维持和激发已有品牌娱乐节目的活力，持续提升其市场竞争力。例如，“两天一夜”（2 Days & 1 Night）已经连续十年居于韩国娱乐类节目排行榜的前列，“超人回来了”（The Return of Superman）则在过去五年中保持同时段节目收视榜首的位置，“不朽的名曲”（Immortal Song 2）等节目的收视率也一直保持高位。值得一提的是，韩国放送公社的娱乐节目不仅注重吸引年轻收视群体，还致力于满足不同年龄段受众的需求，针对少年儿童、家庭妇女、老年人等群体都分别推出了娱乐节目。另外，它还通过“韩国歌唱”（Korea Sings）和“公开音乐会”（Open Concert）等节目，鼓励受众参与和增进国家认同，充分体现其公共媒体的属性。

韩国放送公社将电视剧视为强化其市场竞争力和提升媒体影响力的重要载体，全力制作迷你剧、短剧、周末剧、日播剧等不同类型的电视剧。虽然韩国放送公社是一家历史悠久的公共媒体机构，但它制作的爱情剧充满青春朝气，历史剧则厚重大气。早期制作的《冬日恋歌》《夏日香气》《蓝色生死恋》等一系列爱情剧代表作让它声名大振，《明成皇后》《张禧嫔》《武人时代》《不灭的李舜臣》《海神》等历史剧则充分体现了其强大实力和深厚底蕴。2018 年，韩国放送公社制作播出了《你的管家》《你是谁》《一起生活吧》《我的唯一》《明天也晴朗》《最完美的离婚》等电视剧，其中，《一起生活吧》取得了超过 40% 的收视率，《我的唯一》更是接近 50% 的收视率。韩国放送公社在 2016 年成立巨人联合公司（KBS Monster Union），其目的就是为了进一步提升电视剧制作能力。该公司已制作了《太阳的后裔》等多部热播影视剧和其他节目。

2. 网络平台策略

除了视频点播、移动音视频服务和新闻三个新媒体业务之外，韩国放送公社还以市场模式运营“普克”平台（POOQ）。该平台是它联合其他两家传统广播电视台（SBS和MBC）在2012年推出的，三家公司分别持有33.33%的股份。此举是应对网络电视发展所带来的挑战，尤其是美国奈飞（Netflix）等境外网络电视平台在韩国发展所带来的竞争压力。美国的优兔平台（YouTube）和奈飞平台（Netflix）分别在2008年1月和2016年1月开始提供韩语服务。特别是奈飞在进军韩国3年后，用户的使用时间剧增，撼动了韩国国内视频服务的市场版图。而且，奈飞在内容方面也具有卓越的竞争力，2018年在内容制作上投入了8万亿韩元，在资本方面也远远超过了韩国企业，如“奥克苏苏”（Oksusu）平台在2018年的内容投资仅为100亿韩元。

普克平台经营收入主要是广告和注册用户的收视费。韩国普克平台在2012年创办时采取的是免费模式，从2013年开始改为收费模式。2013年时，普克平台的付费订户总数为22.5万户，2014年小幅下降到了22万户，2015年又增长到了31.5万户。2015年，该平台进行了较大改革，全面调整了发展策略和市场经营模式，以强化该平台的市场竞争力。这次策略调整的核心是停止向其他网络平台提供内容，以确保普客平台上内容的独家性。2016年，该平台的付费订户总数上涨到了52.6万户，2017年继续保持增长势头，达到了62.5万户，2018年达到了72万户。2019年，该平台的注册用户规模达到了470万户，付费订户总数达到了114万户。

根据2019年数据，普克平台上共播出80多个直播频道，另外还有20多万个点播节目以及1万多部电影。普克平台上每位付费订户的日均收视时间长度为1.8小时。普克平台的付费业务共有三个类型，按照收视终端和节目内容设定相应的资费标准。就节目内容而言，普克平台分为标准套餐、电影套餐和音乐套餐三个类别，其中电影套餐的每月资费标准为1.89万韩元，音乐套餐的每月资费价格为1.628万韩元，而标准套餐则按照收视终端又分为三个层级，其中，移动收视终端每月资费标准为6900韩元，移动终端+个人电脑的资费标准为7900韩元，移动终端+个人电脑+电视机的资费标准为1.09万韩元。

2019年，普克平台与SK电信公司（SK Telecom）旗下的“奥克苏苏”平台进行合并，成立新设法人。此举进一步提升了整体实力。普克平台是韩国放送公社在融合发展方面的重要策略，有效发挥了自身资源实力，提升了在新媒体领域的影响力和竞争力。“奥克苏苏”平台创办于 2016 年，隶属于 SK 电信公司的子公司 SK 宽带公司（SK Broadband）。2019 年，“奥克苏苏”平台拥有 720 万左右的注册用户；两个平台合并后，注册用户超过 1140 万。

3. 商业化运营

韩国放送公社虽然是公共媒体，但积极开展商业化运营，一方面增加经济来源，填补收视费的不足；另一方面也提升市场应对能力和内生动力。目前，它共有 9 个下属公司，从事内容制作、销售、技术研发与服务等业务。韩国放送公社媒体公司（KBS Media）成立于 1991 年 9 月，主要从事内容制作与销售、广告与营销、演出与展览、教育与培训等业务；韩国放送公社商业公司（KBS Business）成立于 1989 年 4 月，主要从事播出设备、技术服务等相关业务；韩国放送公社艺术视觉公司（KBS Arts Vision）成立于 1991 年 10 月，主要从事舞台设计、化妆、文化展览、主题公园等业务；韩国放送公社安保公司（KBS Security）成立于 2011 年 3 月，主要从事安保服务、楼宇管理等相关业务；韩国放送公社 N 公司（KBS N）成立于 2001 年 3 月，主要从事电视剧频道、体育频道、儿童频道、生活频道等的运营管理，以及广告与营销、演出与展览、教育与培训等业务；韩国放送公社媒体技术公司（KBS Mediatech）成立于 2009 年 9 月，主要从事节目特效制作等业务；韩国放送公社美国公司（KBS America）成立于 2004 年 7 月，主要负责北美地区的频道落地与节目销售等业务；韩国放送公社日本公司（KBS Japan）成立于 2005 年 10 月，主要负责日本地区的频道落地与节目销售等业务；韩国放送公社放送公社巨人联合公司（KBS Monster Union）成立于 2016 年 6 月，主要从事电视剧和节目制作等业务。

4. 技术研发

韩国政府非常注重媒介技术发展，韩国放送公社作为国家电视台自然首当其冲要走在技术研发的前列。面对媒介技术领域的剧烈变革和全球竞争，韩国放送公社致力于通过自主研发在制作技术、硬件设备等方面掌握核心技术。具体而言，韩国放送公社积极推进数字化、超高清等技术的研发和应用。早在 2003 年，韩国政府就启动模拟转数字化的进程，韩国政府选择了 ATSC 作为数字地面电视的标准，与美国、加拿大等国保持一致。2017 年 10 月，韩国三大广播电视公司（KBS、SBS、MBC）联合推出了全球第一个 ATSC 3.0 标准的数字地面电视系统，首尔在 2017 年 5 月投入使用。韩国放送公社在 2001 年正式开始数字化播出，2006 年进行了 IPTV 试验播出。韩国放送公社在 2014 年完成了世界上首次超高清电视直播。2017 年，韩国放送公社开始播出超高清数字地面节目，此举在全球也属首次。根据计划，韩国放送公社计划在 2020 年实现 100% 的超高清节目制作，地方分台的超高清制作比例则要达到 50%。另外，韩国放送公社重点研发和应用的技术还包括基于互联网协议（IP）的超高清电视技术，以及基于人工智能技术的大数据生成和制作技术。

5. 受众服务

作为国家媒体和公共媒体，韩国放送公社非常注重受众互动和服务，并设置了专门的受众服务局。它成立了“受众服务中心”，通过电话、互联网、传真、电子邮件等方式全天 24 小时与受众进行互动，并为受众提供服务。韩国放送公社在总部内设立了“受众空间”，举办展览等活动。2018 年，该空间举办了 50 场展览。它面向受众举行名为“打开韩国放送公社”（KBS ON）的活动，组织受众参观演播室、节目制作等。2018 年，超过 15 万名受众参加这一活动。此外，韩国放送公社还面向青少年、学生、传媒专业人士等提供实地参观和见习机会；2018 年，它一共组织了 25 场活动，共有 1326 人参加。

韩国放送公社积极通过受众建议来改进内部管理和节目制作。韩国放送公社每月都会召开“韩国放送公社受众建议委员会”会议，并进行现场直播。2018 年，会议提出的 172 条建议全面落实到了管理和节目制作中。韩国放送公社还建立了受众请愿机制，超过 1000 人签名的请愿就会纳入讨论研究范畴。在 2018 年的 248 条请愿中，15 条得到了正式回应。

二、韩国电视国际传播中的柔性策略与产业路径分析

1. 韩国电视国际传播概况

韩国非常注重电视国际传播，目前较有影响力的国际传播频道是韩国放送公社世界电视频道（KBS WORLD TV）和阿里郎电视台（Arirang TV）。

韩国放送公社播出两个国际电视频道和 1 个国际广播频道，即韩国放送公社

世界频道（KBS World TV）、韩国世界24频道（KBS World 24）和世界广播频道(KBS World Radio)。韩国放送公社世界频道开播于2003年7月1日，主要以“韩语发音+英语字幕”播出，同时根据频道播出的所在国家和地区语言情况，会在部分节目中配发当地语言的字幕，如日文、西班牙文、印尼文、中文、西班牙语、越南语、马来西亚语等；该频道口号是:“为你所有”（AlwayS YourS）。韩国放送公社世界频道的覆盖地域和海外用户都实现了较大增长，2005年仅在11个国家拥有450万用户，2015年就实现了在100个国家拥有5800万用户。截至2019年3月，该频道在120个国家拥有1.02亿整频道用户，同时在46个国家拥有1700多家酒店用户。

除了韩国放送公社之外，阿里郎电视台（Arirang TV）是韩国另外一家重要的对外电视机构。该台创办于1996年4月，1997年2月正式播出，总部设在首尔，台名源自朝鲜民歌“阿里郎”。该台在开播之初的目标受众是在韩国的外国人，1999年8月开始面向亚洲13个国家和地区播出，由此成为韩国电视国际传播的重要渠道。2000年9月，阿里朗电视台的节目信号覆盖全球。2004年8月，该台推出了阿拉伯语节目，面向阿拉伯地区的国家播出。目前，阿里郎电视台共有三个频道，即面向国内播出的韩国频道、面向海外播出的国际频道和阿拉伯语频道。其中，韩国频道和国际频道都是24小时英语频道，其中部分时段配有中文、西班牙语等其他语言的字幕。阿里郎电视台由韩国国际广播基金（The Korea International Broadcasting Foundation）直接负责运营，属于公共电视机构。阿里郎电视台的运营主要依靠自有资金和广播电视发展基金，两者的比例为4 ：6。在机构设置上，阿里郎电视台主要有两个总部构成，即广播电视总部和管理总部，下辖10个团队和2个中心，共有员工217人。阿里郎电视台的节目内容涵盖新闻、文化、纪录片、语言教学和娱乐节目。该台覆盖了全球188个国家和地区，家庭用户总数达到1.03亿。阿里郎电视台积极推进海外落地。除了亚洲国家，该台近年来加大了在欧美国家的落地力度。2013年3月，阿里郎电视台进入了德国有线电视公司（Kabel Deutschland）基础数字电视层（basic digital service）播出。德国有线电视公司是德国最大的有线电视播出平台，总用户达到820多万，基础数字电视用户为195万。2015年4月，阿里郎电视台进入哥伦比亚最大的有线电视系统“克莱欧”（Claro），并被纳入高级数字节目套餐，由此触达200万用户。

另外，韩国文化广播公司（MBC）等其他媒体机构和影视公司也积极参与到国际传播中来。2014 年 10 月，韩国文化广播公司和美国特纳广播公司亚太公司（Turner Broadcasting System Asia Pacific）合作开办了一个名为“Oh!K”的频道，该频道主要播出韩国文化广播公司的节目，包括首轮播出节目和独家节目；特纳广播公司亚太公司主要负责该频道的运营。韩国希杰集团（CJ）也在海外从事节目出口和频道运营等业务。

2. 韩国电视国际传播的柔性策略

电视国际传播主要基于三大目标：政治、文化和商业，其中政治目标主要体现在国际话语权建构、国家形象传播等方面，文化目标主要体现在文化软实力传播、文明互鉴、文化交流等方面，商业目标主要体现在版权输出、拓展节目市场等方面。文化目标、商业目标也可以服务于政治目标。柔性策略主要是通过影视剧、音乐等非新闻类节目的传播来强化文化认同、实现文化目标。一直以来，韩国在国际传播中非常重视柔性策略，充分发挥国内影视产业的优势来进行文化输出。韩国向国外大量输出节目，其中既有基于经济和文化产业考虑的销售性节目输出，也基于外交和文化用意的赠送性节目输出。例如，韩国为了强化对塔吉克斯坦的政治和文化影响，近年来向该国赠播了 500 余部影视剧，韩剧在当地颇受好评，成为韩国提升国家影响、传播文化的有力武器。以《大长今》为例，该剧在塔吉克斯坦播出后，大量民众用的购物袋上都印有大长今的头像，影响力可见一斑。

根据韩国放送公社 2019 年数据，韩国放送公社世界频道的节目构成为：电视剧 45%、新闻 4%、娱乐 48%、其他 3%。阿里郎电视台也采取了相似的传播策略，频道中关于传统和现代文化类的节目占 50.6%，关于韩国的新闻资讯占节目总量的 26.6%，有关国际合作的节目占 22.8%。韩国放送公社世界频道以电视剧和娱乐节目为主，而且这些节目都是国内频道中的精选节目，播出时间仅比国内频道延后 3 周。相比之下，中国国际电视频道播出的电视剧都较为陈旧。正是得益于“柔性”传播策略和高品质内容方针，韩国放送公社世界频道在海外取得了较好的收视效果。以东南亚地区为例，该频道的收视率在日本丘比特电话公司（J：Com）平台上的 52 个频道中排名第 9 位（2017 年 9 月）；在新加坡星港平台（StarHub）上的 168 个频道中排名第 16 位（2018 年 1 月）；在泰国珍视传媒公司（True Visions）平台上的 110 个频道中排名第 28 位（2016 年 11 月）；在马来西亚全亚卫星电视和广播公司（Astro）平台上的140个频道中排名第31位（2016年11月）；在菲律宾天空有线公司（Sky Cable）平台上的117个频道中排名第23位（2015年7月）；在印度尼西亚印视公司（Indovision）平台上的114个频道中排名第33位（2014年1月）。[①]

3. 韩国电视国际传播的产业路径

近年来，韩国非常重视影视产业出口，而且出口规模逐年增长。韩剧的海外出口额在2001年790万美元，2008年达到了10536万美元。与此同时，韩剧在亚洲乃至世界都培养了一批热衷收看韩剧的“韩剧迷”，这批“韩剧迷”带动了消费韩剧的“文化瘾”，而这种“文化瘾”又进一步促进了韩剧的传播，也加速了韩剧的发展。[②]

在国际传播的产业化路径方面，韩国影视集团凭借自身内容制作实力和资源优势体现出更大的发展动能。韩国希杰集团（CJ）在韩国通信和影视传媒领域都颇具影响力。希杰集团的总部位于首尔，创建于1953年8月1日，是一家综合性集团，媒体业务包括影视制作、有线电视、宽带互联网、网络电话、移动电话、网络电视、国际电话及广告刊登等。近年来，希杰集团大力在海外输出其电影频道“tvN”。该频道以韩国最新热播电影和精品电影为主，配以英语、中文、马来文字幕，每月资费约为4.9美元。用户除了可以观看该频道，还可以进入韩国希杰集团的视频点播平台Zone观看其影视节目。该频道2016年进入新加坡播出，2017年进入马来西亚播出。该频道的影响力基于韩国影视产业的综合实力，会定期播出韩国国内的热播电影、电视剧和综艺节目，例如该频道进入马来西亚市场后即播出当时大热的电影《釜山行》，随后在2018年又播出韩国烹饪真人秀节目《尹厨房》第二季。这些优质节目有力推动了韩国电视频道在当地的市场竞争力，为国际传播的产业化路径提供了有力保障。

除了内容方面的产业化，韩国媒体机构还通过本土化运营来强化市场竞争能力。韩国放送公社于2004年7月16日在美国洛杉矶成立了韩国放送公社美国频道（KBS America），根据美国观众的特点重新编排精选自韩国放送公社世界电视频道（KBS WORLD TV）以及韩国放送公社国内主要频道（KBS TV1、KBS

---

① 《KBS WORLD PROFILE 2019》（内部资料）。

② 赵晖:《中韩两国电视剧产业战略与策略研究》，中国电影出版社2012年版，第67页。

TV2 和 KBS Sky）的节目，在增加了英文字幕后播出。韩国放送公社在日本成立了韩国放送公社日本频道（KBS Japan），节目内容也是根据日本观众的特点对韩国放送公社主要频道的节目进行筛选和编排，在节目中增加日文字幕后播出。韩国放送公社日本频道充分考虑日本当地观众的生活习惯，有针对性地进行节目编排，使收视率和广告销售不断上升。

三、相关启示

韩国放送公社作为韩国的公共媒体，在发挥国家媒体作用和承担社会责任的同时，也积极参与市场竞争，在韩国媒体市场以及世界传媒领域中都占有一席之地。媒体的使命和职责是多元的、多重的，除了提供新闻、引导舆论，还要为受众提供休闲娱乐、教育，同时在前沿媒介技术研发与应用方面发挥主力军作用，并要在传承文化和提升国民媒介素养等方面扮演关键角色。媒体，尤其是公共媒体，不能迷失在商业利益和竞争中，更不能陷入收视率至上的怪圈之中，而应该有历史使命感和社会责任感，并具备强大的社会引导力、内容传播力、市场竞争力和创新发展力等。韩国放送公社的内容模式、技术模式、创新模式、网络电视发展模式、商业运营模式、受众服务模式等都取得了积极效果，可以为中国媒体发展提供参考和借鉴。

韩国的国际传播在强化柔性策略和产业化路径方面，与中国的"新闻立台"国际传播策略形成鲜明对比。韩国媒体机构和影视公司的国际传播策略有其科学依据，会自行开展或合作开展海外受众调查、市场研究。例如，韩国阿里郎电视频道 2014 年加入国际播出机构观众调查服务会议组织（the Conference of International Broadcaster's Audience Research Services，CIBAR），成为该组织的正式会员。目前，该组织共有 31 个正式、联合和个人会员，包括英国广播公司（BBC）、德国之声（DW）、日本放送协会（NHK）等。该组织协调各国公共播出机构的专业研究人员，共同开展观众研究及传媒研究。韩国放送公社也会自行开展受众调查。这些调查结果也显示，海外受众的内容需求主要是综艺节目、电视剧等。例如，韩国放送公社 2015 年针对 119 个国家的 12100 名观众的问卷调查结果显示，31.6% 的观众收看韩国放送公社世界频道的原因是"收看韩国综艺节目”，27.6% 是“收看韩国电视剧”，22.4% 是“收看韩国 K-POP 节目”，仅有 5.9% 是“了解韩国”。与之对应，该频道娱乐类节目的比例占 48%，电视剧占 45%，新闻类占 4%。与此同时，我们也要充分认识到，韩国影视产业高度国际化，产业化路径是其必然选择。相比之下，中国影视产业发展更多地聚焦于国内市场，走出国门的意识和意愿还不是很强烈，这自然会影响到国际传播产业化路径的选择与实施。

第二章　美国在亚洲部分区域国际传播的策略与启示

长期以来，美国都将亚洲作为全球战略布局的重点，尤其随着中国稳步崛起，美国大大提升了对亚洲的重视。2009 年 7 月，美国时任国务卿希拉里·克林顿在东盟会议上首次提出“重返亚太”。在中国提出“一带一路”倡议后，美国更是加大了在亚洲地区的战略布局，而媒体领域是其中的重要支点。美国对亚洲地区的国际传播按照不同地区和地域呈现相去甚远的特点，这既是基于美国政府的外交战略布局，也是美国媒体的国际媒体市场经营策略使然。例如，在东南亚等市场化程度较高的地区，美国的国际传播基本上采取市场化和商业化的模式。在中亚等国际战略地位较高、但市场价值不高的地区，美国在该地区的国际传播活动则完全基于政治导向。例如，苏联解体后，美国国会和国际开发署从 1998 年开始，投入 7.6 亿美元用于支持世界范围内的独立媒体，其中大部分用于东欧和中亚地区。西方新闻机构和非政府组织开设记者培训中心对中亚记者的培训已经开展多年，这些记者来自哈萨克斯坦、吉尔吉斯斯坦、塔吉克斯坦和乌兹别克斯坦等国。记者培训中心的教师和讲座嘉宾都是经验丰富的中东及西方记者。另外，记者培训中心还为当地记者提供前往国外学习的机会。乔治·索罗斯的开放社会基金从 1991 年开始每年投入 3500 万美元用于支持东欧和中亚的独立媒体发展。[①] 随着电视市场全球化、网络化深度发展，国际传播竞争日趋激烈，全球品牌和本土经营成为赢得竞争的重要策略。美国媒体市场发达，在内容、资金、技术、人才、管理等方面都颇具优势；美国在国际媒体市场开发和经营方面也先人一步，经过多年探索已形成了完善的产业体系和经营模式。美国思

① 赵永华:《中亚转型国家的新闻体制与媒介发展》，中国书籍出版社 2013 年版，第 224 页。

科瑞珀斯互动电视网国际集团（Scripps Networks Interactive）董事长金·桑普斯（Jim Samples）认为，在海外开展业务的关键要素是本土化，并总结出拓展国际市场的三个核心策略：一是打造和营销自有的国际生活时尚品牌频道；二是在目标国市场收购第三方频道并以此拓展新市场；三是在目标国市场投资组建合资频道。美国思科瑞珀斯互动电视网拥有多个知名生活时尚频道，其主打品牌频道是家庭园艺频道（Home and Garden Television，HGTV），该频道在美国收视排名中也较为靠前。整体而言，美国对于亚洲的国际传播是以美国私营媒体为主体，呈现出商业化、市场化和本土化的特征，但其内核是政治意识形态和文化价值观的渗透。

第一节　美国在东南亚地区的国际传播

东南亚地区是“海上丝绸之路”上的重要区域，在国际政治和经济格局中具有重要地位。东南亚地区一直是中国影视节目出口方面的主要市场之一，也是美国等西方发达国家媒体机构的必争之地。在新兴媒体时代，电视国际传播变得更为便捷、高效，而且成本低廉，这为发达国家争夺媒体市场提供了更多优势。

一、新闻领域

新闻节目涉及话语权和舆论引导，在许多国家较为敏感，对境外媒体或外资背景媒体的控制较为严格。另外，新闻传播需要符合信息传播规模，尤其在新闻价值方面要充分考虑目标国市场特点。鉴于以上原因，新闻领域的本土化操作具有特殊性，在策略上不同于影视、纪实、体育等其他非新闻类领域。

目前，美国电视新闻媒体通过购买或合作运营等方式在东南亚构建播出渠道和分发平台，以有效解决进入目标市场的通路问题。例如，2014 年，美国有线电视新闻网（CNN）在印度尼西亚开办一个24小时新闻频道——美国有线电视新闻网印尼频道（CNN Indonesia），该频道总部位于雅加达，以印度尼西亚语（Bahasa Indonesia）播出，并将同步推出一个网站。美国有线电视新闻网是与印尼跨媒体集团（PT Trans Media）合作开办这一频道的，这也是美国有线电视新闻网在东南亚地区开办的第一个本土频道。2015年，美国特纳广播公司在菲律宾推出“美国有线电视新闻网菲律宾频道”（CNN Philippines）。该频道是特纳广播公司与菲律宾九媒公司（Nine Media Corporation）合作开办的开路频道，节目包括美国有线电视新闻网在全球采集的新闻和当地节目。美国有线电视新闻网菲律宾频道是在菲律宾9TV频道的基础上重新整合而成，9TV频道原名太阳新闻频道（Solar News Channel）。

和美国有线电视新闻网一样，美国多家主要媒体纷纷进入东南亚市场，尤其是泰国和印度尼西亚等国。美国福克斯电视网（Fox Networks）在泰国运营了两个开路免费频道“福克斯泰国频道”（Fox Thai）和星空世界频道（Star World）。此外，福克斯电视网还在泰国构建了节目销售网络，针对当地IPTV、移动电视和网络电视平台销售节目。美国彭博电视（Bloomberg Television）与印尼爱迪尔集团（IDEA Group）合作，开办当地商业新闻频道“彭博电视印尼频道”（Bloomberg Television Indonesia）。该频道以印尼语播出，节目内容主要是财经新闻、市场资讯和印尼当地新闻。印度尼西亚作为第四人口大国以及东南亚最大经济体的地位是吸引彭博电视开拓该国市场的重要原因。

美国一些传媒集团除了开办本土电视频道，还充分利用自身内容资源的优势在当地实现二次传播，构建“化整为零”的跨国传播体系。例如，美国有线电视新闻网（CNN）利用自身的品牌影响和资源优势，与多国电视机构开展合作。在泰国，它与泰国新闻网（TNN）建立了深度合作关系，向其提供直播突发新闻报道、新闻素材以及新闻特写报道，授权泰国新闻网使用其视频网站，并提供编辑培训等。泰国新闻网是泰国第一个24小时新闻频道，隶属于真视集团（True Visions Group）。

二、非新闻类领域

影视类电视频道以及电影、电视剧等文化产品是美国在东南亚开展国际传播、扩大文化影响的重要载体，其常规模式是针对目标国市场需求推出当地版本的频道，或者将品牌频道根据当地受众需求、市场特点和监管法规等进行包装、翻译后播出。美国索尼影视集团（SPT）在亚洲推出了7个频道，包括ONE、Animax、AXN、beTV、索尼综艺频道（Sony Entertainment Television）、GEM，另外还有与印度尼西亚多瑞传媒集团（Dori）合办的Televiva。针对越南市场，美国索尼影视集团推出了越南版的GEM频道。这个频道主要播出中国大陆、中国香港及中国台湾、韩国等地的电视剧和其他节目，以越南语配音或添加越南语字幕。该频道在越南HTVC有线电视系统播出，HTVC隶属于电视传媒服务公司（Television Media Service Company）。

美国传媒机构还与其他国际传媒机构强强联合，整合优势资源抢占国际东南亚电视市场。2013年8月，美国哥伦比亚国际影业公司（CBS Studios International）与德国卢森堡广播电视传媒集团组建了合资公司——卢森堡广播电视传媒集团-哥伦比亚广播公司娱乐电视网（RTL CBS Entertainment Network，RTL CBS娱乐电视网），总部设在新加坡。2013年9月，美国哥伦比亚国际影业公司与德国卢森堡广播电视传媒集团合作推出了RTL CBS娱乐频道，以英语和本地语言面向东南亚29个国家和地区播出。该频道主要播出综艺和娱乐类节目，以高清格式播出。该频道的节目内容主要荟萃RTL和哥伦比亚广播公司的热播节目，包括卢森堡广播电视传媒集团的"X元素"（X Factor）、"名人学徒"（Celebrity Apprentice）等，哥伦比亚广播公司的"元素"（Elementary）、"今晚娱乐"（Entertainment Tonight）等。这两家公司后来又推出"RTL CBS极限频道"（RTL CBS Extreme），主要播出冒险动作片、真人秀、极限运动等节目。这个频道同样覆盖东南亚地区，播出语言为英语和当地语言，播出格式为高清。这两个频道的运营都由RTL CBS娱乐电视网负责。

三、新兴媒体与网络电视

随着全球媒介环境深度变革，尤其是网络化、智能化、移动化全面发展，新兴媒体正在成为国际传播的重要渠道和平台。目前，美国凭借技术、资金、人才和节目优势，以奈飞、亚马逊为代表的新兴媒体品牌正在进入并占领全球多个市场。

奈飞公司成立于1999年，最初主要从事DVD租赁业务，从2007年开始参照传统付费电视业务模式推出付费网络电视业务。截至2020年4月，奈飞在全球用户总数达到了1.83亿。奈飞公司在东南亚多个国家开展业务，核心策略也是本土化。以该公司在泰国为例，2017年初，奈飞公司与泰国主要电信集团AIS签订了合作协议，强化了本土化发展的力度。2017年4月，美国奈飞公司对泰国业务进行了全面升级，主要着力强化业务内容和服务模式的本土化水平，例如对数千小时的影视剧增加了泰语字幕或配音。

亚马逊公司创立于1995年，总部位于美国华盛顿州西雅图。2008年，亚马逊公司推出即时视频服务（Instant Video），为用户提供互联网视频点播业务，包括免费业务和付费业务。根据Ovum在2017年底发布的市场预测，亚马逊与视频相关业务在2018年的营业收入有望达到58亿美元，包括视频订阅、数字租赁等。东南亚是亚马逊公司重要的海外市场，本土化则是该公司海外发展的核心策略。2017年4月，美国亚马逊首要视频（Amazon Prime Video）的全球内容总监罗伊·普莱斯（Roy Price）表示，媒体领域并不存在所谓“全球用户”（global customers）的概念，因此必须要实施“多元本土战略”（multi-local strategy）。根据这一战略，亚马逊在海外多个市场增加了雇员数量，以制作更多本土节目。就内容战略而言，亚马逊公司同时采用合作制作、购买版权和自主原创三种模式。

另外，美国媒体机构也在亚洲新兴媒体中投资，并通过这些本土媒体平台分发美国节目内容。2017年8月，美国赫斯特集团（Hearst）向马来西亚艾菲公司（Iflix）投资了1.33亿美元，此前，美国自由媒体环球集团（Liberty Global）也向艾菲公司注资。艾菲公司（Iflix）总部位于科伦坡，创办于2015年，其定位是面向发展中国家的中产阶层观众提供区域性、本土化和西方的节目内容。截至2017年底，艾菲网络视频点播平台上有100亿分钟的国际性、区域性以及当地节目，订户总数为650万。随着美国资本的进入，艾菲公司在管理模式和经营理念上也向美国靠拢。2017年，艾菲公司聘请美国奈飞公司负责全球电视业务的副总裁西蒙·凯利（Sean Carey）担任首席内容官（Chief Content Officer）。在美国资本支持和美国经验指引下，艾菲迅速拓展东南亚市场。2017年8月，艾菲公司进入柬埔寨市场，并与当地主流电信运营商Smart Axiata签署了为期三年的合作协议，通过后者的平台和服务网络开展业务。艾菲公司把一批热播的电影、电视剧和电视节目配上了高棉语字幕，并向Smart Axiata公司用户提供三个月的试用期。用户可以购买捆绑业务，即以相对优惠的价格购买语言、短信、数据和视频业务。就艾菲公司的视频业务而言，每月资费价格为3美元，全年价格为30美元。

第二节　美国在阿拉伯语地区的国际传播

在新兴媒体时代，跨国节目分发和信息传播变得更为便捷、高效，而且成本低廉，这为发达国家的电视国际传播提供了历史性机遇，但也对欠发达国家的本土文化保护和影视产业发展造成了巨大威胁。阿拉伯语地区因其在国际政治、经济和文化上的独特作用，历来被美国视为核心战略区域。该地区也被称为中东北非地区（MENA），主要语言为阿拉伯语，在文化上具有相对接近性，但在政治上具有显著的多元性。近年来，阿拉伯语地区的移动通信和智能手机日益普及，年轻观众一改过去主要观看卫星电视的收视传统，逐渐转向网络电视等新兴媒体平台，这为美国在阿拉伯语地区的国际传播提供了新的发展契机。

一、概述

“9·11”事件之后，西方主要国家对阿拉伯地区的关注度直线上升，至今热度不减。其中，美国对于阿拉伯地区的重视程度首屈一指。美国商业媒体和政府机构都分别开办了阿拉伯语频道，其中商业频道的主要代表是美国有线电视新闻网阿语频道（CNN Arabic）；政府频道是“美国自由电视台”（Alhurra）。美国自由电视台是2004年2月由美国政府全额出资开办的阿拉伯语卫星电视频道，主要覆盖中东和北非地区，以在阿拉伯世界进行舆论宣传。自由电视台总部位于美国弗吉尼亚州，在伊拉克巴格达和阿联酋迪拜设有分部，并在贝鲁特、耶路撒冷、开罗等地开设制作中心。2004年4月，自由电视台开播了“自由伊拉克频道”（Alhurra-Iraq）。该频道的节目内容主要来自自由电视台，同时针对伊拉克观众的特点制作一些当地节目。自由电视台隶属于美国中东广播网（the Middle East Broadcasting Networks，MBN）。美国中东广播网是一个非营利性机构，资金主要来自美国广播委员会（Broadcasting Board of Governors），而该委员会的资金则由美国国会提供。美国广播理事会是根据美国《1994年国际广播法》成立的，负责掌管美国联邦政府或政府资助的所有非军事国际传播事务。该理事会由9个委员组成，其中8个委员由美国总统提名并提交美国国会批准，另外1个成员是现任的国务卿。该理事会管辖美国之音（VOA）、自由之声电视台、萨瓦电台（Sawa）、法达电台（Farda）、自由欧洲电台（RFE）、自由亚洲电台（RFA）、马蒂电台和马蒂电视台等，这些广播电台和电视台以65种语言向全球125个国家和地区播出。

除了美国政府的支持之外，美国商业媒体机构也积极拓展阿拉伯地区市场，其中本土化是重要的策略与手段。电视国际传播的本土化是媒体基于本土市场特点和当地文化特性而采取的经营、制作、营销推广和管理策略，本土化是国际性媒体机构进入本土市场、参与当地竞争的必然选择。有学者甚至认为，即使在经济全球化时代，媒体仍然是区域性的，到目前为止还没有出现一家媒体成为全球化的样本，只要语言和文化不是全球化的，媒体就始终是区域性的；任何媒体都因为针对特定区域的人群而具有其独特的区域传播力，完全普适的媒体是没有的。[①] 但对于国际性媒体来说，本土化并非终极运营模式。基于经济效益和运营效率的考虑，很多国际性媒体的本土化是采取一种“球土化”模式（也被称

① 陈接峰：《有用才王道：媒介融合时代的媒体生存法则》，科学出版社2016年版，第38页。

为“全球本土化”），即媒体通过全球播出与分发平台共享资源，但针对不同市场调整内容制作、播出以及分发方式。例如，这种模式之一就是把同一个节目译成不同的语言播出。美国阿拉伯星光播映的网络电视平台将英语节目翻译成阿拉伯语，或者购买其他语言区域的节目翻译成阿拉伯语。美国阿拉伯星光播映的网络电视平台上有数千小时的阿拉伯语节目，这些节目主要来自好莱坞。为了强化节目的多元化，美国阿拉伯星光播映还与优帕菲利克斯（Yuppflix）合作，添加了上千小时的南亚电影。市场调查发现，这些电影添加阿拉伯语字幕后，深受印度海外侨民和阿拉伯观众的欢迎。

二、新兴媒体传播策略

渠道和内容永远是媒体跨国发展的两个核心支撑。美国阿拉伯星光播映（Starz Play Arabia）在 2015 年 4 月进入阿拉伯地区，它隶属于美国狮门影业。美国阿拉伯星光播映主要提供好莱坞影视内容，在海湾地区的订费价格为 7.99 美元 / 月，在北非地区的价格为 4.99 美元 / 月。星光的市场策略是与当地移动通信和 IPTV 运营商合作，实现销售和缴费等业务的本土化。2017 年底，美国阿拉伯星光播映与埃及欧云吉公司（Orange Egypt）建立了战略合作关系，美国阿拉伯星光播映的网络电视业务将于欧云吉公司的 4G 业务进行捆绑。在约旦、摩洛哥和阿尔及利亚，美国阿拉伯星光播映与阿尔及利亚欧瑞度公司（Ooredoo Algeria）也建立了合作关系，美国阿拉伯星光播映的视频业务与欧瑞度的通信业务在市场销售等方面采取了捆绑策略，并取得了不错的市场业绩。

为了吸引阿拉伯国家的本土观众，美国阿拉伯星光播映在进入阿拉伯地区发展后，即开始进行本土节目制作。2018 年，星光计划完成一部阿拉伯电视剧的制作，以吸引阿拉伯地区订户和减少退订率。

马来西亚艾菲公司是具有美国和英国资金背景的新兴媒体平台。2017 年，艾菲公司进入中东北非地区市场，包括科威特、沙特、巴林、约旦、伊拉克、黎巴嫩、苏丹和埃及等国。本土化内容是艾菲在中东北非地区发展的重要策略。渠道和市场运营本土化是艾菲的重要策略，其中首要举措是与当地电信运营商合作。在中东北非地区，艾菲公司与赞恩电信公司（Zain）合作，其视频业务与手机业务捆绑。艾菲公司也通过互联网进行直接销售，在海湾地区的单月资费是 4 美元，在北非地区是 3 美元。

三、传统媒体传播策略

1. 经营本土化，即与本土机构深度合作以推动内容本土化

传统媒体机构通过资本合作构建“市场利益共同体”，以此为基础开展内容等领域的深度合作。例如，英国天空电视台阿语新闻频道（Sky News Arabia）就是采取这种模式。该频道开播于 2012 年，主要目标市场是阿拉伯国家。天空电视台阿语新闻频道由新闻集团旗下的英国天空广播公司和阿布扎比媒介投资公司合作开办，两方各持一半股份，总部设在阿拉伯联合酋长国首都阿布扎比。值得一提的是，美国康卡斯特公司（Comcast）收购了英国天空公司，并在天空广播公司原有频道的基础上于 2020 年创办美国全国广播公司天空世界新闻频道（NBC Sky World News）。

与之类似，阿拉伯地区是美国彭博公司（Bloomberg）重点拓展的海外市场。美国彭博公司与阿拉瑞博电视台（Alarab）签署合作协议，在 2013 年推出阿拉伯语版的财经节目。该合作是一种战略联盟，借助阿拉瑞博电视台的本土优势，彭博充分发挥其内容资源优势，包括全球财经和经济新闻资源以及本土和区域新闻采集经验能力。2017 年 9 月，美国彭博公司通过与沙特研究与市场集团（SRMG）合作，计划在阿拉伯地区开办 24 小时电视频道和广播频率，开办网络平台，并出版阿拉伯语彭博商业周刊。沙特研究与市场集团是中东最大的出版集团，将负责媒体业务的日常管理；美国彭博公司则负责提供财经节目内容和数据，并共享其位于全球的 2700 名记者和分析师的资源。

2. 业务本土化，即在目标市场运营以实现采编播业务本土化

当前，许多媒体机构在目标市场设立办公室、演播室、制作中心等，以此实现与目标国家媒介环境的深度融合，从而推动采编播业务的本土化。2016 年，美国有线电视新闻网（CNN）在迪拜媒体城启用了一个新的数字播出演播室，用于阿语频道的访谈和其他节目制作，并为整个有线电视新闻网提供新闻等节目的制作、播出服务。该演播室还具备“全球控制”（Global Control）功能，有

线电视新闻网在全球任何一个控制室都可以远程控制和操作这个位于迪拜的演播室。有线电视新闻网阿语频道开播于2002年，2009年设立了迪拜分部。与之类似，美国彭博公司于2016年在中东地区开办了一个区域性编辑平台，包括数字终端、原创电视节目节目制作、电视演播室和会议中心。近年来，彭博电视针对新的传媒发展态势致力于革新业务模式和改革组织架构，以打造一个全球化、网络化、多平台媒体品牌。

四、相关启示

阿拉伯地区在国际电视业领域属于欠发达地区，产业规模和市场产值的整体水平较低。长期以来，阿拉伯地区观众习惯于收看免费的卫星电视。随着移动通信技术和智能手机的普及，年轻观众正习惯于从新兴媒体平台上观看视频，从而推动整个地区收视模式和习惯的改变。毋庸置疑，这将对整个地区电视业未来发展模式和竞争格局带来诸多变数。同时，阿拉伯地区在全球政治格局中具有重要地位，是全球主要国家开展国际传播的重点目标区域。中国一直高度重视在阿拉伯语地区传播影视节目。2009年7月25日，中央电视台阿拉伯语国际频道（后更名为中央广播电视总台中国国际电视台阿语国际频道）开播。2011年开始，国家新闻出版广电总局（现为国家广播电视总局）在中阿论坛框架下创建了中阿电视合作论坛，每两年举办一届，政策沟通、节目合作、新闻共享、人员交流等都是重要议题。值得一提的是，中国影视剧已输出到大多数阿语国家，一些影视剧取得了较好的收视效果，如阿语配音版《媳妇的美好时代》《金太郎的幸福生活》在埃及国家电视二台黄金时段播出后，该台收视率从1.39提高到3.1，创该台同时段收视率新高。对于中国而言，针对阿拉伯地区的国际传播需要继续优化传播手段、提升传播效果，尤其要在节目内容、翻译配音以及产业合作方面实现提质升级；与此同时，要充分利用新兴媒体技术发展和加大新兴媒体平台建设，建设和打造网络视频业务领域的知名品牌，有效参与市场竞争。尤其值得重视的是，本土化是电视和新兴媒体在阿拉伯国家发展的关键策略。美国奈飞公司在2016年初进入阿拉伯地区，但发展情况一直不尽如人意。其中一个重要原因就是缺乏本土独家内容，另一个重要原因是没有与当地电信运营商开展合作，这导致业务无法实现通过手机直接缴费，而当地的信用卡系统并不普及，这些原因都阻碍了奈飞在当地市场的发展。相比之下，艾克飞、星光和沙希德在业务缴费等本土化服务方面做得更好。因此，我国对阿拉伯国家的传播要注重体制机制和理念创新，将国内产业发展良好态势转化为国际传播的优势资源。

第三节　美国在印度的国际传播

印度是南亚大国，在世界政治格局中具有重要战略地位。印度是众多国际媒体机构，尤其美国媒体机构的重要海外目标市场。在全球化大潮中，印度也逐渐成为美国等跨国媒体集团的生产基地，尤其是在给好莱坞和其他媒体产业提供动画和后期制作服务的领域。[①] 客观上，这些合作进一步强化了美国媒体前往印度投资兴业的积极性和便利性。1990 年，印度出台了《广播电视公司法案》（*The Prasar Bharati Broadcasting Corporation of India Act*），明确规定了私人和国外资本可以在印度投资兴建广播电视公司，这为外国媒体进入印度提供了动力，印度电视业格局逐渐出现较大改变。1990 年，美国有线电视新闻网（CNN）在印度播出，成为第一家进入印度的外国电视台。此后，多个国家的电视频道通过直接落地或合办频道等方式进入印度电视市场。近年来，美国电视媒体和新兴媒体机构进入印度市场的热情仍在继续。

一、传统电视领域

目前，美国一些大型电视机构和媒体集团都在印度市场开展业务，主要业务

① 达雅·屠苏、史安斌：《全球传播的重构和“中印议题”的崛起》，引自姜飞主编《中国跨文化传播研究年刊 第 1 辑》，中国社会科学出版社 2016 年版，第 128 页。

形态是与印度当地公司合作开办和经营电视频道。

1. 美国新闻集团（News Cor.）

美国新闻集团在印度设立了星空传媒公司（Star），在印度用 7 种语言播出 35 个频道，其王牌频道是 Star Plus。2013 年初，该频道的收视份额位居印度全国第一。Star Plus 的收入占了公司总收入的 1/3，其利润占公司总利润的 80%。另外，星空新闻频道也是星空传媒的重要组成部分。星空新闻频道创办于 1997 年，是由新德里电视公司经营，星空传媒印度公司（Star India）只提供传输设备。2003 年，两家公司停止合作，星空新闻频道随后在 2003 年 4 月 1 日以星空传媒旗下频道的身份正式播出。①

2. 美国有线电视新闻网（CNN）

2005 年，美国有线电视新闻网与印度“电视网 18 传媒集团”（Network18）合作开办了印度 CNN-IBN（CNN-Indian Broadcasting Network）频道。CNN-IBN 是一个 24 小时播出的英语新闻频道，节目资源来源于美国有线电视新闻网，节目制作模式也与美国有线电视新闻网相同。不过，2016 年 1 月两家公司的合作协议到期，并没有续约。印度“电视网 18 传媒集团”在 2005 年时经营着 2 个新闻频道，到 2015 年时旗下的新闻频道已经达到了 17 个。它隶属于印度信赖工业集团（Reliance Industries）。

3. 美国维亚康姆集团（Viacom）

2007 年，维亚康姆 18 媒体公司（Viacom18）作为美国维亚康姆集团（Viacom）与印度媒体合资公司开始运营，最初仅播出三个频道（MTV, Nickelodeon 和 Vh1）。2019 年，该公司已经播出 44 个频道，涉及 6 种语言，播出国家达到了 80 多个。除了频道业务，该公司的业务还涉足电影、数字媒体、现场活动等领域。2018 年，印度 18 电视台（TV18）持有维亚康姆 18 媒体公司（Viacom18）51% 的股份，美国维亚康姆集团在维亚康姆 18 媒体公司中持有 49% 的股份。

2015 年 7 月，美国维亚康姆集团通过旗下的维亚康姆国际电视网（Viacom International Networks）斥资 1.53 亿美元收购了印度棱镜电视私人有限公司（Prism TV Private Limited）50% 的股份。印度棱镜电视私人有限公司在印度拥有

---

① 张讴：《印度文化产业》，外语教学与研究出版社 2007 年版，第 155 页。

或运营了几个区域性综艺频道，包括ETV Marathi、ETV Kannada、ETV Bangla,、ETV Oriya和ETV Gujarati，这些频道以“色彩”为统一标示。印度电视网18集团（Network 18 Group）持有印度棱镜电视私人有限公司其余的50%股份，该集团也是印度维亚康姆18有限责任公司（Viacom18）的股东之一。印度维亚康姆18有限责任公司是维亚康姆集团在印度的合资公司，在印度运营10个综艺频道，包括MTV、Nickelodeon、Comedy Central等频道。

4. 美国全国广播公司（NBC）

美国全国广播公司旗下的CNBC电视台与印度18电视台合资成立的商业新闻频道，目前是印度商业新闻报道领域的知名频道。该频道的节目包括商业新闻报道、专家访谈、投资信息等。

5. 美国家庭影院频道（HBO）

2013年，美国家庭影院频道（HBO）与印度当地公司“艾饶国际”（Eros International）合作开办了两个频道“家庭影院精选频道”（HBO Defined）和“家庭影院热播频道”（HBO Hits），这两个频道是没有广告的付费电影频道。另外，两家公司除了合作运营这两个频道之外，还针对印度市场联合制作影视节目。

6. 美国探索传播公司（Discovery）

2018年2月，美国探索传播公司旗下的印度探索公司（Discovery India）创办了印地语综艺频道“吉特”（JEET），主要在印度伟杰有线公司（Vjjay Cable）付费电视平台上播出。印度探索公司旗下还运营资讯频道、时尚频道、儿童频道等。为了拓展传播渠道，美国探索传播公司与美国奈飞（Netflix）开展合作，通过奈飞的平台将吉特频道面向全球进行分发。开播之初，这个频道每天播出5个小时，其中3个小时的节目是自制原创节目。吉特频道主要以印地语、泰米尔语和特拉古语播出，在印度覆盖的家庭达到1亿，将与Star Plus、Colors、Zee TV和Sony Entertainment Television等同类频道展开竞争。美国探索传播公司在印度运营12个频道，包括探索频道（Discovery Channel）、探索旅游生活频道（TLC）、动物星球频道（Animal Planet）、探索高清世界频道（Discovery HD World）、探索科学频道（Discovery Science）、探索儿童频道（Discovery Kids）、体育频道（DSPORT）、探索动力频道（Discovery Turbo）等。另外，该公司还与优兔（YouTube）和沃达丰（Vodafone Play）等公司合作推出了4个小众频道。

7. 美国维斯传媒集团（Vice Media）

2018年，美国维斯传媒集团与印度时报集团（Times Group）合资成立了“春潮资娱传媒公司”（Springtide Infotainment Media）。该合资公司拥有数字演播室和制作中心，针对传统电视、网络和移动平台开展节目制作和内容分发等业务。2018年，维斯传媒集团在印度开设了新的办公室，其付费频道Viceland也引入印度播出，并更名为Vice Now。该频道在印度主要针对“千禧一族”年轻观众群播出，内容既有印度当地节目，也有一些在国际上较为知名的节目。美国维斯传媒集团从2016年开始与印度时报集团建立了合作关系，这也是维斯传媒集团全球拓展战略的一部分。维斯传媒集团主要通过与本土有影响的媒体集团建立深度合作关系，在多种平台上面向当地年轻观众播出本土和国际新闻、文化和时尚节目等。

二、新兴媒体领域

印度非常重视信息技术，着力推进信息领域基础设施建设，这为网络电视等新兴媒体发展提供了坚实基础。

1. 美国奈飞公司（Netflix）

奈飞公司在2016年1月进入印度市场，在孟买开设了办事处，并在印度本土节目方面投入了巨资。为了进一步提升本土化程度和在当地市场的竞争力，2017年3月，美国奈飞公司宣布在印度与三家公司建立战略合作伙伴关系，其中一家是移动通信运营商沃达丰公司（Vodafone），另外两家是直播到户卫星电视运营商印度视频直达公司（Videocon d2h）和印度空电数字电视公司（Airtel Digital TV）。通过与沃达丰公司合作，奈飞公司将后付费和预付费服务的缴费业务搭载到沃达丰公司的平台上。通过与印度视频直达公司及印度空电数字电视公司建立合作关系，奈飞公司的网络视频点播业务可以直接嵌入这两家印度公司的机顶盒中，方便印度观众收看其节目。针对印度手机用户较多而宽带用户较少的特点，奈飞公司在2019年3月推出了面向手机终端的网络电视业务，每月资费为3.63美元；这也是奈飞公司抢占印度大众市场的重要策略。此前在2018年11月，奈飞公司在马来西亚也推出了类似的手机端网络电视业务。

2. 美国亚马逊公司（Amazon）

亚马逊公司从2013年开始进入印度市场，电子商务交易总量在2015年达到了20亿美元。2015年，亚马逊公司在印度电子商务和点播业务领域又投资了500万美元，包括在印度市场推出了“Prime Instant Video”网络视频点播业务。2017年4月，在印度市场推出了“火视”（Fire TV）电视棒，这也是该公司继美国、英国、德国和日本之后在海外投放该业务的第5个国家。该电视棒的播放器预置了亚马逊、奈飞等多个网络电视流媒体应用程序，用户将其插入任何型号的高清电视机上之后，即可直接收看网络电视平台上的节目内容了。这款电视棒在印度的售价为3999印度卢比。

3. 美国优兔（YouTube）

美国优兔在社交媒体平台领域具有很强的知名度和影响力，在国际市场拓展方面也卓有成效。优兔大力推进本土化策略，截至2018年2月，优兔社交平台已经拥有90个国家的80多种本土语言版本。在聚合了庞大数量的用户后，优兔从2017年开始大力发展虚拟付费电视/网络电视业务“优兔电视”（YouTube TV）。该业务提供美国广播公司（ABC）、哥伦比亚广播公司（CBS）、福克斯公司（FOX）、全国广播公司（NBC）、综艺体育电视网（ESPN）、迪斯尼频道（Disney Channel）等40多个精品频道，每月资费为35美元。2018年2月，优兔电视业务入驻美国优酷平台（Roku），通过优酷盒子和应用程序面向用户进行分发。截至2018年2月，优兔电视已经覆盖美国80个城市区域。2017年4月，离线视频应用程序“YouTube Go”在印度推出，随后进入印度尼西亚、尼日利亚和泰国等14个国家。2018年2月，优兔开始加大推进海外市场拓展力度，计划在130个国家运营“YouTube Go”业务。“YouTube Go”播出美国以及目标国当地的视频内容，应用程序服务界面根据每个国家特点进行了本土化，提供当地语言服务和当地视频内容等。

4. 美国云帕电视（YuppTV）

云帕电视是一个总部位于美国的网络电视平台，2015年进入印度市场。云帕电视播出200多个东南亚电视频道，频道播出语言多达12种，并提供回放服务。云帕电视负责人表示，云帕电视是要用网络电视技术“解放”娱乐，增加人们的视频获取途径，丰富人们的视频体验。

三、美国在印度国际传播策略对我国电视“一带一路”传播的启示

通过分析美国媒体在印度发展概况和策略时发现，建设国际化媒体品牌、推进合作传播和强化产业合作有助于深化合作水平、提升传播效果。

1. 构建品牌

在全球化时代，品牌是市场的硬通货，媒体品牌则是国际传播的重要资源。“一带一路”沿线国家受众只有知晓、认可中国的媒体品牌，才能乐于选择中国媒体；这些国家的媒体也只有对中国媒体具有认知度和信任度，才愿意与中国媒体开展深度合作。因此，一方面，中国媒体业要打造具有国际影响的媒体品牌，并从内部管理到海外运营都稳步提升国际化水平。例如，中央广播电视总台旗下的中国国际电视台（CGTN）正着力提升国际化水平，在内部管理和人才建设方面已经迈出了坚实的步伐。另一方面，中国媒体要强化在“一带一路”国家的品牌宣传推广，通过媒体活动、广告等方式提升中国媒体品牌在目标国的知晓度和影响力。

2. 强化合作

在全球化时代，媒体领域和其他领域一样，需要采取本土化策略才能克服发展过程中的“水土不服”问题。目前，中国与“一带一路”国家媒体合作基本还停留在节目合作的水平上，基本还没有在投资运营等层面上开展深度合作。值得关注的是，在广电总局国际司推动下，中央和地方广电媒体近几年在海外与当地媒体机构合作打造了“中国剧场”“中国时间”“中国频道”“中国农场”等播出平台，并已在老挝、越南、印度尼西亚、捷克、柬埔寨、尼泊尔、罗马尼亚、乌克兰、塞尔维亚等60多个国家投入运营。中外方通过时段合作，实现利益共享，大大优化了中国电视节目“走出去”模式，提升了传播的可持续性。中国媒体还要继续探索，参考借鉴美国等国媒体在海外开展商业合作的市场化模式，进一步提升本土化运营水平。

3. 聚焦产业

当前，中国媒体在参与“一带一路”建设时，一方面要肩负宣传使命，全力讲好中国故事和传播中华文化；另一方面要积极关注媒体国际传播的市场属性，通过产业输出和合作实现更高层面的战略诉求。近年来，中国广播影视技术和产

业取得了长足发展，为推动媒体领域产业合作提供了条件。例如，中国公司正在老挝、柬埔寨采用中国数字电视地面多媒体广播系统（DTMB）标准建设传输覆盖网络，在海外推广“中国巨幕”系统及其专用母版制作技术。此外，对丝路国家的内容产品出口也有较大幅度提升。在产业层面上，要持续推进电视业领域的供给侧结构性改革，将中国电视产业优势与“一带一路”国家市场需求紧密对接，依托国际市场进一步优化中国电视业产能的布局。

第三章　亚洲电视研究的国际传播理论视角与方法路径

国际传播是一个国家对其他国家或地区开展传播，核心目标是强化政治影响，在和平时期也注重弘扬文化软实力。随着中国国际地位的迅速提升，国际传播研究必须跟得上国家发展的整体节奏，契合国家外交大局和海外利益维护。“二战”结束后，美国开始迅速崛起。美国政府和“外宣”媒体在“二战”宣传战的基础上开始系统推进国际传播研究，着力提升传播战略布局和技巧。例如，“美国之音”负责人富伊·科勒（Foy Kohler）任命列奥·洛文塔尔（Leo Lowenthal）担任“美国之音”研究部主任，在从1949年开始的7年时间里展开了多项重要研究，包括针对全世界居民传播习惯的一系列范围广泛的调查，对广播节目进行了内容分析，调查了广播节目收听率，并且对广播听众和印刷媒体的读者进行了访问，等等。近十余年以来，中国国际传播研究取得了长足进展，对于中国国际传播的战略、策略、路径以及现状、经验、不足等都有诸多分析。从研究本身来说，重点和进展主要聚焦在实践方面，在理论方面的整体力度、进展以及成果来说并不显著，这应该成为下一阶段中国国际传播研究的着力点、突破点和增长点。关于亚洲电视研究也是如此，在理论建构和方法探索上亟须进行优化升级。近年来，业界和理论界都提出国际传播要“一国一策”，但“一国一策”的前提必然是对每个国家有充分系统的了解和认知，包括传媒政策、产业发展、技术变革、受众特点、市场规范等。长期以来，关于亚洲电视的研究停留在节目和内容制作层面，缺乏系统思维，甚至毫无产业视角和商务理念。因此，今后关于亚洲电视的研究目的一方面是为了服务国际传播；另一方面国际传播也需要在理论视角和方法路径上有所创新突破。

第一节　国际传播研究的内在属性

随着网络电视等新兴媒体发展，全球传媒市场一体化进程大大加速，国际传播的竞争格局和竞争方式正在发生急剧变化。国际传播能力建设要充分回归其本质，重新审视其内在属性，尤其要强化全球化背景下对于国际传播商务属性的认知，全面提升国际传播的市场意识，例如要充分认识到投资能力和资本运营能力是国际传播能力建设的重要组成部分。随着中国国际传播能力建设日趋成熟，国际传媒商务能力要逐步提升，强化中国内容资源和资本资源的转化能力。

一、国际传播的多重属性

国际传播具有政治、文化和经济等多重属性，国际传播研究也应具有相应的多维度，不可偏废。雷吉斯·德布雷指出，宏观的历史、思想研究总是依附于所处的社会、经济条件以及其形成、传播的技术。因此，我们首先应该关注的乃是思想传播所依赖的由技术及社会条件所决定的方式。[①] 关于国际传播的研究也是如此。在国际传播的实际工作中，从业人员要充分认识国际传播的多重属性，针对政治属性、文化属性、市场属性等进行发展规划和业务布局，绝不能偏颇。

1. 国际传播的政治属性

影视传播具有显著的政治意义，国际政治是国际传播的最初缘起；政治属性也可以称之为意识形态方面的意义，因为作为观念的一个系统，意识形态只有在可以被表达和交流传播时才有说服力，大众媒介和所有其他大规模的社会机构在意识形态的传播中扮演着重要的角色。[②] 传媒是主导意识形态最显著的

① ［法］弗雷德里克·巴尔比耶等：《从狄德罗到因特网：法国传媒史》，施婉丽等译，上海人民出版社 2008 年版，第 262 页。

② ［美］詹姆斯·罗尔：《媒介、传播、文化——一个全球性的途径》，董洪川译，商务印书馆 2012 年版，第 19 页。

传播工具，即便是电影也具有浓厚的政治属性。早在1917年，时任美国总统的威尔逊就宣称：“经济和意识形态是齐头并进的，电影既是一种经济产品，又是一种意识形态的工具，是一种完美的工具。”①居伊·埃内贝勒在《世界电影15年（1960～1975）》一书中，罗列了好莱坞电影传播与美国意识形态相符的扭曲的世界观的15种方法。例如，在每部电影的结尾，一切都要回归秩序并且具有意义：坏人受到惩罚；好人得到奖赏。而美国则向我们重申，它才是最正义的国家。②当然，国际传播的政治属性最直接、最主要的体现是新闻，新闻舆论斗争、议程设置、国际话语权等概念的落脚点基本上都在新闻上。需要特别指出的是，国际传播中的政治站位和政治属性是两个不同概念。坚持正确的政治站位是应有之义，具有很强的排他性；但政治属性是国际传播多重属性之一，不具备排他性。

2. 国际传播的文化属性

一个国家的影视作品或多或少会浸润和反映其文化特征，至少在传播语言上会充分体现这个国家的文化特征。更深层次、也更隐秘的是影视作品所传播的文化价值观和生活方式等。例如，无处不在的美国文化和商业产品让美国在全球传播过程中确认、强化了自己的价值观、生活方式以及信仰。③对此，很多国家从保护本国文化出发积极应对美国影视文化的入侵。早在20世纪30年代，法国当时的舆论认为，从文化角度，民族电影产业应该得到保护，政府在这方面也需要扮演一定的角色。④与之相关，国际传播的文化属性会衍生出“文化折扣”；由于不同国家间的文化差异，一个国家热播的影视作品在另一个国家播出时，有时会遭到冷遇，甚至抵制。例如，我国使用乌尔都语译配了《舌尖上的中国》（第二季），并推销到巴基斯坦媒体播出。可是，片中内容涉及猪肉，巴基斯坦是穆斯林国家，对此有禁忌，导致原片内容无法播出。

---

① 国家广播电影电视总局发展改革研究中心：《发达国家广播影视管理体制和管理手段研究》（内部资料），2006年版，第192页。

② ［法］迪布瓦：《好莱坞：电影与意识形态》，李丹丹、李昕辉译，商务印书馆2014年版，第32～37页。

③ 张开：《全球传播学》，中国广播电视出版社2013年版，第83页。

④ ［法］弗雷德里克·巴尔比耶等：《从狄德罗到因特网：法国传媒史》，施婉丽等译，上海人民出版社2008年版，第196页。

3. 国际传播的市场属性

影视领域不仅属于意识形态的范畴，也具有显著的市场属性。默多克与戈尔丁认为，媒介“最主要是晚期资本主义的经济秩序之下，生产与分配商品的工业组织”。达拉斯·斯麦兹提出了“受众商品”的概念，并在《传播：西方马克思主义的盲点》（*Communication: Blindspot of Western Marxism*, 1977）一文中强调了应该以物质论的立场分析传播媒体、广告、受众之间的三角关系。① 基于传媒的市场属性，电视节目都应归于“产品和服务”概念之下，即传媒为受众提供新闻信息产品、影视产品以及相关服务等。从经济属性考虑，媒体往往会重视媒体的“娱乐功能”，即便是公共媒体也是如此。英国前文化、媒体和体育部大臣泰萨·乔威尔（Tessa Jowell）在关于英国广播公司的未来所发表的政府绿皮书中曾表示，“我们清楚娱乐化对于英国广播公司的职责的重要性……英国广播公司应该提供各种类型的广泛的节目内容，设法争取最大范围的受众。在可能的情况下，它应该开发新受众易于接近的主题。”② 市场属性关乎媒体的生产发展，在市场体制下它受到重视是理所当然的；即便是在公共事业体制下，媒体的市场属性也越来越受到重视。

二、国际传播“制度折扣”与市场属性

国际传播是一种跨国跨地域的传播形态，需要充分适应不同国家的文化传统、媒介体制和市场环境，因而“文化折扣”和“制度折扣”是国际传播必然应对的两大考验。相比“制度折扣”，“文化折扣”的“杀伤力”相对较小，因为可以通过强化跨文化交流和传播能力有效应对。“制度折扣”的产生主要缘于意识形态和政治制度差异，故而应对起来绝非易事。

中国国情的特殊性决定了当今中国的意识形态不同于其他国家的意识形态，中国媒体在国际传播中注定要遇到种种挑战与重重困难。以美国为例，近十年

---

① 韩瑞霞：《美国传播研究与文化研究的分野与融合》，中国大百科全书出版社 2014 年版，第 26 页。

② ［英］保罗·布赖顿、丹尼斯·福伊：《新闻价值》，周黎明译，中国人民大学出版社 2014 年版，第 24 页。

来，美国保守势力一直致力于采取措施抗衡中国媒体在西方社会的“意识形态扩张”。早在2010年，美国三大报之一《华盛顿邮报》曾刊载了《从中国的嘴巴到得克萨斯的耳朵：覆盖范围包括加尔维斯顿的小电台》（*From China's mouth to Texans' ears: Outreach includes small station in Galveston*）一文，反映了美国主流社会对于中国媒体的负面态度。2018年，特朗普在联合国安理会上指责中国利用国家媒体干预美国中期选举。同年，美国司法部要求中央电视台中国环球电视网（CGTN）北美分台和新华社在美国注册为外国代理人。此外，英国、澳大利亚等美国的同盟也都采取了类似立场。英国通信管理局（OFCOM）多次要求中国媒体根据英国观众“投诉”提交说明材料；澳大利亚媒体则经常发表煽动性报道，例如澳大利亚广播公司（ABC）2019年发表题为《“从不讲述全部真相”：中国媒体进军国际的民主威胁》的报道。

对于中国媒体来说，充分挖掘和彰显市场属性是应对“制度折扣”的重要策略。一方面，中国媒体可以通过强化市场属性来淡化政治属性，通过商业化运作来更好地契合目标国媒介环境。另一方面，中国媒体可以通过强化市场属性更好地满足受众需求，尤其是娱乐性需求。法国学者贝尔纳·瓦耶纳在《新闻的社会职能》一文中指出，大众传播媒介成了当代人的最广阔、最优越的娱乐市场，即便在新闻领域中娱乐消遣和新闻报道、观点表达一同构成新闻的三大内容及社会职能。[①] 因此，中国媒体国际传播需要针对市场属性来强化国际传播的顶层设计和战略布局，有效弱化和消减“制度折扣”。

三、国际传播商务意识的两个层次

与市场属性密切相关的是商务思维。国际传播商务意识包括两个层次：一是微观层面上的商务意识，主要是在现有国际传播运行机制下强化业务操作的商务意识，优化现有管理运行方式；二是宏观层面上的商务意识，主要是通过商业运营来创新国际传播模式，优化现有业务布局。

① 胡钰编著《新闻理论经典著作选读》，清华大学出版社2016年版，第178、179页。

1. 微观层面上业务操作的商务意识

受制于体制机制等方面原因，中国国际传播工作的商务意识相对较为薄弱，例如内部业务管理、国际合作等在商务规范性方面多存在不足，一些国际传播项目合同文本的系统性、完备性等方面亟待改进。

（1）项目决策与风险评估

国际传播业务中的相当一部分是涉外业务，主要是与境外媒体机构开展内容合作、落地分发等。一个项目是否上马需要有系统科学的决策工具，绝不能仅凭过往经验或领导意志，或仅仅着眼于"友好合作"。在规范的商务操作中，决策是用数据说话的，而数据由决策模型产生。对于国际传播项目的决策模型，我们需要充分考虑国际传播中的政治、经济、产业、文化、人口等因素，同时充分考虑合作方的经营状况、技术水平、发展前景等，在模型中引入多维度指标，由此推导出可供决策的依据。

（2）资金投入与成本控制

国际传播项目的资金投入往往较大，如何进行科学合理的成本控制成为业务操作的重中之重。目前，欧美国家电视业和电信业普遍采用"ARPU"（全称为Average Revenue Per User，即单位用户平均收入）作为核心经营指标，对于国际传播业务来说，也要根据受众 / 用户的规模进行成本核算，确保资金投入的效益和效用。

（3）闭环运行与效果核查

国际传播业务具有跨国跨境特点，一旦管理不到位，极易产生结果虚报、效果不实。虽然进行跨国核查存在诸多困难，但从商务管理闭环运行的要求来说，核查必不可少，否则可能出现"伪业务模式"问题，即有投入、有项目，但没落实、没效果。只有建立起科学有效的核查机制，才能有效建构起项目执行的全流程管理，实现国际传播业务的闭环运行。

2. 宏观层面上业务布局的商务意识

如果从经济维度来看待国际传播，实际上国际传播是世界贸易的有机组成部分。1999 年，"二战"后成立的关贸总协定发展成世界贸易组织。世界贸易组织与关贸总协定相比，所发生的一个重大变化是由前者的货物贸易扩大到服务贸易，这就使一部分文化产品作为商品进入国际贸易领域。从发展趋势来看，国际文化交流中文化产业产品的交流日益成为国际文化交流的主要形式。传播的形式由过去的花钱去传播文化变为赚钱去传播文化。[①] 在中国媒体领域，中国的对外节目输出过去着眼于宣传，基本上是贴钱而非赚钱，毫无国际贸易概念。经过40多年发展，中国媒体国际传播的商务意识仍不强，也缺乏“走出去经营媒体市场”的内生动力。相比之下，欧美国家把国际传播业务作为产业发展的重要方向，新闻、影视节目等都成为重要的出口内容。另外，巴西、土耳其等国也充分发掘自身优势，在国际传播中拓展自身的商务利益。以土耳其为例，该国近年来强化了影视传播的产业化和国际化力度，2019年数据显示，土耳其影视剧已经销售到全球140多个国家和地区，在阿拉伯电视频道中的占比甚至高达35%。

当前，中国一方面要强化影视内容资源的转化能力，做好影视内容产品的出口。另一方面还要注重影视资本的转化能力，要把提升投资能力作为国际传播能力建设的重要组成部分。以美国为例，它在全球的投资实力与资本运营能力堪称一流，这大大提升了其国际传播的影响力和竞争力。以目前东南亚地区最有影响力的网络电视平台马来西亚艾克飞平台（Iflix）为例，它是2015年由马来西亚凯查集团（Catcha Group）和发展传媒资本（Evolution Media Capital）创办的，但此后美国资本就纷纷进入，例如2017年8月美国赫斯特集团（Hearst）在该平台投资1.33亿美元，另外美国自由媒体环球集团（Liberty Global）也进行了投资。中国影视领域的投资要积极走出去，在海外内容制作、渠道建设和平台运营等方面进行精准投资，实现市场效益和传播效果的双丰收。概言之，中国影视产业和资本都需要“走出去”，借助优质投资项目迅速优化在国际传播领域的布局。

四、相关启示

在和平时代的国际传播场域中，市场逻辑居于主导地位，政治逻辑并不具有显性特征。因此，西方媒体机构凭借商业意识在海外拓展市场，把新闻、影视剧或纪录片等都做成了“产品”，在国际传播中实现了传媒内容的跨国兑现。有学者就认为，市场逻辑也许能够成为美国在全球电视和流行文化领域中卓越表现的

① 关世杰:《中国文化国际影响力调查研究》，北京大学出版社2016年版，第9页。

一个更为有力的解释。[①] 从另一个角度来说，国际传播能力和竞争力在本质上是国家传媒综合实力的投射，尤其是传媒产业高度发展动能的对外渗透。对于中国国际传播来说，一方面在顶层设计和宏观布局上注重国际传播的市场属性，丰富业务类型，构建立体多元、灵活有效的传播体系；另一方面在管理上要规范商务操作，按照国际传媒市场标准来开展制度建设和流程设计，从合同订立、法律关系到合作方式都要切实做到“在商言商”。

第二节　中国国际传播研究的理论创新与突破

国际传播研究近十余年在中国取得了长足进展，对于中国国际传播的战略、策略、路径以及现状、经验、不足等都有诸多分析。从研究本身来说，重点和进展主要聚焦在实践方面，在理论方面的整体力度、进展以及成果来说并不显著，这应该成为下一阶段中国国际传播研究的着力点、突破点和增长点。

一、中国国际传播理论研究现阶段的整体特征

联合国教科文组织《多种声音，一个世界》对传播的定义为：“传播是指个人之间和人群之间交换新闻、事实、意见、消息的‘过程’。”而国际传播在狭义层面上指跨越国界的大众传播，不包含人际传播。[②] 从某种意义上来说，所有国际传播都带有政治色彩。传播可以公开带有政治性质，也可以隐含有政治色彩，

---

① ［英］达雅·屠苏：《国际传播：延续与变革》，董关鹏主译，新华出版社 2004 年版，第 210 页。

② 关世杰：《国际传播学》，北京大学出版社 2004 年版，第 1 页。

或者只是受到国家政治经济政策的影响。[①] 中国近代国际传播始于国际广播，发展于国际电视。国际传播理论研究主要借鉴于西方传播学和国际传播学，兼收并蓄了西方马克思主义、美国经验主义以及媒介政治经济学、文化研究、媒介帝国主义、女性主义与媒介、后殖民主义媒介观、结构主义与符号学等。

1. 紧扣国家议题，关注国际传播理念与策略

国际传播的主流研究多以国家发展和外交大局等为研究背景，包括中国政治经济大事和外交布局等。这些研究主题包括每年的“两会”、党的“全国代表大会”等常规重大政治议题，“一带一路”“命运共同体”“周边外交”“金砖国家”“上合组织”“南海仲裁”等外交议题，中国经济快速发展、金融改革、持续扩大开发等经济议题，以及北京奥运会等重大体育议题等。基于此，如何把真实、全面、立体的中国展现在世界面前，成为国际传播研究的重点。近几年，关于“讲好中国故事”的研究成为国际传播研究的重中之重，与之相关的国家形象、国际话语权、中国话语体系建设、文化软实力传播等传播也步入主流。此外，在“一带一路”“中非合作”“中外人文交流机制”“金砖国家”等话语框架下，关于具体国家或地区的传播策略研究也是中国当前国际传播的重要内容，包括对非传播、对美传播、对阿拉伯地区传播等。

2. 立足外宣媒体，关注传播主体经验与方法

国际传播媒体传播研究是中国国际传播研究的重要领域，包括国际传播机制、体制、经验、内容、方法等。经验总结是这个研究领域的重要特点，虽然理论色彩偏弱，但同样具有重要价值。其中，一些研究主要在内容层面上分析新闻、纪录片、影视剧等的国际传播经验，包括主题选择、价值载入、内容建构以及话语运用等。另外一些研究侧重于通过案例分析或对比研究等方式关注发达国家国际传播经验。

3. 分析传播效果，关注目标受众解读与行为

在中国的国际传播体制下，国际传播的主体以国有媒体和相关机构为主。随着国际传播管理的精细化，资金投入的绩效管理在逐渐规范和完善。对于效果研究方法来说，早期以定性研究为主，这一方面受制于研究资金投入的限制，也与

---

① ［美］罗伯特·福特纳:《国际传播——全球都市的历史、冲突及控制》，刘利群译，华夏出版社 2000 年版，第 8 ~ 9 页。

当时跨国效果研究技术水平有关。近年来，定量研究居于主导地位，跨国受众调查成为主要媒体和研究机构较常采用的方法，针对中国媒体国际传播内容在境外的转载情况分析也是重要的效果分析方法，此外中国媒体机构在国际社交媒体平台上被关注、转发、评论等情况的分析也成为较为普遍的效果分析方法。这些研究方法，有的侧重于传播受众对传播主体的知晓与认可情况，有的侧重于对传播内容的接受与解读情况，但总的来说是要分析目标受众对传播者和传播内容的解读情况以及后续行为转化情况。基于此，效果评估体系的建设也在稳步探索和建设之中，例如中央广播电视总台等主要中央媒体正着力推进效果评估体系的建设。

二、中国国际传播理论研究创新发展方向与突破路径

从国际传播发展阶段来说，中国的国际传播目前进入成长期，但还没有到达成熟期。而国际传播研究则是处于起步期，还没有达到成长期。理论研究是对实践的总结，更是对实践的升华，需要为实践提供具有普遍意义的规律性、指引性的发展方向、路径及举措。总体来说，中国国际传播研究还没有构建起有着中国特色的、符合中国国情的理论体系，也没有提出切实可行的研究范式。美国学者哈米德（Wowlana Hamid）认为，推动国际传播学形成和发展的外部环境可归纳为四个主要部分：一是国际冲突、人类战争、宣传活动；二是国际组织和国家外交的发展需求；三是意识形态的竞争、信息传播的使用；四是传播技术的发展和成熟。[①]当前中国需要对抗西方舆论关于中国的持久宣传战，具有强烈的外交需求，在意识形态竞争中亟须改变被动局面，同时也在积极发展和应用信息传播技术。目前，中国国际传播理论可以率先从几个方面进行重点探索和突破。

1. 全球化与政治经济研究

中国虽然是全球化的后来参与者，但却是当前最为关键的角色，并提出了“命运共同体”概念。在全球化背景下，政治经济学研究在西方取得了长足发展，但仍未在国际传播研究领域取得主导地位，而中国则在这一研究方向最具潜力。在当前国际传播格局中，美国毫无疑问实力超群、独占鳌头。美国在影视文

① 张开:《全球传播学》，中国广播电视出版社 2013 年版，第 8 页。

化领域极力想打开所有国家的市场，而且理论和政治逻辑都是“产品流通”“市场开放”“国际贸易”“自由贸易”等全球化逻辑。国际传播的控制原则和结构已经更多地依据跨国公司的利益和商业规则进行重构。传播问题已经被认定为贸易事宜，不折不扣地按照商业逻辑来操作。世贸组织和其他贸易组织取代了联合国成为管理世界传播的主要机制。① 为了维持其在国际传播中的主导地位，美国极力促进世界传媒产业的市场化，努力促使世界各国纷纷放开广播电视与通信管制，导致一些国家甚至将国家所有传媒公司私有化。② 美国学者约翰·C. 梅里尔认为，全球化危害国家和地方媒体，破坏言论自由。他认为，大型媒体公司向全球市场扩张的全球化趋势，并不是一个健康的趋势，严重危及各国的本土价值观。③ 具体就全球化 政治经济学研究而言，赫伯特·席勒等欧美学者在这一领域进行了大量研究，大大推动了其发展。例如，赫伯特·席勒（Herbert Schiller）在《大众传播与美利坚帝国》（*Mass Communication and American Empire*）中分析了国际传播中的全球权力结构，并指出美国大型跨国公司与美国的军事和政治利益相得益彰。④ 中国的制度特点为国际传播领域的全球化与政治经济研究提供了条件。丹·席勒（Dan Schiller）是信息政治经济学的开创者，也是传播政治经济学的第二代代表性学者，他曾在多个场合表达了希望中国传播学研究能够开拓传播政治经济学研究领域的意愿。他对中国信息传播的关注并非从民族或国家的角度切入，而是仍然将其看作信息化资本主义体系的全球性扩张及其内在矛盾的一种表现，这也是他宏大视域的体现。他指出，信息资本主义的跨国性与中国国家发展目标之间存在不可避免的矛盾，值得关注。⑤ 对于中国来说，全球化为国际传播提供了平台，拓展了渠道。但在美国控制全球信息传播与舆论的背景下，中国则面临被信息倒灌、意识形态渗透和舆论操纵等方面的危险。基于这一严酷现实，中国在影视文化领域一直采取较为严格的管控举措，而这自然就招致美国等

---

① 赵月枝:《帝国时代的世界传播——国家、资本和非政府组织力量的重新布局》，载于陈卫星主编:《国际关系与全球传播》，北京广播学院出版社 2003 年版，第 9、15 页。

② 张开:《全球传播学》，中国广播电视出版社 2013 年版，第 30 页。

③ ［美］埃弗里特·E. 丹尼斯、约翰·C. 梅里尔:《媒介争论：数字时代的 20 个争议话题》，王春枝译，中国人民大学出版社 2019 年版，第 220 页。

④ 关世杰:《国际传播学》，北京大学出版社 2004 年版，第 100 ~ 101 页。

⑤ 胡翼青:《西方传播学术史手册》，北京大学出版社 2015 年版，第 65 页。

西方国家的责难和攻击。在此背景下，中国的国际传播研究需要为解决这一困局提供理论支撑，用理论指导话语体系建设，从而为实践提供内生动力。

2. 文明互鉴与跨文化传播研究

在全球化时代，文化交流与文明互鉴成为显著的主题。中国政府积极倡导“文明互鉴”理念，非常注重中华文化在海外的传播。但是，文明互鉴是需要以理论研究作为前提和基础的，并不是靠经验或先觉就可以实现的。美国在“二战”后在政治、经济和文化等领域大规模开展海外交流合作，美国政府非常理性地为此开展了系统的学术研究，并对外派人员进行了理论培训。其中，爱德华·T. 霍尔由此开创了“跨文化交流学”（Intercultural Communication）这门学科，并为此学科建立了诸多基本范式。1951 ~ 1955 年，爱德华·T. 霍尔作为人类学教授和驻外事务处的培训计划主管供职于美国国务院外派人员培训学院（Foreign Service Institute），以帮助负责处理海外事务的政府工作人员顺利应对文化差异，与著名语言学家特雷格（George L. Trager）和“身势语之父”博德惠斯特尔（Ray L. Birdwhistell）共事。[①] 美国政府对于跨文化交流理论研究及其实践的重视，有效推动了美国外交、国际贸易等领域的发展，也强化了美国影视产业等其他领域的跨文化意识和国际化理念。中国政府倡导世界各国之间开展文明互鉴，注重中外文化交流，政府机关和相关机构的跨文化能力需要全面有效提升；加之中国公民出境游势头日盛，公民的跨文化素养继续大力改善。因此，跨文化传播学的发展在中国有非常显著的现实需求，亟须得到大力推动。与此同时，中国大陆的跨文化传播学在 20 世纪 80 年代从美国引进后，基本沿用“西方中心论”传统，多数研究缺乏中国本土化元素，未能在重新审视自身文化传统的过程中进行理论创新，由此推动跨文化传播理论的本土化。因此，在世界文明互鉴的愿景下，以及中国政治、经济、文化等“走出去”的现实需求下，国际传播要强化跨文化传播理论方面的研究，通过理论创新和模式创新有效解决国际传播中的“文化折扣”问题。

3. 技术发展与媒介环境研究

通常认为，现代国际传播始于 19 世纪 30 年代，也就是肇始于电报的发明。此后，电话、广播、电视、卫星通信、互联网、移动通信等技术相继出现，大大

---

① 胡翼青：《西方传播学术史手册》，北京大学出版社 2015 年版，第 84 页。

推动了国际传播的发展。基于技术视角，欧美学者在传播学研究中开创了媒介环境学派，其中加拿大学者哈罗德·伊尼斯（Harold Innis）是传播学三大流派之一的媒介环境学派的创立者。他的《帝国与传播》《传播的偏向》等著作是媒介环境学派的开山之作。此后，麦克卢汉、尼尔·波兹曼、保罗·莱文森和约书亚·梅罗维茨等学者持续推动这一领域的研究。在国际传播研究中，莫拉纳分析了所有的国际传播形式，并且提出"莫拉纳模式"，其中有两个方面是决定自主或依赖的最重要因素，它们是"技术轴"（硬件对软件）以及"传播轴"（生产对分配）。[①] 其中技术意味着渠道控制，换言之，即对国际传播主导权的控制。例如，20 世纪 90 年代末南斯拉夫战争期间，欧洲通信卫星有限公司（Eutelsat）停止传输塞尔维亚广播电视（RTS）的卫星节目，结果欧洲国家无法收到塞尔维亚广播电视的信号。后来，以色列私营太空通信公司（Space-com）在美国政府的施压下，也在阿莫斯一号卫星（Amos-1 satellite）停止转播塞尔维亚广播电视节目。对此，塞尔维亚表示，"这一决定（停止播放塞尔维亚广播电视节目）最能体现西方政策的虚伪性，嘴上说的是促进媒体的自由，实际上干的是阻止世界信息的自由流动。"[②] 但是，国际传播竞争最终还是关于经济、军事和技术实力的竞争，其中技术在具体业务层面又扮演着基础性、关键性角色。因此，中国国际传播需要从理论上对于国际传播与技术发展进行有效建构，有效引导国际传播在战略规划、发展举措、支持方式等方面充分重视技术的作用。

4. 宣传反制与舆论引导研究

国际传播研究缘起于国际政治需要，最直接的本源就是美国"二战"对敌宣传。哈罗德·D. 拉斯韦尔（Harold D. Lasswell）是美国国际传播学发展早期的重要学者之一，他在"二战"期间被任命为美国国会图书馆战时传播研究试验部主任并开始研究"二战"中的宣传问题。拉斯韦尔将内容分析发展成为一种量化的研究方法，通过建立编码范畴和对关键词频度的统计测量，来分析媒体宣传的文本内容。他奠定了宣传学的研究并对宣传技巧和宣传效果进行了专门的研究。在

---

① ［英］丹尼斯·麦奎尔：《麦奎尔大众传播理论》，崔保国、李琨译，清华大学出版社 2006 年版，第 188 ~ 199 页。

② ［美］门罗·E. 普莱斯：《媒介与主权：全球信息革命及其对国家权力的挑战》，麻争旗等译，中国传媒大学出版社 2008 年版，第 223 页。

传播学领域，拉斯韦尔提出了“五W”理论，并奠定了结构功能主义的传播学研究框架。中国长期以来非常注重“对外宣传”，后来正名为“对外传播”。无论宣传还是传播，内容建构策略可以经由实践总结归纳，都是需要理论支撑的。当下，欧美国家的宣传早已变了面貌、改了形式，但其战略、模式和策略依然如故，非常注重通过传播学、社会学、心理学等多学科协同作用来强化国际舆论竞争中的优势。在伊拉克战争、叙利亚内战、颜色革命等事件中，美国方面散布了诸多不实消息，实际上仍是“二战”期间心理战模式的延续。近几年，中国因为国际、国内等多个议题遭遇欧美国家的宣传攻势，最为显著的例子是在2019年香港风波中欧美媒体赤裸裸的政治性宣传行为，而绝非其所标榜的专业主义新闻传播行为。当前，中国的国际传播需要基于中国长期以来在国际舆论竞争中的被动局面，通过传播学、政治学、社会学、心理学等学科协同研究，探索适合中国开展国际宣传反制的理论和范式，同时持续推进国际舆论引导的理论和范式研究。值得一提的是，中国国际传播研究成果可谓汗牛充栋，但多为论述型研究，归纳总结出中国国际传播存在诸如“主动发声不足”等问题，并据此提出“主动发声”等相关建议。整体来说，中国国际传播研究目前仍缺乏高质量的研究成果，在理论建构、范式创建方面还需要强化自主性、独立性和独特性。

三、相关启示

中国正处于发展的关键阶段，国际传播必须为国家发展营造有利的国际舆论氛围。国际传播有很强的规律性和专业性，绝不可以简单套用国内宣传管理的理念、模式、理论和范式，而需要真正做到“内外有别”，充分尊重其规律性和专业性。与此同时，中国的国际传播自身也仍在摸索发展之中，还没有建立起成熟的理论体系和操作范式。当前，中国国际传播研究主要套用西方理论，“言必称希腊”，缺乏自主性、创新性和独特性。在当前激烈的国际舆论竞争和严酷的新闻对抗中，中国的国际传播如果没有自主理论作为基础和支撑，仅仅借用西方国家的理论模式和操作套路，希望“师夷长技以制夷”，这自然会陷入对方套路之中，胜算也难有把握，因此并非最佳选择。为此，中国的国际传播要在充分吸收和借鉴世界各国理论研究成果的基础上，探索发展出符合自身特点的理论体系和操作范式，用中国的理论来指导实践，用自己的逻辑来应对挑战。

第三节　国际传播研究方法探索与实践案例

关于亚洲国家的电视研究，我们需要进一步强化前瞻性，在研究方法上着力探索和构建符合中国国际传播需要的理念、工具及路径。在具体研究方法上，针对内容、渠道、产业、政策、受众等需要构建不同的研究方法。在本书中，考虑到受众的年龄结构会直接影响其对于媒体内容、渠道等的选择，因此在国别研究中都专门强调了每个国家人口的“年龄中位数”（median age）。关于受众的内容需求和渠道使用等方面则需要进行更为系统深入的研究，才能强化传播的针对性和有效性。囿于研究资源，本书无法针对每个亚洲国家的受众进行深入系统分析，仅探索性地在马来西亚针对年轻受众进行了一次研究。笔者 2019 年赴马来西亚访问，与拉曼大学传播专业的大学生以焦点小组的形式进行了访谈，并在访谈前对 14 位学生进行了先导性的问卷调查。本次研究的一个目的是基于年轻受众在未来国际传播中的重要地位，为战略规划和发展布局提供方法探索。国际传播需在目标国家上需要强化“一国一策”，同时在目标受众方面也要力求精准。基于文献研究，本书将 18 ~ 34 岁年龄段人群界定为“年轻受众”。需要说明的是，因为访谈对象是同所大学同学院的大四学生，加之使用英语做的访谈，访谈结果不具备广泛代表性，仅在一定程度上具有参考性。

一、马来西亚拉曼大学青年学生研究发现

笔者 2019 年在马来西亚拉曼大学组织了焦点小组访谈，共有 14 位学生参加了调查。焦点小组访谈法（Focus Group Interviewing）也被称为焦点小组座谈会，该研究方法着重于分析研究听众（或观众）的个人体验和深入的媒介消费

动机及影响因素。焦点小组访谈的目的是让参与人能够自由地阐述自己的意见和观点，研究人员往往在这样的访谈中发现那些隐蔽而深入的媒介消费动机或态度。[①]在焦点小组调查之前，笔者开展了先导性问卷调查。先导性问卷调查主要了解三方面的情况：他们获取有关中国信息的渠道情况，对中国媒体的认知与使用情况，以及媒体使用习惯。在完成问卷之后，笔者针对问卷中的主要问题进行了焦点小组访谈。在参加调查的学生中，8 位为女性，6 位为男性，年龄基本上是 22 岁或 23 岁。8 人没有到过中国，6 人到过中国 1 ~ 6 次。相关调查结果和主要发现如下。

1. 获取中国信息的渠道

按照马来西亚、中国和国际三种类型，问卷中列举了十多种获取中国信息的渠道，包括电影、电视、广播、互联网、杂志、报纸、书籍、学校课程、身边的中国人、文化交流活动、推特（Twitter）、脸书（Facebook）和照片墙（Instagram）等，并提供了一个“其他”选项，供受访者自行增补。调查显示，在学生们获取中国信息的“马来西亚渠道”中，最主要的是电影，其次是互联网，电视排第三。在学生们了解中信息的“中国渠道”中，最主要的是互联网，其次是电影，电视排第三。在学生们获取中国信息的“国际性渠道”中，电影、互联网和脸书是主要渠道。关于渠道中有关中国信息的报道倾向问题，大部分认为，马来西亚媒体是中立的（6）和正面的（7），仅有 1 人认为负面的。在国际性媒体中，多半认为是中立的（4）、正面的（5）和非常正面的（1），有 4 人认为是负面的。

2. 对于中国媒体的认知与使用

问卷询问了学生们接触中国媒体的次数和评价，其中接触频次最高的是中国电影和中国网站，其次是中国的外语电视节目。关于中国电影，大部分人的评价是“较喜欢”（9），其他人的评价是“非常喜欢”（2）、“一般”（1）和“较不喜欢”（1）。关于中国网站，多数人的评价是“较喜欢”（8），其他人的评价是“非常喜欢”（2）、“一般”（1）和“较不喜欢”（1），另外 1 人表示没有使用过。关于中国的外语电视节目，有 7 人表示观看过，另外 7 人表示没有看过；观看过的

---

① 杨华钢：《受众为王：数字时代的电视频道品牌营销战略》，中国广播电视出版社 2007 年版，第 5 页。

人中，5人表示“较喜欢”，2人表示“一般”。在询问他们对哪一类中国节目感兴趣时，电影（9）和电视剧（9）的受欢迎度最高，其次是动画片（3）、纪录片（2）、游戏与电竞（2）。新闻（1）和汉语教学节目（1）排名最后。就收看中央电视台节目情况而言，9人表示观看过中央电视台的节目，主要是中文国际频道（CCTV-4）。而知晓“中央电视台”这个媒体机构的主要途径是“马来西亚媒体”（5）和“网络”（5），另外是“中国媒体”（3）。值得一提的是，14位受访学生都没有听说过中国国际广播电台。

3. 媒体使用习惯

笔者在访谈中向学生们提出了一个问题：如果传统电视台能够制作出像新媒体平台推出的精美节目，受众是否会选择从手机的小屏回归到电视机的大屏？更多的学生选择不会。他们表示，使用手机更加方便，不受地点限制。他们表示，除非推出相应的手机APP，否则不会特意在电视上收看节目。在问卷的回答中，学生们最常使用的视频网站是美国奈飞（Netflix）和优兔（YouTube）；在学生们最喜欢的马来西亚频道中，8TV（8）、NTV7（7）和Astro（6）三个频道比较靠前。学生们最喜欢的国外频道相对比较分散，提及了16个国外频道；在他们最喜欢的国外频道中，HBO（5）、BBC（3）和TVBS（2）三个频道比较靠前。

4. 媒体公信力

在网络时代，媒体公信力面临前所未有的危机和挑战。调查结果显示：商业媒体、政府媒体和网络媒体的信任度相对较低，在14位受访者中，5人次表示不信任商业媒体，4人次表示不信任政府媒体，另外不信任网络媒体的也有4人次。青年学生在访谈中表示，随着获取信息的渠道日益增多，电视不再是他们眼中权威发布的代表，而更多地被看作为某一种意识形态发声的工具。对于任何事实或知识，他们会通过网络检索相关信息，并查询与该史实或事件有关的期刊文章。可见，在传播方式和效果生成方面，传统的“灌输式传播”或“皮下注射式传播”难以在年轻受众中产生效果。

二、年轻受众媒体使用特征分析

1. 内容方面

年轻受众在内容需求方面侧重于影视剧、综艺娱乐性内容。欧洲数据公司（Eurodata）研究报告显示，在英国、美国、法国、德国、意大利、荷兰、丹麦、瑞典、西班牙、日本等十个国家中，15 ~ 34 岁年龄段观众最喜欢看的电视节目类型是剧本类节目（scripted programming），这类节目占他们收视时间的平均份额为 35%，在一些国家中相对偏高，例如西班牙高达 53%，美国为 45%。位居第二的电视节目类型是现实类节目（factual programming），包括杂志类节目、纪录片等。这类节目在十个国家观众的收视时间中所占平均份额为 32%。收视时间份额位居第三的电视节目类型是综艺娱乐类节目（entertainment formats），所占平均份额为 32%。① 另外一项针对移动智能终端的研究结果也呼应这一结论。法国维旺迪集团的研究报告表明，伴随着互联网成长起来的年轻一代观众（也被称为“网生一代”或“数字土著”）对于短视频格式的电视剧（每集十分钟）情有独钟，对于网络电子体育（esports）的喜爱胜过传统体育。研究发现，2/3 的“网生一代”观众每天都会在手机上观看短视频格式的电视剧。另外，他们对于网络电子体育的热情超过了对传统体育。② 可见，年轻受众在内容类别的需求方面有其特点，在某些方面已经突破了传统媒体内容框架。

2. 渠道方面

年轻受众更倾向于使用互联网平台。2019 年英国一项研究显示，英国人观看电视 / 视频的渠道从 2010 年以来发生了巨大变化，在年轻人中尤为明显。2019 年，英国人观看传统电视节目的日均时间长度为 3 小时 12 分钟，与 2018 年相比下降了 11 分钟，与 2017 年相比下降了 9 分钟，与 2010 年相比则下降了 50 分钟。其中，在 16 ~ 24 岁年龄段人群中，2019 年观看传统电视节目的日均时间长度仅为 2010 年的一半。相比之下，英国人 2019 年在优兔平台上观看视频的日均时间长度为 34 分钟，与 2018 年相比增长了 6 分钟。期中，在 16 ~ 24 岁

① www.digitaltveurope.com/2017/11/30/scripted-content-reigns-supreme-for-millennials-study.

② www.broadbandtvnews.com/2017/03/09/digital-natives-have-different-tv-content-habits.

年龄段人群中，2019 年在优兔平台上观看视频的日均时间长度达到了 64 分钟，此前在 2018 年为 59 分钟。[①] 美国哥伦比亚广播公司（CBS）一项研究发现，黄金时段电视剧在电视渠道和网络平台播出时，网络平台上观众的平均年龄要比电视端观众小 10 ~ 23 岁。这也说明，年轻观众群体更倾向于在网络平台观看节目。[②] 现在的年轻受众从出生起就身处网络环境之中，在网络平台上观看节目已经成为自然而然的习惯。

3. 终端方面

年轻受众在终端方面更倾向于移动智能终端。移动终端一方面解决了年轻受众媒体使用的隐私性和独立性问题，不必和家人一起分享电视机；另一方面，移动终端在便捷性、可携带性和分享性方面更具有优势，例如他们可以在社交媒体上就节目内容进行讨论和发表观点。法国一项调查报告显示，法国家庭平均拥有 6.4 块"屏"，少年儿童倾向于使用平板电脑观看节目，在 6 ~ 14 岁受访者中所占比例为 67%。[③] 童智公司（Chilldwise）的市场调查数据也显示，英国儿童观看视频的主要渠道已经从电视机转变为个人设备，包括平板电脑、智能手机等。英国 5 ~ 16 岁年龄段观众每天观看视频内容的时间长度为 2.6 小时。[④] 虽然这两个报道主要针对少年儿童，但对于年轻受众的终端使用行为研究分析也具有很好的参考价值。值得一提的是，年轻受众的媒体使用特征在人生不同阶段而发生变化。美国尼尔森公司将 18 ~ 34 岁年龄段的观众分为：与父母合住（"Dependent Adults"）、单身独自生活（"On Their Own"）以及组建家庭、初为父母"Starting a Family"）这三个不同阶段。研究发现，年轻观众在这三个阶段的媒体使用行为有着不同的特征。例如，在与父母合住时，78% 的年轻观众会使用"订阅视频点播业务"（SVOD），比如奈飞（Netflix）或葫芦（Hulu）。当他们搬出去独自生活

---

① www.rapidtvnews.com/2019080756909/traditional-tv-holds-its-own-despite-streaming-surge-in-the-uk.

② 数据来源：美国 FreeWheel 公司，*Video Monetization Report*，转引自 Needham, *The Future of Video*, July 28, 2014.

③ www.digitaltveurope.com/2018/01/15/one-in-five-french-web-users-following-on-viewing-across-screens.

④ www.digitaltveurope.com/2018/01/31/uk-children-now-watch-most-video-on-personal-devices-instead-of-tv.

后，这一比例变为 64%。当他们结婚生子后，这一比例为 58%。在与父母合住的阶段，他们每天观看直播电视节目的时间是 2 小时 32 分钟；在单身独自生活阶段，他们每天收看直播电视节目的时间是 2 小时 6 分钟；在组建家庭、初为父母的这个阶段，他们每天收看直播电视节目的时间最长，达到了 3 小时 16 分钟，每天在电视机前的时间也最长，达到了 4 小时 40 分钟。[①] 可见，关于年轻受众收视行为的研究需要关注其动态特征，尤其是媒介技术变化、终端革新等带来的变化。

三、国际传播中针对年轻受众的策略

年轻受众有其自身特点，这与年龄、阅历、经济实力等有关。在新兴媒体时代，通信技术和终端的迭代更新速度加快，年轻人求新求变的特点更加明显地体现在了媒体使用中。美国学者认为，当前我们越来越多地用“品味文化”（taste culture）和“生活方式”（lifestyle）来描述受众的选择模式，而不是像过去那样，只是将受众视为注意力大众或群体。[②] 当前，中国的国际传播亟须强化针对年轻受众的传播，在顶层设计和具体策略上都要充分考虑年轻人的特点，强化在内容、渠道和终端上的针对性、匹配性。

1. 内容策略

国际传播要针对年轻受众建立相应的内容阵列，在策略上要以影视剧和综艺娱乐节目中的价值观传播为主，而以新闻节目中的话语权传播为辅。新闻节目在国际舆论斗争中是“短兵相接”，但对于年轻人来说，需要的是“润物无声”。在拉曼大学调查中，关于笔者提出一个问题：“期待看到什么样的中国节目及内容？”学生们在回答中首选的还是“娱乐、文化”。针对笔者的另一个问题“媒体应该扮演怎样的角色？”学生们表示，他们希望通过媒体了解世界，但更多的人希望媒体应扮演娱乐消遣的角色。因此，国际传播的内容要精心选择和布局，提供符合他们收视心理的类型丰富、有深度有温度的节目；同时在内容形式

① www.multichannel.com/news/finance/nielsen-millennials-media-habits-move-stages/403576.

② ［美］丹尼斯·麦奎尔：《受众分析》，刘燕南等译，中国人民大学出版社 2006 年版，第 32 页。

上要将娱乐的形式及有底蕴的内容有机结合，以他们喜闻乐见的方式来实现传播目标。

2. 渠道策略

对于年轻受众来说，互联网无疑是他们最主要的内容获取平台，尤其是那些免费观看的平台。美国传播学者施拉姆曾列过一个计算受众对信息选择的公式："报偿的保证 / 费力的程度 = 选择的或然率。"也就是说，受众对传播的选择率与可能获得的报偿成正比，与需要付出的努力即代价成反比。大众传播界存在一个带普遍性的现象是：娱乐成分比较多的通俗报纸要比严肃报纸具有更大的销路，软新闻一般要比硬新闻拥有更多的受众。受众对传媒信息的这种选择率往往与受众无意注意与有意注意所付出的代价大小有关。① 笔者在拉曼大学提问：他们对在线付费电视、付费网络电视和免费网络电视之间如何选择？学生们毫无疑问地选择免费平台。笔者又问：他们将来毕业后，有了经济实力，是否会选择付费平台呢？他们表示，还是更倾向于免费平台，至少是内容丰富、选择空间大的平台。因此，在当前技术革新迅速、市场竞争激烈的传媒格局下，国际传播在平台设计和选择上要强化多元化，力求能满足不同需求的受众，综合考虑技术、服务、价格等因素。

3. 终端策略

终端是国际传播的"最后一公里"，也是最为关键的环节之一。有学者认为，传统媒体有渠道无终端，这是传统媒体无法应对媒介环境变化的根本原因；一旦新的媒介形式出现打破传统媒体对渠道的垄断，传统媒体与受众之间松散的关系就迅速被解构。② 在国际传播中，媒体在渠道和终端上都无法实现有力掌控，而在终端上尤其薄弱。移动终端除了方便年轻受众随时随地观看节目之外，还容易满足他们无时不刻的"分享"诉求。国际传播要充分考虑移动终端在社交媒体方面的特别作用，将社交媒体作为节目推广和播出的重要平台。因此，在针对年轻受众的传播中，我们需要强化移动端的布局，在内容格式、形式上也要考虑移动端特点进行专门制作，不能一套内容打天下。

---

① 郑兴东：《受众心理与传媒引导》，新华出版社 1999 年版，第 108、109 页。

② 陈接峰：《有用才王道：媒介融合时代的媒体生存法则》，科学出版社 2016 年版，第 74 页。

四、相关启示

对于国际传播来说，年轻观众是当前传播变革的主要“变因”，也是决定未来发展前景的关键要素。当前，年轻受众的收视习惯正在改变，越来越多的年轻观众正在远离传统的线性电视，而且这种收视习惯并不会随着年龄增长而改变。年轻受众的“注意力”在从传统媒体转移，将更多的关注点放在了新兴媒体上，他们更为关注社交平台或视频网站上的热点节目、热点明星、热点事件。对于国际传播来说，内容、渠道和终端是“三位一体”的。国际传播更应该适时调整传播策略，在内容、渠道和终端建设上优化理念、完善路径、调整策略，着力提升对年轻受众的吸引力和影响力。

第二部分

亚洲电视业的国别研究

第四章 东亚地区

第一节 韩国

韩国（South Korea）是东亚国家，也是亚洲经济强国，国民生产总值约为1.619万亿美元（世界银行，2018）。韩国人口总数约为5166万（2020），人口年龄中位数是41.8岁。2018年，韩国视频和电视业的营业收入总额约为70亿美元，其中70%来自付费电视业。[①]

一、概述

韩国的电视业肇始于1956年，这一年韩国汉城出现了历史上第一家私营商业电视台，开创了韩国电视业的先河。1961年，朴正熙、全斗焕相继上台，实行军事独裁统治，严格管制新闻事业。与此同时，朴正熙政府为了利用电视媒介打造宣传攻势，在电视机尚未普及的情况下，开始制作和播出电视节目。1961年，国营的首尔国际广播电台和首尔电视台相继开办，并于1968年合并为中央广播电视台；在1973年则诞生了韩国放送公社（KBS）。当时，电视的功能主要在于舆论宣传。20世纪70年代，韩国进入"维新时代"后，政府加强了对电视机构的管制力度，政府与电视界的矛盾逐渐演变成电视台管理层与员工间的内部矛盾。电视台管理层倍感夹缝中生存的艰难，因此为了避开政治和社会等问题，

① www.rapidtvnews.com/2018121854533/south-korea-s-video-tv-spend-nears-us-7bn-in-2018.

开始向商业主义靠拢。朴正熙遭暗杀后，新一代军官集团（全斗焕、卢泰愚等）利用政局不稳定，于1979年12月12日发动军事政变。新政府为了愚化百姓，冲淡民众对政治的不满，实施以screen（屏幕）、sports（体育）和sex（性）为代表的“3S政策”，把百姓的注意力从政治转移到别处，谋求独裁统治的便利。同时，引进彩色电视机，让人们更加沉迷于被叫作“傻瓜箱子”的电视中去。[①]与此同时，政府通过对媒体机构和准入政策等方面的干涉，强化了对媒体的控制。1980年，政府制定“言论基本法”，对电视台强制进行关闭或合并。同一年，全斗焕政权没收了当时唯一的商业电视网——东洋广播公司（TBC），还合并了韩国放送公社（KBS）和文化广播公司（MBC）这两个公共电视网，从而造成了事实上的垄断。政府强加了进入市场的批准制，通过限制竞争者进入的保护措施来换取电视网对政府的忠诚。这个时期的电视网被认为是挥霍无度、管理混乱和低效无能的机构。[②]这种局面随着1987年“言论基本法”法人废止和“新电视法”的产生而有所改变。20世纪90年代，韩国经历了“文人政府”和“政权交替”的巨大变化，这对电视机构与电视剧制作环境起到了很大影响。1990年，政府修改了电视法，决定缩小韩国放送公社（KBS）的规模，准许开办民营电视台和有线电视台。此前，韩国一直奉行公共广播体制。1991年民营的商业电视台——首尔广播公司（SBS）开办，韩国电视从“公营时代”跨入“公营、民营并存时代”，也标志着韩国电视业进入商业化运作阶段。此后，韩国广电业一直在公营与民营共存的二元结构中成长，电视市场格局也由两强独占转化为韩国放送公社、首尔广播公司和韩国文化广播公司（MBC）的三足鼎立，并一直延续至今。[③]1999年12月，韩国国会通过《放送法》，明确了电视业及相关传媒监管法律框架和管理机构，为电视业的稳定发展和电视市场的规范运作提供了保障。

韩国非常注重电视内容产业的发展，每年在电视内容产业方面的投资都居于亚洲前列。根据2018年7月数据，韩国2017年在视频内容方面（包括电视、

① 董旸：《韩剧攻略：当代韩国电视剧研究》，中国传媒大学出版社2009年版，第4～5、9页。

② 郭镇之：《全球化与文化间传播》，北京广播学院出版社2004年版，第256页。

③ 夏骏：《十字路口的中国电视》，清华大学出版社2006年版，第176页。

电影和网络视频内容）的投资总额为30亿美元，与2016年相比增长了14%。[①] 值得一提的是，韩国民众不太认可本国新闻业质量。根据美国皮尤研究中心在2018年一份研究报告，韩国新闻业在多个评价指标中都居于亚洲受访国的低端。该研究采用四个维度来评价新闻媒体的报道质量:（1）在重大事件报道中的表现;（2）报道的准确性;（3）在报道政府官员中的表现;（4）在报道政治议题时立场的公正性。在调查涉及的38个国家中，对所在国新闻媒体在报道重大事件方面持肯定态度的受访者比例的中位数为73%；而韩国受访者认为本国媒体在报道重大事件中表现不佳，持此观点的比例达到了55%。在38个国家中，对于所在国新闻媒体报道准确性方面持肯定态度的受访者比例的中位数为62%；而韩国认为本国媒体报道的准确性不佳，持此观点的比例达到了62%。在38个国家中，对所在国新闻媒体在报道政府领导人和官员方面持肯定态度的受访者比例的中位数为59%；而韩国认为本国媒体在报道政府领导人和官员方面表现不佳，持此观点的比例达到了72%。在38个国家中，对所在国新闻媒体在报道政治议题时立场的公正性持肯定态度的受访者比例的中位数为52%；而韩国认为本国媒体在报道政治议题时立场不够公正，持此观点的比例为72%。[②]

韩国在媒体科技研发和应用方面走在世界前列。在数字化方面，韩国积极推动数字化发展。韩国在2003年启动模拟转数字化的进程，韩国政府选择了ATSC作为数字地面电视的标准，与美国、加拿大等国保持一致。2017年10月，韩国三大广播公司（KBS、SBS、MBC）联合推出了全球第一个ATSC 3.0标准的数字地面电视系统，它包括位于11个地点的31个中转站系统。首尔在2017年5月投入了使用，到2020年覆盖全国90%的地区。在2018年冬奥会期间，该系统为部分观众提供了超高清（Ultra HD）信号。在5G方面，韩国从2018年开始5G商用，其中韩国SK电信公司（SK Telecom）走在了全球前列。韩国5G正式上市时间是2019年4月3日，韩国三大电信运营商在这一天面向普通用户同步推出了5G业务，比美国威瑞森公司的5G业务提前了2个小时。其中，SK电信公司仅用140天就将用户规模从0增长到100万。2019年9月，韩国5G用

① www.broadbandtvnews.com/2018/07/09/asian-video-content-budget-exceeds-10b.

② Pew Research Center: “Publics Globally Want Unbiased News Coverage, but Are Divided on Whether Their News Media Deliver”, January, 2018, www.pewresearch.org.

户规模达到了300万，2019年底5G覆盖人口比例达到93%。2019年7月，韩国手机用户月均数据的平均用量为7.8GB，而5G用户的月均平均用量为24GB。在物联网领域，韩国放送委员会（KBC）早在2009年决定促进未来物联网通信网络建设，实现用户随时随地安全方便地进行人与物、物与物之间的智能通信。2009年10月13日，韩国出台了《物联网基础设施构建基本规划》，将物联网市场确定为新增长动力，提出“通过构建世界最先进的物联网基础设施，打造未来广播通信融合领域超一流信息通信技术强国”的目标。[①]

韩国在超高清技术方面后来居上，目前已经处于世界领先水平。2013年7月，韩国有线电视和电信协会（KCTA）在韩国推出了一个超高清试验频道。2014年4月，韩国正式播出了全球第一个超高清有线电视频道U-max。另外，韩国是世界上第一个正式运营立体频道（3D）的国家；2010年5月底，韩国天空生活立体电视频道（Skylife 3D）开播。

二、传媒体制与监管法规

1. 监管机构

韩国电视监管机构是韩国通信委员会（Korea Communications Commission，KCC）。韩国通信委员会成立于2008年2月29日，是依据《广播通信委员会组织法》（2008年2月生效）成立的通信业及广播电视行业监管机构。它仿照美国联邦通信委员会（FCC）进行了机构设置和职能定位，负责规制广播电视及通信服务，监督广播电视服务的独立性，保护公众利益，确保广播电视的公正、高质量以及确保广电相关市场中的公平竞争，推动广播电视业和通信业之间的融合，并对电信运营商之间、运营商和用户之间的纠纷做出仲裁，行使仲裁、商讨和调查等职能。该委员会对广播电视公司的经营活动和节目编排进行监督，审批和更新经营许可证，研究制定媒体政策，提出法律修正案报国会审议，对公共广播电视机构领导层行使人事管理权。委员会由五名常务委员组成，其中包括主席和副主席。在五名常务委员中，包括主席在内的两名常委是由韩国总统直接任命的，

---

① 曾静平、杜振华编著《中外新媒体产业》，北京邮电大学出版社2014年版，第174页。

其余三位常委由国民议会提名后再由总统任命。[①]

韩国通信委员会的前身是韩国放送委员会（Korean Broadcasting Commission，KBC）。韩国放送委员会是1981年根据《言论基本法》成立的，最初只负责对广播公司节目进行审议。2000年，韩国放送委员会重组，并整合了其他相关机构，从2000年3月正式开始运作。根据1999年12月韩国国会通过的《广播法》，韩国放送委员会拥有了行业监督、行政审批和政策制定等职能，并被赋予其独立的地位，以独立于政府的形式对广播电视业行使全面的政策制定和监督管理职能。通信委员会成立后，放送委员会则宣告解散。

2. 监管法律法规

韩国《放送法》修订于1999年，2000年3月开始实施。该法整合了此前颁布的《放送法》《韩国放送公社法》《综合有线电视法》《中转有线电视法》等四部法律，成为韩国通信委员会和韩国政府机构依法管理、各广播公司依法经营的法律依据。《放送法》共九章108条，包括总则、广播电视事业经营者、放送委员会、韩国放送公社、经营活动、视听者权益保护、对广播电视事业发展的支援、补则、罚则等内容。除了《放送法》之外，韩国电视领域相关法律还有《无线电波法》等。韩国《无线电波法》制定于2000年1月，对点播的使用和管理进行了具体规定，共9章93条，包括总则、确保电波资源、分配电波资源、利用电波资源、保护电波资源、振兴电波产业、无线电从业者、补则、罚则等。《教育广播电视公司法》《韩国广播电视广告公司法》和《广播电视文化振兴会法》是规范韩国教育广播公司（EBS）、韩国广播电视广告公司（Korea Broadcasting Advertising Corporation）和广播文化振兴会的专门法律。此外，《反垄断及公平贸易法》也适用于各广播电视公司。除了法律之外，《关于贯彻执行〈放送法〉的总统令》以及通信委员会颁布的各种条例和规定也是重要的配套法规。[②]

---

① 韩国通信委员会网站 https://eng.kcc.go.kr/。

② 国家广播电影电视总局发展改革研究中心：《发达国家广播影视管理体制和管理手段研究》（内部资料），2006年版，第148～149页。

3. 相关业务规定

（1）广告管理

根据《贯彻执行〈放送法〉总统令》，韩国地面广播频率每小时播出广告的时间不得超过 11 分 20 秒，地面电视频道每小时播出广告的时间不得超过 10 分钟，并且不能在节目中间插播。有线电视和卫星电视平均每小时广告播出量不得超过 10 分钟，最多可达 12 分钟，可以在节目中间插播。韩国放送公社一频道（KBS TV-1）不得播出广告。为了鼓励私营企业参与广告创意产业的积极性和促进商业广告市场的发展，韩国通信委员会（KCC）在 2015 年减少对广告播出时间的限制，免费电视频道每小时最多可以播出 10 分 48 秒的广告，付费电视平频道每 100 分钟的广告播出量可以达到 10 分 12 秒。

（2）节目比例

韩国通信委员会要求广播电视机构播出一定比例的独立制作公司的节目，其中，地面广播公司每季度必须播出 4% ~ 35% 的独立制作节目；韩国文化广播公司（MBC）和韩国放送公社（KBS）由于拥有下属子公司，播出时间不少于每季度播出总量的 35%；韩国放送公社一频道（KBS TV-1）为 24%，二频道（KBS TV-2）为 40%；EBS 为 20%；地方广播公司为 4%。广播公司播出其下属子公司节目不能超过总量的 21%。韩国放送公社、首尔广播公司（SBS）和韩国文化广播公司在黄金时间播出本公司以外节目的比例不得少于 10%。

韩国通信委员会对各广播公司播出国内外节目的比例有明确规定。地面广播公司每季度播出国内节目的时间不少于节目总播出时间的 80%（EBS 为 70%）。其中，播出国内电影的时间不得少于电影播出总时间的 25%，播出国内动画片的时间不得少于动画片播出总时间的 45%（EBS 为 8%），播出国内流行音乐节目的时间不得少于该类节目播出总时间的 60%。除了地面广播公司以外的其他广播公司每季度播出国内节目的时间不得少于总播出时间的 50%（PP 为 40%）。其中，播出国内电影的时间不得少于该类节目总播出时间的 25%（宗教频道为 4%），播出国内动画片的时间不得少于该类节目总播出时间的 35%（教育频道为 8%，宗教频道为 4%），播出国内流行音乐节目的时间不得少于该类节目播出总时间的 60%。韩国政府原来规定，在一个频道中播出的节目内容中，从一个国家引进的节目在这个频道中整体节目中的最高比例为 60%，新规定将这一比例抬高到了 80%。

（3）行业调控

韩国根据地理区域将全国划分为77个电视市场（Franchise Area）。根据韩国政府规定，韩国有线电视运营商不能获得全国性执照，而是必须在每一个电视市场上必须获得执照，并且一家有线电视运营商在全国电视市场的执照总数不能超过20%。相比之下，电信运营商在经营IPTV（交互式网络电视）业务时，则不受这个规定的限制。IPTV运营商可以获得全国性执照，而且也没有比例限制。2010年，韩国政府放宽了对媒体所有权和跨行业经营的限制。根据这项规定，商业企业和报纸可以同时拥有地面电视频道和有线电视频道，两者的持股比例限制分别为10%和30%，此前仅可以拥有其中之一。2015年，韩国政府修订了《互联网多媒体播出商业法》，要求单一运营商的市场份额不得超过33.3%，以防形成垄断。

（4）外资准入

韩国《放送法》禁止外资参与地面广播电视和有线电视的经营。经过通信委员会允许，可以接受国外用于教育、宗教和慈善目的的捐助。允许外资在卫星广播公司中持有33%以内的股份，在综合频道及新闻频道以外的有线电视公司、节目供应公司以及传输网络公司中持有49%以内的股份。不过，近年来韩国因为与美国签订了自由贸易协定，不得不修改外资准入方面的限制规定，向外资开发媒体领域。根据新规定，外资在韩国多系统运营商的持股比例可以达到100%，而此前外资最高持股比例为49%。

（5）境外频道

韩国的境外卫星电视在管理方式上采取审批许可制，政府部门审批许可，市场主体自行运营，但是在内容上等必须接受政府部门的监督把关，事实上是通过对市场化主体进行规范来实现国家对卫星电视的放送。依照《放送法》规定：境外卫星电视频道落地，需向通信委员会提出申请，说明播放目的，提交双方意向书、外方电视台情况、频道播出节目表等；电视运营商播放的境外频道数不得超过其频道总数的10%；电视运营商负责根据通信委员会制定的标准对境外频道播放内容进行监控，出现问题将受到通信委员会的处罚（罚款甚至吊销执照）。另外根据韩国通信委员会的规定，为满足观众的需要，外国节目可以加配韩文字幕，但是不得转播带有韩语配音的外国节目。

三、媒体机构与电视频道

韩国实行的是公共广播电视和商业广播电视并存的体制，其中全国性的电视播出机构主要有三家：韩国放送公社（KBS）、文化广播公司（MBC）和首尔广播公司（SBS）。韩国放送公社（KBS）旗下的电视1台（KBS-1）和电视2台（KBS-2）具有较强的影响力，其中电视1台的收视份额约为16% ~ 18%，电视2台的收视份额约为14% ~ 16%。

1. 韩国放送公社（KBS）

韩国放送公社（KBS，也被称为“韩国广播公社”）的前身是社团法人京城广播电台（Kyeongseong Broadcasting Corporation），该公司创办于1926年，在1927年开始播出广播节目，开启了韩国的广播发展历史。该公司在1948年开办了首尔中央广播电台（Seoul Central Broadcasting Station）。1973年，韩国放送公社正式成立，首任社长是洪翰敬（Hong Kyeong-moon）。

2000年，韩国放送公社开播了广播三台（Radio 3），2012年开办了儿童电视频道（KBS Kids），2013年创办了世界电视频道（KBS World TV）。2019年，韩国放送公社旗下共有14个电视频道、7个广播频率和3个网络平台。14个电视频道包括2个开路频道、4个数字地面频道、6个有线电视频道和2个国际电视频道，其中，开路频道是电视一台（KBS1）和电视二台（KBS2）；有线电视频道是电视剧频道（KBS Drama）、娱乐频道（KBS Joy）、体育频道（KBS Sports）、女性频道（KBS Women）、儿童频道（KBS Kids）和生活频道（KBS Life）；两个国际频道是世界电视频道（KBS World TV）和世界24小时频道（KBS World 24）。7个广播频率是广播一台（Radio1）、广播二台（Radio2）、广播三台（Radio3）、南北交流合作台、调频一台（1FM）、调频二台（2FM）以及世界广播台（KBS World Radio），其中世界广播电台以11种语言面向全球播出。3个网络平台分别定为视频点播、移动音视频服务和新闻。

韩国放送公社的总部位于首尔，另外在釜山、仁川、大邱、济州岛等九个地区设有分台。近年来，韩国放送公社的员工规模基本保持稳定。它在2010年共有员工4964人；2012年员工总数为5212人；2019年员工总数为4527人。在组织机构方面，韩国放送公社在2016年进行了历史上最大的一次变革和调整。调整后的组织架构主要包括播出与市场局、未来业务局、新闻与体育局、内容制作局、电视剧制作局、播送局、制作技术局、受众关系局、战略规划局。其中，未来业务局下设增长引擎部、内容业务部、数字服务部、基础投资部、未来技术研发部和未来放送中心等。韩国放送公社理事会是经营管理的最高决策机构，其核心职责是对重大战略、举措和财务方针等进行决策，确保其独立性和公正性。理事会由包括理事长在内的 11 名理事组成，任期为 3 年。考虑到各领域的代表性，理事由韩国传播委员会（Korea Communications Commission）推荐，并由总统直接任命。2018 年 9 月，韩国放送公社完成了新一任理事会的轮换工作，新任理事长由金相昆（Kim Sang-keun）担任。韩国放送公社的执行机关由社长 1 人、副社长 2 人、本部长 8 人以及监事 1 人构成。社长由理事长提名，并由韩国总统任命；副社长经理事会同意，由社长任命；监事由理事长提名，韩国通信委员会任命。本部长由社长直接任命。执行机关的任期为 3 年，可以连任。2018 年 12 月，杨成东（Yang Sung-dong）出任新一任社长。

针对急剧变化的媒介环境，韩国放送公社制定了《2019 ~ 2021 年管理计划》，将“信任，创新，变革”作为中长期发展目标，并提出了“超越比较的信任”“最大化的竞争优势”“可供极限触及的内容”“向全球性媒体转型”“迈向创新性机构”等具体目标。作为公共媒体，韩国放送公社承担着五大使命：一是作为韩国国家电视台发挥公共媒体作用；二是制作最高品质的节目；三是面向所有民众提供有价值的服务；四是促进社会团结和传播民主与共和的主流观点；五是提升韩国文化的价值。

韩国放送公社属于公共媒体，收视费是其经济收入之一。韩国放送公社从 1981 年开始收取彩色电视机的收视费，每月 1500 韩元；黑白电视机每月收视费为 800 韩元。1994 年，韩国放送公社全面调整了收视费体系，同时停止了在电视一台（KBS 1TV）播出广告。2019 年初，韩国注册的电视机总数为 2511 台。2018 年度，韩国放送公社收取的收视费总额为 6595 亿韩元。不过，收视费在韩国放送公社收入总额中所占份额逐年下降，2018 年已不足 50%，远不足支撑其发展。

2. 文化广播公司（MBC）

文化广播公司（Munhwa Broadcasting Corporation，MBC）是一家股份有限公司。该公司创办于 1961 年 2 月 21 日，并于 1966 年 8 月 8 日开办了韩国第三家电视台——文化广播公司电视台（MBC-TV）。在全斗焕执政时期被改为公共机构，韩国放送公社拥有 65% 的股份。卢泰愚执政后这些股份被转让给广播文化振兴会。目前公司总部在首尔，实行商业经营，财政来源主要靠广告收入。

文化广播公司办有一套电视节目，两套广播节目，信号覆盖全境。它在各地设有 20 多个分支机构，在中、日、美等国设有记者站。

3. 首尔广播公司（SBS）

首尔广播公司（Seoul Broadcasting System，SBS）是一家私营公司，是韩国最大的私营电视台，1991 年 3 月成立并开始广播，同年 12 月开播电视。首尔广播公司是在韩国电视政策出现变化的背景下诞生的，1990 年政府修改了电视法，决定缩小 KBS 的规模，准许开办民营电视台和有线电视台。1991 年民营的商业电视台 SBS 开办，韩国电视从“公营时代”跨入“公营、民营并存时代”①。此前，韩国一直是一个奉行公共广播体制的国家，韩国放送公社和文化广播公司垄断了整个韩国的电视业。随着首尔广播公司正式开播，电视市场格局也由两强独占转化为 KBS、MBC 与 SBS 的三足鼎立，并一直延续至今。②首尔广播公司总部在汉城，办有一套广播和一套电视节目，信号能覆盖全境。公司实行商业经营，经费主要依靠广告收入。

4. JTBC 电视台

JTBC 电视台是韩国中央日报旗下的电视台，开播于 2011 年 12 月。2017 年 4 月，韩国 JTBC 电视台《秘行要员》（*MAN X MAN*）在美国奈飞公司（Netflix）网络视频点播平台面向全球 190 个国家同步播出，包括英国、法国、德国、西班牙、意大利、巴西、日本、印度等。在韩国，该剧是在 JTBC 电视台播出一个小时后再在奈飞网络平台上播出。在美国，该剧改编为两期播出，每期为 8 集。该剧在奈飞公司网络平台上以 20 多种语言加配翻译字幕。虽然韩国之前也有电视剧与美国奈飞公司合作，但是全球性播放却是史无前例的。《秘行要员》由李昌民执导，金元锡执笔（《太阳的后裔》编剧），朴海镇、朴成雄、金玟廷、延政勋等主演。该剧以特殊警卫要员金蔎雨（朴海镇饰）与大明星吕云光（朴成雄饰）的兄弟情作为焦点展开，讲述长时间以明星身份生活的演员和其拥有特殊调查

① 董旸：《韩剧攻略：当代韩国电视剧研究》，中国传媒大学出版社 2009 年版，第 16 页。
② 夏骏：《十字路口的中国电视》，清华大学出版社 2006 年版，第 176 页。

权、负责警卫工作的保镖之间所发生的故事。

5. TVN 电视台

TVN 电视台是韩国希杰集团旗下的有线电视频道，也是韩国最受欢迎的娱乐频道。近年来，韩国希杰集团大力在海外输出其电影频道“TVN”。该频道以韩国最新热播电影和精品电影为主，配以英语、中文、马来文字幕。2016 年，该频道进入新加坡播出。2017 年 3 月，TVN 又进入马来西亚电信集团的 HyppTV 平台播出。开播后，TVN 将独家向马来西亚观众播出 20 多部首播电影，以及近年的热播大片，如《釜山行》等。2018 年 1 月 5 日，韩国烹饪真人秀节目《尹厨房》(*Youn's Kitchen*) 正式推出第二季，每周六晚上九点在希杰集团 TVN 频道独家播出。2018 年 2 月 2 日，《尹厨房》播出时取得了 16% 的平均收视率，峰值收视率为 19.4%，高居韩国同时段所有电视节目的榜首。《尹厨房》第一季在巴厘岛上取景。第二季则选择了西班牙特内里费岛上一个名叫加拉奇科的小镇。《尹厨房》第一季在 2017 年 3 月播出时，第 1 集收视率为 6.2%，到第 9 集时收视率攀升到了 14%。

四、播出渠道与付费电视业

韩国的电视运营市场规模不大，但付费电视业较为发达，付费电视用户在电视家庭中所占比例达到了 87%，在亚洲位居前列。近年来，韩国付费电视业的订户规模基本保持稳定。根据韩国科学和信息通信技术部（MSIT）2019 年 5 月公布的数据，与欧美国家付费电视订户持续减少的发展趋势相反，韩国在 2018 年增加了 53.4 万订户。[①] 韩国付费电视业务的订户总数在 2016 年仅为 1597 万，2019 年为 1647.4 万，2023 年预计增至 1691.9 万。与此同时，该国付费电视业务的营业收入也呈现稳步增长势头，2016 年的营业收入仅为 23.46 亿美元，2019 年达到 25.91 亿美元，2023 年预计能增至 27.54 亿美元。

就收视渠道而言，IPTV 和有线电视是最主要的收视渠道，两者的市场份额

---

① www.rapidtvnews.com/2019051156026/south-korea-s-pay-tv-base-reaches-32-5mn-subscribers.

分别为 47.37% 和 42.67%。就付费电视运营商而言，韩国电信公司（KT）、SK 电信公司、希杰集团（CJ）居于前三位，市场份额分别是 21.12%、14.32% 和 12.61%。乐金集团（LG）位于第四至五位，市场份额为 11.93%。

1. 有线电视

韩国共有 100 多家有线电视运营商，有线电视用户总数在 2013 年时约为 177 万，到 2016 年时约为 144 万。韩国所有有线电视运营商都使用开路有线数字系统（OCAP），这个系统是由政府主导建设的。韩国有线电视机顶盒等设备制造商都采用与美国电视市场相匹配的标准，以便于这些产品进入美国电视市场。

（1）希杰集团（CJ）

韩国有线电视运营商中最具实力的是希杰集团（CJ）。希杰集团的总部位于首尔，创建于 1953 年 8 月 1 日，是一家综合性集团，媒体业务包括影视制作、有线电视、宽带互联网、网络电话（VoIP）、移动电话、网络电视（Web TV）、国际电话及广告刊登等。希杰集团是在 1995 年 3 月推出有线电视业务的。2016 年时，希杰集团的有线电视平台播出 240 多个频道，其中包括 100 个高清频道。2013 年，希杰集团收购了五家有线电视运营商。2013 年底，该集团订户总数为 339 万，2016 年时为 415 万。

（2）T-Broad

位居第二的有线电视运营商是 T-Broad。2013 年时的用户总数是 320 万，2016 年为 214 万。

（3）D’Live

D’Live 的前身是 C&M，2015 年更名为 D’Live。D’Live 是韩国第三大有线电视运营商，2013 年时拥有 245.7 万用户，2016 年订户总数为 155 万。

2. 卫星电视

在韩国，个人可以接收卫星电视，但是必须接收政府指定的卫星电视平台。因此，韩国直播卫星电视业一直是一家独大。“韩国数字卫星播出平台”（KDSB）多年来一直是韩国唯一一家运营商。2011 年 3 月，韩国电信公司（KT）收购了韩国数字卫星播出平台 53% 的股份，并将平台更名为“韩国电信天空生活”（KT SkyLife）。天空生活平台在全球第一个推出了立体电视（3D）频道。目前，该平台上播出两个立体频道，即天空生活立体频道（Skylife3D）和天空优选立体频道（SkyChoice3D）。其中，天空生活立体频道（Skylife3D）开播于2010年5月底。2011年7月，天空优选立体频道（SkyChoice3D）又开播。目前，韩国电信天空生活平台共播出98套电视节目，其中10套为境外卫星电视节目。

就付费电视业务而言，韩国电信公司在2018年的付费电视业务订户总数为750万，其中包括卫星电视业务和IPTV业务的订户。此前在2013年，该公司的卫星电视业务订户总数为128万，2016年为259万，2021年预计达到275万。

3. IPTV

韩国在2008年12月开始发展IPTV（交互式网络电视），2009年10月又推出了卫星与IPTV的混合运营业务。韩国宽带技术研发与基础设施建设是IPTV发展的基础。韩国最主要的三家宽带运营商是韩国电信公司（KT）、SK电信公司（SK Telecom）和乐金电信公司（LG）。2013年，韩国IPTV订户规模达到了600万，到2016年达到了1100万。2017年，韩国电信集团（KT）、韩国宽带集团（SK Broadband）和乐金集团（LG）三大固网运营商的IPTV用户之和达到了1410万。三大IPTV公司都推出了超高清电视业务，2016年韩国电信公司的超高清电视业务订户总数为17万，SK宽带公司为2万，乐金电信公司为16.2万。2016年，韩国IPTV业务的用户平均营业收入（APRU）为18.94美元。韩国IPTV在未来几年将保持持续增长，到2024年的营业收入总额预计达到38亿美元，用户总数将增至约1800万。韩国IPTV近年来持续优化市场策略，保持增长动力。其中，乐金集团（LG）为了满足用户对于网络视频内容的需求，在IPTV机顶盒中增加了美国奈飞等网络视频业务；韩国电信集团增加了虚拟现实功能，用户可以通过自家电视机观看虚拟现实全高清视频点播内容，并计划引入人工智能节目推荐系统；韩国宽带集团则推出了瓦坞网络电视业务（Wavve），通过网络视频平台为用户提供大量原创内容。①

（1）韩国电信公司（KT）

韩国电信公司（KT）是韩国第二大电信运营商，2019年移动通信业务用户总数为2150万，固网业务用户总数为880万。在IPTV业务方面，该公司的用

---

① https://www.rapidtvnews.com/2020011457937/south-korean-iptv-revenues-to-near-4bn-by-2024.html.

户规模是韩国三大 IPTV 运营公司中最大的。韩国电信公司推出了名为“韩国电信天空生活”（KT Skylife）的付费电视业务，简称 KTS。2018 年 2 月，韩国电信公司作为平昌冬季奥运会官方合作伙伴，在奥运会期间进行了 5G 试验性服务。2018 年 3 月，韩国电信公司推出了 5G 平台，针对普通工厂、联网汽车以及无人机等提供 5G 服务。此外，该公司着力推进人工智能技术在电视业务中的应用。2017 年，韩国电信公司就推出了全球首个具备人工智能的 IPTV 业务，2018 年 11 月该公司在仁川机场进行了自动驾驶汽车试验。

近年来，韩国电信公司着力推进三网合一业务。2018 年，该公司手机通信业务的订户总数为 2000 万，固网业务的订户总数为 880 万。

（2）SK 电信公司（SK Telecom）

SK 电信公司是韩国最大的电信运营商，2019 年时的移动通信业务用户总数为 3100 万，固网业务用户总数为 550 万。该公司从 2009 年开始经营 IPTV 业务，目前也经营移动通信和固网业务。2018 年 5 月，SK 电信公司在韩国率先推出 2.5Gbps 网速的宽带业务。2018 年下半年，该公司又推出了网速达到 5G bps 和 10G bps 的宽带业务。此前，该公司也着力推进超高清电视业务。截至 2018 年 6 月，超高清业务订户在韩国电信公司 IPTV 业务订户总数中所占比例达到了 47.4%。在人工智能技术应用方面，SK 电信公司在 2018 年 1 月推出了名为“B tv x Nugu”的业务，它是具备人工智能特征的 IPTV 业务。韩国 SK 电信公司在全球推出了第一个 5G 移动通信业务，截至 2019 年 6 月底 5G 用户总数已经达到了 53 万，2019 年底有望达到 200 万。在 5G 业务的带动下，SK 电信公司的 IPTV 和超高清电视业务实现了大幅增长，营业收入与 2018 年同期增长了 15.2%。[①]

韩国 SK 电信公司积极推进科技创新和前沿技术应用。针对自动驾驶技术的发展，韩国 SK 电信公司率先在车内娱乐系统的研究方面发力。2019 年 6 月，该集团展示了车内视频播出系统。在汽车驾驶过程中，车内三个屏幕通过 5G 网络传输视频信号，并能识别每个观看者的身份，从而播出相应的广告内容。另外，韩国 SK 电信公司与美国辛克莱广播电视集团（Sinclair Broadcast Group）合作推出了多视角播出终端。该终端主要基于 5G 和美国 ATSC 3.0 电视广播传输标准

---

① www.rapidtvnews.com/2019080456871/5g-media-business-boost-sk-telecom-q2.

进行多角度同步播出，即用户可以根据喜好和习惯选择一个播出视角观看现场体育赛事等节目。其中，主摄像机的信号通过 ATSC 3.0 电视广播传输标准的体系进行传输播出，其余视角的信号则通过 5G 网络进行传输播出。2019 年 6 月，SK 电信公司还推出了最多可同时观看 12 个视点的直播服务，并搭载最多可扩大 4 倍的移动端缩放功能（Pinch Zoom），保证画质不受多视点影响。SK 电信公司媒体实验室自主开发的相关技术可将多个影像根据智能手机的画面瞬间分离或组合，保证 12 个视点影像以准确时机无误差地直播，即使经常切换视点也不会发生延误。另外，该服务还搭载了数据瘦身解决方案，在保证画质的前提下，流量消耗减少 40%。

电子体育（eSports）是全球未来娱乐业的重点发展领域，也是新技术应用较为密集的产业。2019 年，SK 电信公司（SK Telecom）在电子体育领域运用 5G、增强现实（AR）和虚拟现实（VR）技术推出了三大业务，分别为“跳跃增强现实”（Jump AR）、“LCK 虚拟现实直播”（LCK VR Live Broadcasting）和“虚拟现实重放”（VR Replay），这三项业务都是基于该公司的 5G 业务。“跳跃增强现实”业务为用户提供电竞现场的 360 度观看视角，并可以阅读增强现实信息和观看参赛者的问候视频等。“LCK 虚拟现实直播”业务为用户提供比赛的特写镜头，近距离观看比赛场面。“虚拟现实重放”业务则为用户提供一个全新的观赛视角，即以参赛者的视角来观赛。①

近年来，SK 电信公司充分利用手机通信和宽带业务方面的优势强化三网合一业务，通过捆绑模式来提升用户黏性和市场竞争力。2018 年，该公司手机通信业务的订户总数为 3020 万，固网业务的订户总数为 540 万，付费电视业务的订户总数为 440 万。

（3）乐金电信公司（LG）

乐金电信公司是韩国第三大电信运营商，2019 年移动通信业务用户总数为 1470 万，固网业务用户总数为 420 万。该公司从 2010 年开始发展 IPTV 业务，该公司同时经营移动通信和固网业务。2017 年 11 月，乐金电信公司与中国华为集团合作进行了 5G 网络测试。2018 年，该公司移动通信业务的订户总数为

---

① www.digitaltveurope.com/2019/08/01/sk-telecom-launches-5g-ar-and-vr-services-for-esports.

1320万，固网业务的订户总数为380万。

2018年，乐金电信公司的付费电视订户总数为350万，此前在2013年为105.4万。

五、影视产业

在韩国，影视产业既可以归属于娱乐业，也可以划分为文化产业。在娱乐业的视角下，韩国利用与美国的特殊关系在影视娱乐领域着力构建“中继站”与“中转加工”地位，即在充分吸收美国文化的基础上，融合本国文化特征。随着经济实力增长和影视娱乐产业发展，韩国开始大量引进欧美国家专业人士，以推动本国影视娱乐产业发展。2010年以后，韩国娱乐业的国际化程度得到了显著提高。以音乐为例，韩国许多流行歌曲都是欧美音乐家创作的。借助欧美音乐家之手，韩国着力打造融入欧美特点的韩国本土音乐，以此打开欧美市场，吸引全球粉丝。在文化产业的视角下，韩国确立了文化立国方针。在这一政策的引领下，韩国三星、现代、SK、希杰等集团开始涉足文化产业，旗下都拥有数家影视娱乐公司。20世纪90年代末，韩国通商事业部将影视及相关行业列为风险投资产业，风险投资资本开始进入文化产业领域。在每一部韩剧背后都是这些大型娱乐集团和投资公司，产业链完整，资金实力雄厚，这是韩剧制作精良的保证。在政府层面，韩国政府专门建立了两个文化项目——“原创文化数码机构”和“故事银行”，以方便影视剧的创作。前者涵盖了韩国各个历史时期的风俗习惯、服饰、音乐和兵器等相关资料，后者收集了大量韩国历史故事，它们仿佛两个巨大的“文化数据库”，为创作和制作人员提供了智力支持，也为影视产业开发传统文化资源提供了路径和保障。在此背景下，韩国影视产业得到了长足的发展，逐渐跻身世界影视出口强国之列。

1. 制播分离，但基本由三家公司垄断

就电视内容产业领域而言，韩国将发展重点放在电视剧制作领域。在电视剧方面，韩国政府通过行政力量，将主要资源用于扶持国营的韩国放送公社（KBS）、首尔广播公司（SBS）和韩国文化广播公司（MBC）。韩国电视剧产业基本上由这三大公司垄断。伴随着韩剧走向世界的步伐，韩国政府也有意识地在

电视剧运营过程中引入“制播分离”，导入真正的市场竞争机制。政府通过颁布相关的规定，引入与三大广播电台无任何关系的社会独立制作机构参与电视剧的制作，实行投资主体的多元化、社会化。

2. 编剧处于核心地位，实现边写边拍边播的制作模式

进入 21 世纪以后，编剧、导演和演员在韩剧产业上开始进行分工合作，拥有了独特且同等重要的影响力。电视剧制作公司和演艺经纪公司为了电视剧产业发展发挥了重要的作用。不同于中国编剧仅仅负责前期剧本编写工作，韩国编剧在韩剧制作体系中处于核心地位。一般情况下，编剧在剧组中有很大发言权，其编写进度决定着电视剧的拍摄进度，往往也要介入演员的挑选。得益于这种分工特点，韩国影视剧的制作水准较高，能更好地契合观众的需求。

“边写、边拍、边播”是韩剧运营的一大特点。与中国“剧本先行”的制作方式相比，“边写、边拍、边播”的优势在于编剧可以根据观众的收视反应随时调整剧情，以最大限度地满足观众的愿望，提高收视率。

电视剧由电视台内部制定的审查机制进行自我约束，制作与播出有很大自主权。加之，多数韩剧制作费投入较高，竞争激烈，全部拍摄完成后，若因收视不佳中途下架，将造成巨大损失。这在一定程度上促成了现有的生产方式。韩国主流电视台每台每周播出电视剧 30 集左右，主要包括每日连续剧（迷你剧）、周末连续剧两类。韩国三大电视台多为两天联播一部电视剧，即每周一、二与周三、四各联播不同的电视剧，周五再播出另一部，周末两天联播其他剧集。这样的播出方式，为各类型的多部剧提供了充分的播出机会，也为实现“边写、边拍、边播”提供了时间保障。

3. 双市场定位，同时面向国内国际市场制作

韩国影视剧的制作采取“双向定位”的模式，即同时兼顾国内和国际市场。韩国放送公社电负责人坦言：“我们在推动每部电视剧时，都将海外观众的喜好考虑进去，如果没有 3 成的海外收入就不拍。”从 21 世纪开始，韩剧海外出口额不断增长。2001 年韩国出口进账是 790 万美元；2002 年出口进账 1639 万美元；2003 年为 2834 万美元；2004 年为 7150 万美元；2008 年，韩剧的海外出口额突破 1 亿美元，达到了 10536 万美元；2009 年为 10749 万美元；2014 年为 18900 万美元。

六、新兴媒体与网络电视

韩国互联网和移动通信基础设施建设走在世界前列。2018 年 3 月，电信通信研究和政策协会（the Telecommunications Research and Policy Institute）发布了关于全球网络活力的报告。在宽带通信基础设施排名方面，韩国、丹麦、爱尔兰、冰岛和荷兰位列前茅。在宽带接入和服务价格的可承受性排名方面，韩国、丹麦、芬兰、爱沙尼亚和挪威分列第一位到第五位。在平均网速排名方面，韩国、挪威、瑞典、中国和瑞士居于世界前列。① 韩国政府计划在 2020 年完成 1G 宽带的全国普及应用计划。目前，韩国民众在互联网普及以及手机使用等方面居于世界前列，2018 年宽带家庭普及率为 112%，手机普及率为 119.9%，移动通信业务的单位用户月均营业收入贡献值是 27.43 美元。根据美国皮尤研究中心（Pew Research Center）2016 年发布的关于智能手机和互联网使用方面的报告，在受调查的 40 个国家（45435 位受访者）中，成年人使用互联网的平均比例为 67%；在韩国，成年人中使用互联网的比例为 94%，其中 18 ~ 34 岁年龄段民众使用互联网的比例为 100%。全球 40 个受调查国家成年人拥有智能手机的平均比例为 43%；在韩国，成年人拥有智能手机的比例为 88%，其中 18 ~ 34 岁年龄段民众拥有手机的比例为 100%。得益于此，韩国的网络电视得到了长足的发展。2019 年该国网络电视业务的订户总数为 1287.8 万，此前在 2016 年仅为 550.4 万，2023 年预计增至 2213.5 万。与此同时，该国网络电视业务的营业收入也呈现稳步增长势头，2016 年的营业收入仅为 3.51 亿美元，2019 年达到 8.97 亿美元，2023 年预计能增至 17.55 亿美元。

近年来，韩国网络电视业面临着境外同行的激烈挑战。美国的优兔平台（YouTube）和奈飞平台（Netflix）分别在 2008 年 1 月和 2016 年 1 月开始提供韩语服务。特别是美国奈飞平台，它在进军韩国 3 年后，用户的使用时间剧增，撼动了韩国国内视频服务的市场版图。而且，美国奈飞平台在内容方面也具有卓越的竞争力，2018 年在内容制作上投入了 8 万亿韩元，在资本方面也远远超过了韩国企业，例如“奥克苏苏”平台在 2018 年的内容投资仅为 100 亿韩元。目

---

① www.multichannel.com/blog/i-was-saying/us-broadband-services-not-world-leaders-study-finds/418570.

前，韩国具有影响力的网络电视业务共有 13 个，以韩国公司为主。韩国运营网络电视业务的公司主要有三大类型。一是传统电视台，其中主要是三大广播公司（KBS、SBS 和 MBC）联合推出的“普克”平台（POOQ），再与 SK 电信公司业务合并后成为瓦坞平台（Wavve）。二是传统电视运营商，包括韩国电信公司（KT）推出的“电蜂”平台（Telebee），SK 电信公司推出的“奥克苏苏”平台（Oksusu）等，乐金集团（LG）旗下的 U+ 移动电视（U+ Mobile TV）和韩国电信公司（U+ Mobile TV）旗下的奥乐电视（Olleh TV）。三是传媒集团，如希杰集团推出的“梯云”平台（TVing），贡姆电视公司（Gom TV）推出的贡姆电视平台（Gom TV）。

1. 韩国“瓦坞”平台

瓦坞平台的前身（Wavve）是“普克”平台（POOQ）和“奥克苏苏”平台（Oksusu）。2019 年 8 月，“普克”平台与“奥克苏苏”平台进行了合并。合并后，三大电视台每家的持股比例为 23.3%，SK 电信公司的持股比例为 30%；该平台的订户总数将跃升韩国首位。

合并前，“普克”平台（POOQ）是韩国放送公社（KBS）联合其他两家传统广播电视台（SBS 和 MBC）在 2012 年推出的，三家公司分别持有 33.33% 的股份。此举是应对网络电视发展所带来的挑战，尤其是美国奈飞（Netflix）等境外网络电视平台在韩国发展所带来的竞争压力。美国的优兔平台（YouTube）和奈飞平台（Netflix）分别在 2008 年 1 月和 2016 年 1 月开始提供韩语服务。特别是美国奈飞平台，它在进军韩国 3 年后，用户的使用时间剧增，撼动了韩国国内视频服务的市场版图。而且，美国奈飞平台在内容方面也具有卓越的竞争力，2018 年在内容制作上投入了 8 万亿韩元，在资本方面也远远超过了韩国企业，例如“奥克苏苏”平台在 2018 年的内容投资仅为 100 亿韩元。

韩国放送公社相关人员在与笔者会谈时表示，该平台的运营方式和发展策略与美国葫芦（Hulu）类似，通过传统媒体之间“报团取暖”来提升平台的整体竞争力，尤其是内容规模。该平台上主要播出传统的直播电视频道和网络视频点播节目，汇聚了这三大媒体机构的内容资源。普克平台是经营收入主要是广告和注册用户的收视费。韩国普克平台在 2012 年创办时采取的是免费模式，从 2013 年开始改为收费模式。2013 年时，普克平台的付费订户总数为 22.5 万；2014 年小幅下降到了 22 万；2015 年又增长到了 31.5 万。2015 年，该平台进行了较大改革，全面调整了发展策略和市场经营模式，以强化该平台的市场竞争力。这次策略调整的核心是停止向其他网络平台提供内容，以确保普客平台上内容的独家性。2016 年，该平台的付费订户总数上涨到了 52.6 万；2017 年继续保持增长势头，达到了 62.5 万；2018 年达到了 72 万。2019 年，该平台的注册用户规模达到了 470 万，付费订户总数达到了 114 万。

根据 2019 年数据，普克平台上共播出 80 多个直播频道，另外还有 20 多万个点播节目以及 1 万多部电影。普克平台上每位付费订户的日均收视时间长度为 1.8 小时。普克平台的付费业务共有三个类型，按照收视终端和节目内容设定相应的资费标准。就节目内容而言，普克平台分为标准套餐、电影套餐和音乐套餐三个类别，其中电影套餐的每月资费标准为 1.89 万韩元，音乐套餐的每月资费价格为 1.628 万韩元，而标准套餐则按照收视终端又分为三个层级，其中，移动收视终端每月资费标准为 6900 韩元，移动终端 + 个人电脑的资费标准为 7900 韩元，移动终端 + 个人电脑 + 电视机的资费标准为 1.09 万韩元。

普克平台在 2019 年与 SK 电信公司（SK Telecom）旗下的“奥克苏苏”平台合并后，进一步提升了整体实力。普客平台是韩国放送公社在融合发展方面的重要策略，有效发挥了自身资源实力，提升了在新媒体领域的影响力和竞争力。“奥克苏苏”平台创办于 2016 年，隶属于 SK 电信公司的子公司 SK 宽带公司（SK Broadband）。2019 年，“奥克苏苏”平台拥有 720 万左右的注册用户；两个平台合并后，注册用户超过 1140 万。

2. 境外网络电视平台

韩国也是外国网络电视和新兴媒体巨头不容忽视的市场。早在 2014 年 5 月，美国谷歌公司（Google）与韩国本地流媒体视频服务公司 Tving 和 Hoppin 合作，将 Chromecast 电视棒引入韩国市场，售价为 49 美元。研究发现，韩国 YouTube 观众主要是在移动终端上观看 YouTube 的视频，比例高达 80%，相比之下，美国 YouTube 观众中在移动终端上观看视频的比例仅为 40%。韩国观众的这种收视习惯为谷歌公司开拓市场提供了条件，因为 Chromecast 电视棒能实现智能手机与电视机之间的节目传输和播放。谷歌公司 Chromecast 电视棒是在 2013 年 7 月 24 日开始进入市场的，它实际上是一种小型的接收器，插入电视机背面的 HDMI 接口后，通过 Wi-Fi 就可以将智能手机或平板电脑上的网络视频在电视机上播出。换而言之，谷歌公司通过这款电视棒装置跨越了网络内容与电视内容的界限，也将网络媒体和电视媒体整合到了一起，这引起了传统电视业的不安。

美国奈飞（Netflix）是最早进入韩国的外国网络电视平台之一。2016 年，奈飞公司拓展了在韩国的市场范围。根据 2019 年数据，美国奈飞公司在韩国订户规模的年度增幅达到了 192%，从 2018 年的 63 万增长到了 2019 年的 184 万。美国奈飞在韩国的订户年龄结构相对年轻，20 ~ 29 岁年龄段的订户比例达到了 38%，30 ~ 39 岁年龄段的订户比例为 38%。目前，奈飞平台在韩国的资费标准为每月 7.46 美元。为了提升在韩国市场的竞争力，美国奈飞公司近年来大大强化了韩国本土原创内容制作力度。2019 年 9 月，美国奈飞公司宣布在韩国制作 10 多部原创影视剧，包括爱情剧、悬疑剧、科幻剧等。美国奈飞公司的本土化原创内容策略可谓一举多得，一方面强化了本土市场竞争力，另一方面也丰富了原创内容资源。美国奈飞公司表示，亚洲的故事具有跨越语言、地理边界的能力，通过韩国等亚洲本土影视创作者的努力，可以大大丰富奈飞平台上的内容。

美国优兔（YouTube）在社交媒体平台领域具有很强的知名度和影响力，在国际市场拓展方面也卓有成效。优兔大力推进本土化策略，截至 2018 年 2 月，优兔社交平台已经拥有 90 个国家的 80 多种本土语言版本。2018 年，美国优兔网大力拓展“优兔红”业务（YouTube Red），尤其在商业模式和服务内容上进行了优化。“优兔红”业务是 2015 年推出的付费业务，最初仅面向美国订户，每月资费为 9.99 美元。用户可以将视频和影片内容下载，储存在手机、平板电脑、笔记本电脑等终端上，留待离线观看。截至 2018 年 2 月，该业务已进入澳大利亚、新西兰、墨西哥和韩国。

第二节　日本

日本（Japan）位于太平洋西岸，是一个由东北向西南延伸的弧形岛国。就经济发展状况而言，日本是世界第三经济大国，国民生产总值约为 4.97 万亿美元（世界银行，2018）。总人口约为1.26亿，人口年龄中位数是47.3岁，远高于其他亚洲国家。日本家庭中电视机的普及率超过95%，拥有电视机的家庭（以下简称“电视家庭”）总数约为4650万；有线电视是最主要的收视渠道，有线电视家庭总数约为2807万。日本电视体制是公营和商业并行的双轨体制，其中，公营电视播出机构是日本放送协会，其主要收入来源是政府补贴和收视费；商业电视播出机构则是全国性和地方性的商业电视台，其主要收入来源是广告费。

一、概述

1937年，日本放送协会（Nippon Hoso Kyokai，NHK）在东京进行了电视试验，这也是日本电视业的开始。1953年，日本有866台电视机，信号开始覆盖东京地区。当时，日本白领阶层的平均工资仅为1.5万日元，而电视机的价格为18万日元。[①] 先后成功地现场直播了1959年明仁皇太子大婚和1964年的东京奥运会，这大大促进了电视机的销售和日本电视的发展。1959年，成立了以东京广播公司（TBS）为核心的日本新闻网（JNN），1970年相继成立了全日本新闻网（ANN）、朝日电视台系统、日本新闻网（NNN）日本电视系统、富士新闻网（FNN）、富士电视台系统等。连同日本放送协会，形成全国五大新闻网络。[②]1970年，日本播出彩色电视，1985年图文电视开播。

就电视节目播出特点而言，根据2019年4月一份针对日本、美国、英国、德国、荷兰等11个国家的研究显示，娱乐综艺节目有助于拉升频道的观众规模和收视份额；相比同时段其他节目，娱乐综艺节目的收视份额要高出24%。其中，日本主要电视频道把黄金时段58%的播出时间用于娱乐综艺节目。[③] 就新闻节目而言，因为日美特殊关系，日本民众特别关注美国新闻。根据美国皮尤研究中心2018年发布的一项调查报告，在调查的38个国家中，对美国新闻感兴趣的受访者比例的中位数为48%。最为关注美国新闻的五个国家是加拿大、荷

---

① 郭镇之：《电视传播史》，北京师范大学出版社2000年版，第417页。

② 明安香：《全球传播格局》，社会科学文献出版社2006年版，第433页。

③ www.broadbandtvnews.com/2019/04/19/research-entertainment-shows-still-capture-big-audiences.

兰、日本、德国和澳大利亚，这五国受访者中关注美国新闻的比例中位数分别为78%、75%、74%、73%和71%。[①]

在数字化方面，日本走在亚洲前列。2012年和2015年，日本分别完成了地面电视和有线电视的模拟转数字进程。日本在2000年开始播出数字电视，并在2002年将高清电视用于大型国际赛事的直播。2002年2月，日本正式使用高清晰度电视信号转播了盐湖城冬奥会。从2003年开始，日本使用日本本国研发的地面数字标准ISDB-T进行电视播出和传输，以配合高清电视，并将此标准在拉美国家中广为推广。2011年7月24日，日本正式迈入数字化时代，日本全国宫城县、岩手县和福岛县外（此三地为大地震重灾区，其模拟电视广播终止日起推迟到2012年3月底），停止了地面模拟信号电视节目播出。同一天，日本NHK BS1、NHK BS2和Wowow 3个模拟卫星电视频道也停止其BS模拟播出服务。这标志着日本卫星电视进入全数字播出的新阶段。

日本在技术创新与应用方面一直处于世界前列，以物联网为例，日本IT战略本部在2009年7月6日发布了《I-Japan战略2015》，目标是建设“以国民为主角的数字安心、活力社会”。该战略进行了一系列的物联网战略部署，并侧重于发展灾害防护、移动支付等物联网业务。[②] 在电视领域，日本在高清技术发展方面居于世界前列。早在1964年日本就开始了高清电视的相关研发工作，尽管数字高清电视这个概念最早是由美国人提出的。高清电视在全球的发展可以分为两个阶段：模拟高清电视和数字高清电视，也可称为早期系统与当代系统两个阶段，日本的“缪斯”（MUSE）系统就是早期系统的代表之一。经过多年研究，日本放送协会在1981年首次展示高清晰度电视。高清晰度彩色电视的扫描线是原来NTSC制式525行扫描线的两倍多，每秒钟画面60幅，宽高比例为16∶9，而不是以往的4∶3。其清晰度与逼真度和电影相差无几，肉眼几乎看不到点状的扫描线。[③]1985年，日本建立了1125行扫描线、60帧的缪斯模拟制式，1988年率先在汉城奥运会上进行试播并取得成功。缪斯系统利用了过滤技术来降低原

---

① Pew Research Center：“Publics Globally Want Unbiased News Coverage, but Are Divided on Whether Their News Media Deliver”，January，2018，www.pewresearch.org.

② 曾静平、杜振华编著：《中外新媒体产业》，北京邮电大学出版社2014年版，第174页。

③ 郭镇之：《电视传播史》，北京师范大学出版社2000年版，第290页。

始信号，这样可以降低带宽的使用率。[①]1989年6月3日，日本成为世界上第一个每天播出高清电视节目的国家。日本放送协会在其卫星直播的第二套节目中，在14:00时段，每天试播一个小时的高清晰度电视节目。1991年11月，日本开始正式播出模拟高清晰度电视节目，每天播出8小时。同年，日本市场开始出售高清晰度电视设备。[②]日本放送协会研发的高清电视标准被国际电信联盟（ITU）认证为国际统一规格。

近年来，日本致力于超高清电视（Ultra-HD）技术的研发和应用。2012年5月，日本成功进行了4K超高清电视试播，其超高清标准随后经国际电联（ITU）推荐成为国际标准。根据日本标准，超高清电视的物理分辨率为7680×4320，宽高比为16：9，共有每秒钟120、60、59.94三种帧速率。相比高清电视（HD）1920×1080的物理分辨率，超高清电视的像素要高出16倍。2012年12月31日，日本放送协会以超高清4K标准播出了新年晚会，即在日本最具影响力的年度“红白歌会”。2014年，日本放送协会播出世界首个4K超高清电视频道。2014年6月，日本通过通信卫星试播了4K超高清电视节目。2015年，日本4K超高清付费卫星电视节目和网络视频均已经实现了商业化运作，主要播出旅游、文艺演出以及体育比赛等方面的节目。其中，日本富士电视台已经开始在互联网上提供4K超高清视频点播业务。2015年，日本拥有超高清电视机的家庭总数为195万；2020年，拥有超高清电视机的家庭总数预计达到1558万。2015年9月，日本有线电视联盟宣布，为了推动4K超高清节目的普及，日本全国39家有线电视公司联手开设超4K高清格式的专门频道“有线4K”（Cable 4K）。2017年，日本政府宣布在2020年奥运会前实现超高清电视播出，同年实现全国一半以上的电视家庭具备收看4K高清电视节目的条件。根据日本政府计划，日本4K高清电视机的普及率在2020年要达到50%，到2025年达到100%。截至2018年12月，日本放送协会“BS4K”频道每天播出18小时4K超高清节目。

除了4K超高清，日本还着力发展8K超高清。2011年，日本放送协会科技实验室就一直致力于研发大容量无线传输技术，以实现8K超高清地面电视播出。2012年5月，日本放送协会以无线传输的方式，完成了4.2km的8K超高清

---

① 黎斌：《国际电视前沿聚焦》，中国传媒大学出版社2007年版，第204页。

② 郭镇之：《电视传播史》，北京师范大学出版社2000年版，第292页。

电视传输。2013 年 9 月，日本东京成功申办了 2020 年夏季奥运会，日本放送协会宣布将于 2020 年开播 8K 的超高清电视。日本计划使用卫星来传输和播出 8K 超高清电视节目，使用的波段为 21GHz 的 Ka 波段。8K 超高清电视的一大优点是支持播出裸眼收看的立体电视节目。2014 年 1 月，日本放送协会成功完成 8K 超高清电视长距离（27 公里）无线传输试验。此次试验采用 UHF 频段的第 46 频道（频宽为 6MHz）来传输经过压缩及信道编码等处理的 8K 超高清电视信号，通过日本放送协会在熊本县人吉市的人吉电视中转站发射，所传输的最远距离与传统全高清地面数字电视播出距离相同，都是约 27km。日本放送协会科技实验室认为，这意味着开播 8K 超高清地面电视广播，将 8K 电视无线传输到千家万户是可以实现的。2018 年 12 月 1 日，日本放送协会（NHK）正式播出 8K 超高清电视节目，8K 节目播出业务被命名为“BS8K”。日本放送协会通过卫星播出 8K 超高清节目，每天播出 12 小时。①

二、媒介监管与传媒法规

1. 监管体制

日本对广播电视媒体和行业的监管是以政府监管为主导，立法规制、媒体自律发挥着重要的作用。政府对广播电视媒体和行业监管的主要依据来自《广播电视法》《电波法》《电信役务利用广播电视法》等一批专门法，由专门法构成的广播电视法律体系对民营广播电视媒体和公共广播电视媒体都具有很强的约束力。日本对广播电视媒体和行业立法规制主要有两个途径：一是对广电媒体的准入条件、存续方式、组织结构、服务功能、编播活动做出具体规定；二是对建立行业自律、媒体自律机构的方针、原则和方式做出具体要求。

2. 主要法规

目前，日本政府规制广播电视业的主要法律制度包括《电波法》《广播电视法》《有线电视广播法》《利用电信服务广播法》等，还有与之相配套的政令、部

---

① www.rapidtvnews.com/2018110854101/4khdr-summit-nhk-to-begin-8k-odyssey-wi-th-kubrick-s-2001.

令等政策法规。日本《电波法》于1950年5月颁布，之后经过多次修改。2005年《电波法》共有116条，包括总则、无线电台和无线电视台执照、无线电设备、无线电从业人员、运营、监督、申诉及诉讼、电波监理审议会、细则、罚则等部分。

日本《广播电视法》于1950年5月颁布，此后历经多次修改。2005年《广播电视法》共59条，包括总则、日本放送协会、广播电视大学、一般广播电视业者、受托广播电视业者、委托广播电视业者、广播电视节目中心、监督及处罚等内容。该法对广播电视业的目的、公司组织形式、业务范围、节目编辑方针、保障措施及违规处罚等做了明确规定。其中专门规范日本放送协会的条款就有11条。

日本《有线电视广播法》于1973年1月1日正式实施，并随着有线电视在日本的发展和普及，对广播电视法律体系不断补充和完善。该法共有38条，包括总则、设施、业务、杂则和罚则等五部分，将有线电视业划分为"有线电视设施者"和"有线电视事业者"两大类，并分别进行规范。

日本《有线广播运营管理法》制定于1951年4月。该法共有16条，主要内容包括备案流程、节目编辑规范、监督管理等。

日本《利用电信服务广播法》制定于2001年，2004年进行了一次修改。该法是日本政府为了推动广播电视与电信融合的重要举措，并借此规范硬件系统（信号传输）与软件系统（内容制作），对电信业者利用自身所提供的服务开展广播电视业务进行规范。该法使过去对卫星数字电视和有线电视设施的限制大幅度解除。①

3. 相关规定

日本《电波法》和《广播电视法》对外国人或外国机构进入日本广播电视行业有明确规定。对一般广播电视业者和受托广播电视业者，明确规定外国人、外国政府或其代表、外国法人或团体不能申请设立电台或电视台。外资在日本广播电视媒体中的股权比例不能超过20%，不能由外国人担任公司执行董事，外国人在董事会中的席位不得超过总数的1/5。但在有线电视业务及"利用电信业务广

① 国家广播电影电视总局发展改革研究中心：《发达国家广播影视管理体制和管理手段研究》（内部资料）2006年版，第60～62页。

播”方面，随着电信行业的逐渐开放，这方面的限制正在逐步取消。[①]

《广播电视法》第52条规定：外国资本在日本广电媒体中所占股份超过总务省规定的比例（15%）时，广电媒体有义务公布这一数字。[②]根据《有线电视广播法》，任何从事安装有线电视广播设施并通过该设施提供有线电视广播服务，如果设施规模超出一定标准，应当获得邮政省关于安装设施的准许。这一准许不得授予不具备日本国籍的人、外国政府或其代表人、外国法人或团体以及上述人员担任经营主管或者由其控制20%以上表决权的法人或团体。[③]

三、电视频道与媒体机构

日本全国共有200多家地面电视台，其中大部分是日本放送协会和五大商业电视台的附属台。日本电视机构的节目以自制为主，仅有不到5%的节目是从韩国、美国等进口。除了日本放送协会之外，日本全国共有100多个地面电视台。这些电视台大多附属于5大商业电视台，即日本电视台（NTV）、东京广播公司（TBS）、富士电视台（Fuji TV）、朝日电视台（TV Asahi）和东京电视台（TV Tokyo）。日本放送协会作为公共电视，曾经在日本处于压倒性的优势地位。1964年之后，日本放送协会的优势地位逐渐被民营电视台取代。首先是靠“电视剧和新闻报道”立台的东京广播公司广受欢迎，接下来是用“如果没有趣，就不是电视”这一广告语抓住年轻人的富士电视台的崛起，随之以“团队采访，提供有质量的数据”作为武器的日本电视台夺取了冠军的宝座。自此以后，富士电视台东山再起，重返冠军宝座，直到现在。[④]值得一提的是，日本是域外媒体公司在亚洲的第三大市场，根据2018年1月的数据，日本市场的营业收入占这些公司在

---

① 国家广播电影电视总局发展改革研究中心：《发达国家广播影视管理体制和管理手段研究》（内部资料）2006年版，第67～68页。

② 张志：《数字时代的广播电视规制与媒介政策》，中央民族大学出版社2011年版，第74页。

③ 藏具林、卜伟才主编《中国广播电视“走出去”战略研究》，中国国际广播出版社2014年版，第52页。

④ 崔亚娟：《数字化时代公共电视的发展研究——日本NHK的危机与变革》，北京大学出版社2013年版，第104页。

亚洲付费电视频道影业总收入的7%。2017年域外媒体公司在整个亚洲付费电视频道领域的营业收入增长了4%，达到50亿美元。①

1. 日本放送协会（NHK）

日本放送协会（Nippon Hoso Kyokai）通常也被译为“日本广播协会”，“放送”是一个日文词汇，与之相对应的英文是broadcasting，英文缩写是NHK。日本放送协会是日本唯一一家公共广播电视媒体机构，其前身是1925年3月22日播出的东京广播电台，1926年8月20日与大阪广播电台和名古屋广播电台合并后，正式成为全国性广播电台组织。1950年，日本国会通过了“电波三法”（《电波法》《广播电视法》和《电波监理委员会立法》），规定日本放送协会为公共广播机构，“不以盈利为目的，独立于国家，为了全体国民福祉而进行广播”。日本放送协会因此进行了重新组建，成为具有公共性质的特殊法人，并建立了较为完善的管理和监察机构。1953年2月1日开始播出电视节目；1989年6月1日卫星电视正式开播。日本放送协会的六个核心公共价值目标是：“提供准确、公平、公正的信息”“促进稳定与安全”“创造高品质文化体验”“服务社区”“强化日本与国际的联结”和“促进教育与社会福利”。

目前，日本放送协会播出4个全国性电视频道和3个国际频道，其中4个全国性电视频道分别是综合频道、教育频道、卫星1频道（BS1）和卫星精选频道（BS Premium）。截至2017年，日本放送协会员工总数约为10200人。在国内47个县拥有54个分台，在海外设有31个分支机构，派驻了82名记者。日本新闻通信调查会于2018年10月公布的《第11回关于媒体的全国舆论调查》结果显示，对各类媒体的信赖度指数（100为完全信赖），日本放送协会为70.8，报纸为69.6，商业电视为62.9。②

日本放送协会的收入主要来源为国民的收视费，收视费体系确保了其财政的独立性，从而保证了其编辑独立性和公正性。就经费规模而言，日本放送协会在2020财年的整体收入为7164亿日元（约合472亿元人民币），其中收视费为

① www.rapidtvnews.com/2018013150696/global-investors-reap-rewards-in-asia-s-gro-wing-pay-tv-sector.

② 章蓉：《日本新闻传播业发展报告》，载高伟、姜飞主编《全球传播生态发展报告（2019）》，社会科学文献出版社2019年版，第259页。

6954亿日元（约合460亿元人民币），整体运营支出为7379亿日元（约合486亿元人民币）。以公众收视费为主的资金收入结构决定了日本放送协会不必将目光紧盯在眼前收视率上，它可以在消除经济后顾之忧的前提下去追求服务社会公共利益的、公正的高质量节目。① 换而言之，日本放送协会的运营理念必须是服务公众，而非商业或政治集团的利益。当然，从另一个角度来说，以受众为运营宗旨、强化节目的受众导向和提升受众服务质量也有利于提升市场竞争力。不过，在实际运作中，日本放送协会仍受制于政治集团。日本的《广播电视法》要求每年的1～3月要在国会上讨论日本放送协会下一年度的预算和事业计划，这些计划都必须得到国会的承认才能够在4月份顺利执行，因此日本放送协会负责政治方面的有关人员在上一年的年末就要拜访在国会上有发言权的总务委员，尤其是对占总务委员会多数席位的执政党更是要煞费苦心，这可以说是日本放送协会忌惮执政党的一个原因。②

日本放送协会的最高管理机构是经营委员会（Board of Governors），经营委员会之下是社长和执行委员会（Executive Board）、公司规划部（Corporate Planning Department）、风险管理委员会（Risk Management Committee）、内部审计局（Internal Audit Bureau）、节目调查局（Program Inspection Bureau）和企业投资风险管理局（Enterprise Risk Management Bureau）。日本放送协会的经营委员会是由内阁总理大臣在参众两院的同意下进行指定，会长则由这个经营委员会任命。经营委员会和会长的人事安排权也是日本放送协会对执政党怯懦的原因。日本放送协会的主要下设机构和公司包括三大类型：子公司、公共服务集团和附属机构。日本放送协会的子公司共12个，其中包括出版社（NHK Publishing, INC.）、文化中心（NHK Culuture Center, INC.）、教育公司（NHK EDUCATIONAL CORPORATION）等。日本放送协会的公共服务集团共有9个，包括爱乐乐团（NHK Symphony Orchesra）、远程教育学院（NHK Academy of Distance Learning）等。日本放送协会的附属机构共有4个，包括卫星播出系统公司（Broadcasting Satellite System Corporation）、宇宙传媒美国公司（NHK

---

① 丁汉青:《NHK的经营管理》,《青年记者》2005年第3期，第36页。

② 崔亚娟:《数字化时代公共电视的发展研究——日本NHK的危机与变革》，北京大学出版社2013年版，第144页。

Cosmomedia America, Inc.)、宇宙传媒欧洲有限公司（NHK Cosmomedia Europe Limited）和卫星播出条件接收系统有限公司（BS Conditional Access Systems Co. Ltd.）等。

作为国家媒体和公共媒体，日本放送协会体现了三个“导向”，充分体现了其发展定位。

（1）受众导向

日本放送协会具有很强的“受众导向”，这首先体现在机构设置上。日本放送协会除了常规的行政、节目、新闻等部门外，专门设立了“受众关系总务部”（General Administration of Audience Relations），与统管节目内容制作播出的“播出总务部”（General Broadcasting Administration）平级。受众关系总务部下辖“受众关系与规划局”（Audience Relations & Planning Bureau）、“公共关系部”（Public Relations Department）、“受众服务部”（Audience Service Department）。

受众导向重点体现在内容服务上。日本放送协会综合频道和教育频道是地面频道，BS1 和 BS 精选频道是卫星频道。综合频道主要播出新闻、文化、教育和娱乐等类型的节目；教育频道以年轻观众为目标受众，节目以教育类为主，另外还播出古典文艺、音乐等节目；BS-1 主要播出国际新闻、财经新闻和体育节目；BS 精选频道主要播出文化和娱乐节目。日本放送协会非常重视新闻节目，在自然灾害应急新闻报道方面积累了丰富的经验，也具备雄厚的实力。2020 年，日本放送协会拥有 15 架直升机，在全国设置了 750 个远程控制摄像头。在应急预案方面，日本放送协会准备了备用播出中心，一旦东京总部因故无法正常播出，大阪台（NHK Osaka Station）将及时接替总部承担全国性新闻播出职能。此外，日本放送协会制作了多档节目品质高、播出历史久的栏目，其中“NHK 红白歌战”是 NHK 最受欢迎的电视节目之一。

作为公共电视机构，日本放送协会除制作和播出高品质的节目之外，还通过举办展览、演出等活动长期致力于服务公众。日本放送协会每年会为受众举办体育、音乐和艺术等广泛的文化活动。例如，举办“国宝药师寺展”“千年源氏物语展”等，并邀请世界一流指挥家和管弦乐团，联手举办“NHK 音乐节”活动。日本放送协会还通过“NHK 古典演艺欣赏会”“NHK 新年歌剧音乐会”等活动，让观众充分享受来自海内外的优秀舞台艺术。此外，它每年主办“NHK 杯国际花样滑冰锦标赛”等大型体育赛事。

日本放送协会开设了“演播公园”（NHK Studio Park），每年接待来自全球59万参观者，是公共关系的主要项目之一。演播公园为参观者提供了近距离了解电视科技和节目制作的机会：可以近距离观看8K超高清屏幕，或作为观众参与节目录制，也可以亲身体验担任新闻主播的感觉。

日本放送协会还拥有全球首个放送博物馆（NHK Museum of Broadcasting）。放送博物馆建立于1956年，设置了放送历史区、现场体验区、8K影院等。

尽管面临金融危机和经济不景气带来的财政压力，日本放送协会仍持续加大对于受众服务方面的投入。2008～2010财政年度，日本放送协会用于收听收视服务活动的经费从2008财年的62亿日元增长到2009财年的179亿日元，到2010财年这个数字达到317亿日元。所占支出比例也从2008财年的1.0%增长到2009财年的2.7%，到2011财年达到4.6%。2013财政年度，这一比例为2.2%，额度为144亿日元。2016～2017财年中，日本放送协会用于受众接待以及公共关系方面的费用支出为104亿日元，占年度经费支出的1.5%。

（2）创新导向

日本放送协会着眼数字时代的媒介环境、竞争态势和观众需求，着力强化创新发展。

在技术创新方面，日本放送协会在4K/8K超高清的研究和应用方面居于世界前列。2018年12月1日，日本放送协会开始播出4K和8K超高清频道。其中，4K超高清频道为BS4K，在地面和卫星平台上每天播出18个小时；8K超高清频道为BS8K，每天播出12个小时。日本放送协会非常注重前沿技术的研究和应用，目前重点发展领域包括3D影像技术，虚拟现实和增强现实技术，网络内容分发技术和混合播出技术，计算机图像生成技术（虚拟主播等），人工智能技术（视频识别、声音识别、社交媒体分析、影像修复）等。2020年4月，日本放送协会发布了裸眼3D电视系统的最新研究成果，观众在不佩戴3D眼镜的情况下可以获得高清、逼真的3D视觉，而且观众在视觉范围内走动也可以保持这一效果。该系统被命名为“光象”（Aktina Vision）。① 在人工智能技术方面，日本放送协会从2020年4月1日开始在世界频道（NHK WORLD-JAPAN）中使

① https://www.broadbandtvnews.com/2020/04/28/nhk-developing-glasses-free-3d-tv-system/.

用人工智能技术提供多语种翻译功能。该功能支持中文简体、中文繁体、法语、印尼语、西班牙语、泰语、越南语七种语言，在该频道的官网以及应用程序上以字幕方式实现实时自动翻译。①

在播出技术方面，日本放送协会在2013年9月正式推出了第一套“混合播出”（Hybridcast）节目，2013年12月，推出了第二套混合播出节目。混合播出技术是由日本放送协会科学技术研究实验室开发的。相比传统节目播出，混合播出技术融合了数字电视与网络通信技术，由此向观众提供节目播出、信息服务等多种服务。在服务内容方面，混合播出技术除了播出电视节目，还能向观众提供网络信息及其他业务。在服务终端方面，混合播出技术通过智能电视机、智能手机、平板电脑等多个终端向用户提供服务。值得一提的是，混合播出技术还将实现多视角播出功能，观众可以选择摄像机的拍摄角度，从而获取多视角的观看体验。

日本放送协会的创新发展能力是基于其研究实力。日本放送协会设立了“科学技术研究实验室”（Science & Technology Research Laboratories）和“放送文化研究所”（Broadcasting Culture Research Institute）。科学技术研究实验室创建于1930年，成立后相继开发出卫星播出、高清电视、数字播出等新型播出系统、高灵敏摄像机以及超薄电视屏幕等设备。该研究所的研究成果让日本电视技术位居世界前列。放送文化研究所成立于1946年，是世界上为数不多的由广播电视台运营的综合性广播电视研究机构。放送文化研究所非常重视定量的调查研究，每年都要进行多个大型调查项目，其中例行的项目包括1960年开始的每5年进行一次的《国民生活时间》调查，这个调查作为研究日本人的基本数据在各个领域都得到了应用，在日本社会具有极高的权威性，与日本文部省统计数理研究所的国民性调查、日本社会学会的社会阶层移动调查并列为日本的三大调查。另外，从1973年开始的每5年一次的《日本人的意识调查》、每年两次的《全国个人收视率调查》以及以国家政治选举为中心实施舆论调查的“选举舆论调

① https://www3.nhk.or.jp/nhkworld/upld/thumbnails/en/information/automatically_tra-nslated_multilingual_subtitles_en.pdf.

查”等多种多样的调查研究等成为这个研究所的工作内容。[1]2019 财年，日本放送协会放送文化研究所的重点课题包括电视与电信融合趋势下的媒体最新发展趋势，记录和整理已有播出文化，2020 年以后公共媒体的发展特征等。放送文化研究所每月出版一期《日本放送协会放送研究月报》（*The NHK Monthly Report on Broadcast Research*），发布最新的研究成果。

（3）外交导向

日本放送协会非常注重发挥国家媒体在外交、文化交流等方面的作用。日本放送协会非常重视国际组织的作用，为日本外交积极拓展媒体领域的活动空间。1964 年，日本放送协会作为主要倡导者和奠基者创办了“亚洲 - 太平洋广播电视联盟”（ABU，简称“亚广联”）。经过 50 多年发展，亚广联已成为亚洲广播电视领域最具影响力的国际组织，也是世界知名媒体组织。截至 2019 年，该组织已经在 73 个国家和地区拥有 280 个会员机构。日本放送协会长期担任该组织的领导职务，在节目、技术领域推动国际合作，并发起了“亚广联机器人大赛”（ABU Robot Contest）等活动。

日本放送协会在国际组织平台之外，还积极搭建自有平台开展媒体外交。日本放送协会在 1965 年创建了名为“日本赏”（JAPAN PRIZE）的奖项，主要针对教育类节目开展国际竞赛，致力于提升全球教育节目的整体质量。另外，日本放送协会还长期开展国际培训项目。截至 2019 年，日本放送协会的培训项目已经累计接待了来自 146 个国家的 3312 人。长期以来，日本放送协会还配合外务省以及其他机构开展文化外交工作。2018 财年，日本放送协会向 12 个国家赠送了 2490 部节目。这些工作主要服务外务省的“官方发展协助”（Japan's Official Development Assistance）项目，由日本基金会（Japan Foundation）提供支持。日本放送协会也进行节目内容的商业销售。2018 财年，日本放送协会面向 29 个国家和地区销售了 8361 部节目，其中包括纪录片、电视剧等。

日本放送协会还通过国际电视频道和广播频率传播日本国家形象，为日本营造有利的国际发展舆论环境。日本放送协会开办了面向全球播出的英语国际频道，即日本放送协会世界电视频道（NHK WORLD-JAPAN）。截至 2019 年 4 月，

---

① 崔亚娟：《数字化时代公共电视的发展研究——日本 NHK 的危机与变革》，北京大学出版社 2013 年版，第 142 页。

该频道在全球约160个国家播出，触达约3.5亿家庭。日本对于2020年东京奥运会（延期至2021年举行）给予了很高的期望，除了拉动经济增长方面，还有提升国家形象、传播日本文化等。受东京奥运会等因素的影响，2018年日本境外游客人数达到了历史性的3000万。在此背景下，日本放送协会高度重视世界频道（NHK WORLD-JAPAN）服务在日外国人的作用，同时也强化其在传播日本文化方面的影响。除了世界频道，日本放送协会还以商业方式向海外播出两个日语频道JSTV1和JSTV2，其中JSTV1主要播出纪录片、电视剧、旅游、历史、文化、厨艺、教学、电影、喜剧等节目，JSTV2主要播出新闻节目，另外也播出纪录片、电视剧、电影、文化、教学、厨艺、旅游、历史、喜剧、儿童等类型的节目；两个频道的节目均以日语播出。两个频道在海外由日本放送协会宇宙传媒美洲公司（NHK Cosmomedia America，Inc.）和宇宙传媒欧洲有限公司负责运营。① 在广播方面，日本放送协会世界广播频率以17种语言播出，针对对象国受众接收特点采用短波、中波、调频和卫星广播等不同方式。

2. 商业电视台

在日本，商业电视台被称为“民放”（民营放送），共127家，这些电视台基本上隶属于日本五大全国商业电视台集团。五大商业电视台集团分别是：NNN（拥有30家电视台，主台为日本电视台）、FNN（拥有28家电视台，主台为富士电视台）、JNN（拥有28家电视台，主台为东京广播公司）、ANN（拥有26家电视台，主台为朝日电视台）、TXN（拥有6家电视台，主台为东京电视台）。商业电视台系列除了在东京的“主台”之外，还有在大阪的“准主台”和在全国各地的地方台。地方台也制作一些当地的新闻或者本地节目，节目自制率不高，一般不超过30%，近年来大致保持在12%。地方台播放的绝大部分节目都是由东京的主台提供的。② 五大商业电视台集团的主台通常也被称为五大商业电视台，即日本电视台（Nippon TV，NTV）、东京广播公司（TBS）、富士电视台（Fuji TV）、朝日电视台（TV Asahi）和东京电视台（TV Tokyo）。日本电视格局形成于20世纪70年代，当时通过报社融资，报社向电视台委派主要负责人，逐渐

---

① https://www.jstv.co.uk/.

② 章蓉：《日本新闻传播业发展报告》，载高伟、姜飞主编《全球传播生态发展报告（2019）》，社会科学文献出版社2019年版，第260页。

形成了报社领导电视台的局面，并由此构成了日本电视产业格局：日本电视台属《读卖新闻》系统，东京广播公司属《每日新闻》系统，富士电视台属《产经新闻》系统，朝日电视台属《朝日新闻》系统，东京电视台属《日本经济新闻》系统，即五大民间电视台分别归属五大报社系统的组织形式。[①] 近年来，为了应对网络电视的压力，日本五大商业电视台在竞争中加大了合作力度。2015 年 10 月，五大商业电视台联手推出一个名为“TVer”的视频回看业务。每家电视台每周提供 10 部热播节目，每部节目供用户免费收看 10 天。此前，日本几家主流娱乐节目公司、电视台和行业团体合作成立了“日本内容集团”（Japan Contents Group），并依托该集团在 2015 年秋天推出了名为“Bonobo”的在线视频点播业务。

（1）日本电视台

在日本五大商业电视台中，日本电视台曾长期处于收视份额的榜首。从 2004 年开始，其领先位置被富士电视台或其他电视台所取代。2011 年，该台的全天时段收视份额是 8%，黄金时段收视份额是 12%。2012 ~ 2016 年，富士电视台连续四年保持收视冠军的地位。2016 年，该台全天收视份额为 8.5%。

为了增强新兴媒体时代的国内市场和国际市场竞争实力，日本电视台在 2014 年 3 月与美国葫芦公司（Hulu）签署协议，收购其在日本的业务。日本电视台此举是为了拓展节目传输渠道，强化其在互联网领域的内容分发能力。2015 年 10 月，日本电视台开始在柬埔寨、印度尼西亚、菲律宾、新加坡、泰国等海外市场推出付费电视频道 GEM；该频道主要播出日本电视台的精品节目。2016 年 6 月，日本电视台与 KKTV 合作在中国台湾等海外市场推出了流媒体业务。

（2）朝日电视台

朝日电视台全天时段和黄金收视份额通常处于日本全国第三的位置。2011 年，其全天时段和黄金时段收视份额分别为 7% 和 12%。2016 年，该台的收视份额位居全国第二，全天收视份额达到了 7.2%。

（3）富士电视台

富士电视台在日本全国拥有 28 家电视台，覆盖全国 98% 的人口。富士电视台开办了三个全国性频道，即富士电视台一频道（Fuji TV One）、富士电视台二

① 明安香：《全球传播格局》，社会科学文献出版社 2006 年版，第 433 页。

频道（Fuji TV Two）和富士电视台付费频道（Fuji TV Next）。该电视台内设五个业务部分：播出、节目制作、市场、音频与音乐、其他。2011 年，富士电视台的全天时段收视份额是 8%，黄金时段收视份额是 13%，位居全国第一。2016 年，富士电视台的全天收视份额为 6.2%，位居全国第三位。

（4）东京广播公司

东京广播公司的收视份额通常位居第四。2011 年，东京广播公司全天收视份额为 10%，黄金时段收视份额分别为 7%。2016 年，东京广播公司的全天收视份额为 5.9%，位居全国第四位。

（5）东京电视台

东京电视台的收视份额通常位居第五。2011 年，这家电视台的全天收视份额为 6%，黄金时段收视份额为 3%。2016 年，东京电视台的全天收视份额为 3%，位居全国第五位。

四、播出渠道与付费电视业

日本电视运营机构主要是有线电视、卫星电视、IPTV 等。其中，有线电视是最主要的电视播出渠道，在电视家庭中所占份额高达 60%。不过，小规模有线电视运营商居多，其有线电视订户的份额为 60% 左右。除了有线电视之外，卫星电视所占份额为 20%，数字地面电视为 12%，IPTV 为 8%。2018 年，日本付费电视业务订户总数为 3950 万，约占电视家庭总数的 85%。丘比特电信公司（J:COM）、沃傲公司（WOWOW）和天空完美电视公司（Sky PerfecTV）是日本三大电视运营商，市场份额之和约占全国 1/3。2021 年，有线电视仍以 58% 的订户份额居于领先地位，在付费电视营业收入总额中所占份额为 65%。另外，卫星电视的订户份额维持在 21%，数字地面电视为 13%，IPTV 为 8%。

1. 有线电视

日本共有有线电视运营商 700 多家，相对较为分散。日本有线电视运营商主要有丘比特电信公司和 KDDI 公司。

（1）丘比特电信公司（Jupiter Telecommunications，J:COM）

丘比特电信公司是日本最大的多系统运营商，运营 100 多个频道，并提供高清录像服务。另外，该平台近年来在力推其三网融合业务。该公司的有线电视用户数在 2013 年为 311 万，2016 年达到了 370 万。

美国自由媒体环球集团（Liberty Global）曾是该公司的主要股东之一，不过在 2010 年 1 月将其所持有的 37.8% 的股份全部抛售。日本 KDDI 公司原计划以 40 亿美元全部收购这些股份，但因为相关法规的限制，该公司持有的股份最终未能超过 1/3。最终，KDDI 公司在 2010 年 7 月被批准收购丘比特电信公司 29.4% 的股份。目前，该公司的主要股东为 KDDI 和 Sumitomo。

（2）KDDI 公司

KDDI 公司是日本第二大有线电视运营商，2013 年用户数为 123 万，2016 年为 160 万。该公司收购丘比特电信公司股份是希望借助丘比特电信公司进军第二代宽带市场，并由此拓展其固话业务。2011 年 12 月，KDDI 公司与日本 43 家有线电视运营商建立了联盟关系，其中包括与丘比特电信公司相关的运营商。目前，该公司的三大股东分别为 Kyocera、Toyota 和 The Master Trust Bank of Japan。

2. 直播到户卫星电视

直播到户卫星电视是日本第二大主要电视播出渠道。

（1）天空完美电视公司（Sky PerfecTV）

日本卫星直播电视（DTH）最大的运营商是天空完美电视公司，隶属于日本天空完美 JSAT 公司。它由日本两家固定业务卫星运营商通信公司 JSAT 和 SCC，与 CS 卫星付费电视“天空完美电视”（Sky Perfect）合并组建，是亚洲最大的固定卫星运营商，也是世界第五大卫星电视运营商。该平台以卫星直播和光纤网络提供付费电视服务，平台运营至少有 130 多个频道，其中有 70 多个高清频道。根据业务发展计划，该公司到 2015 年将成为全球第一个全高清直播到户卫星电视平台。除了直播卫星服务，该公司还提供交互式网络电视（IPTV）等服务。天空完美 JSAT 公司从 2011 年 10 月开始也将涉足广电卫星（BS）数字广播业务。该公司各平台的用户总数在 2013 年为 380 万，2016 年卫星电视用户总数为 322 万，IPTV 用户总数为 8.3 万。

（2）沃傲公司（WOWOW）

沃傲公司是日本第二大直播到户卫星电视运营商。该平台 2013 年用户总数为 262 万，2016 年为 284 万。过去几年，该公司的订户数是日本传统付费电视运营商中唯一没有下降的，这主要归功于其新兴媒体策略。

3. IPTV

随着互联网技术的发展，尤其是网络基础设施的升级换代，IPTV 成为电视运营主要方式之一。2005 年，天空完美电视公司推出了 IPTV 业务，以补充其直播到户卫星电视业务难以触达的电视用户。

（1）日本电报电话公司（NTT）

日本最大的 IPTV 运营商是日本电报电话公司。该公司 IPTV 用户总数在 2013 年为 233 万；2016 年为 300 万。

（2）天空完美电视公司

日本 IPTV 业务订户数位居第二的是天空完美电视公司，其订户总数在 2016 年达到了 8.3 万。

五、新兴媒体与网络电视

日本非常注重互联网的发展，但略显后继乏力。2018 年，电信通信研究和政策协会（the Telecommunications Research and Policy Institute）发布了关于全球网络活力的报告，日本在各项指标排名方面都跌出了前五位。在宽带互联网生态排名方面，美国、英国、中国、德国和加拿大位居前五位，2015 年居于第 3 ~ 5 位的国家分别为韩国、日本和法国。在宽带通信基础设施排名方面，韩国、丹麦、爱尔兰、冰岛和荷兰位列前茅。在平均网速排名方面，韩国、挪威、瑞典、中国和瑞士居于世界前列。[①] 随着互联网的普及和网络视频产业的发展，网络视频逐渐进入日本家庭，但整体发展水平不高。根据 2018 年数据，就互联网家庭中订阅了网络视频点播业务的比例而言，日本为 27.4%，在全球发达国家中居于较低水平。相比之下，丹麦为 71.4%，美国为 71.1%，瑞典为 69.6%，英国为 60%，澳大利亚为 59.1%。[②] 根据 2016 年市场研究数据，日本收费视频网站的用户总数已达 1160 万，预计 2019 年有望达到 1730 万。

---

① www.multichannel.com/blog/i-was-saying/us-broadband-services-not-world-leaders-study-finds/418570.

② www.broadbandtvnews.com/2018/04/11/ampere-analysis-us-svod-subs-plateaued-europe-grows.

（一）日本平台

总体而言，日本电视业在发展网络电视等新兴媒体方面并不积极，若不是因为美国亚马逊、葫芦和奈飞等“入侵”，日本电视业在新兴媒体业务方面的步伐会一直踌躇不前。

就日本国内电视台的网络电视业务而言，日本电视台（NTV）是日本最早开展网络电视业务的媒体机构，早在2014年就收购美国葫芦（Hulu）在日本的业务。基于这种经营背景，葫芦着力推动本土化内容创作和国际化合拍运营。2018年，葫芦公司（Hulu）与美国家庭影院亚洲频道（HBO Asia）在日本推出了原创日剧《神探夏洛克小姐》（*Miss Sherlock*）。《神探夏洛克小姐》取材自柯南道尔经典名著，而将背景设定在了现代的日本东京。该剧共八集，由竹内结子和贯地谷诗穗梨担任主角。《神探夏洛克小姐》于2018年4月27日在家庭影院频道（HBO）及其网络电视平台HBO Go首播，每周五更新一集。

日本朝日电视台（TV Asahi）在2016年4月与CyberAgent合作，推出了名为“AbemaTV”的网络电视台。该网络电视台播出20多个频道，包括新闻、电视机和动画片等。

目前，尼克尼克（NICONICO）是日本最大的网络直播视频网站，隶属于日本朵丸郭（DWANGO）公司。

（二）境外平台

美国亚马逊公司（Amazon）在日本的网络电视领域位居第一，市场份额为45%；葫芦网（Hulu）位居第二，市场份额为27%；日本雅虎公司（Yahoo）旗下的佳傲（GYAO）、德视（DTV）、乐天时秀（SHOWTIME）等网站也位居前列。亚马逊公司是2013年11月进入日本市场的，当时与日本放送协会（NHK）、日本电视台（NTV）、东京广播公司（TBS）、富士电视台（Fuji TV）等合作，由日本这些主要的电视台为其提供节目内容。用户可以从亚马逊公司网络电视平台上在线租赁或下载购买2.6万部电影和电视节目，两者的价格分别是1美元和10美元。用户可以在两个终端上在线收看，但只能将电视剧或电影等节目下载到一个终端上。

美国奈飞公司在全球网络电视业务领域与亚马逊公司展开了有力竞争。2015

年 9 月 2 日，美国奈飞公司与日本软银电信公司（Softbank）合作在日本市场推出网络电视业务。根据合作协议，软银电信公司用户可以在其门店、官网或通过呼叫中心直接注册成奈飞用户，而且可以在通信服务费用中支付奈飞网络电视费用。此外，从 2015 年 10 月开始，软银电信公司在其智能手机中预先安装奈飞网络电视业务的应用程序。奈飞公司在日本市场的资费标准分为三档，其中基础档（标清）为 3.4 欧元，标准档（高清）为 5 欧元，优选档（超高清）为 7.6 欧元。值得一提的是，日本软银电信公司（Softbank）在 2014 年 10 月收购了美国“剧热”网站（DramaFever）。该网站创办于 2009 年，最初的目标用户是韩裔美国人，或者旅美韩侨。经过几年探索，热剧网最后将核心观众定位为年轻女性，而不是以族裔背景来划分。该网络平台最初主要播出韩剧，后来逐渐将播出内容拓展到了电视小说（telenovelas）、其他语种电视剧等，包括从英国广播公司（BBC）买入影视剧版权。

第五章　东南亚地区

第一节　菲律宾

菲律宾（Philippines）位于亚洲东南部，国民生产总值约为 3309 亿美元（世界银行，2018），总人口约为 1.09 亿（2020），人口年龄中位数是 24.1 岁。菲律宾有 70 多种语言，国语是以他加禄语为基础的菲律宾语，英语为官方语言。菲律宾历史上曾是西班牙和美国的殖民地，其电视业在内容制作和运作方式等方面与东南亚其他国家有所不同。菲律宾的电视业诞生于 20 世纪 50 年代初期。1950 年 6 月，唐姆斯 · 林登贝格在菲律宾第一个获得建立电视台的授权，但由于设备进口受限等原因，他最终未能建立电视台，但仍被称为“菲律宾电视之父”。菲律宾在 1953 年正式播出模拟电视，成为亚洲第二个开播电视的国家。菲律宾作为美国的前殖民地，采用的电视标准是美国 NTSC 标准。1953 年第一家电视台开播时，菲律宾全国只有 2000 台电视机。目前，菲律宾最有影响的是 ABS-CBN 电视台、GMA 电视网和 PLDT 集团等三家商业电视公司。菲律宾家族经济对于电视业的发展具有重要的影响，很多大的电视台和运营平台都属于几大家族。

一、概述

1542 年，西班牙航海家洛佩兹继麦哲伦之后第二个来到菲律宾群岛，并按照西班牙皇太子菲律普的名字将其命名为菲律宾群岛。1565 年西班牙入侵并占领菲律宾，开始了长达 333 年的殖民统治。1571 年西班牙正式在马尼拉建立殖民政府。不过，东西方距离遥远，西班牙对菲律宾的殖民是通过墨西哥进行统治的。正因如此，菲律宾习俗传统受西班牙—墨西哥的影响巨大，这主要表现在音乐、民族舞蹈、语言、食物和宗教方面。1898 年 12 月 10 日，美西战争结束，美国和西班牙签署《巴黎条约》，该条约规定西班牙殖民地菲律宾转让给美国。由此，美国从统治菲律宾长达 300 多年之久的西班牙人手中夺走了菲律宾，建立起它自己的殖民地。1941 年太平洋战争爆发后，日本侵略军于 1942 年 5 月占领马尼拉，美国对菲律宾的占领遂告结束。1945 年“二战”结束后，美国重新统治菲律宾，恢复了菲律宾“自治政府”，1946 年 7 月 4 日菲律宾获得独立。复杂而漫长的殖民历史在菲律宾文化中留下浓厚的印迹，可以说，菲律宾的文化是传统的原住民文化与西班牙文化、美国文化的融合，而这些文化特质也在媒体领域产生了深远影响。

目前，美国在菲律宾媒体领域的影响力最为显著。首先，体现在菲律宾的媒介体制和传媒监管体系上，它们都深受美国影响，也可以说是在美国直接监督下建立起来的。例如，在美国殖民时代，美国当局于 1931 年颁布了电台管控法，成立了由商业和工业部长监督的董事会，实施牌照申请和频率分配制度。[①] 其次，美国的影响体现在专业操作和理念上。美国通过各种培训在菲律宾媒体领域培养了一批又一批新闻记者，他们成了美式新闻理念的忠实执行人。再次，在菲律宾在电视节目内容等方面，美国是最主要的进口节目来源。早在 20 世纪 80 年代，在马尼拉的 5 家主要私营电视台所播放的节目中，近六成来自美国；省台也有九成的节目来自美国。最后，美国的影响体现在语言上：美国在 1898 年占领菲律宾后，广泛推广英语，免费向菲律宾学生提供英语课本，殖民政府的各种考试都用英语进行。到美国统治结束时，菲律宾约有 40% 的人说英语。20 世纪 80 年代，马尼拉地区出版的 27 种报纸中有 13 家大报是英文的。美国除了具有直接影响，还通过亲美家族企业等产生广泛的间接影响。例如洛佩斯家族在菲律宾拥有电力公司和银行，创办了《纪事报》，买下了《马尼拉邮报》《论坛报》等，还从政府获得了菲律宾最初几家电视台的创办权。对媒介的垄断意味着这些家族完全

① 陈力丹、李林燕：《坎坷之路上的菲律宾新闻传播业》，《新闻界》2015 年第 9 期，第 69 页。

可以根据私家利益来左右菲律宾舆论走向。[①]

菲律宾电视家庭总数在2016年为1640万，电视家庭普及率为80%。菲律宾主要电视播出渠道是免费地面电视，而付费电视的主要播出渠道是卫星和有线电视，但付费电视业发展较为缓慢，2016年全国付费电视订户为290万，在电视家庭中所占比例不足20%；菲律宾付费电视播出的主要渠道是卫星电视和有线电视，两者订户规模非常接近。在2016年底，直播到户卫星订户在付费电视订户中所占份额是49%，有线电视订户的份额是50%。2022年，付费电视订户总数预计达到410万，所占比例有望达到21%。未来几年，菲律宾付费电视业主要依靠发展低消费订户来提升整体市场规模，因此单位订户平均营业收入（ARPU）可能会从2016年的12.19美元，小幅减少到2022年的11.81美元。

就收视测量而言，2019年菲律宾的收视数据测量样本户为2610户，康塔传媒公司（Kantar Media）在该国开展收视率测量业务。

菲律宾模拟转数字的进程相对缓慢，2011年全国数字家庭比例为9%，到2016年仅增长至19%。菲律宾数字地面电视发展相对较缓慢的主要原因是政府对于数字地面电视的标准选择一直没有明确的态度。2010年，国家电信委员会（NTC）宣布将采用日本的综合服务数字广播标准（ISDB-T），但2011年5月，菲律宾政府要求国家电信委员会建议采用欧洲的DVB-T2标准，而不是日本ISDB-T标准。2013年1月，菲律宾国家电信委员会又表示，支持菲律宾科技部采用日本ISDB-T标准。该委员会认为，日本标准与欧洲DVB-T2标准相比不仅价格低，而且可以对海啸、台风和地震等自然灾害做出预警。日本也一直在努力推动菲律宾采用其标准，并承诺在菲律宾投资建设机顶盒生产厂。2013年10月，菲律宾国家电信委员会正式宣布采用日本ISDB-T标准。2017年，菲律宾政府宣布在2023年完成模拟转数字的进程。但根据目前的进度，菲律宾数字电视家庭的比例在2022年预计达到87%。

---

① 李异平：《美国对菲律宾传媒回影响与控制》，《新闻大学》2000年夏刊，第86、88页。

二、传媒体制与监管法规

菲律宾的媒介制度相对复杂，而其历史上形成的移民社会组织（“巴郎圭”）和动荡的政治更迭又使得其媒体呈现出家族化与垄断化的特征。[①]以巴郎圭为例，它是公元前 200 年到公元 1500 年菲律宾的主要社会组成单位。巴郎圭原本指容量较大的船只，后来喻指社会组织。马来人登陆菲律宾岛屿时，搭乘同一艘巴郎圭的具有血亲关系人就形成了一个移民社会组织。由于巴郎圭组织长期在菲律宾占主导地位，是人们普遍认同的组织关系，因而公共权力难以建立，各自为政，结构松散，这对日后菲律宾新闻传播事业的“家族式”发展产生一定的影响。[②]

1. 监管机构

目前，菲律宾的电视监管机构较多，包括菲律宾国家电信委员会（NTC）、新闻部广播局（Bureau of Broadcasts，Ministry of Public Information）、全国传媒制作中心（National Media Production Center，NMPC）、菲律宾广播协会（Association of Broadcasters of Philippines，KBP）等。其中，菲律宾国家电信委员会是菲律宾运输通信部（the Department of Transportation and Communication, DOTC）下属的政府机构。菲律宾广播协会是菲律宾重要的媒体组织，致力于提高菲律宾广播电视专业和道德标准，倡导广播电视业的社会责任，促进广播电视产业的发展并保护广播电视机构的合法权益。菲律宾广播电台和电视台的所有者、经营者和电台、电视台本身都是该协会的会员。

2. 传媒法规与政策

菲律宾出台的电视法规相对较少，但有些政府政策需要遵循。在媒体所有权和外资准入政策方面，菲律宾 1987 年宪法规定，外国人不能在菲律宾拥有新闻媒体机构，外侨也不能在新闻媒体机构工作，因而广播电台、电视台和有线电视网必须 100% 为菲律宾人所有。

---

① 汤璇：《“一带一路”背景下中国媒体对外传播能力建设——基于〈马尼拉时报〉涉华报道的稿件来源分析》，《当代传播》2018 年第 1 期，第 106 页。

② 陈力丹、李林燕：《坎坷之路上的菲律宾新闻传播业》，《新闻界》2015 年第 9 期，第 67 页。

三、电视频道与媒体机构

菲律宾最具影响力的全国性电视播出机构主要有三家：ABS-CBN 电视台、GMA 电视网和 PLDT 集团（PLDT）。就收视份额而言，ABS-CBN 电视台和 GMA 电视网居于全国领先地位。2019 年 5 月，ABS-CBN 电视台和 GMA 电视网两家电视台的收视份额都超过了 30%。在黄金时段，ABS-CBN 电视台和 GMA 电视网的收视份额分别为 44% 和 31%；在全天时段，两家电视台的收视份额分别是 47% 和 33%。① 此前在 2010 年，ABS-CBN 电视台和 GMA 电视网在 2010 年黄金时段收视份额分别是 42% 和 30%，全天时段收视份额分别为 36% 和 35%；2011 年全天时段收视份额分别是 31% 和 34%；2013 年全天收视份额分别为 49% 和 33%。另外，菲律宾公共电视台“人民电视网”（PTNI）是该国唯一的公共电视台，在电视市场中也具有一定的影响力。2016 年，菲律宾电视广告营业收入为 41 亿美元，与 2015 年相比增长了 18%。

1. 菲律宾 ABS-CBN 电视台

菲律宾 ABS-CBN 电视台创办于 1953 年，是菲律宾第一家电视台，也是全国最大的私营商业电视台。1952 年，阿托·基里诺（Antonio Quirino）获得创办电视台的许可权，随后于 1953 年 10 月 23 日开播了阿托电视台（简称 ABS）。当时每天只在晚上 6 ~ 10 点播出 4 小时，电视节目的覆盖范围很小。1956 年，纪事广播网（CBN）开播，创办者之一是费尔南多·洛佩兹（Fernando Lopez）。1956 年，ABS 被 CBN 收购，并于 1967 年 2 月 1 日更名为 ABS-CBN 广播公司。

作为菲律宾最主要的电视媒体之一，ABS-CBN 电视台在发展过程中深受菲律宾政局影响，并由此经历了诸多曲折。20 世纪 70 年代，当时的马科斯政府采用政治迫害和经济挤压手段，迫使主要广播电视公司易主，转而由他的家族和支持者掌控。受此影响，ABS-CBN 电视台被关闭，家族继承人坚尼·欧亨尼奥二世入狱。马科斯下台后，坚尼·欧亨尼奥二世通过法律程序重新取得了 ABS-CBN 公司的所有权。1992 年，ABS-CBN 电视台成为菲律宾第一家上市媒体集团，也是菲国内最大的传媒机构。阿罗约当政时曾以经济手段企图将 ABS-CBN

① www.rapidtvnews.com/2019060656280/abs-cbn-leading-ph-network-in-may.

公司所归国有。洛佩斯家族不甘示弱，通过在ABS-CBN新闻频道开办“直言不讳”和“在线”两个栏目制造舆论影响、获得民众支持，阿罗约被迫向其让步。[①]随后，ABS-CBN电视台紧跟时代发展和技术变革潮流，在菲律宾媒体领域一直保持着领先地位。2007年，菲律宾ABS-CBN电视台播出了两个地面数字试验频道，这两个频道采用欧洲ISDB-T标准。2015年，菲律宾ABS-CBN电视台正式推出数字地面电视业务，但改用了日本的ISDB-T标准。2015年，ABS-CBN电视台播出了该国第一个高清电视频道“ABS-CBN HD”。

目前，ABS-CBN电视台旗下拥有“体育+频道”（Sports +）、新闻频道（ANC）、动作频道（Action）、菲律宾人频道（TFC）、中心电影频道（Movie Central）、儿童频道（Yey!）等。其中，ABX-CBN新闻频道是菲律宾第一家实现24小时全天播出的新闻频道，新闻的播报和采编能力达到了世界先进水平。菲律宾人频道是一个24小时全天播出的电视频道，使用菲律宾语播出新闻、综艺和电影等节目。现在，该频道已经成为全球菲律宾人最喜闻乐见的一个频道，也是海外菲律宾人了解祖国的重要渠道。

菲律宾ABS-CBN电视台还积极发展网络电视等新兴媒体业务，开办了“我想电视”（iWant TV）和“TFC TV”平台。

另外，洛佩兹家族通过ABS-CBN公司还持有天空有线公司（SkyCable）55%的股份。

2.GMA电视网

GMA电视网（GMA Network）创办于1950年，是菲律宾历史最悠久的电视播出机构，也是该国第二大电视台。GMA电视网的前身是由美国特派记者罗伯特·斯图尔特（Robert Stewart）于1950年创建的DZBB电台。该电台开播后逐渐拓展业务范围，并开办了电视业务。在其基础上，共和国广播电视系统公司（Republic Broadcasting System, Inc.）于1970年建立，此后在1975年由吉尔伯托·M.杜阿维特（Gilberto M.Duavit）、梅纳多·R.希门尼斯（Menardo R. Jimenez）和费利佩·L.戈桑（Felipe L. Gozon）接管。1996年，这家公司将其公司名更变为GMA电视网（GMA Network, Inc.），并将业务范围拓展到了电影

① 陈力丹、李林燕：《坎坷之路上的菲律宾新闻传播业》，《新闻界》2015年第9期，第70、72页。

制作、音乐与影像录制、新媒体、后期制作服务等方面。

目前，该电视网拥有46家全国性甚高频（VHF）电视台，2家特高频（UHF）电视台和一家附属电视台。该电视网旗下的频道包括新闻频道（GMA News TV）、皮努瓦频道（GMA Pinoy TV）和生活频道等（GMA Life TV）。其主要股东是菲律宾吉门尼兹家族（Jiminez）、杜瓦特家族（Duvait）和谷荣集团（Gozon Group）等几家颇具影响力的家族和企业。

3. PLDT 集团

PLDT 集团旗下拥有电视 5 台马尼拉频道（TV5 Manila）、爱松电视 41 台马尼拉频道（AksyonTV 41 Manila）等。该集团旗下电视频道播出的内容中有 40%为本国制作的节目。电视 5 台的目标受众是菲律宾处于 C 和 D 经济社会阶层的民众，这两个群体约占菲律宾人口的 70%。PLDT 集团旗下还有菲律宾直播卫星电视平台“辛盖尔电视公司”（Cignal TV）。

4. 菲律宾人民电视网公司

菲律宾人民电视网公司（PTNI）是政府电视台，其影响力不如商业电视台。人民电视网创建于 1974 年，开播之初被命名为 GTV-4，1980 年更名为马哈利卡广播电视系统（Maharlika Broadcasting System），1986 年改为人民电视 4 台（People’s Television 4）。1992 年 3 月，人民电视网（PTV Network）变为了一家国有公司，正式命名为人民电视网公司（PTNI）。通过其 18 个省级电视台，信号可以覆盖约 85% 的菲律宾人口。人民电视网的旗舰电视频道是人民电视网四频道（PTV-4），它位于奎松市（Quezon）。该电视网旗下还有综合频道 PTV 和穆斯林频道 Salaam TV。

四、播出渠道与付费电视业

菲律宾电视播出的主要渠道是模拟地面电视，使用模拟地面电视的家庭比例在 2016 年高达 77%，预计到 2022 年仅为 10%。付费数字卫星电视订户在电视家庭中的比例在 2016 年为 9%，到 2022 年大约为 10%；免费数字卫星电视的用户份额在 2016 年为 5%，到 2022 年估计为 7%。数字有线电视和模拟有线电视在 2016 年的用户份额都为 4%，到 2022 年预计分别为 6% 和 3%。此外，以数字地面电视为主要收视渠道的家庭比例在 2016 年为 1%，2022 年预计大幅增长到 64%。2016 年，菲律宾付费电视市场的营业收入为 4.09 亿美元，2022 年预计达到 5.6 亿美元。

就付费电视业的整体发展来说，该国付费电视业务的订户总数在 2017 年为 741.5 万；2020 年为 1003.3 万；2024 年预计增至 1164.4 万。付费电视业务的营业收入在 2017 年为 4.21 亿美元；2020 年增长到了 5.9 亿美元；2024 年预计能达到 6.87 亿美元。

1. 有线电视

根据菲律宾电信委员会的统计，菲律宾大约有 1500 家有线电视运营商，其中大部分运营商的规模都不大。

（1）天空有线公司（SkyCable）

天空有线公司是菲律宾最大的付费电视运营商，拥有 67.2 万有线电视订户和 16.1 万卫星电视订户（2017 年）。2008 年，天空有线公司利用菲律宾实施广电数字化的契机，推出了该国第一个高清电视服务。该公司的主要股东是 ABS-CBN 公司，持股比例为 55%；ABS-CBN 公司主要股东为洛佩兹集团。

（2）全球命运有线公司（Global Destiny Cable，GDC）

除了天空有线公司，菲律宾规模较大的另一家有线电视运营商是全球命运有线公司。该公司成立于 2003 年，主要面向马尼拉市区的用户提供有线电视服务。为了与天空有线公司竞争，全球命运有线公司采取低价位市场策略。该公司推出了的包含 85 个电视频道的节目套餐，每月资费仅为 450 菲律宾比索，约合人民币 68 元。

（3）超越有线公司（Beyond Cable）

超越有线公司是菲律宾有线电视业的后起之秀。2019 年，超越有线公司在菲律宾的付费电视业务订户总数为 133 万。

2. 直播卫星电视

1997 年 8 月 19 日，马步海二号卫星（Agila-2）发射升空，为菲律宾直播卫星电视的发展奠定了基础。2001 年，菲律宾正式推出直播卫星电视服务。经过十多年的发展，目前菲律宾主要直播卫星电视运营商有两家，分别是辛盖尔电视公司（Cignal TV）和梦想卫星电视公司（Dream Satellite TV）。

（1）辛盖尔电视公司（Cignal TV）

辛盖尔电视公司在2009年2月开始测试卫星电视业务，同年7月正式提供直播电视服务。2012年8月，辛盖尔电视公司开始面向海外的菲律宾人提供服务，用户可以通过该公司的网络销售合作伙伴订购包括60多个频道的节目套餐。2017年时，该公司的平台上共有98个数字频道，其中包括27个高清频道。辛盖尔电视公司隶属于媒询控股集团（MediaQuest Holdings），该集团则是PLDT的全资子公司；该集团旗下还有电视5台（TV5）。目前，PLDT集团提供固网、固话、电视、移动宽带、移动通信等电信和电视业务，是菲律宾唯一一家提供四网合一业务的公司。

2019年，辛盖尔电视公司在菲律宾的付费电视业务订户总数为173万。此前，2017年为105万，在全国付费电视业务市场的用户份额为35%。

（2）梦想卫星电视公司（Dream Satellite TV）

菲律宾梦想卫星电视公司创办于2001年。近年来，该公司订户出现较大幅度的减少，2013年初订户规模为25.5万，到2017年6月仅剩下7.5万。菲律宾梦想卫星电视公司隶属于菲律宾多媒体系统有限公司（Philippine Multi-Media Systems Inc）。

五、新兴媒体与网络电视

近年来，菲律宾移动通信取得了较快的发展。2019年，移动通信业务渗透率达到了151%，移动业务的单位用户月均营业收入贡献额为2.36美元。不过，菲律宾固网宽带的渗透率仅为22.4%，而且以拨号宽带为主，光纤网络预计到2024年达到17%的市场份额。2019年，菲律宾移动通信业务主要由两家公司平分秋色，一家是全球公司（Globe），另一家是PLDT公司。2020年，第三家电信公司进入市场，即迪途电信公司（Dito Telecommunity）；中国电信公司在其中持股40%。迪途电信公司在2019年7月8日获得政府执照，2019年11月试运营，2020年正式运营，计划第一年实现信号覆盖37%的人口。基于电信业的发展，菲律宾网络电视业务逐渐具备了一定的技术条件和市场基础。得益于菲律宾两家电信公司发展网络电视业务的市场策略，菲律宾网络电视业在未来几年将保持稳步增长发展态势。该国网络电视业务的订户总数在 2017 年为 93.2 万，2020 年为 178.2 万；2024 年预计能增至 302.2 万。网络电视业务的营业收入在 2017 年为 3200 万美元；2020 年增长到了 8000 万美元；2024 年预计能达到 1.82 亿美元。

目前，菲律宾影响较大的网络电视平台主要有 14 家，其中美国网络电视平台占据了市场主导，包括美国奈飞公司、亚马逊公司和家庭影院频道、福克斯等。另外，新加坡电信集团的虎克平台（HOOQ）、马来西亚艾菲公司（Iflix）、香港电讯盈科集团（PCCW）的惟优平台（Viu）、卡塔尔碧影传媒集团的碧影体育连接平台（beIN Sports CONNECT）等也在菲律宾开展业务。菲律宾 ABS-CBN 电视台旗下的“我想电视”（iWant TV）和“TFC TV”平台是菲律宾两个主要本土网络电视平台，提供点播、直播电视播出服务以及原创节目内容。

美国奈飞公司是 2016 年 1 月正式进入菲律宾市场，主要提供 7.2 美元、9 美元和 10.7 美元三个档次的网络电视业务。亚马逊公司在 2016 年 12 月进入菲律宾市场，业务的资费标准为每月 5.99 美元。另外，美资背景的艾菲公司（iflix）在菲律宾的订户规模较大。艾菲公司总部位于马来西亚，主要以东南亚为目标市场。该公司非常注重于本土电信运营商合作。2018 年 11 月，艾菲公司与菲律宾全球通信公司（Globe）合作，依托其 6500 多万规模的用户基础及服务系统有效拓展了在菲律宾的市场。

第二节　柬埔寨

柬埔寨（Cambodia）位于中南半岛南部，以传统农业为主要经济支柱，国民生产总值约为 245.42 亿美元（世界银行，2018）。该国总人口约为 1292.69 万（2020），人口年龄中位数是 26.4 岁。官方语言为柬埔寨语（又称高棉语）。柬埔寨的电视事业开始于 20 世纪 60 年代。目前，柬埔寨电视领域实行国有、公私合营和私营并行体制，2019 年全国共有 27 家电视台。柬埔寨国家电视台的资金主要来源于国家预算拨款和广告收入，以及私营电视台上交的电视产业税；私营电视台的资金来源主要是广告和商业经营等。

一、监管机构和传媒法规

柬埔寨的电视监管机构是信息部（Ministry of Information），其职能范围包括：在信息、广播电视和多媒体 / 远距离传送技术等领域制订计划和科研项目；确定支撑宏观发展的政策；制订国家计划；确定广播电视法律法规的指导思想；确定国家信息系统政策。

目前柬埔寨还没有颁布广播电视法，但已经出台了许多广播电视方面的规定、规章，以加强对广播电视机构的管理。

二、电视频道和播出机构

1. 柬埔寨国家电视台

柬埔寨国家电视台（Television of Cambodia, TVK）开播于 1966 年，但随后在 20 世纪 70 年代因内战而陷入停滞甚至遭到损毁。1983 年，柬埔寨国家电视台开始进入恢复重建阶段，当时每周仅播出 3 天，共播放 4 个小时的节目。但有限的传输能力只能让首都金边的居民收看到电视节目。1986 年，国家电视台使用 1 千瓦的发射机，播出量增加到每天 4 ~ 5 小时。1986 年，柬埔寨国家电视台开始播出彩色节目，同时将播出时间从每天 4 小时增加到 5 小时。1998 年，播出时间延长到 9 小时。

1998 年，柬埔寨国家电视台获得日本政府 1300 万美元资助，用于扩建和升级演播中心。此外，该台每年都向日本派遣员工，参加由日本政府委托日本国际合作机构（Japan International Cooperation Agency，JICA）主办的培训课程。1999 年，柬埔寨国家电视台开始通过卫星信号传输节目。

柬埔寨国家电视台虽为政府管辖，但在柬埔寨的媒体竞争中并不处于绝对优势，面临着来自私营电视台的强大竞争压力。为了适应新形势，柬埔寨国家电视台在自身的经营管理上进行了不少革新和改进，包括进行市场化运作，强化广告经营等。

柬埔寨国家电视台隶属于柬埔寨信息部。信息部管辖的主要媒体机构还有柬埔寨国家广播电台（National Radio Kampuchea，NRK）和柬埔寨新闻社（AKP）。

2. 其他电视台

除了柬埔寨国家电视台外，柬埔寨主要的电视播出机构还有：仙女 11 台（人民党党产）、柬埔寨第九电视台（CTV9，私人台）、第五电视台（TV5，军队台）、首都第三台（官方）、巴戎台（私营台）、柬埔寨电视网（Cambodian Television Network, CTN，私营台）、阿帕萨拉电视台（Apsara TV，私营台）、柬埔寨新闻频道（CNC，私营台）等。其中，柬埔寨新闻频道开播于 2012 年 7 月 16 日，这是柬埔寨首家提供 24 小时新闻播出服务的电视台。开播之初，该台共投资 1500 万美元。柬埔寨新闻频道和柬埔寨电视网同属华人陈丰明所有。

三、播出渠道与付费电视业

目前，柬埔寨主要的电视播出渠道是数字地面电视、模拟地面电视、卫星电视等。就运营商而言，柬埔寨一电视公司（One TV）是柬埔寨最主要的电视运营商，也是柬埔寨第一家数字付费电视运营公司。该公司采用 DVB-T 标准运营数字地面电视播出系统。柬埔寨一电视公司是在 2012 年 9 月 15 日正式开始运营电视业务的，当时仅播出 20 个频道。该公司由柬埔寨皇室公司集团（Cambodian Royal Group of Companies）和俄罗斯 GS 集团合作创办并联合经营。俄罗斯 GS 集团在资本背景上与俄罗斯最大直播到户卫星电视运营机构三色公司（Tricolor）之间存在一定关联。

四、新兴媒体与网络电视

在亚洲，柬埔寨互联网用户观看互联网免费视频节目的比例位居地区前列。94% 的柬埔寨互联网用户观看免费网络视频节目，93% 的互联网用户每天观看社交媒体上的视频节目。[1]2017 年 8 月，马来西亚艾克飞公司（Iflix）进入柬埔寨市场。该公司与当地主流电信运营商 Smart Axiata 建立了 3 年合作关系，通过后者的平台和服务网络开展业务。艾克飞公司把一批热播的电影、电视剧和电视节目配上了高棉语字幕，并向 Smart Axiata 公司用户提供 3 个月的试用期。用户可以购买捆绑业务，即以相对优惠的价格购买语言、短信、数据和视频业务。就艾克飞公司的视频业务而言，每月资费价格为 3 美元，全年价格为 30 美元。

第三节　马来西亚

马来西亚（Malaysia）位于东南亚，国土被南中国海分隔成东、西两部分。2016 年，马来西亚提出 2050 国家转型计划（TN50），规划了马来西亚 2020 ~ 2050 年发展前景。2019 年政府提出“2030 年宏愿”，把缩小贫富差距、创建新型发展模式、推动马来西亚成为亚洲经济轴心作为三大主要目标。马来西亚国民生产总值约为 3585.82 亿美元（世界银行，2018）。该国总人口约为 3265.2 万（2020），人口年龄中位数是 29.2 岁，人口城市率为 76.9%。马来语为国语，通用英语，华语使用较广泛。马来西亚实现的是公私并存电视体制，全国性开路电视播出机构主要有两家，一家是公营的国家电视台，另一家是私营的首要传媒集团。马来西亚国土比较分散，直播卫星电视是最为普遍的电视接收方式之一，但马来西亚对于卫星接收进行严格管控，个人不允许安装卫星接收天线，对于境外卫星频道播出也采取一整套严格监管和控制措施。马来西亚在数字化进程、网络电视发展等方面表现不俗，例如艾菲（Iflix）已经成为东南亚、西亚以及非洲多国的重要网络电视平台。

---

① www.rapidtvnews.com/2016112245153/linear-tv-preferred-in-asia-pacific-despite-online-video-explosion.

一、概述

马来西亚的电视事业始于20世纪60年代。1963年，马来西亚政府开办了马来西亚电视台（RTM）。马来西亚电视台在开播之初共播出两个频道，即一频道（RTM TV1）和二频道（RTM TV2），用马来语、英语、华语和泰米尔语播出。[①]20世纪80年代以来，随着电视事业的发展，私营电视台纷纷出现，并逐渐在电视业中占据重要地位，其中以首要传媒集团（Media Prima）发展最为迅速，该集团旗下的四个频道拥有马来西亚近一半的收视份额。在电视运营方面，全亚卫星电视和广播公司（ASTRO）举足轻重，垄断了该国的付费电视业。2018年，马来西亚拥有电视机的家庭（电视家庭）总数为712.3万，此前在2011年为631.2万。目前，该国最主要的电视播出渠道首先是付费卫星电视，其次是模拟地面电视。

马来西亚在2015年启动模拟转数字进程，采用DVB-T2标准。2015年6月，马来西亚进行了首次数字地面电视信号播出测试。2015年底前，马来西亚数字化进程完成第一阶段目标，数字地面电视信号覆盖全国85%的家庭。根据原计划，第二阶段在2016年完成，数字地面信号覆盖全国95%的家庭。但直到2018年6月，数字地面信号覆盖的家庭比例仅为85%，无法按照预期完成模拟转数字进程。马来西亚传播与多媒体委员会（Malayssian Communications and Multimedia Commission, MCMC）委托马来西亚电视播出公司（MYTV Broadcasting）开展数字电视业务，授权期限为30年。该公司在全国建设了24个转播塔，负责运营名为“myFreeview”的数字地面电视平台。2019年5月，马来西亚正式全面推进模拟转数字进程，并于同年10月在全国完成。2019年底，“myFreeview”平台全面投入运营，向观众提供数字地面电视业务，共播出9个电视频道和4个广播频率，并向420万低收入家庭免费提供了机顶盒。

---

① 唐世鼎、黎斌：《世界电视台与传媒机构》，中国传媒大学出版社2005年版，第215页。

二、监管机构与传媒法规

马来西亚电视监管机构包括马来西亚信息部（Ministry of Information）、马来西亚广播局（Department of Broadcasting）、马来西亚传播和多媒体委员会（Malaysian Communications and Multimedia Commission, MCMC）等。

电视监管领域的相关法律包括《1998年通信大众传媒法》等。《1998年通信大众传媒法》是为了整合发展电信和传媒两个业务领域而修订出台的法律，代替了《1988年广播法》和《1950年通信法》。

虽然卫星电视是马来西亚主要电视播出方式之一，但马来西亚对于卫星电视尤其是境外卫星电视进行了严格的管控。马来西亚政府不允许个人私自安装卫星接收天线，对私装卫星地面接收设施建立群众举报制度。马来西亚政府在卫星电视接收设备方面采取严格控制措施，指定了两家卫星电视接收设备生产商，按照行业主管部门制定的技术参数和规格生产卫星电视接收设备，并严格限制或禁止在市场上流通，只允许以订购节目服务的方式配套提供给用户。马来西亚政府曾一度把卫星电视平台执照独家授给了全亚卫星电视和广播公司（ASTRO），并要求该公司设立境外频道播出内容监控中心。该中心采用技术手段对境外频道延时播出，其中电影、娱乐频道延时1小时，新闻频道延时2分钟。近百名监看人员根据政府主管部门制定的节目审查标准，对境外频道播出内容进行24小时监控，对不符合播出标准的节目则替换成备用节目。同时全亚卫星电视和广播公司负责删除所有境外频道播放的广告，替换为马来西亚本国的广告内容，以“保护本国电视媒体的产业利益”。

三、电视频道与传媒机构

马来西亚施行公私并存电视体制，全国性开路电视播出机构主要有两家，一家是公营的国家电视台（RTM），另一家则是私营的首要传媒集团（Media Prima）。

1. 马来西亚国家电视台（RTM）

马来西亚国家电视台播出2个全国性电视频道和34个广播电台。马来西亚国家电视台还推出了网络视频点播业务“MyKlik”，以及网络流媒体音乐频道“Galaksi Muzik”。近年来，马来西亚国家电视台的整体收视份额持续下降，从2006年的23%下降到2017年的7%左右。

马来西亚国家电视台一频道（RTM TV1）主要播出新闻资讯节目，其中包括华语新闻节目，2015年全天时段的收视份额为4.8%，2017年为2.3%。

马来西亚国家电视台二频道（RTM TV2）以娱乐节目为主，2015年全天时段的收视份额为5.4%，2017年为4.9%。

2003年，马来西亚政府开始对马来西亚国家电视台进行公司化改革，并由此逐年减少财政补贴，到2010年政府补贴全部取消。根据政府规划，该电视台最终将成为一个非营利机构。

2. 首要传媒集团（Media Prima）

首要传媒集团有四个全国性无线电视频道，即使用华语和英语播出的八度空间电视台（8TV）、国民电视（NTV7）以及使用马来语播出的电视三台（TV3）与电视九台（9TV）。这四个电视频道在2015年全天时段的收视份额之和为37.3%；在2017年为34.2%。就节目内容而言，马来西亚每年最受欢迎的20档节目都出自首要传媒集团。

八度空间电视台（8TV）的目标受众是19～25岁年龄段的都市青年，尤其是华人青年。该频道全天时段的收视份额2015年为5.1%，2017年5.5%。该频道在华人受众的收视份额一直超过20%，2015年为23%，2017年为25.3%。

国民电视（NTV7）是首要传媒集团在2005年收购的，频道内容以娱乐节目为主，很多节目是从香港无线电视台引进的，其目标受众是城市居民、儿童和华人，主要是25～45岁年龄段的都市观众。全天时段的收视份额2015年为4.4%，2017年为3.1%。

马来西亚电视三台（TV3）在马来西亚具有举足轻重的地位。该台开播于1984年，在马来西亚电视市场上占据领先位置，收视份额始终高于20%，其营收约占首要传媒集团年收入总和的65%。电视三台是综合性频道，主要播出家庭类节目。电视三台全天时段的收视份额2015年为23.2%，2017年为20.8%。

电视九台（9TV）是首要传媒集团在2005年收购的，并在2006年将其更名为9TV后重新播出。该频道的目标受众是倾向于传统内容的马来语受众，目标受众是15～24岁年龄段的都市青年。节目内容以戏剧、真人秀和时事节目等为主。电视九台全天时段的收视份额 2015 年为 7.7%，2017 年为 4.8%。

首要传媒集团还经营三家私营电台——Hot FM、Fly FM 及 One FM。此外，首要传媒集团掌控了新海峡时报集团 43.29% 的股份。新海峡时报集团旗下有《新海峡时报》《每日新闻》《大都会日报》。首要传媒集团还在西非的加纳拥有一家电视台，即加纳电视三台（TV3）。该台开播于 1997 年，是加纳第一个私营开路频道。为了应对新兴媒体挑战，首要传媒集团在 2010 年推出了名为“tonton”的网络视频业务，到 2017 年时共有 760 万注册用户。

3. 全亚卫星电视和广播公司（ASTRO）

全亚卫星电视和广播公司经营着马来西亚最大、也是唯一的卫星电视平台，同时开办了 30 多个卫星电视频道，其节目内容大多是从境外引进的。其中，华丽台是一个以粤语为主的综合频道，主要播放香港无线电视（TVB）的节目。由于马来西亚政府不允许外资经营电视台，因此香港无线电视采取合作的形式，与马来西亚全亚卫星电视和广播公司合作开办了这一频道，供应其黄金时间约 85% 以上的节目。全亚卫星电视和广播公司在 2015 年 1 月开播了名为“Go Shop”的电视购物平台，2016 年 11 月该平台进入新加坡。

4. 马来西亚派诺麦斯公司（Panomax）

近年来，马来西亚电视业竞争日益激烈，新的频道不断涌现。2013 年初，马来西亚以免费开路形式播出了该国第一个女性频道（Famina Channel），该频道隶属于马来西亚派诺麦斯公司。此前，该频道主要在互联网播出，从 2013 年初进入地面无线、有线和直播卫星平台播出。

四、播出渠道与付费电视业

马来西亚国土比较分散，直播卫星电视（DTH）是最为普遍的电视接收方式。根据 2018 年数据，该国 60% 的电视家庭主要通过卫星电视平台收看节目，12% 选择模拟地面电视平台，16% 选择 IPTV，12% 选择数字地面电视平台。根据预测，2022 年时卫星电视平台在电视家庭中所占份额为 58%，IPTV 为 23%，数字地面电视平台为 19%。

马来西亚付费电视市场较为成熟，全国 65% 的电视家庭订阅了付费电视业务，2022年这一比例预计会小幅增长到68%。近几年，马来西亚的付费电视业呈现稳步发展态势。2019年该国付费电视业务的订户总数为487万户，此前在2015年仅为450.7万户，2023年预计增至532.6万户。与此同时，付费电视业务的营业收入也呈现稳步增长势头，2016年的营业收入仅为11.63亿美元；2019年达到12.26亿美元；2023年预计能增至13.14亿美元。马来西亚付费电视业的单位用户每月营业收入平均贡献额（APRU）在2017年为21.58美元，到2022年预计小幅减少到20.82美元。

1. 全亚卫星电视和广播公司（ASTRO）

在马来西亚电视市场中，全亚卫星电视和广播公司占有绝对优势，它曾是该国唯一的直播卫星电视执照的持有者。2017年2月，政府终止了其独家执照地位，并向马来西亚电信股份有限公司（TM）等机构颁发了付费电视运营授权。该公司旗下的全亚卫星电视和广播公司全亚电视网（All Asia Networks）控制了马来西亚直播卫星付费电视市场。该公司在马来西亚付费电视业领域的市场份额曾一度高达97%，到2019年仍保持76%的市场份额。

全亚卫星电视和广播公司创办于1996年10月12日，是马来西亚首家数字卫星播出平台，全名为全亚卫星电视和广播私人控股公司（ASTRO Holdings Sdn. Bhd.），旗下包括全亚卫星电视和广播马来西亚私人控股公司和全亚卫星电视和广播海外有限公司。全亚卫星电视和广播马来西亚私人控股公司则运营马来西亚境内的业务，而全亚卫星电视和广播海外有限公司主要负责海外投资业务。①2009年，该公司推出了高清电视业务，平台上播出9个高清频道；2016年，高清频道总数达到了53个；2018年，高清频道总数调整为50个。2012年9月，该公司在马来西亚证券交易市场挂牌上市，由私人控股公司转变为一家公共股份公司。②

除了卫星电视业务，全亚卫星电视和广播公司还运营IPTV业务。2016年，该公司IPTV平台上共有183个频道，其中自有品牌频道为69个；2018年，该平台上的电视频道总数为213个。除了付费电视业务，该公司在2012年推出了名为NJOI的免费卫星电视平台，为了应对免费数字地面电视的竞争。2013

① http://www.astro.com.my/portal/about-astro.

② Astro Malaysia Holdings Berhad to become a public company, http://www.abu.org.my.

年，公司拥有416.4万付费电视用户；2016年付费电视订户总数为481.8万，另外还有127万免费用户；2018年，电视订户总数为548.9万，包括付费电视订户（DTH和IPTV）和免费卫星电视订户。该公司订户中58%为马来裔，23%为华裔，11%为印度裔。

全亚卫星电视和广播马来西亚私人控股公司则是马来西亚最为重要的跨媒体集团，主要运营四个方面的业务：付费电视、广播、媒体内容、数字产业。2016年，公司推出了名为"部落"（Tribe）的手机流媒体视频业务，2018年该业务注册用户总数达到了130万。除了马来西亚市场，该业务还进入印度尼西亚和菲律宾市场，分别与XL Axiata和Globe Telecom合作在当地推出。另外，网络电视业务"Astro on the Go"的订户总数为160万。该公司还推出了名为"Astro Plus"的网络视频点播业务，每月资费为4美元。

为了提升节目针对性和市场竞争力，2014年10月，全亚卫星电视和广播公司开始与Kantar公司合作开展观众收视调查和研究，Kantar公司负责设计、实施和管理观众调查系统，全亚卫星电视和广播公司将获取订户机顶盒中的数据，并据此分析观众收看标清、高清、时移、视频点播以及使用互动电视业务等行为数据。全亚卫星电视和广播公司希望通过掌握关于用户收视行为的精准数据，提供更有针对性的节目内容和服务，同时为广告投放提供参考。数据主要有两个来源：一是8万户IPTV和卫星电视机顶盒中的数据；二是全亚卫星电视和广播公司订户和Kantar样本库普通观众中的4千户抽样样本。

全亚卫星电视和广播公司在海外通过与其他公司合资，创办了映嘉娱乐有限公司（Celestial Tiger Entertainment，CTE）。映嘉娱乐有限公司拥有邵氏兄弟的旧电影库，由此成为世界上最大的华语旧片库所有者。映嘉娱乐有限公司积极进军海外市场。在印度，该公司拥有太阳直播卫星电视平台（Sun Direct DTH）35%的股份。目前，该平台在印度拥有700万用户。另外，映嘉娱乐有限公司是澳大利亚风浪电视公司（FetchTV）的重要股东，风浪电视公司是澳大利亚IPTV运营商。

2. 亚洲广播网（Asian Broadcasting Network，ABN）

亚洲广播网是马来西亚主要的有线电视运营公司。2013年，它推出了马来西亚第一个数字有线电视网，基础套餐中包括50个频道，每月资费为9.59美元。目前，该公司正在大力拓展市场，并对运营网络系统进行升级换代，争取到

2017年覆盖全国80%以上的电视家庭。为了与全亚卫星电视和广播公司开展竞争，该公司到2013年8月已投入3000多万美元用于发展付费电视运营业务。该公司采取的市场策略是提供低价位的服务，并推出10美元以下的付费电视服务。2016年，该平台共播出60个频道，其中10个为高清频道。2013年，该公司订户总数为10万；2016年，该公司订户总数达到了4.9万。

亚洲广播网隶属于亚洲广播网传媒集团（ABN Media Group），它除了运营有线电视网络，还从事节目制作和播出。该电视网在2013年开播一个24小时新闻频道。

3. 马来西亚电信股份有限公司（Telekom Malaysia Bhd.）

马来西亚电信股份有限公司在马来西亚宽带业务市场居于领先地位，也是马来西亚最主要的“四网融合”业务提供者，业务包括固网、固话、IPTV和移动通信。目前，宽带业务是该公司主营业务，在营业收入总额中占比达到32.4%。该公司是马来西亚最主要的IPTV运营商之一，2010年以“HyppTV”为品牌推出IPTV业务，作为其三网合一业务“unifi”的组成部分。2018年，该平台上共有124个频道，其中36个为高清频道。

2016年，马来西亚电信股份有限公司“unifi”业务订户总数为83.9万；2018年，“unifi”订户总数为106.2万。

五、新兴媒体与网络电视

与欧美发达地区相比，东南亚的网络视频点播市场仍不成熟，也有待规范。网络视频点播业务的普及率不及1.2%，互联网上非法播出和盗版行为较为普遍。东南亚地区主要有7家国际性或区域性网络视频点播业务运营商。就市场份额而言，美国奈飞位居第一，2017年的市场份额为32%。马来西亚艾菲公司位居第二，市场份额为18%。威意公司（Vie）位居第三，市场份额为10%。普克位居第四，市场份额为8%。马来西亚通同（Tonton）位居第五，市场份额为6%。美国亚马逊位居第六，市场份额为4%。部落（Tribe）位居第七，市场份额为2%。其余20%的市场份额属于一些规模较小的运营商。针对不同国家市场特点，这些运营商采取不同的运营模式。其中，艾菲公司主要提供东南亚地区的综艺娱乐内容，普克主要播出韩语和中文节目，威意（Vie）主要播出韩剧。[①]

马来西亚的宽带普及率为 36.5%，移动通信业务普及率为 138.9%，移动通信业务的单位用户月均营业收入贡献额为 10.39 美元。2018 年，马来西亚数据业务的营业收入总额为 31.75 亿美元，与 2017 年的 27.45 亿美元相比有大幅增长；数据业务的单位用户月均营业收入贡献额在 2018 年为 6.08 美元，此前在 2017 年为 5.35 美元。得益于电信业尤其是移动网络业务的普及，马来西亚的网络电视业得到了长足的发展。2019 年该国网络电视业务订户总数为 198.7 万户，此前在 2016 年仅为 84.5 万户，2023 年预计增至 339.1 万户。与此同时，该国网络电视业务的营业收入也呈现大幅增长势头，2015 年的营业收入仅为 7900 万美元，2019 年达到 1.89 亿美元，2023 年预计能增至 3.43 亿美元。

马来西亚网络电视市场的竞争从 2015 年以来日趋激烈，本国以及国际电视、电信、技术公司等纷纷开展网络电视业务。目前，马来西亚全亚卫星电视和广播公司（ASTRO）、凯查集团（Catcha Group）、星空传媒集团（Star Media Group）、森塔塔体育公司（Setanta Sports）、斯普尔公司（Spuul）、首要传媒集团（Media Prima）等马来西亚传媒、电信公司都已推出了网络电视业务。与此同时，美国奈飞公司、美国亚马逊、美国苹果、美国谷歌等都已经进入马来西亚市场。主要付费网络电视运营商包括美国奈飞公司、马来西亚艾菲公司（Iflix）、马来西亚通同（Tonton）、丁盛（Dimsum）和威意（Vie）等。

1. 美国奈飞公司

奈飞于 2016 年 1 月进入马来西亚市场，目前是马来西亚市场最大网络电视业务运营商，市场份额一直高于 30%，2019 年为 38%。

2. 马来西亚艾菲公司

艾菲公司（Iflix）总部位于科伦坡，创办于 2015 年。创办时的主要股东是马来西亚凯查集团（Catcha Group）和进化传媒集团（Evolution Media Group）。近年来，该公司不断吸收国际资本，强化资本实力。2017 年 3 月，艾菲公司获得美国电视运营商巨头自由媒体环球集团（Liberty Global）和科威特移动通信运营商赞恩公司（Zain）9000 万美元投资。2017 年 8 月，艾菲公司从美国赫斯

① www.broadbandtvnews.com/2018/01/11/svod-subscribers-reach-1-8-million-in-sou-th-east-asia.

特集团（Hearst）获得了 1.33 亿美元的投资。目前，该公司的投资方包括英国天空公司（Sky）、美国自由媒体环球集团（Liberty Global）等。赫斯特集团旗下包括 ESPN、A+E、Vice、AwesomenewssTV、Complex 等品牌。艾菲公司也非常注重管理团队的国际化。2017 年 3 月，艾菲公司（Icflix）聘请美国奈飞公司（Netflix）负责全球电视业务的副总裁西蒙·凯利（Sean Carey）担任首席内容官（Chief Content Officer）。2018 年 7 月，马来西亚艾菲公司网络视频点播业务的订户总数达到了 1500 万。

艾菲公司强势拓展市场范围，迅速从东南亚拓展到了西亚、非洲地区。艾菲公司主要面向发展中国家的中产阶层观众提供区域性、本土化和西方的节目内容。从 2017 年开始，艾菲公司开始进行制作本土节目。该平台在菲律宾自制了第一部原创电视剧，另外在菲律宾定制了一部原创电视剧。2018 年开始，艾菲平台上持续增加直播电视平台，以此提升节目内容的多元化。2018 年底，艾菲（Iflix）平台上的直播电视频道数量超过了 80 个，此前在 2018 年 10 月时为 50 个。2020 年 1 月，该平台调整运营策略，停止直播电视频道业务。

渠道和市场运营本土化是艾菲的重要策略，其中首要举措是与当地电信运营商合作。在中东北非地区，艾菲公司与赞恩电信公司（Zain）合作，其视频业务与手机业务捆绑。艾菲公司也通过互联网进行直接销售，在海湾地区的单月资费是 4 美元，在北非地区是 3 美元。在东南亚，艾菲也采取类似策略。以艾菲在柬埔寨的经营为例，它与当地主流电信运营商奥夏塔智慧公司（Smart Axiata）建立了三年合作关系，通过后者的平台和服务网络开展业务。艾菲公司把一批热播的电影、电视剧和电视节目配上了高棉语字幕，并向奥夏塔智慧公司用户提供三个月的试用期。用户可以购买捆绑业务，即以相对优惠的价格购买语言、短信、数据和视频业务。就艾菲公司的视频业务而言，每月资费价格为 3 美元，全年价格为 30 美元。

3. 马来西亚通同平台

马来西亚通同平台（Tonton）隶属于首要传媒集团（Media Prima）。该平台主要采用“免费 + 广告”运营模式，在 2019 年时的注册用户为 760 万。

4. 马来西亚丁盛平台

马来西亚丁盛平台（Dimsum）隶属于马来西亚星空传媒集团（Star Media），主要提供视频点播业务。

第四节　泰国

泰国（Thailand）是一个东南亚国家，国民生产总值约为5049.93亿美元（世界银行，2018），总人口约为6897.74万（2020），人口年龄中位数是39岁。泰语为国语。泰国2017年拥有电视机的家庭总数为1940万，其中1080万电视家庭的主要收视渠道是免费卫星电视。泰国全国共有300多家电视运营商，全国性电视台有6家。电视7台是收视份额最高的一个台，收视份额超过40%。泰国真视公司是泰国最主要的全国性有线电视直播卫星电视和IPTV运营商，付费电视业务的市场份额高达62%。泰国网络电视还处于起步阶段，但国内外公司纷纷进入这一领域，市场竞争日趋激烈。

一、概况

泰国电视业肇始于20世纪50年代初，是东南亚最早播放电视的国家。20世纪70年代，泰国开始播出彩色电视节目。2011年，泰国进行数字地面电视播出试验。2012年5月，泰国国家广播与电信管理委员会（NBTC）批准采用DVB-T2作为数字地面电视标准。2014年，泰国正式播出数字地面电视，颁发了24张数字地面电视频道牌照。2016年，泰国数字地面电视信号覆盖了全国1560电视家庭，2017年覆盖的电视家庭总数达到了1790万。泰国电视业的一个特点是，政府和军队对于电视等大众传媒有着较大的影响。

泰国积极发展电信业，着力推动媒体融合发展。泰国政府从2016年开始实施全国宽带普及计划，预计到2020年底宽带能覆盖全国95%的人口，同时在主要省区的宽带网速达到100Mpbs。该项目旨在推动电信业在国民经济和社会发展中发挥更为重要的作用，包括增加教育机会、改进公共医疗、优化防灾减灾等。这一计划的总预算为24.3亿美元。此外，泰国政府积极发展5G，计划在2020年开始5G的商用。

二、监管机构与传媒法规

1. 监管机构

泰国电视业的监管机构为国家广播和通信委员会（National Broadcasting and Communications Commission，NBTC）。根据《2000 年通信法》，其中确定设立国家广播电视委员会（NBC）和国家通信委员会（NTC）两个机构，分别管理广播电视和通信事业。根据《2010 年通信法》，泰国在 2011 年成立了国家广播与电信管理委员会，以加强政府对广播电视和通信业的管理。

2. 传媒法规

泰国广播电视相关的法律法规主要有：《1950 年广播宣传条例》《1975 年泰国广播电视管理条例》《2000 年泰国频率分配和广播电视及通讯业管理条例》《广播电视业经营条例》。

根据相关法律法规，泰国对于大众传媒有着严格的管理，尤其是节目内容和股权结构等。2007 年，泰国政府就电视分级颁布了新的规定，新规定将电视节目分为五级，即 3 ~ 5 岁、6 ~ 12 岁、13 ~ 18 岁、18 岁以上和所有年龄都适合。另外，泰国政府对传媒资本背景有着严格的规定，外国投资者在媒体中所持股份不得超过 15%，个人投资者的股份不得超过 5%。2017 年，泰国广播与通信委员会要求美国奈飞等境外网络电视运营商在泰国开设办公室，并在泰国缴纳公司营业税。

三、电视频道与媒体机构

泰国有 6 家全国性免费电视频道，分别是泰国电视 3 台（Channel 3）、电视 5 台（Channel 5）、电视 7 台（Channel 7）、电视 9 台（Channel 9）、国家电视台（NBT）以及泰国公共电视台（TPBS）。其中，电视 5 台、国家电视台和公共电视台是公共电视台，其余为商业电视台。2015 年，泰国电视广告营业收入总额为 27 亿美元。就收视份额而言，最具影响力的主要是泰国电视 7 台、电视 3 台、电视 9 台和电视 5 台。2012 年，电视 7 台是收视份额最高的一个台，年收视份额约为 44%。位居第二的是电视 3 台，其收视份额约为 30%。其后是电视 9 台、电视5台和国家电视台，年平均收视份额是10%、8%和3%。在泰国播出的进口节目中，中国和韩国是进口电视剧的主要来源国，这部分是得益于文化接近性等因素。

1. 泰国电视7台

泰国电视7台（Channel 7）创办于1967年11月27日，是由泰国陆军元帅巴博·乍鲁沙天（Praphas Charusathien）独资创办的。1973年，电视7台开始播出彩色节目，是泰国第一家播出彩色电视节目的电视台。泰国电视7台是泰国最具影响力和最有市场号召力的电视台之一，它又名曼谷广播电视公司（BBTV），目前隶属于李氏家族（Ratanarak）。李氏家族的掌门人是李智正（Krit Ratanarak），他是泰国第六大商业银行大城银行主席。李氏家族在媒体领域拥有大量投资，除了电视7台，它还持有泰国媒中媒公司（Media of Medias）74%的股份，该公司是泰国主要的媒体内容制作和分销商。

2. 泰国电视3台

泰国电视3台（Channel 3）创办于1970年，隶属于曼谷娱乐集团（BEC）。曼谷娱乐集团是曼谷娱乐世界集团（BEC World）旗下的公司，泰国汉光家族（Maleenont）持有该集团57%的股份。

3. 泰国国家电视台

泰国国家电视台（NBT）原名为泰国11频道，隶属于国家多媒体集团，开办了泰国第一个24小时新闻频道。它同时也是内容提供商，为当地电视台和有线网提供新闻、教育等节目。国家多媒体集团在2010年开播了一个新的电视频道，并将其命名为芒果电视频道（Mango TV）。

4. 泰国公共电视台

泰国公共电视台（TPBS）即原来的独立电视台（ITV），2007年政府将独立电视台收归政府管理。2008年，泰国政府将频道重新命名为公共电视台，节目内容以新闻和纪录片为主。

5. 泰国电视九台

泰国电视九台（Channel 9）创办于1955年，隶属于泰国大众传播机构（MCOT），该机构旗下还有60多家广播电台。泰国大众传播机构具有很强的官方背景，政府拥有75%的股份。近年来，泰国大众传播机构为了吸引年轻观众，开始大量播出娱乐节目。目前，娱乐节目约占节目播出量的20%左右。2014年，泰国电视九台的收视份额为 47%；2015 年减少到了 27.3%。

6. 泰国新闻网

泰国新闻网（TNN）是泰国第一个 24 小时新闻频道，隶属于真视集团（True Visions Group）。2013 年 4 月，泰国新闻网与美国有线电视新闻网（CNN）签署了合作协议。美国有线电视新闻网向泰国新闻网提供直播突发新闻报道、新闻素材以及新闻特写报道。与此同时，美国有线电视新闻网还授权泰国新闻网使用其视频网站资源。另外，美国有线电视新闻网还提供编辑培训，并共享新闻信息等。

7. 泰国全球电视网

泰国全球电视网（Thai TV Global Network，TGN）主要面向在海外的泰国人播出。自 1998 年开始，泰国全球电视网使用 5 个卫星向世界 170 个国家进行播出。

8. 境外电视播出机构

泰国在文化上具有较强的包容性和国际化，这也吸引了许多境外传媒机构进入泰国市场。2013 年 9 月，美国特纳国际亚太公司（Turner International Asia Pacific）与泰国 MKB 公司合作，将布莫让频道（Boomerang）引进泰国播出。为此，特纳公司与 MKB 公司合作成立了一个名为“M Turner”的合作公司。布莫让频道（Boomerang）隶属于卡通电视网（Cartoon Network），最初是卡通电视网的一个时段，在 20 世纪末发展成一个频道，并于 2000 年 4 月 1 日开始通过卫星播出。除了在美国播出外，还进入英国、澳大利亚、德国、西班牙、法国、巴西和一些东欧国家播出。布莫让频道（Boomerang）主要播放经典动画卡通，节目来自华纳兄弟公司、米亚梅公司等。除了该频道，特纳公司已经在泰国运营 Caroonito 和 Toonami 两个频道。2016 年，福克斯电视网（Fox Networks）积极在泰国进行节目分发业务，尤其针对 IPTV、移动电视和网络电视的发展加大了节目销售的力度。此前，福克斯电视网已经在泰国运营了两个开路免费频道——福克斯泰国频道（Fox Thai）和星空世界频道（Star World）。

四、播出渠道与付费电视业

长期以来，泰国电视观众的主要收视渠道为卫星电视和地面电视。卫星是泰国最主要的电视收视渠道。2017 年，卫星电视在泰国电视家庭中所占比例为 66%（其中免费卫星电视为 56%，付费卫星电视为 10%），数字地面电视为 22%，有线电视为 9%，IPTV 为 3%。根据预测，2022 年泰国最主要的播出渠道仍是卫星电视（69%，其中免费卫星电视为 54%，付费卫星电视为 15%），其次为数字地面电视（15%）、有线电视（11%）和 IPTV（5%）分列第 2 ~ 4 位。值得一提的是，泰国观众可以收看到 100 多个免费卫星频道，这影响了付费电视运营业的发展。

泰国共有 300 多家运营商获得了执照，但付费电视运营业处于一家独大的格局，泰国真视公司（TrueVisions）是泰国最主要的全国性有线电视直播卫星电视和 IPTV 运营商，付费电视业务的市场份额约为 60%（2019 年）。就泰国付费电视订户规模而言，泰国付费电视业务的订户总数在 2017 年为 382 万，2019 年为 500 万，预计到 2023 年增至 603 万。泰国付费电视运营业的营业收入总额在 2019 年为 6.15 亿美元，此前在 2017 年为 5.27 亿美元，到 2023 年预计达到 7.47 亿美元。

1. 泰国真视公司（TrueVisions）

泰国的有线电视覆盖率相对较低，而且非法有线运营商林立。在泰国有线电视运营领域，泰国真视公司（TrueVisions）居于市场垄断地位。该公司隶属于泰国真实公司（True Corporation），原名是亚洲电信（TelecomAsia Corporation Public Company Limited），成立于 1990 年 11 月，并于 2003 年 11 月改为现名。泰国正大集团是泰国真视公司的控股公司，持有 51.3% 的股份，中国移动集团持有 18% 的股份，普通股民持有 30.7% 的股份。2003 年，泰国真视公司开始提供宽带 ADSL 服务，目前已经成为泰国最大的宽带运营商，也是泰国拥有最多牌照和最多种运营网络的公司。泰国真视公司在 2005 年收购了泰国当时唯一经营付费电视业务的联合播出公司（UBC），并随后重新命名为真实公司。在此之前，真实公司（True Corporation）已经于 2003 年推出了数字有线服务。2006 年，真视公司开通了 IPTV 服务。

真视公司也是泰国最主要的直播卫星电视运营商，曾经长期是泰国唯一一家提供直播卫星电视服务业务的运营商。2011年，泰国真视公司推出了直播卫星电视免费平台，以免费的方式向其电信业务用户提供电视服务。真视公司的免费直播卫星平台播出43个频道，凡是购买了“真实移动”（True Move）业务的用户，都可以同时享受免费收看这些电视频道的服务。除了向移动客户提供免费电视节目服务之外，该公司还向普通民众提供包括32个频道的免费直播卫星电视服务。用户只需购买接收设备，并不需要再额外支付收视费用。

2016年，真视公司的平台上播出200多个频道，其中包括58个高清频道。2018年6月，真视公司开播了泰国第一个4K超高清频道，频道号为400。该频道是契合世界杯足球赛而开播的。世界杯足球赛结束后，该频道主要播出体育节目和纪录片等。真视公司在2016年的电视用户总数为337万，其中166万为付费电视订户。2017年，真视公司的电视用户为397万，其中260万为付费电视订户。该公司订户数的增长主要得益于融合业务的发展。

2009年10月，泰国真视公司与泰国大众传播机构（MCOT）签署协议，真视公司在播出大众传媒机构的电视节目时可以植入广告，双方按照一定比例分配广告收益。这也就意味着，泰国真视公司在支付大众传媒机构6.5%的收视费的同时，另外再支付6.5%的广告营收。真视公司希望通过这项合作，改进整体营收结构，力求使广告收入占到总收入的5%。

2. 优质电视公司（Good TV）

泰国另外一家较有实力的直播卫星电视运营商是优质电视公司，它是继步公司（Next TV）和美国福克斯电视网（Fox Network）的合资公司。继步公司的母公司是泰国现实都市公司（Real Metro）。继步公司在2009年1月正式推出了直播卫星电视业务，并将该平台命名为“追加”（Top Up）。该平台使用预付费经营模式，2017年时平台上播出67个频道，其中30个为高清频道。2017年，继步公司的业务正式以“优质电视公司”的品牌进行运营。2017年底，该公司付费电视订户总数约为4万。

3. 泰国有线电视控股公司（CTH）

除了泰国真视公司之外，泰国另外一家主要的有线电视运营商是有线电视控股公司（CTH）。该公司成立于2009年，是由100家小规模运营商合并而成。2014年，有线电视控股公司斥资10.3亿泰铢收购了直播卫星电视运营商GMM B。CMM B公司在全国销售了270万个机顶盒，付费电视订户总数约为100万。

2016年，有线电视控股公司平台上播出140个频道，其中包括30个高清频道。该公司在2016年电视用户总数为250万，其中付费电视订户为70万。

4. DTV

泰国第二大直播卫星电视运营平台名为DTV，是由泰国电信（Thaicom）在2007年推出的。截至2011年底，DTV共售出116万套卫星接收装置。该公司的市场策略是为偏远地区的用户提供高质量的接收设备和高品质的电视信号。

5. 先进数字网传播公司（ADC）

先进数字网络传播公司创办于2007年，提供ITPTV业务。泰国电信基础设施相对落后，在首都曼谷之外的地区，宽带覆盖率不足25%，而且宽带服务价格偏高。这些因素都大大限制了交互式网络电视业的发展。

6. TTT宽带公司（TTT）

TTT宽带公司在2007年推出IPTV服务。

五、新兴媒体与网络电视

泰国政府着力推进宽带和移动通信建设，这位新兴媒体和网络电视发展提供了条件。2018年，泰国订阅宽带业务的家庭比例为44.5%，手机的渗透率为133.1%；移动通信业务的单位用户月均营业收入贡献额为7.57美元。近年来，泰国网络电视业处于稳步增长发展态势。2019年泰国网络电视订户为486.1万，此前在2016年仅为71万，2019年为131万，2023年预计增至312万。与此同时，该国网络电视业务的营业收入在2016年为5400万美元，2019年达到1.08亿美元，2023年预计能增至1.91亿美元。

泰国是亚洲未来几年网络电视发展潜力和市场增幅都相对较大的国家。受此影响，亚洲以及欧美一些新兴媒体巨头近年来纷纷进入泰国市场。泰国在2014年出现第一家网络电视平台，目前网络电视市场尚处在发展阶段，10余家网络电视运营商正在争夺这一市场。2015年9月，马来西亚网络电视运营商艾菲（Iflix）进入泰国，每月资费为100泰铢。2017年5月，中国香港电信盈科集团泰国推出“Viu”网络电视业务，这也是Viu所进入的第15个市场。

除了亚洲媒体机构之外，欧美网络电视机构也竞相进入泰国。2015年10

月，瑞典麦吉利公司（Magine TV）与泰国有线电视公司CTH合作在泰国推出网络电视服务，这也是该公司首次进入泰国市场。麦吉利公司是一家基于云技术的电视渠道运营商，总部位于瑞典斯德哥尔摩。订户通过电视机、智能手机、平板电脑或个人电脑等终端从云端收看直播电视频道，同时还可以使用录制回放、视频点播等功能。2013年3月，麦吉利公司在瑞典正式投入运营。2013年6月，麦吉利公司开始在德国进行试运行。在瑞典，麦吉利公司运营的频道包括瑞典SVT和TV4两家电视台，另外还有美国有线电视新闻网国际频道（CNN International）、英国广播公司（BBC）、欧洲体育台（Eurosport）、国家地理频道（National Geographic）和卡通电视网（Cartoon Network）等。

2017年，美国奈飞公司对泰国业务进行了升级，主要强化业务的本土化水平。2017年初，奈飞公司与泰国主要电信集团AIS签订了合作协议，这进一步强化了该公司在泰国发展的信心，也提升了其在泰国市场的竞争力。升级后，奈飞公司在泰国的业务模式与其在土耳其和波兰采取的本土化模式类似，例如对数千小时的影视剧增加了泰语字幕或配音。2017年底，奈飞在泰国的订户总数为19.3万。2018年，奈飞公司在泰国的网络电视市场份额为26%。

2017年，美国优兔（YouTube）开始在泰国开展网络电视业务。优兔在印度首先推出了离线视频应用程序“YouTube Go”，随后将该业务推向印度尼西亚、尼日利亚和泰国等14个国家。“YouTube Go”播出美国以及目标国当地的视频内容，应用程序服务界面根据每个国家特点进行了本土化，提供当地语言服务和当地视频内容等。针对非洲等国家网络基础设施相对落后的情况，该应用程序支持数据下载和离线观看功能。

第五节　新加坡

新加坡（Singapore）是一个东南亚城市国家，由新加坡岛及附近63个小岛组成。新加坡属外贸驱动型经济，国民生产总值约为3641.57亿美元（世界银行，2018）。新加坡总人口约为620.96万（2020），人口年龄中位数是35.6岁。马来语为国语，英语、华语、马来语、泰米尔语为官方语言，英语为行政用语。新加坡电视家庭总数为124.7万。新加坡新传媒（Mediacop）是新加坡唯一的电视播出机构，具有新加坡国家电视台的地位。新加坡电视播出最主要的渠道是有线电视，其用户在电视家庭中的比例为43%；其次是IPTV（34%）。根据预测，2020年有线电视用户在电视家庭中的份额预计为43%，IPTV为39%，数字地面电视为18%。

一、概述

1963年，新加坡开始创办电视。1965年，新加坡建国以后成立了新加坡广播电视台（Radio Television Singapore）。1980年，新加坡广播电视台根据国会通过的法案，更名为新加坡广播电视局（SBC），第一任主席由当时的文化部长王鼎昌（Ong Teng Cheong）兼任。新加坡电视开办之初，只有1个频道。1963年11月23日开办了第2个频道。1974年开始播出彩色电视节目。1976年底两套节目的播出全部彩色化。电视台的两套节目交叉使用英、华、马来和泰米尔4种语言播出，两套节目每周共播出113小时。1981年5月，新加坡电视频道首次播出华语综艺节目。1983年开始制作华语电视连续剧。[①]1994年10月，新加坡国际传媒集团（SIM）成立，旗下包括新加坡电视有限公司（Television Corporation of Singapore, TCS，以下简称“新视”）、新加坡电视12（Singapore Television 12, TV12）和新加坡广播有限公司（Radio Corporation of Singapore, RCS，以下简称“新电台”）三家公司。电视有限公司负责运营五频道（英文节目）和八频道（中文节目）。[②]1999年，新加坡国际传媒集团改名为新加坡传媒公司（Meida Corporation of Singapore，以下简称“新传媒”）。2000年6月，新加坡政府决定让新加坡报业控股有限公司（Singapore Press Holding Ltd.，以下简称报业控股）和新传媒这两家主要传媒公司进入对方的业务领域，形成竞争

① 程曼丽：《海外华文传媒研究》，新华出版社2001年版，第195～197页。
② 赵振祥：《东南亚华文传媒研究》，世界知识出版社2007年版，第249页。

机制。2000 年以前，报业控股和新传媒分别控制了本国报业和广播电视业。报业控股只出版报纸和期刊以及开设以报纸内容为基础的商业网站，新加坡四种语言的日报都是它旗下的出版物，其中最重要的是英文的《海峡时报》（*Straits Times*）和中文的《联合早报》。2000 年 6 月，报业控股根据政府的政策调整开始多媒体大整合，成立了报业传讯公司，开播华语和英语频道。为实现集团属下的报纸和新创办电视台、电台及网络媒体共享内容和资源，发挥最大的经济效益，报业控股进行了以下战略结构调整：首先，中英文两大报纸建立了跨部门的电视新闻组，由两报的总编辑监管，分别为华语和英语频道提供新闻。昔日的报纸记者变成了两栖记者，同时为电视台和报纸写稿或摄像、拍照。其次，在报章服务集团下成立电视新闻制作部，为华文报和《海峡时报》电视新闻组提供日常运作服务，拥有电视摄影棚、制作控制室、录音室、编辑室、化妆间和三维图像制作室。2001 年 5 月，报业传讯华语“优频道”开播，报业传讯英语“电视通”频道开播。优频道取英文“you”的谐音，意即“你”的意思，也指观众，表示优频道在选择及编排节目时，将以观众的利益为优先考虑因素。英语频道原名为电视通，后改为 i 频道。报业传讯打出“you and i”的口号，也即中文“你和我”，分别代表中英文两个频道。[①]2004 年，因为市场恶性竞争以及政府政策变化，两家公司于 2005 年 1 月 1 日合并成立新传媒电视控股（私人）有限公司。随后，新传媒一家独大，在内容制作、播出等领域集中优势资源，取得了较大的发展。

新加坡 2014 年提出“智能之国”（SmartNation）计划，期望“人民过着幸福而有意义的生活，通过技术无缝连接”。他们把全世界年轻的创业者聚集在一起，提高整体创造力水平。而这一切都是围绕着三件事情：连接、收集和理解。[②] 新加坡在 2013 年完成了模拟转数字进程，完全实现了数字化。新传媒在 2013 年以 DVB-T2 标准播出了 7 个频道。2000 年 6 月，新加坡广播电视局为新加坡新传媒集团发放了两个数字电视许可证，一个用于移动电视业务，另一个用于在新加坡开展商业数字电视业务。

① ［新］袁舟：《媒体集团的经营与管理：新加坡报业控股的成功之道》，汕头大学出版社 2003 年版，第 222 ~ 230 页。

② 马化腾等：《互联网＋：国家战略行动路线图》，中信出版社 2015 年版，第 37 页。

二、监管机构与传媒法规

1. 监管机构

新加坡对于传媒监管较为严格，电视业的主要监管机构为新加坡信息与文艺部。该部下辖的媒介发展局、通信发展局分别负责与广播电视内容有关的监管和与广播电视技术有关的监管。① 其中，新加坡媒介发展局（Media Development Authority，MDA）成立于 2003 年 1 月，是新加坡政府为了便于统筹管理不同传媒领域的业务，将新加坡广播电视局（SBA）、电影与出版部（FPD）和新加坡电影委员会合并而成。该机构管理着新加坡的电影、电视、广播、出版和新媒体的发展，并制定各种标准。② 媒介发展局的成立是新加坡政府在融合化背景下为适应媒介环境变化、推动传媒行业发展、建立高效媒介规制机构而采取的重大举措。根据新加坡政府对媒介发展局的定位，该机构的使命是把新加坡建设成为一个全球性的媒介城市，培育创意型经济和互联社会。

与美欧发达国家相比，新加坡并没有整合广播电视与电信两个行业的规制机构。在新加坡，电信规制与牌照管理由“新加坡通信发展局”（IDA）负责。媒介发展局主要管理媒介内容，而通信发展局主要管理技术。新加坡通信发展局成立于 1999 年，是由新加坡全国计算机委员会和新加坡电信管理局合并而成。不过，新加坡通信发展局与新加坡媒介发展局同属新加坡信息与文化部，这有利于信息技术、电信与广播电视三个领域的融合。③

2. 传媒法规

新加坡与传媒相关的法律主要有：《2002 年新加坡媒介发展局法》（*the Media Development Authority of Singapore Act 2002*）、《广播电视法》（*the Broadcasting Act*）、《报纸与印刷媒介法》（*the Newspaper and Printing Presses Act*）、《电影法》（*the Films Act*）、《不良出版物法》（*the Undesirable Publications Act*）、《公众娱乐

---

① 张志：《数字时代的广播电视规制与媒介政策》，中央民族大学出版社 2011 年版，第 96 页。

② 唐世鼎、黎斌：《世界电视台与传媒机构》，中国传媒大学出版社 2005 年版，第 215 页。

③ 国家广播电影电视总局发展改革研究中心：《发达国家广播影视管理体制和管理手段研究》（内部资料）2006 年版，第 163 ~ 165 页。

与集会法》（*the Public Entertainment and Meetings Act*）。[①]

3. 相关政策与规定

新加坡媒介发展机构有权对电视台的播出内容进行安排。每年，新加坡电视台都必须根据政府的安排播出一些重大活动，例如重大游行和集会、国葬和议会会议等。新加坡媒介发展机构有权选择任何一个电视频道播出这些内容，而且电视频道必须要确保进行充分报道。

新加坡对于外资进入传媒领域有着严格的规定。根据新加坡法律，外资在新加坡播出机构中最多可以持股 49%。此外，如果传媒机构聘请非新加坡国籍的人士担任首席执行官等高级管理职位，必须得到新加坡媒介发展机构的批准。此外，媒体公司的合并等事宜也必须获得新加坡媒介发展机构的同意。

三、电视频道与传媒机构

新加坡新传媒在新加坡电视播出机构中处于一家独大的地位，也是该国唯一一家地面无线播出机构。新传媒的业务主要包括六个部分：电视、广播、出版、新媒体、制作和投资。其中，新传媒新媒体业务始于 2008 年，是新传媒合并旗下的互联网和移动业务而成立的。针对网络电视市场发展形势，新加坡新传媒在 2016 年推出了网络电视业务，品牌名为“拓格”（Toggle）。

就电视业务而言，新传媒旗下的电视频道主要有五频道 (Channel 5)、八频道 (Channel 8)、U 频道 (Channel U)、亚洲新闻台（Channel NewsAsia）、朝阳频道（Suria）、春天频道（Vasantham Channel）、奥多频道（okto）。[②] 新传媒的频道中，最受欢迎的是朝阳频道，其收视份额在 2016 年为 12.9%。其次是八频道、春天频道和 U 频道，2016 年收视份额分别为 10.6%、9.1% 和 3.8%。

五频道是新加坡首屈一指的英语频道，节目内容以适合全家观赏的娱乐及生活时尚等为主。八频道是华语频道，全天播出新闻与娱乐节目，以优秀的本地制作与海外节目为主。U 频道是华语频道，目标受众以专业人士和年轻人为主。

---

① 国家广播电影电视总局发展改革研究中心：《发达国家广播影视管理体制和管理手段研究》（内部资料）2006 年版，第 163 页。

② http://www.mediacorp.sg.

U 频道注重极具创意的本地节目和本区域较为流行的节目，是 15 ~ 39 岁观众的首选娱乐频道。高清 5 频道（HD 5）创办于 2007 年 11 月 11 日，是 5 频道的高清版本。朝阳频道（Suria）以马来语播出，是新加坡马来族群首选的电视频道，所选播的节目充分体现了本地马来社群的生活。春天频道（Vasantham）以泰米尔语为主要播出语言，节目内容以宝莱坞电影为主。奥多频道（okto）除了播放儿童节目和年轻一代所喜爱的节目外，也满足本地艺术爱好者的需要，播放高品质的艺术节目。

新加坡主要通过新传媒旗下的亚洲新闻台（Channel NewsAsia）进行电视国际传播。亚洲新闻台创办于 1999 年 3 月，并于 2000 年 9 月播出亚洲新闻台国际频道，它也是新加坡唯一国际电视新闻频道，24 小时播出新闻与时事节目，以亚洲视角观察并提供全球新闻和资讯。亚洲新闻台在亚洲 13 个主要国家和地区设立海外新闻中心及全职记者，包括中国大陆、中国香港、中国台湾、韩国、日本、菲律宾、泰国、印尼、马来西亚、印度和巴基斯坦等。同时，亚洲新闻台在欧、美各大商业和金融中心（如纽约、华盛顿特区、伦敦和莫斯科）派驻资深通讯员及记者。目前全球 24 个国家和地区，将近 2000 万个家庭和旅店房间，都可以收看亚洲新闻台。亚洲新闻台除了负责本频道的内容制作之外，还承担着为整个新传媒提供新闻和时事节目的任务。亚洲新闻台用英语、中文、泰米尔语和马来语制作新闻和时事节目，然后提供给新传媒旗下的电视和网络等。新传媒成立了分公司 CPI，专门负责纪录片的制作和国际销售。新传媒还积极拓展国际电视业务。2008 年，新传媒进军越南电视市场，并对越南国际传媒公司（IMC）进行战略投资，购入该公司 20% 的股份。越南国际传媒公司主要为越南一个电视频道提供内容制作和运营管理服务，该频道隶属于越南政府所属的越南多媒体公司（Vietnam Multimedia Corp.）。

四、播出渠道与付费电视业

新加坡民众收看电视的主要渠道是有线电视。新加坡禁止民众安装卫星电视接收装置，因此新加坡直播到户卫星电视运营领域几乎为空白。近年来，随着互联网和移动通信技术的发展，IPTV 和互联网电视得到了长足发展。

近年来，新加坡付费电视业务的订户规模处于逐年下降的态势。2019 年该国付费电视业务的订户总数为 78.6 万，此前在 2016 年为 90.7 万，2023 年预计减少至 72.8 万。与此同时，新加坡付费电视业务的营业收入也处于逐年下降的态势。该国付费电视业务的营业收入在 2016 年为 3.08 亿美元；2019 年降至 2.5 亿美元；2023 年预计进一步减少至 2.23 亿美元。付费电视业的用户平均营业收入为 30.22 美元，到 2020 年预计小幅减少到 29.46 美元。目前，新加坡付费电视业的退订率保持在 0.7% 的水平，相比西方发达国家还比较低。

目前，新加坡最主要的两家付费电视运营商是新加坡星港公司（StarHub）和新加坡电信公司（Singtel），两家公司的市场份额之和超过 90%。

1. 星港公司（StarHub）

目前，星港公司是新加坡唯一一家有线电视运营商，同时也是 IPTV 市场的领跑者。星港有线电视公司创办于 2001 年，随后在 2004 年推出了数字有线电视服务。除了付费电视业务，该公司还提供互联网、移动通信和固话业务。2007 年，星港有线电视公司推出了新加坡第一个高清电视频道。星港有线电视公司的数字有线电视用户可以收看 150 多个频道，其中包括 20 个高清频道。除了电视节目，用户还可以享受游戏、电子节目指南以及聊天室等其他服务。星港有线电视公司用户中 57% 的人购买了两网或三网融合业务。星港公司的主要股东是亚洲媒体有限公司（Asia Media Holdings），该公司持有星港有线电视公司股份的 56.55%。2016 年，星港公司平台上播出 200 多个频道，其中包括 67 个高清频道。另外，星港公司还推出了网络电视业务“StarHub Go”，每月资费为 5.35 新加坡元。2019 年 6 月，星港公司停止运营有线电视和有线宽带业务，以此升级业务结构。

在移动通信和宽带业务方面，截至 2018 年底，星港公司移动通信业务的订户总数为 418.3 万，宽带业务的订户总数为 62.8 万。

在付费电视业务方面，截至 2018 年底，星港公司付费电视业务的订户总数为 38.1 万。此前在 2016 年，该公司付费电视业务的订户总数为 53.6 万。

2. 新加坡电信公司（Singtel）

在 2007 年之前，星港公司在新加坡 IPTV 运营领域一家独大。2007 年 1 月，新加坡媒介发展机构为了鼓励电视市场的竞争，颁布了一个新的 IPTV 执照颁发政策，为新公司进入 IPTV 运营领域提供了条件。2010 年新加坡电信公司正式推出 IPTV 业务，由此结束了星港公司一家独大的局面。2016 年，新加坡电信公司的 IPTV 平台上播出 190 多个频道，其中包括 75 个高清频道。2016 年，新加坡电信公司推出了名为“Singtel TV Go”的网络电视业务，每月资费为 6.9 新加坡元。另外，新加坡电信公司还推出了名为“Cast OTT”网络电视业务。

在移动通信和宽带业务方面，截至 2018 年底，新加坡电信公司移动通信业务的订户总数为 219 万，宽带业务的订户总数为 48.2 万。

在付费电视业务方面，截至 2018 年底，新加坡电信公司付费电视业务的订户总数为 40.9 万。此前在 2016 年，该公司付费电视业务的订户总数为 42.4 万。

3. M1 公司

M1 公司在新加坡电信领域的整体市场份额较小，它进入这个市场的时间也相对较晚。截至 2018 年底，该公司的移动通信业务订户总数为 195.6 万，固网业务的订户总数为 20.9 万。

在付费电视业领域，M1 公司没有开展传统付费电视业务，主要为网络电视平台提供云服务等。

2019 年 3 月，M1 公司 90% 的股份被连接公司（Konnectivity Corp）收购，连接集团是由科博公司（Keppel Corp）和新加坡报业控股有限公司（Singapore Press Holdings）合资成立的。

五、新兴媒体与网络电视

新加坡是城市国家，电信业普及率高，新兴媒体产业发达。新加坡宽带和手机的渗透率分别为 117.3% 和 146.1%，该国移动通信业务的单位用户月均营业收入贡献额为 23.34 美元。依托电信业的坚实基础，新加坡网络电视业务近年来发展较为迅速，订户规模和营业收入都稳定增长。该国网络电视订户 2019 年为 153.3 万，此前在 2016 年仅为 77.3 万，2023 年预计增至 275.0 万。与此同时，该国网络电视业务的营业收入在 2016 年仅为 1.25 亿美元，2019 年达到 2.55 亿美元，2023 年预计能增至 4.57 亿美元。

目前，新加坡主要网络电视平台有 13 个，按照平台母公司特征主要可以分为三大类：一是新加坡付费电视运营商旗下的网络电视平台；二是新加坡媒体机构旗下的网络电视平台；三是境外机构旗下的网络电视平台。

1. 新加坡付费电视运营商旗下的网络电视平台

随着新兴媒体发展和网络电视普及，传统付费电视运营商面临着日益严峻的市场环境，如订户流失、收入下降等。对此，新加坡传统付费电视运营商纷纷发展网络电视业务，充分发挥原有网络设施和市场服务优势，通过网络电视业务替代传统付费电视业务来提振经营状况。目前，星港公司已推出网络电视业务“StarHub Go”，新加坡电信公司则推出了“Singtel TV Go”和“Cast OTT”。其中，新加坡电信公司两个网络电视业务的订户总数在2018年底均达到了11.6万。

2. 新加坡媒体机构旗下的网络电视平台

除了电信运营商和付费电视运营商，传统电视台也在积极发展网络电视业务。2016年，新加坡新传媒推出了名为“拓格”（Toggle）的网络电视业务，平台上主要提供新传媒旗下的直播电视频道和视频点播节目。

另外，新加坡韦德菲斯公司（Vidfish）于2018年10月推出了中文网络视频点播业务，内容包括戏剧、浪漫剧、宫廷剧、恐怖片、家庭伦理剧、现代都市剧等，节目合作方包括湖南芒果TV、华视、浙江华策影视等。自从测试阶段开始，该业务的应用程序已有15万注册用户。该业务已触达190多个国家，并针对国际用户提供英语以及当地语言字幕。该业务的应用程序具备聊天、打赏、离线下载等功能，同时推出区块链支付系统，允许用户直接向制片人支付内容费用。

3. 境外平台

目前，美国奈飞（Netflix）、亚马逊（Amazon）、苹果（Apple）、谷歌（Google）、索尼（Sony）等公司旗下的网络电视平台都已进入新加坡市场。这些境外平台通常会与当地电信运营商和付费电视运营商合作，通过这些当地机构的技术设施和运营网络开展业务。例如，美国奈飞就与新加坡电信公司开展合作，用户通过新加坡电信公司的机顶盒、宽带和移动通信平台获取奈飞的视频服务。

第六节　印度尼西亚

印度尼西亚（Indonesia）是一个东南亚国家。印度尼西亚（简称印尼）是东盟最大的经济体，国民生产总值约为1.04万亿美元（世界银行，2018）。总人口约为2.67亿（2020），人口年龄中位数是30.2岁。民族语言共有200多种，官方语言为印尼语。印尼电视业的发展历程与政治变革紧密交织，目前其电视市场格局是各种权力博弈的结果。印尼全国性电视频道共有13个，获得执照的电视运营商有91家，国际和区域性网络电视平台从2016年开始大举进入印度尼西亚市场。

一、概况

印度尼西亚的电视业肇始于20世纪60年代初期。1962年，共和国电视台（TVRI）试播，1963年正式开播。1963～1987年，该台一直居于垄断地位。1988年，雄鹰电视台（RCTI）开播，它是印度尼西亚第一家商业电视台，也是目前最有影响力的商业电视台。1988～1998年，4家全国性商业电视台陆续开播。1999年，五家新的商业电视台获得政府批准，全国性电视台的数量由此增加到10家。与此同时，电视台之间的竞争日趋激烈，经过一番竞争、兼并之后，印尼电视领域出现新的格局，原来的10家全国性电视台的所有权集中到5家大公司手中。

1976年，印尼正式启用“帕拉帕一号”（Parapa）通信卫星，对于这个由1.7万多个岛屿组成的国家来说，有效扩大了电视的覆盖范围，也促进了电视业的发展。虽然地理特征注定了直播卫星电视将有较为广阔的市场前景，但印尼国民整体收入水平不高，模拟地面电视是成本低廉的收视方式，也成为印尼民众最主要的收视渠道。2015年，印尼电视家庭总数为4622万，收看模拟地面电视的电视家庭总数为3155万。

印尼在2012年正式开始模拟转数字的进程，采用DVB-T2标准。但受制于国土分散、资金有限等原因，印尼数字地面电视覆盖电视家庭的比例到2021年预计仅能达到49%。

近年来，越来越多的西方传媒公司开始进入印尼，与当地公司合办频道或从事节目运营业务等。该国第四人口大国以及东南亚最大经济体的地位是吸引这些西方传媒公司的主要因素。2013年初，美国彭博电视（Bloomberg Television）将与印尼爱迪尔集团（IDEA Group）合作，开办当地商业新闻频道“彭博电视印尼频道”（Bloomberg Television Indonesia）。彭博电视印尼频道以印尼语播出，节目内容主要是财经新闻、市场资讯和印尼当地新闻。2014年3月，美国有线电视新闻网（CNN）宣布在印度尼西亚开办一个24小时新闻频道——美国有线电视新闻网印尼频道（CNN Indonesia），该频道总部位于雅加达，以印度尼西亚语（Bahasa Indonesia）播出，并将同步推出一个网站。美国有线电视新闻网是与印尼跨媒体集团（PT Trans Media）合作开办这一频道的，这也是美国有线电视新闻网在东南亚地区开办的第一个本土频道。2016年4月，美国特纳公司在跨视公司的播出平台上推出了两个频道：一个频道以韩国节目为主，名为“Oh!K”频道；另一个频道以美国综艺娱乐节目为主，名为“Warner TV”频道。

二、监管机构与传媒法规

1. 监管机构

印尼电视监管机构是印尼广播委员会（Indonesia Broadcasting Commission，KPI），它是根据2002年《广播法》成立的，由国会委任的9名委员组成。另外，印度尼西亚信息与通信部（Ministry of Indonesia Communication and Information）在行政上负责管理该国广播影视行业。

2. 传媒法规

1966年印尼通过了《新闻法》。当时苏哈托利用镇压右派军人政变的机会取得政权，将“统一宗教、统一民族思想”作为指导国家各机构（包括报纸、广播、电视机构）的指导思想。该法授权新闻部监督媒体，新闻部可以通过电话指示媒体如何报道某个具体的事件，并有权删除报刊上的敏感问题。1999年，印尼议会（DPR）通过了修订后的《新闻法》，取消了政府此前设定的许多限制，包括对媒体执照的限制、关于报纸与杂志页数的限制以及对一个地区媒体机构数量的限制等，还简化了设立媒体机构的要求。1999年《新闻法》大大促进了媒体的发展。

2002年，印尼正式实施《广播法》。《2002年广播法》的前身是1998年苏哈托体制结束后制定的《有关广播电视2002年法律的第32号条例》。根据该法，印度尼西亚共和国电视台（TVRI）由特殊法人成为国家持股的有限责任公司。另外，该法授权组建了印尼广播委员会（KPI），负责广播电视领域的立法，其成员由议会选举产生。在此后的权力博弈中，印尼广播委员会的职权被一再削弱，仅拥有节目内容监督权，但无权对违规行为进行处罚，仅能提出批评。2012年，议会成立了专门小组着手修订2002年《广播法》，但后续推进工作乏力。《2002年广播法》允许外资进入广播电视领域，但规定出资比例最多为20%。

另外，根据2004年《广播电视行动基准》《广播电视节目基准》等行政法规，印尼电视台禁止播出有关性、暴力、犯罪等节目，成人节目必须在晚上10点以后才能播出。

三、电视频道与媒体机构

目前，印尼共有13个全国性电视频道，其中2个频道隶属于共和国电视台（TVRI），另外11个频道为私营电视台所有。这些私营电视台包括雄鹰电视台（RCTI）、泗水电视台（SCTV）、教育电视台（TPI）、印多希亚尔电视台（Indosiar Visual Mandiri，INDOSIAR）、安达拉斯电视台（ANTV）、美都电视台（Metro TV）、贯通电视网（TransTV）、第一频道（TVOne）、全球电视台（Global TV）等。这些全国性播出的电视台都将总部设在雅加达，通过在全国建设转播台实现全国覆盖。对于广告销售而言，全国转播网的规模意味着广告销售的市场竞争力。一个全国性覆盖的电视台通常拥有约1亿潜在观众。印尼全国还有一些小规模、地区性独立电视台，它们并没有相互联合形成电视网。受全国性电视网竞争、自身经济实力、广告市场规模等因素的限制，这些地方电视台的发展空间较为有限。就全国性频道的收视份额而言，2012年时雄鹰电视台位居榜首，拥有 16.8% 的收视份额；其次是泗水电视台，收视份额达到 15.2%；教育电视台和贯通电视台在收视份额方面紧随其后，都拥有近 10% 的收视份额。2016 年，收视份额位居前三的电视台分别为雄鹰电视台、安达拉斯电视台和泗水电视台，收视份额分别为 35%、14% 和 11%。

1. 共和国电视台（TVRI）

共和国电视台是印尼国家电视台，始建于 1962 年，总部设在雅加达。1962 年 8 月 24 日，共和国电视台开始对在印尼举办的第四届亚运会进行为期 12 天的采访与报道，尽管这只是试验播出，但这一天被确认为共和国电视台的建台纪念日。1963 年，共和国电视台正式播出，并被政府确立为官方电视机构。1963 年开播时，该台的信号仅覆盖了爪哇岛。1976 年国内通信卫星“帕拉帕一号”（Parapa）升空，极大地改善了国内广播电视的传送条件，使印度尼西亚成为亚洲最早使用自己的通信卫星进行电视转播的国家。[①] 经过多年发展，该台在全国构建了一个电视网，每个省都有其分台。每个分台在政策、管理、预算以及节目等方面保持与总台一致，分台每天拥有 2 ~ 3 小时自主编排节目时间，用于播出当地节目。共和国电视台的节目以纪录片、音乐、文化和新闻类节目为主。该台曾经长期禁止播放任何形式的广告，但从 2003 年起开始逐渐插播广告。该台境外节目的比例较小，以本国节目为主。2006 年，印度尼西亚国家电视台从国家所有、政府经营转变为公共电视台，但仍接受政府大量资助。

2. 雄鹰电视台（RCTI）

雄鹰电视台是印尼收视影响力最大的电视台，它成立于 1988 年 12 月 14 日，1989 年 8 月 24 日正式开播。雄鹰电视台以娱乐节目为主，主要播出电视剧、电影和真实秀等类型的节目。雄鹰电视台隶属于群岛印象传媒集团（Media Nusantara Citra，MNC）。该集团的母公司是印尼竞立公司（Mediacom）。除了雄鹰电视台，群岛印象传媒集团还拥有印尼全球电视台（Global TV）70% 的股份，并全资控股印尼教育电视台（TPI）；旗下还有群岛印象电视台（MNCTV）和“iNews TV”新闻频道；该集团还拥有 20 个付费电视频道，以及一个广播网和一份报纸。其中，全球电视台建于 1999 年初，总部设在西雅加达，开始时以播放 MTV 台的节目为主，后来增加了体育、新闻节目以及尼克少儿频道

① 刘琛：《全球化背景下的亚洲电视传媒》，北京交通大学出版社 2009 年版，第 70 页。

（Nickelodeon Cartoons）的卡通节目。2015 年，群岛印象传媒集团旗下各频道的收视份额之和为 36.4%；2019 年，该集团旗下电视频道的整体市场份额高达 46%。

值得一提的是，该台最初的创办并没有任何法律基础，而是政治与商业利益的需求。雄鹰电视台母公司的负责人正是苏哈托的二儿子。雄鹰电视台最初采取付费收看的运营模式，目标观众是雅加达的精英人士。该台的观众需要购买机顶盒，每月收视费为 15 美元。该台享有诸多特权，如可以大量引进和播出国外节目等。随着苏哈托时代的终结，雄鹰电视台的所有权也随之更迭。

3. 泗水电视台（Surya Citra Televisi，SCTV）

泗水电视台成立于 1990 年 8 月 24 日。该台的节目主要是肥皂剧和真人秀，另外，该台的新闻节目也有一定的影响力。泗水电视台成立之初主要面向泗水及巴厘岛周围地区，现已发展为以雅加达为中心，覆盖 26 个省的电视台。泗水电视台隶属于泗水传媒公司（Surya Citra Media），该公司的主要股东是印尼 AM 集团（Abhimata Mediatama），它持股 81%。AM 集团的主要股东是印尼传媒集团 EMTEK 以及澳大利亚和英国公司等。

4. 美都电视台（METRO TV）

美都电视台成立于 2000 年 11 月 25 日，由苏利雅·巴罗（Surya Paloh）创办，他拥有《印尼传媒日报》(*Media Indonesia*)。美都电视台的节目构成以新闻为主，60%是新闻，另外 40%为娱乐节目。该台是目前唯一播放中文新闻的印尼电视台，每天两次，每次 30 分钟，内容包括印尼国内及国际新闻，尤其关注印尼华人问题及有关中国的报道，在印尼华人中有较大影响。截至 2013 年 1 月，该台在印尼全国拥有 53 个转播站。2015 年 4 月，美都电视台新开播了 2 个频道，并在当月从标清转为高清播出。

5. 印多希亚尔台（Indosiar Visual Mandiri，INDOSIAR）

印多希亚尔台成立于 1995 年 1 月 11 日，总部设在西雅加达，系印尼华裔企业三林集团（Salim Group）开办。该台曾一度是印尼最具收视号召力的电视台，收视份额在 2002 年曾高达 25.9%，但近年来因为竞争等原因一直处于下降趋势，2010 年时的收视份额已经下降到了 9.7%。

6. 安达拉斯电视台（ANTV）

安达拉斯电视台开播于 1993 年 1 月 1 日，位于楠榜省，后来将总部迁至南雅加达。2005 年 9 月，默多克新闻集团旗下的香港星空卫视（STAR TV）获得了该电视台 20% 的股份。根据印度尼西亚的法律，外资在地方传媒公司占据的股份份额最多不能超过 20%。目前，巴克里集团 (Bakrie Group) 持有该电视台的主要股份。该电视台最有影响力的节目是印度尼西亚国内的足球联赛，另外，该台还播出大量新闻资讯节目。

7. 印度尼西亚频道（The Indonesia Channel，TIC）

"印度尼西亚频道"开播于 2014 年 5 月 1 日，是印度尼西亚第一个综合国际频道。印度尼西亚频道是一个私人投资运营的频道。印度尼西亚频道每天以英语播出 24 小时，节目内容包括新闻、访谈、商业、时尚、体育和音乐等，主打栏目包括"今日印尼"（*Today's Indonesia*）、"巴厘之最"（*The Best of Bali*）、"今日东盟"（*ASEAN Today*）、"激情时尚"（*Passion for Fashion*）。该频道在海外播出的第一个国家是荷兰，在荷兰 UPC 平台上播出。2014 年 6 月，印度尼西亚频道通过 Globecast 公司的卫星平台面向全球播出。

四、播出渠道与付费电视业

印度尼西亚人口众多，付费电视业务在电视家庭中普及率仍不高，未来仍有较大增长空间。2017 ~ 2022 年，付费电视业务的年均复合增长率有望达到 5.7%。具体而言，2015 年该国付费电视业务的订户总数仅为 824.3 万，2018 年增长到了 1038.1 万，2019 年有望达到 1101.9 万，2022 年预计增至 1280.1 万。与此同时，该国付费电视业务的营业收入在 2015 年仅为 9.64 亿美元，2018 年达到了 11.14 亿美元，2019 年有望达到 1.189 亿美元，2022 年预计能增至 1.418 亿美元。

印尼最主要的电视播出渠道是模拟地面电视，其用户在电视家庭中所占比例高达 68%，其次是免费卫星电视（21%）和付费卫星电视（9%）。根据预测，2021 年时数字地面电视将成为主要播出渠道，在电视家庭中的比例为 49%；卫星电视（21%）、模拟地面电视（15%）、付费卫星电视（12%）和 IPTV（2%）分列第 2 ~ 5 位。因为印尼国民收入水平不高，付费电视业的渗透率仅为 11%。因为岛屿众多（约 17000 个），卫星电视是最具发展潜力的收视渠道，也是付费电视业的主要方式。目前，82.6% 的付费电视订户为付费卫星电视业务订户。付费电视业的每用户平均营业收入（ARPU）在 2015 年为 8.24 美元，到 2021 年有望增长到 9.08 美元。在印度尼西亚付费电视业领域，获得政府执照的付费电视运营商总数为 91 家，但印视公司（Indovision）长期一家独大；另外两家有影响的付费电视运营商是跨视公司（Transvision）和第一传媒公司（First Media）。就付费电视市场份额而言，三家公司在 2016 年时分别为 62%、25% 和 12%。

1. 卫星电视

印视公司（Indovision）是印尼直播卫星电视付费业务的主要运营商。1997 年 2 月由 PT Matahari Lintas Cakrawala 和 Star TV 公司共同创办，当时通过卫星提供 19 个频道。1989 年，竞立公司（Mediacom）购买了印视公司（Indovision）51% 的股份。2008 年，竞立公司又获得了一张直播卫星电视牌照，随后推出了顶级电视（TopTV）直播卫星电视平台。2016 年，印视平台上播出 141 个频道，其中 5 个为高清频道。2012 年，印视公司和顶级电视两个公司的用户总数为 99.5 万；2016 年达到了 250 万。

近年来，为了拓展商业潜力和强化营利能力，印视公司与电信公司合作推出了“捆绑业务”，通过融合策略强化付费电视业务的竞争力。另外，印视公司注重品牌推广和市场营销。2012 年，印视公司与美国有线电视新闻网合作创办了一个名为“电视记者奖”（Television Journalist Awards）的全国性专业奖项。该奖项每年评选一次，主要设置四个奖项：年度最佳新闻奖，新闻特写奖，环境报道奖和印视教育、文化与艺术奖。所有奖项由一个专业评选委员会进行评选，获奖者将获得全额资助前往美国有线电视新闻网的总部进行为期三周的培训。

2. 有线电视

印尼因为岛屿众多，国土面积比较分散，有线电视系统一般分布在都市中，而且目标用户一般为中高收入家庭。跨视公司（Transvision）的前身是印尼特尔康姆威讯公司（TelkomVision），从 2003 年开始提供有线电视服务，后来又增加了直播卫星电视业务和 IPTV 业务。其中，IPTV 业务品牌为“UseeTV Cable”，是 2011 年与中国中兴通讯股份有限公司合作推出的首个印尼 IPTV 业务。2016 年，跨视公司的平台上播出 170 多个频道，其中 50 个为高清频道。2016 年，跨视公司的订户总数为 97.6 万。成立之初，该公司的主要股东是印尼电信公司（Telkom），它持有 98.75% 的股份；印尼政府则拥有印尼电信公司 52.44% 的股份。2013 年，CT 公司从印尼电信公司手中收购了 80% 的股份，成为跨视公司的主要股东。

3. IPTV

为了提升市场竞争力，印度尼西亚电信运营商积极推进多网合一业务，例如电信移动公司（Telkomsel）推出了宽带、固话和 IPTV 捆绑业务，截至 2018 年 4 月捆绑业务订户总数达到了 410 万，年度增幅高达 105.3%。印家公司（Indihome）也大力推进三网合一业务和二网合一业务，2018 年三网合一用户比例已经达到了 55%，2018 年新增用户中则有 70% 为二网合一用户。第一传媒公司（First Media）在 2008 年就推出了宽带和 IPTV 二网融合业务，此后在三网合一或二网合一的捆绑业务方面取得了积极成效，2018 年捆绑业务的用户比例高达 96%。

第一传媒公司拥有 4800 公里的双向 750 兆有线网，这个系统覆盖了雅加达等地的 60 万个家庭。2013 年，该公司推出了名为“BIGTV”的卫星电视平台。2016 年，第一传媒的平台上播出 188 个频道，其中 62 个为高清频道。2012 年，该公司拥有 IPTV 订户 18.2 万户；2016 年订户总数达到了 47.3 万。

第一传媒公司的母公司是印尼力宝集团（LippoGroup）。力宝集团是印尼最大的金融控股财团，旗下拥有各国上市企业 20 多家，投资领域包括商业银行、保险、房地产、百货超市、制造业、信息技术、基础设施、传媒、医疗和娱乐服务业等，投资区域遍及印尼、新加坡、美国、澳大利亚、中国等国家和地区。

五、新兴媒体与网络电视

近年来，印度尼西亚稳步发展电信基础设施，为网络电视等新兴媒体发展提供了坚实基础。2017 年底，印度尼西亚移动通信订户总数为 4.069 亿，宽带普及率为 9.1%，移动通信业务普及率为 154.4%，移动业务月均 APRU 为 2.72 美元。印度尼西亚人口众多，网络电视市场巨大，在未来几年呈大幅增长势头。2015 年，该国网络电视订户仅为 15.4 万，2018 年增长到了 123.4 万，2019 年有望达到 156.9 万，2022 年预计增至 261.4 万。与此同时，该国网络电视业务的营业收入在 2015 年仅为 600 万美元，2018 年达到了 3100 万美元，2019 年有望达到

4400 万美元，2022 年预计能增至 1.34 亿美元。2018 年，印度尼西亚网络电视平台发展速度较快，具有一定市场影响力的网络电视平台在 2012 年时仅有 3 个，到 2018 年时达到了 18 个。2018 年，该国排名前五位的网络电视平台为：马来西亚艾菲（iFlix）、美国奈飞（Netflix）、印度尼西亚基飞（Genflix）、中国香港惟优（Viu）以及超级足球电视（SuperSoccerTV）。网络电视的运营主体主要是传统电视台、付费电视运营商、电信运营商和境外媒体机构。

1. 传统电视台

为了应对网络电视平台的竞争，传统电视台纷纷推出了网络电视业务，积极推进融合发展，例如印象电视台（MNCTV）推出了名为“此刻印象”（MNC Now）的网络电视平台。

2. 付费电视运营商

近年来，付费电视运营商着力发展网络电视业务，以提升市场竞争力，增强订户的黏性。卫星电视运营商 PT MNC Sky Vision Tbk 推出了名为“基飞”（Genflix）的网络电视平台，用户规模位居前五。

3. 电信运营商

电信移动公司（Telkomsel）是印度尼西亚移动通信市场的佼佼者，用户份额为 44%，营业收入份额为 56%。该公司也积极推进新技术的研发和应用。该公司的 4G 网络覆盖了全国 80% 的人口，2018 年开始进行了 5G 试验，并完成了虚拟现实、无人驾驶汽车等 5G 技术应用试验。在网络电视领域，该公司推出了“极限视频”（VideoMAX）网络电视业务。

印度尼西亚第一传媒公司（First Media）则与韩国普客平台（PooQ）开展合作，通信业务用户可以在普客平台上免费观看两个月的节目，从第三个月开始可以半价的优惠价格来使用普客平台业务。

4. 境外网络电视平台

从 2016 年开始，国际性和区域性网络电视平台纷纷进入印度尼西亚。

2016 年 1 月，美国奈飞（Netflix）进入印尼，其网络视频点播业务基础服务的价格为每月 7.84 美元。它与印尼电信公司（Telkom Indonesia）建立了合作关系，以提供本土化服务。2018 年 10 月，美国奈飞在印度尼西亚市场的服务全面本土化。本土化举措包括三个方面：一是奈飞在印度尼西亚的网页和应用程序使用印尼语作为服务界面语言；二是奈飞平台上播出的节目加配印尼语字幕；三是奈飞平台在节目库中增加大量印度尼西亚本土制作的影视节目。在实施本土化举措的同时，奈飞也加大了与印度尼西亚当地电信运营商的合作力度，借助当地平台和渠道拓展市场。

紧随美国奈飞的步伐，香港电信盈科集团 2016 年 5 月在印尼推出网络电视业务“惟优”（Viu）。2017 年 4 月，美国优兔（YouTube）在印尼推出了离线视频应用程序“YouTube Go”。“YouTube Go”播出美国以及目标国当地的视频内容，应用程序服务界面根据每个国家特点进行了本土化，提供当地语言服务和当地视频内容等。

2016 年 4 月，马来西亚艾菲（Iflix）进入印尼市场，通过与印尼公司合作强化市场开拓力度和服务本土化水平。同月，新加坡虎克（Hooq）也进入印尼市场；通过其应用程序，订户可观看 3.5 万小时的电影和电视节目。2018 年 8 月，艾菲公司（Iflix）与沃派公司（Wattpad）在印度尼西亚开展原创内容合作。沃派公司小说运用机器学习技术在其创作网络平台上发掘精品题材，然后再制作成影视作品。目前，沃派公司平台上有 600 多万份印度尼西亚原创小说，为影视创作提供了丰富的素材。艾菲公司在印度尼西亚的订户总数为 900 万，日均视频观看时间为 4000 万分钟。沃派公司总部位于多伦多，每月平均用户总数为 6500 万，月均阅读时间为 200 亿分钟。沃派公司旗下设立了沃派影业公司（Wattpad Studios），从事电影、电视剧合拍，以及网络、平面媒体业务等。沃派公司在东南亚拥有 1700 多万用户。该公司之前与菲律宾电视五台合作，基于沃派公司平台上的 76 部小说制作了 250 集电视剧。

第七节　越南

越南（Vietnam）位于中南半岛东部。革新开放以来，越南经济保持较快增长，国民生产总值约为 2452.1 亿美元（世界银行，2018），总人口约为 9872.1

万（2020），人口年龄中位数是31.9岁。越南拥有电视机的家庭总数在2016年时为1680万，普及率达到了90%。越南主要语言为越南语（官方语言、通用语言、主要民族语言）。2017年，家庭的宽带普及率为54.34%，手机普及率为124.2%。越南全国有176个电视频道，最主要的电视播出机构是越南国家电视台（VTV）。越南付费电视业较为发达，有线电视、卫星电视、IPTV和数字电视都得到不同程度的发展，市场份额最大的两家运营商是越南国家电视台有线电视公司（VTVcab）和有线电视公司（SCTV）。

一、概述

越南的电视事业起步于20世纪60年代，当时美国在越南南部开播了两个电视频道，一个使用越南语播出，另一个使用英语播出。1975年，越南统一后，这两个电视频道收归国有，电视播出的覆盖地区也从越南南部扩大到越南全境。1970年9月，在古巴的援助下，越南在首都河内建立了越南国家电视台（Vietnam Television，VTV）。1978年，越南开始播出彩色电视。随着越南实行对外开放政策，越南的电视业也取得了较快的发展。2017年，越南共播出176个电视频道，包括开路免费频道和付费频道。越南电视频道的平均节目制作成本约为2000美元/小时，但真人秀类节目的制作成本则要高于平均成本5～10倍。1990年之前，越南禁止电视台播出广告。目前，越南对于广告播出已经放开，但对广告费加征10%的税收。根据越南传媒法规，电视台不得播出烟草和酒精含量高于15%的酒类广告。在越南，最受欢迎的节目类型是喜剧、新闻、真人秀和电视剧。电视广告是越南广告业的主要组成部分，2016年电视广告营业收入为34亿美元，在全国广告营业收入中所占份额为92.6%。

越南电视播出渠道较为多元，地面电视、卫星电视、有线电视等不同渠道都取得了较好发展。地面电视和有线电视用户在电视家庭中所占比例分别为43%和38%，卫星电视和IPTV用户所占比例则分别为15%和4%。到2022年，地面电视和有线电视用户在电视家庭中所占比例预计分别为32%和43%，卫星电视和IPTV用户所占比例则分别为21%和4%。但在付费电视业领域，有线电视居于绝对优势。2017年，有线电视在付费电视领域的市场份额高达71%，卫星电视为 20%，IPTV 为 7%，数字地面电视为 2%。

越南非常注重发展电信业，着力推进融合发展。2018 年 9 月，越南信息通信部（MIC）宣布将着力推动主要电信运营商发展 5G 业务；同年 12 月，越南邮政电信集团（VNPT）与芬兰诺基亚集团签署合作协议，推动 5G 的研究与应用。2019 年 1 月，越南信息通讯部宣布，越南电信公司（Viettel）获准在全国开展 5G 试验，首批重点试验城市是河内和胡志明市。在移动通信领域，越南电信公司（Viettel）居于市场领先地位，市场份额约为 50%。2018 年，该公司的营业收入总额为 138 亿美元，其中移动通信业务的营业收入为 38 亿美元。越南电信公司是越南军队的下属企业。

二、监管机构与传媒法规

越南的电视监管机构是越南信息通信部。另外，越南电视台对国内广播电视事业机构进行指导和监督，文化信息部负责指导地面电视和有线电视运营管理。

在广告和节目播出管理方面，越南在 1990 年之前禁止电视台播出广告。目前，越南对于广告播出已经放开，但对广告费加征 10% 的税收。根据越南传媒法规，电视台不得播出烟草和酒精含量高于 15% 的酒类广告。

在境外节目接收管理方面，越南实行“天空封锁政策”，在 1996 年 11 月明令禁止个人接收国外卫星电视节目。

在产业发展方面，越南通信事业根据相关法律实行规定许可事项和许可期间的许可制度。2010 年 7 月颁布了所有企业的通信服务事业以及通信基础设备事业的准入法律。为了推动传统电视以及网络电视产业发展，越南政府在 2017 年出台新政，将机顶盒的进口关税从 35% 降低到 0%，民众购买数字机顶盒的价格大幅降低。

三、电视频道与传媒机构

越南电视广播机构实行国有国营制，电视台都属于越南政府直属部门，接受政府直接领导。2017 年，越南全国共有 103 个开路频道和 73 个付费频道。越南最主要的电视机构是越南国家电视台（VTV），它建于1971年，是越南唯一的全国性免费电视机构，目前播出7个频道。越南国家电视台在全国拥有64个地区和省级电视台，其中最大的一家地方电视台是胡志明市电视台（HTV）。另外，一些付费电视运营公司也开办了付费电视频道，例如规模较大的有线电视公司（SCTV）开办了有线电视1频道（SCTV1）、有线电视2频道（SCTV2）和有线电视3频道（SCTV3），其中1频道和2频道是综合频道，3频道是儿童频道。“K+”平台也推出了三个付费电视频道：K+1、K+PM和K+PC。近年来，越南放宽了境外电视频道的引进，美国媒体公司借机加大了在越南市场的拓展力度。例如，2019年3月，美国探索集团（Discovery）旗下的家庭园艺频道（HGTV）通过淘乐娱乐公司（Thaole Vietnam）在越南播出。

目前，越南国家电视台的频道主要有九个，即第一到第六频道和第九频道、第十频道、第十一频道。越南国家电视台第一频道（VTV1），它在1990年1月1日开播，主要播出新闻和时事节目。越南国家电视台第二频道（VTV2）在1990年1月1日开播，主要播出科技和教育节目。越南国家电视台第三频道（VTV3）是1995年4月开播的，主要播出体育和娱乐节目。越南国家电视台第四频道（VTV4）开播于2000年，是一个国际频道。该频道的节目主要挑选越南国家电视台第一频道、第二频道和第三频道（VTV1、VTV2、VTV3）三个国内频道的优秀节目，面向世界各地播出。越南国家电视台第五频道（VTV5）是2002年2月10日开播的，主要服务于国内的少数民族。越南国家电视台第六频道（VTV6）开播于2007年4月29日，是国内的青少年频道。[①] 越南国家电视台第九频道（VTV9）在2007年10月1日开播，主要面向越南国内播出。越南国家电视台第十频道（VTV10）是一个文化频道，主要关注越南文化传统、习俗和海外越南人，另外还播出音乐节目、电视剧、电影和新闻节目等。第十频道（VTV10）通过网络电视平台Cloudio TV在欧洲播出。该频道以英语播出，或者以越南语播出，加配英语字幕。第十一频道（VTV11）是一个儿童频道。在越南国家电视台的频道中，第三频道（VTV3）最受欢迎的。越南电视台的新闻来源主要分为国内和国外两个部分。

越南电视台在全国各地有记者站，负责采集国内新闻；国际新闻通过与其

① 刘琛：《全球化背景下的亚洲电视传媒》，北京交通大学出版社2009年版，第36页。

他国家的新闻互换和购买等多种方式获得。越南国家电视台自制节目的比例超过一半，其余节目则通过越南电视电影中心等国内外电视机构引进的。越南国家电视台的人事管理基本按照行政事业单位人事管理模式进行。台长和副台长由政府总理直接任命，台内主要干部则由台长任命。越南国家电视台越南电视台的收入一部分是靠政府财政补贴，也从广告和有线电视收视费获得一些资金收入。近年来，越南电视台通过市场运作，基本实现自给自足。

四、播出渠道与付费电视业

越南电视运营业发展较快，付费电视用户的渗透率近年来迅速上升。越南付费电视业的订户总数呈现增长态势，但营业收入则逐年减少。越南付费电视订户总数在 2016 年为 1603 万；2019 年为 1957 万；2023 年时预计达到 2472 万。付费电视业的营业收入在 2016 年为 4.26 亿美元；2019 年为 4.19 亿美元；2023 年预计达到 4.04 亿美元。

在付费电视业领域，有线电视是最主要的播出渠道，有线电视业的营业收入在付费电视业营业收入总额中所占比例高达 70%（2018 年），在付费电视订户总数中所占比例也高达 71%。近年来，越南付费有线电视业务受到了网络电视的挑战，于是主要的有线电视运营商也在积极发展网络电视业务。越南全国电视运营商总数为 32 个，其中规模最大的两家公司是越南国家电视台有线电视公司（VTV Cable）和越南有线电视公司（SCTV）。

1. 有线电视

越南有线电视行业中规模较大的主要有两家，即越南国家电视台有线电视公司（VTV Cable）和有线电视公司（SCTV）。

（1）越南国家电视台有线电视公司

越南国家电视台有线电视公司原名为越南电视公司（VTC），隶属于越南国家电视台（VTV）。该公司在越南 54 个省市提供有线电视服务，平台上播出的频道包括美国家庭影院频道（HBO）、美国发现频道（Discovery）、英国广播公司（BBC）等。越南国家电视台有线电视公司还提供直播卫星电视服务，并在越南直播卫星电视运营领域扮演主导者的角色。2018 年，该公司的市场份额为 27%。

（2）越南有线电视公司

有线电视公司（Cable TV Company，SCTV）创办于20世纪90年代，是由越南国家电视台和当地一家旅游公司合作创办和运营的。该公司在2016年投入重金进行电信基础设施建设和通信网络改造，全国网络总里程达到了6600公里，覆盖了全国63个省。2016年，该公司有线电视平台上播出175个频道，其中包括50个高清频道。2018年，该公司的市场份额为24.9%。

（3）河内有线电视公司

河内有线电视公司（Hanoi Cable TV，HCTV）隶属于河内电视台。河内电视台（HCTV）是越南第一家同时运营有线电视和互联网的机构。2016年底，河内有线电视公司的有线电视订户总数为73万。2018年，该公司的市场份额为7.8%。

2. 直播卫星电视

越南的直播卫星电视业务起步较早，其主要的发展契机是2008年越南发射了第一颗人造卫星"越星一号"（Vinasat-1）。"越星一号"卫星隶属于越南邮政电信集团（VNPT），主要为越南提供无线电、电视和电话信号传输服务。

（1）越南国家电视台

越南直播卫星电视领域的主要运营商是越南国家电视台，该电视台在2004年推出了越南卫星数字电视（VSTV）直播卫星电视平台。该平台最初提供60个频道。

（2）莫比电视

莫比电视（MobiTV）隶属于音像全球公司（AVG）。音像全球公司于2011年11月在越南推出了第一个私营直播卫星电视平台，提供付费直播卫星电视服务和数字地面电视服务。2016年，莫比风公司（MobiFone）斥资3.93亿美元拟收购音像全球公司95%的股份，以进入直播卫星电视运营领域。莫比风公司是越南主要的移动通信运营商之一，是政府属下的国营企业。相比于莫比风的国营企业身份，音像全球公司是私营企业。2018年初，越南政府驳回了这一股权收购案，因为第三方评估公司发现，莫比风公司的出价大大高出了音像全球公司的实际市值，而且莫比风公司向越南通信部申报该收购案时，在音像全球公司的估值上有意误导了越南通信部。

目前，莫比电视平台上播出100多个频道，其中包括9个高清频道。该平台在2016年的订户总数为85万；2018年减至70多万；市场份额为11.2%。

（3）越南卫星数字电视公司

2009年，越南卫星数字电视公司（Vietnam Satellite Digital Television）与法国凯勒普拉斯集团（Canal Plus）合作，建立合资直播卫星电视平台“K+”。该平台在全国拥有1000多个服务网点。2016年底，该平台订户总数为84.5万。

（4）越南多媒体总公司

2009年，越南多媒体总公司（Vietnam Multimedia Corporation，VTC）租用了越星一号卫星10%的传输空间，推出了直播卫星电视运营平台。该平台提供40个电视频道，其中包括8个高清频道。越南电视公司是国有企业，始建于2004年8月19日，隶属于越南邮政电信集团（VNPT）。

3. IPTV

目前，越南IPTV（交互式网络电视）领域最大的公司是越南邮政电信集团（VNPT），它从2009年开始提供以“我的电视”（MyTV）为品牌的IPTV服务。在创办之初，“我的电视”的市场集中在河内、岘港和胡志明市等城市，随后扩展到全国范围。值得一提的是，该公司主要是由中国中兴通讯股份有限公司提供技术支持。根据世贸组织与越南达成的协议，外国公司可以进入越南的IPTV领域。根据越南的规定，外国公司可以在IPTV公司中拥有49%的股份。2006年，越南邮政电信集团（VNPT）与诺基亚公司合作推出了手机电视服务，提供9个电视频道，并推出了视频点播服务。目前，越南邮政电信集团的IPTV平台上播出130多个标清频道和27个高清频道。

2019年，邮政电信集团的IPTV订户总数为60万。此前在2016年底，该平台IPTV订户总数为50万。

4. 数字地面电视

越南从2001年开始推进模拟转数字进程，2016年5个主要城市已经完成了模拟转数字进程，预计到2020年全国完成实现数字化。越南数字地面电视采用DVB-T标准。

（1）越南多媒体总公司

2001年，越南邮政电信集团旗下的越南多媒体总公司（VTC）开始进行数字地面电视试验播出。2005年，越南多媒体总公司正式推出了数字地面电视服务，命名为越南电视公司数字服务（VTC Digital）。2008年，越南政府投资810

亿越南盾拓展数字地面电视的覆盖网络，主要是提高农村地区的覆盖率。另外，包括胡志明市电视台等在内的一些地方电视台也纷纷推出了数字地面电视服务等。目前，一个数字地面电视机顶盒售价约 100 美元。目前，越南多媒体总公司的数字地面电视平台共播出 18 个电视频道。

（2）红河三角洲传输播出公司

2015 年 5 月，越南红河三角洲传输播出公司（the Red River Delta Transmission Broadcasting Company，RTB）在首都河内、北部五个省份推出了数字地面电视服务。该业务共播出 14 个标清和高清频道。根据计划，RTB 公司在 2015 年底通过两个频率覆盖整个红河三角洲地区。红河三角洲传输播出公司创办于 2014 年 3 月 27 日，注册资本为 300 亿越南盾。该公司主要有四个股东：河内电视台（Hanoi Television）、瀚磊有限责任公司（Hanel Company Limited）、河内电视发展投资股份公司（Hanoi Television Development Investment JSC）和河内有线电视公司（Hanoi Cable Television）。

五、新兴媒体与网络电视

随着互联网和移动通信业务的普及，越南新兴媒体迅速发展，网络视频业务取得了较大进展。2018 年，越南订阅宽带业务的家庭比例为 63.2%，手机的渗透率为 136%；移动通信业务的单位用户月均营业收入贡献额为 3.68 美元。2018 年底，越南 4G 通信业务用户总数达到了 1800 万，但目前 2G 通信业务仍然占据最大市场份额。2018 年 4 月，新加坡总理李显龙宣布将邀请越南河内市、胡志明市和芽庄市加入东盟智慧城市网。东盟智慧城市网拟由 26 个城市构成，旨在加强区域网络基础设施的连接，以及提升区域内电子支付等业务的水平。可以预见，越南网络电视等新兴媒体业务也会随着区域内智能城市基础设施水平的改善和新兴业务的拓展而得到稳步提升。

近年来，越南网络电视业处于稳步增长发展态势。2019 年越南网络电视订户为 38.5 万，此前在 2016 年仅为 22.8 万，2023 年预计增至 65.9 万。与此同时，该国网络电视业务的营业收入在 2016 年为 800 万美元，2019 年达到 2500 万美元，2023 年预计能增至 6100 万美元。

目前，美国奈飞公司在越南付费电视领域居于市场领导地位，2019 年市场份额高达 41.2%。近年来，越南主要电视运营机构都推出了相应的网络电视业务，例如越南多媒体总公司（VTC）推出了“VTC Play”，K+ 推出了“MyK+”，有线电视公司（SCTV）推出了“SCTV VOD”，越南国家电视台有线公司（VTVcab）推出了“VTVcab ON”。这些网络电视业务的价格从每月 2 万 ~ 12.5 万越南盾不等。

越南还积极利用新媒体开展国际传播。2013 年 1 月，越南电视公司（VTC）与中国聚力传媒合作，通过聚力传媒的亚洲电视网络（ATN）播出高清电视频道和提供视频点播（VOD）业务。亚洲电视网络是建立在微软蔚蓝云计算平台（Windows Azure）上的网络电视云服务。越南电视公司通过旗下的越南电视数联公司（VTC Digilink），面向 500 万海外越南移民提供全球网络电视服务。

第六章　中东与西亚地区

第一节　阿富汗

阿富汗（Afghanistan）是亚洲中西部的内陆国家。阿富汗是最不发达国家，国民生产总值为193.63亿美元（世界银行，2018），人口总数为3664.38万（2020），人口年龄中位数为19.5岁。普什图语和达里语是官方语言，其他语言有乌兹别克语、俾路支语、土耳其语等。阿富汗随历经战乱，但电视业整体发展情况相对较好。与邻国相比，阿富汗在电视频道规模、数字化进程、网络电视发展等方面都有更好的表现。阿富汗的电视业受欧美影响较大，无论是媒体投资背景还是节目播出内容都烙下了欧美国家的印记。

一、概述

阿富汗的电视机普及率不高，但呈稳步增长态势；2011年全国电视家庭总数为192.3万户，到2016年时达到了231.2万户。不过，首都喀布尔及周边地区的电视机普及率相对较高，拥有至少一台电视机的家庭比例达到了53.3%。

在数字化方面，阿富汗模拟转数字的进程比邻近几个国家都相对较快。2015年4月，阿富汗推出了第一个数字地面电视业务，这意味着阿富汗模拟转数字进程进入了实施阶段。该业务是由阿富汗播出系统公司（ABS）推出的，采用DVB-T2标准。2017年，阿富汗播出系统公司的数字地面电视平台上共播出65个频道，其中包括6个高清频道。观众需要购买兼容DVB-T2标准的机顶盒才能收看这些节目，机顶盒的价格约为31.51美元。

因为特殊的战略地位，阿富汗从20世纪80年代以来一直是西方媒体的重要传播对象。美国自由之声（Azadi）、英国广播公司（BBC）、美国阿史那（Ashna/VOA）等西方媒体都对阿富汗进行母语传播。进入21世纪后，由于阿富汗政府奉行宽松的媒体政策，西方主流媒体迅速占领阿富汗媒体市场，形成了比较完善的传播体系，传播形态从广播到电视、新兴媒体，基本覆盖阿富汗全境。中国官方媒体对阿富汗传播始于1973年7月，此后直到2003年12月，短波广播是中国对阿富汗传播的唯一官方途径，中国国际广播电台每天播出半小时普什图语广播节目。2003年12月，国际在线普什图文网 http://pushtu.cri.cn/ 正式上线，开设新闻、时事评论、图片、中国经济、文化、社会、旅游、体育等栏目。2010年10月和2012年4月，国际台普什图语部通过与阿富汗私人电台明月台（Spogmai Radio）的合作，采用租时落地的方式，分别在阿富汗南部重镇坎大哈和首都喀布尔开办两个整频率调频FM102.2，每天播出总时长12小时，包括4小时普什图语节目和8小时英语节目，均采取录播形式。播出内容包括新闻、时事评论、中国旅游、文化、经济、民族、百科、普什图语音乐、受众互动等。2013年4月，国际台普什图语新媒体互动平台脸书官方专页CRI Pashto正式推出。2017年10月15日，中国国际电视台（CGTN）通过与阿富汗最大普什图语媒体沙姆沙德媒体集团（Shamshad）合作，沙姆沙德电视台每天下午5点播出15分钟普什图语中国新闻节目。

二、监管机构与传媒法规

1. 监管机构

阿富汗广播电视监管机构是国家新闻文化部。此外，全国广播电视播出委员会也承担着规范媒体的职责，它是一个独立实体，对总统负责。其职责包括根据已经制定的标准发放许可证，规划广播电视播出机构的频率和频道；向政党机构发放广播电视使用专业指南；监督大众传媒机构遵守传媒法的情况；决定国有广播电视播出机构的播出政策等。

阿富汗最高媒体理事会负责规划和审批媒体政策；从专业人员、无党派人士和有名望的人士中向总统推荐大众传媒委员会主席和全国广播电视管理委员会成员；向政府提出全国广播电视管理委员会预算，向国民大会提交年度报告。阿富汗最高媒体理事会的组成人员包括：新闻文化部部长、通信部技术副部长、最高法院代表一名、司法部代表一名、长老院代表两名、人民院代表两名、科学家学者理事会推荐的优秀宗教学者一名、新闻界资深专业人士代表两名、民间团体代表两名。最高媒体理事会任期一届三年，理事会主席从最高媒体理事会成员中自由选举产生。

根据阿富汗大众传媒法的规定，大众传媒委员会的成员由 7 名具有专业知识、受过高等教育和有经验的专业人士组成，且应考虑民族和性别的平衡。大众传媒委员会负责审查印刷媒体和机构、电子媒体的申请，监督大众媒体活动，处理针对大众媒体的投诉，并解决有关法律争端等。此外，大众传媒委员会负责监管全国广播电视管理委员会的业务、行政和财务，审查其预算，并提交最高媒体理事会。

阿富汗全国广播电视管理委员会依据有关法律监督广播电视播出委员会规则的实施，吸引国内外的援助等。全国广播电视管理委员会由 7 名成员构成，包括一名宗教学者、一名法律专家、一名专业工程师、一名记者、一名职业艺术家、一名民间团体代表和一名来自全国广播电视机构的代表。①

2. 传媒法规

阿富汗《大众传媒法》是在塔利班政权倒台后制定的，历经三次修改，于 2009 年正式实施。2013 年，该国议会审议通过了对《大众传媒法》的修订案。

三、电视频道与传媒机构

阿富汗电视播出的历史肇始于 1975 年，此后随着该国政治形势变化而历经曲折。1998 年，塔利班要求民众自行销毁电视机，拒不销毁电视机的人则被监禁或遭到鞭刑。2001 年塔利班政权被推翻后，阿富汗传媒环境有所改观。2002

① 国家广播电影电视总局培训中心编著:《南亚国家广播电视发展概况》，中国广播电视出版社 2010 年版，第 32 ~ 34 页。

年，电视重新开始播出，许多限制性法规也被废除，私营电视台随之出现。① 目前，阿富汗共有 22 个国有电视频道，80 多个私营电视频道，这些私营电视台大都集中在以首都喀布尔为首的大城市及其周边地区。

1. 阿富汗国家电视台

阿富汗国家电视台是阿富汗历史最悠久的电视台。1975 年 8 月 15 日，当时的阿富汗广播电台在日本格尼马苏古西公司的帮助下开始着手创办阿富汗国家电视台。1978 年，该台正式播出。内战时，阿富汗国家电视台遭到严重损毁，许多设备都被破坏或掠夺。近年来，该台逐渐得到了恢复。该台用普什图语和达里语播出新闻、教育培训、访谈、体育、歌曲、文学沙龙等节目，另外每天还播出半小时帕沙依语、努里丝坦尼语和乌兹别克语节目。②

2. 私营电视台

阿富汗私营电视众多，但影响力较大的电视频道数量则相对有限。目前，阿富汗收视最好、最受欢迎的电视频道都是私营电视台，其中黎明电视台（Tolo TV）的知名度和影响力最大，其次是艾瑞纳电视台（Ariana TV）、沙姆沙德电视台（Shamshad TV）和利马电视台（Lemar TV）。2016 年一项受众调查显示，经常收看黎明电视台的观众比例为 36.3%，艾瑞纳电视台为 9.6%，沙姆沙德电视台和利马电视频道分别为 8.9% 和 8.2%。

（1）黎明电视台

黎明电视台（Tolo TV）开播于 2004 年 10 月，它是由欧美归国的阿富汗知识分子创办的电视台，也是阿富汗第一家民营电视台。作为阿富汗最早的商业性电视台，黎明电视台让国内观众有了另一种获取国内外资讯的渠道。2004 年开播时，信号仅覆盖首都喀布尔。从 2007 年 11 月起，黎明电视台通过卫星已经覆盖到了国内的 14 个城市，而且是免费收看的。黎明电视台隶属于贸比集团（Moby Group），这是一个阿富汗本土的私营集团。该集团引入美国国际开发署资金，集团主席为扎伊德•莫塞尼，有“阿富汗的默多克”之称。利马电视台（Lemar TV）也隶属于该集团。该集团还开播了黎明新闻频道（Tolo News）、波

---

① 国家广播电影电视总局培训中心编著《南亚国家广播电视发展概况》，中国广播电视出版社 2010 年版，第 35 页。

② 同上书，第 39 页。

斯语法赛尔卫星电视频道（Farsil1）。该集团电视台旗下的国际频道从2008年5月14日起，向欧洲和北美播放节目。

（2）艾瑞纳电视台

艾瑞纳电视台（Ariana TV）的总部位于美国加州橘郡，是一个卫星电视频道，在阿富汗的首都喀布尔设有分部。该电视台隶属于环球视角卫星电视公司（GlobeCast Satellite Services）。

（3）沙姆沙德电视台

沙姆沙德电视台（Shamshad TV）开办于2006年，是一家独立媒体，总部位于首都喀布尔。沙姆沙德是阿富汗一座著名山脉的名字。该台每天播出18小时，节目包括新闻、时事、教育、娱乐、电影、电视剧和歌曲等。该台大多数节目以普什图语播出，节目覆盖阿富汗以及巴基斯坦等多个国家。沙姆沙德电视台与英国广播公司（BBC）有着密切的合作关系，播出多档由英国广播公司制作的普什图语新闻和谈话节目。

（4）明天电视台

明天电视台开播于2006年，以阿富汗国语和其他地方语言播出。该台隶属于阿富汗明天广播出版机构，除电视业务之外，该机构还经营广播和出版业等业务。

（5）教育电视台

教育电视台由阿富汗教育部和联合国教科文组织合作开办，立足于对阿富汗年轻一代进行教育和培养。该台使用普什图语和达里语进行播出。该台曾停播了较长一段时间，后于2001年恢复播出。

（6）阿富汗人电视台

阿富汗人电视台创办于2001年，总部位于喀布尔。阿富汗人电视台的节目内容以阿富汗以及外国音乐、电影等为主，另外也制作和播出一些关于社会问题的节目。该台用普什图语和达里语播出。

（7）阿里亚那电视台

阿里亚那电视台总部位于喀布尔，是私营电视台。该台以普什图语和达里语播出，节目类型包括新闻、访谈、体育、歌曲和电影等。该台是由伊赫桑努拉·巴亚特创办。

（8）曙光电视台

曙光电视台创办于2004年10月，是私营电视台。该台的节目内容包括国内形势、体育、电影、话剧、新闻纪录片、音乐和少儿节目等。

（9）太阳电视台

太阳电视台总部位于喀布尔，主要以普什图语播出，少部分节目以达里语播出。该台播出的节目包括新闻、青年节目、歌曲、电视剧、电影、体育等。

（10）文明电视台

文明电视台（Tamadon TV）创办于2007年，总部位于喀布尔，创办人为什叶派领导人谢赫·默罕默德·阿西夫·穆哈西尼。该台播出大量宗教、特别是宣传什叶派穆斯林的节目，另外还播出新闻、访谈、宗教电影等。

（11）祖国电视台

祖国电视台是坎大哈地区的一家省级电视台，每天播出6小时节目，节目类型包括新闻、歌曲、文学和艺术等。

（12）希望电视台

希望电视台开播于2007年，是一家私营电视台。该台以普什图语和达里语播出，节目类型包括新闻、政治评论、采访、信息、娱乐和歌曲等。该台仅在晚上7点到12点播出。

（13）闪光电视台

闪光电视台也译为塔邦电视台，创办于2008年8月1日，是赫拉特省的一家私营电视台，内容主要涉及伊斯兰教和阿富汗，包括新闻、文化、阿富汗音乐、电影和娱乐节目等。

（14）美国之音电视台

美国之音电视台也译为阿诗那电视台，是一家美国官方外宣电视台。该台每天仅播出一小时节目，通过阿富汗国家电视台播出。该台以普什图语和达里语播出，节目内容包括发生在阿富汗和世界其他地区的重要新闻报道、专家访谈等。

（15）光明电视台

光明电视台是喀布尔省的一家私营电视台，创办人为伊斯兰促进党领导人布尔汉·丁·拉巴尼。目前，该台台长为萨拉赫·丁·拉巴尼。该台每天播出15小时，节目主要有新闻、体育、娱乐、专题等。该台大部分节目以达里语播出，少部分节目以普什图语播出。

（16）努林电视台

努林电视台也译为光明电视台，创办于 2007 年，总部位于喀布尔，是一家私营电视台。该台节目内容包括新闻、戏剧、歌曲、政治访谈和宗教节目等。

（17）阿姆鲁兹电视台

阿姆鲁兹电视台（Emroz TV）也译为今天电视台，开播于 2008 年，总部位于喀布尔，创办人为阿富汗人民院副议长纳吉布拉·卡布里。该台每天播出 24 小时，以普什图语和达里语播出。该台节目内容包括歌曲、电影、音乐会、访谈和其他娱乐节目。

（18）拉法尔达电视台

拉法尔达电视台创办人为人民院成员默罕默德·穆哈基克教授。该台每天播出 24 小时，主要以达里语播出，少量节目以普什图语播出。该台的目标观众是什叶派穆斯林，节目内容包括新闻、时事访谈、歌曲、电影和体育等。

（19）艾纳电视台

艾纳电视台（Ayna TV）也译为镜子电视台，开播于 2004 年，总部位于阿富汗北部的朱兹僵，创办者为阿布杜·拉希德·杜斯塔姆将军。该台主要以乌兹别克语播出，少部分节目为达里语和普什图语。节目内容包括新闻、访谈、电影、歌曲和舞蹈等。[①]

（20）赞恩电视台

赞恩电视台（Zan TV）开播于 2017 年 5 月，是阿富汗开播的第一个女性频道。该台由女性管理，节目主要针对女性观众。为节约成本，该频道的员工多为在校的女大学生。

3. 境外电视频道

英国广播公司（BBC）在阿富汗具有很大的影响力。2015 年一项调查显示，阿富汗 660 万民众每周都会收听或收看英国广播公司的节目。其中，英国广播公司电视节目的触达人口达到了阿富汗总人口的四分之一。英国广播公司在 2014 年推出了多个普什图语新闻栏目和谈话节目，如“世界商业新闻”（Da Iqtisad la Naray）、“一周新闻回顾”（Ownay Pa Kaharono Ki）等周播新闻栏目，以及“思

① 国家广播电影电视总局培训中心编著《南亚国家广播电视发展概况》，中国广播电视出版社 2010 年版，第 40 ~ 43 页。

想之路”（Da Fikr Lari）等月播谈话类节目。目前，这些节目在沙姆沙德电视台播出，周均受众规模为150万。

英国广播公司波斯语电视频道（BBC Persian TV）通过卫星面向阿富汗观众直接播出，同时也在阿富汗雅克电视台（Yak TV）播出。目前，英国广播公司波斯语电视频道的周均观众规模为220万。就具体节目而言，波斯语电视频道的“60分钟”（Shast Daghigheh）和“激辩”（Be Ebarate Digar）在波斯语观众中的受欢迎程度最高。

此外，英国广播公司世界新闻频道（BBC World News TV）在阿富汗精英人群中具有较大影响，周均观众规模为20万。

四、播出渠道与付费电视业

阿富汗最主要的电视播出渠道是模拟地面电视，全国主要通过模拟地面电视收看节目的家庭总数为124.8万，其余依次是数字卫星电视、模拟有线电视和数字地面电视，用户总数分别为91.3万、13.7万和1.4万。2017年，阿富汗模拟地面电视用户在电视家庭中的份额为51%，到2022年预计大幅减少到11%；卫星电视用户份额在2017年为42%，到2022年预计增加到55%；模拟有线电视用户份额在2017年为6%，到2022年预计仍保持在6%的水平上；数字地面电视用户份额在2017年为1%，到2022年预计大幅增加到28%。

阿富汗付费电视业整体仍处在初级阶段，付费电视业务订户在电视家庭中的比例长期保持较低的水平。2016年底全国付费电视业务订户在电视家庭中的比例为5.9%，到2022年预计为7.3%。目前，阿富汗付费电视业的主要运营方式是卫星电视。2019年2月，阿富汗播出系统（Afghanistan Broadcasting System）开办了“欧卡波高清平台”（Oqaab HD+），平台上播出阿富汗全国性频道和一些国际付费频道。该平台通过欧洲通信卫星公司（Eutelsat）覆盖阿富汗全境和中亚地区，同时也为阿富汗全国数字地面电视（DTT）系统提供信号支持。

五、新兴媒体与网络电视

受美国影响，阿富汗网络电视的发展水平整体高于邻近国家。2016年1月，美国奈飞（Netflix）网络电视业务进入阿富汗市场；2016年12月，美国亚马逊（Amazon）的网络电视业务也进入阿富汗市场。另外，基于美国驻军的特殊背景，美国DHI电信集团在2016年7月针对驻阿富汗的美军推出了名为“Exchange Vue”的网络电视业务，包括5个频道。DHI电信集团是美国国防部电信业务提供商。

第二节　阿联酋

阿联酋（United Arab Emirates）位于阿拉伯半岛东部。该国经济以石油生产和石油化工工业为主，国民生产总值约为4141.8亿美元（世界银行，2018），总人口约为999.2万（2020），人口年龄中位数是38.4岁。阿拉伯语为官方语言，通用英语。阿联酋电视业肇始于20世纪70年代，1972年，迪拜开播了国内的第一个电视频道——33频道（CH33）。2017年，阿联酋拥有电视机的家庭总数为92.1万，其中47.7万家庭的主要收视渠道是IPTV，28万家庭的主要收视渠道是付费数字卫星电视，14万家庭主要收看免费数字卫星电视，2.4万家庭主要收看数字地面电视。

一、概述

中东北非地区，传统电视业一直居于主导地位，过去十年中增加了500多个免费频道。根据卡塔尔西北大学（the Northwestern university in Qatar）以及多哈电影学院（Doha Film Institute）在2016年一项联合调查结果，在阿联酋、埃及、黎巴嫩、卡塔尔、沙特阿拉伯、突尼斯等多个国家中，95% 的民众仍然收看传统电视节目，但每天都观看传统电视的观众比例从 2014 年的 69% 小幅下降到 2016 年的 64%。不过，这些国家的网民中愿意付费收看网络视频的比例相对较小，仅有 17%。[①] 在阿联酋、沙特、埃及等国，开路频道收视时间份额甚至高达 90% 以上。根据 2018 年数据，中东北非地区的网络视频业营业收入将呈现高速增长，年度增长率预计达到 22% ~ 35%。网络视频业在整个电视 / 视频产业中的份额将从 2017 年的 9.6% 增长到 2021 年的 17.3%。[②]

根据阿联酋通信监管局（TRA）2011 年公布的计划，阿联酋原计划在 2013 年完成模拟转数字进程，但直到 2014 年 7 月 31 日才完成这一进程。阿联酋数字地面电视采用 DVB-T2 标准。根据预测，2022 年时阿联酋约有 2.4 万家庭以数字地面电视为主要收视渠道。

阿联酋非常重视影视产业发展，近年来一直在着力把迪拜打造成全球性影视制作中心。迪拜在 2001 年创办了“迪拜传媒城”（DMC），在 2006 年又创建了迪拜影视制作城（DSC）。2011 年，美国特纳公司进驻迪拜传媒城。目前，全球 75 个国家的 1400 多家传媒机构在迪拜传媒城落户，其中包括美国有线电视新闻网（CNN）和英国广播公司世界频道（BBC World）等在内的 70 多家电视台。这些公司涵盖了传媒业的整个流程，即从节目创意到播出，从受众研究到后期制作服务等。以 2017 年欧洲数据全球电视研究公司（Eurodata TV Worldwide）《四屏全受众测量报告》（*four-screen audience measurement*）为例，阿联酋和印度在剧本性节目的国际交易方面并列第三，所占份额都是 11%。土耳其和俄罗斯正在成为剧本性节目的出口大国，土耳其占全球出口总量的 25%，俄罗斯占据 15%，分列第一位和第二位。美国位列第五，出口份额仅为 7%。[③]

长期以来，阿联酋电视业没有形成系统开展收视调查，也没有建立起正规的收视率调查体系，因此各电视频道的收视率和收视份额数据一直处于空白状态。2012 年，阿联酋主要电视台联合组建了一个收视率调查公司“酋长国调查公司”

---

① www.rapidtvnews.com/2016051042813/tv-audiences-fall-by-50in-mena.

② www.digitaltveurope.com/2018/01/16/ey-online-video-revenues-in-mena-to-grow-by-up-to-35-annually.

③ www.digitaltveurope.net/680232/four-screen-audience-measurement-highlights-ne-w-viewing-patterns.

（EMMC），并从 2012 年 10 月开始启动收视率调查。该公司在第一阶段安装了 850 台收视调查仪，并计划逐步增加收视调查仪的数量和扩大分布范围。①

就阿联酋国内观众的节目内容喜好而言，根据阿联酋大学（UAE University）2017 年 11 月一项研究结果显示，阿联酋年轻观众比较青睐来自土耳其、韩国和印度的译制电视节目。在接受调查的 500 位大学生中，73% 的人每天晚上都会观看 1 ~ 2 个小时的外国电视剧；20% 的受访者经常观看译制的外国节目。在受访者中，54% 的人喜欢土耳其电视剧，18% 喜欢韩剧，14% 喜欢印度剧，另外 14% 喜欢其他国家制作的电视剧。

二、传媒监管与法律法规

1. 监管机构

2006 年，阿联酋废除原有的情报文化部，设立国家媒体委员会（National Media Council，NMC），作为全国新闻、媒体和传媒产业的主管机构，是一个独立的联邦政府机构。2013 年，国家媒体委员会成立了由阿联酋资深媒体人士和传媒学学者组成的 14 人咨询评议委员会，指导国家媒体委员会工作运行。

2. 传媒法规

2009 年 1 月，阿联酋联邦国民议会通过《新传媒法》，取代 1980 年《新闻出版法》。《新传媒法》废除了对记者施以刑罚的条款，相关处罚方式改为罚款。法律规定，误报且对经济产生负面影响，以及损毁贵胄高官的名誉，都将处以高额罚款。2013 年，《网络犯罪法》实施。

三、电视频道与传媒机构

虽然阿拉伯地区观众青睐卫星电视频道，但地面频道依然具有一定的影响力。2014 年，19 个阿拉伯国家中共有 115 个地面电视频道，阿联酋开办了 11 个

---

① http://gulfnews.com/business/media-marketing/tv-meters-to-switch-on-in-the-uae-next-month-1.1070215.

地面电视频道，总数位居第三。阿联酋电视广告收入在整个广告业中所占份额仅为 10%，2015 年电视广告纯收入为 4100 万美元，2017 年为 3200 万美元。电视广告收入主要都流向了区域性电视台，阿联酋本国地方性电视台的广告收入在全国电视广告收入中所占份额仅为 10%。阿联酋较为有影响的电视播出机构包括半岛电视台（Al Jazeera）、中东广播中心（MBC）、迪拜传媒公司（Dubai Media Incorporated，DMI）和阿布扎比电视台（Abu Dhabi TV）等，但仅有为数不多的几家电视台是阿联酋本国电视播出机构。

1. 迪拜传媒公司

迪拜传媒公司（Dubai Media Incorporated，DMI）是迪拜主要的电视播出机构，同时是一个政府部门。迪拜传媒公司下属迪拜电视台（Dubai TV）、迪拜电视一台（Dubai One）、迪拜萨马电视台（Sama Dubai）、迪拜体育台（Dubai Sports）和迪拜赛车频道（Dubai Racing Channel）等。这些电视台的节目主要由迪拜传媒城（DMC）制作。迪拜电视台（Dubai TV）开播于 1992 年，是阿联酋第一个卫星电视频道。该电视台主要使用阿拉伯语播出，其目标受众是西亚海湾地区的阿拉伯家庭。此外，迪拜电视台也落地到澳大利亚、欧洲、亚洲和北美。迪拜电视一台（Dubai One）位于迪拜，是一个全天 24 小时播出的英语频道，其前身是开播于 1972 年的 33 频道，也是阿联酋国内的第一个电视频道。迪拜电视一台主要播出娱乐节目，2004 年 12 月，该电视台落地中东和北非。迪拜萨马电视台（Sama Dubai）的前身是迪拜国际房地产频道（Dubai International Properties），主要负责播报国际新闻，尤其各地与房地产有关的各种新闻。迪拜体育台（Dubai Sports）和迪拜赛车频道（Dubai Racing Channel）是体育专业频道，以英语和阿拉伯语播出。

2. 阿布扎比电视台

阿布扎比电视台（Abu Dhabi TV）是阿联酋另外一家主要电视播出机构，该台主要用阿拉伯语播出新闻节目。阿布扎比电视台位于阿联酋阿布扎比，该台在 2003 年的伊拉克战争期间表现出色，赢得了广泛关注。阿布扎比电视台已经落地中东、北美、欧洲、南美和澳大利亚。阿布扎比电视台隶属于阿布扎比传媒集团（Abu Dhabi Media Group，ADMG），阿布扎比政府是主要股东。阿联酋阿布达比传媒集团是阿拉伯地区重要的媒体集团，开办了多个电视频道，并经营付费电视业务。2015 年，该集团调整了电视频道布局，并新开了几个频道。

3. 沙迦电视台

沙迦电视台（Sharjah Television，Sharjah TV）开播于 1989 年，是沙迦酋长国的电视台。1996 年开办了卫星电视频道。沙迦酋长国还设有地面电视台 UTN（Urdu Television Network）。

4. 阿治曼电视台

阿治曼电视台（Ajman Television，Ajman TV）开播于 1996 年，是阿治曼酋长国的电视台，1998 年开办卫星电视频道。节目内容以面向儿童、青少年、家庭为主的娱乐节目为主。

四、播出渠道与付费电视业

近年来，阿联酋付费电视业务整体发展态势良好，未来几年仍将处于平稳发展阶段。2015 年，该国付费电视业务的订户仅为 72.5 万，2018 年小幅增长到了 76.8 万；2019 年有望达到 77.6 万；2022 年预计增至 79 万。与此同时，该国付费电视业务的营业收入在 2015 年仅为 2.74 亿美元；2018 年小幅增长到了 3.1 亿美元；2019 年有望达到 3.2 亿美元；2022 年预计能增至 3.47 亿美元。

卫星电视是整个阿拉伯地区最主要的收视渠道，但阿联酋电视家庭以 IPTV 为最主要的收视渠道，用户份额在 2017 年时高达 52%；卫星电视位居第二，用户份额为 45%。相比之下，有线电视几乎没有发展起来。根据预测，2022 年时 IPTV 在电视家庭中的用户份额为 49%，卫星电视为 49%，数字地面电视为 2%。付费电视业营业收入总额 2015 年为 2.74 亿美元，2016 年为 2.9 亿美元，到 2022 年时预计达到 3.47 亿美元。目前，阿联酋付费电视领域的主要运营商包括轨道佳映网（Orbit Showtime Network，OSN）、阿联酋电信公司（Etisalat）和杜尔公司（Du），三家公司在 2017 年底的市场份额分别为 23%、43% 和 20%。

1. 有线电视

阿联酋电信公司（Etisalat）是阿联酋最大的综合电信运营商，同时也是世界上最有影响力的跨国运营商之一。2018 年，阿联酋电信公司在宽带业务领域的市场份额高达 85%，移动通信业务的订户总数也高达 1080 万，IPTV 业务的市场份额也居于前列。

近年来，阿联酋电信公司着力推进基础设施建设和新技术应用。2017 年，该公司宣布建设亚洲—非洲—欧洲（AAE-1）海底电缆，这也是全球规模最大的海底电缆系统。2018 年，该公司又率先在中东北非地区推出了 5G 业务。

阿联酋电信公司在 2000 年推出数字有线电视业务，2009 年开播了 5 个高清频道。为了强化市场竞争力，阿联酋电信公司在平台内容方面加大了资源拓展力度。阿联酋电信公司获得了中东广播中心（MBC）多个频道的独家播出权，并将中东广播中心的网络电视业务入驻其“电子生活电视”（eLife TV）业务平台，电子生活电视业务是多网合一业务平台，包括宽带业务、语音业务和电视业务等。尽管卡塔尔与阿联酋在 2017 年出现外交危机，阿联酋电信公司仍与卡塔尔碧影传媒公司开展合作，在平台上播出碧影传媒公司旗下的 4 个频道，包括碧影高清体育极限频道（BeIn Sports MAX HD）、碧影超高清频道（BeIN 4K）等。另外，阿联酋电信公司还与美国星光（Starz Play Arabia）签署了 5 年合作协议，以获得 1 万多部美国好莱坞和印度宝莱坞电影的播出权。

近年来，阿联酋电信公司的订户规模一直处于增长之中，2017 年底本国的有线电视和 IPTV 订户总数为 32 万。

阿联酋电信公司除了在阿联酋开展业务，也积极拓展区域性市场。2014 年 5 月，阿联酋电信公司斥资 41.38 亿欧元从法国维旺迪集团收购了摩洛哥电信集团（Maroc Telecom）。阿联酋电信公司通过收购摩洛哥电信集团，进一步拓展了在非洲的市场。而维旺迪集团出售摩洛哥电信集团，是其从电信业向传媒业转型的重要举措。目前，阿联酋电信公司的业务范围拓展到了 15 个国家和地区。

2. 卫星电视

阿联酋很多家庭安装了一个以上的卫星天线，但与大多数阿拉伯国家民众主要收看免费卫星电视不同，阿联酋付费电视市场较为发达。2015 年付费卫星电视业务的营业收入总额为 1.28 亿美元，2016 年为 1.36 亿美元，到 2022 年预计增长到 1.81 亿美元。

（1）轨道佳映电视网（OSN）

阿联酋最主要的卫星电视运营商是轨道佳映电视网。近年来，轨道佳映电视网在阿联酋的订户规模一直处于增长之中，2011 ~ 2014 年，每年订户增长规模都约为 5000 户，2015 年开始增幅有所放缓，2017 年的订户增长规模仅为 2000。2017 年底，该公司在阿联酋的订户总数为 17.7 万户。

轨道佳映电视网创办于2009年7月，总部设在阿联酋迪拜。轨道佳映电视网由轨道传播公司（Orbit Communications）和阿拉伯佳映公司（Showtime Arab）合并而成。轨道佳映电视网的主要股东是玛瓦瑞德集团（Mawarid Group）和科威特项目公司（Kuwait Projects Company，KIPCO），其中科威特项目公司持股60.5%。2014年8月，美国一家募股公司曾出价32亿美元收购科威特项目公司所持的股份，但遭到拒绝。轨道佳映电视网是阿联酋的主要付费电视运营商，也是整个阿拉伯地区的重要运营商，与自高平台（MyHD）、碧影传媒公司（BeIn）和麦加电视公司（Al Majd TV）并列为四大付费电视平台。2015年底，中东和北非地区（MENA）的付费卫星频道总数为280个，其中轨道佳映电视网的平台上有162个，自高平台有84个，碧影传媒有21个，麦加电视平台有13个。另外，轨道佳映网、自高平台、碧影传媒播出高清频道，各自播出的高清频道数目为55个、53个和20个。就市场策略而言，轨道佳映电视网把经营重点锁定在35岁左右的年轻观众群体，这个群体在整个阿拉伯地区的人口中所占比例为60%。为了满足这个群体在移动终端上收看视频的需求，轨道佳映电视网在2015年5月推出了名为“Go”的网络电视业务，用户通过固定互联网、WiFi、3G和4G电信网即可使用该业务，而且不必成为轨道佳映网的订户。该业务提供了精选的频道，频道总数较少，每月资费为10美元。另外，轨道佳映电视网推出了新兴媒体平台“轨道佳映放映”（OSN Play），该平台提供传统线性频道、视频点播、节目回放，以及21个直播流媒体服务。2016年底，轨道佳映电视网在整个阿拉伯地区的用户总数为115.3万，预计到2021年时能达到160万左右。

从2017年开始，沙特、埃及、巴林、阿联酋四国与卡塔尔之间的外交关系急剧恶化，直接影响了整个阿拉伯地区电视业的发展状况。四国与卡塔尔之间互相设置限制，打压对方媒体公司在本国的发展。受此影响，轨道佳映电视网在卡塔尔的业务被封禁，这也是卡塔尔政府报复四国封杀卡塔尔碧影传媒公司（beIN Media）业务的举措。在外交风波之中，阿联酋轨道佳映网和卡塔尔的碧影传媒公司受到显著冲击。2017年以来，碧影公司的订户总数损失了45%，营业收入减少了6亿美元。受此影响，碧影公司计划裁员20%。2019年，轨道佳映网因为营收状况没有达到预期，大幅压减了节目版权购买预算，其主要股东科威特项目公司则有意出售60.5%的股份。在13个阿拉伯国家中，付费电视营业产值在2017年至2019年之间下降了16%，从12.5亿美元下降到了10.6亿美元。

轨道佳映网也在积极寻求转机。一方面，轨道佳映网此前购买了一大批好莱坞影视节目版权，足以支撑到2022年。另一方面，该平台上的雅哈拉频道（Ya Hala channels）播出大量阿拉伯本土内容。这两个要素有利于吸引投资注入。2019年，轨道佳映网调整了管理层人员和经营策略。轨道佳映网进行了详细的市场研究，发现沙特家庭日均观看电视的时间长度为8小时，具有很大的市场潜力，因此可以通过低价位业务来激发市场需求。基于此，2019年2月，轨道佳映网推出了以“差异”（El Farq）为品牌的低价位节目套餐业务，每月资费标准为39欧元。

（2）麦加电视公司（Al Majd TV）

麦加电视公司是阿联酋另外一家卫星电视运营商，以宗教节目内容为核心定位。

近年来，麦加电视公司在阿联酋的订户规模一直处于小幅或零增长之中，2011年、2013年、2015年和2017年都有约1000户的增长，其余年份则处于零增长状态。2017年底，麦加电视公司在阿联酋的付费电视订户总数为5000户。

（3）杜尔公司（Du）

杜尔公司主营业务是IPTV，但从2017年开始也涉足卫星电视业务。2017年3月，该公司在欧洲通信卫星公司（Eutelsat）7W卫星上推出了一个高清卫星电视业务。2017年底，该公司付费电视订户总数为15万。

2017年，杜尔公司全面调整了公司业务架构。调增后，公司主要分为三大业务板块：信息通信技术业务、数字生活和创新业务、基础设施业务。

3. IPTV

IPTV是阿联酋付费电视业的重要组成部分，2016年为1.54亿美元，到2022年预计小幅增长到1.65亿美元。2018年，该国IPTV订户总数为48万。阿联酋IPTV业务的主要运营商有两家，即阿联酋电信公司（Etisalat）和杜尔公司。

（1）阿联酋电信公司（Etisalat）

阿联酋电信公司除了经营有线电视业务之外，还大力发展IPTV业务。早在2009年底，阿联酋电信公司的光纤到户网络就已经覆盖阿布扎比85%以上的家庭，为其发展高速宽带业务、IPTV和电话业务提供了基础。

近年来，阿联酋电信公司的IPTV订户规模一直处于增长之中。从2011年到 2013 年间，每年订户增长规模都超过了 5 万，2014 年开始增幅有所放缓，2016 年和 2017 年的订户增长规模分别为 9000 户和 5000 户。

（2）杜尔公司（Du）

杜尔公司在 2006 年推出 IPTV 业务，并于 2009 年播出高清电视频道。该公司的主要股东是阿联酋政府，持股比例为 40%。

近年来，杜尔公司 IPTV 业务的订户规模一直处于稳定增长之中，从 2011 年到 2014 年间，每年订户增长规模都超过了 1 万，2015 ~ 2017 年增幅明显放缓，这三年订户增长总数分别为 7000 户、3000 户和 2000 户。2017 年底，该公司 IPTV 订户总数为 15.2 万户。

五、新兴媒体与网络电视

近年来，阿联酋和其他阿拉伯国家一样都在大力发展网络电视等新兴媒体业务。根据 2018 年数据，中东北非地区网络视频业务用户规模在 2013 ~ 2022 年的复合年度增长率为 64.2%；相比之下，传统付费电视业务仅为 6.1%。2018 年一项调查发现，阿联酋 26% 的家庭都订阅了付费网络视频业务，29% 的家庭经常观看免费网络视频。阿联酋发展网络电视等新兴媒体业务具有较好的基础条件，人口城市率较高（86%），该国电信业相对较为发达。2018 年，该国移动通信渗透率为 198.65%，移动通信业务的订户总数为 1881 万，月均 APRU 为 26.12 美元；宽带渗透率为 145.9%，宽带业务订户总数为 135 万。

阿联酋网络电视在过去几年的整体发展态势良好，未来几年仍将处于稳步发展阶段。2015 年，该国网络电视订户仅为 65.5 万，2018 年增长到了 205.1 万，2019 年达到 232.4 万，2022 年预计增至 286.4 万。与此同时，该国网络电视业务的营业收入在 2015 年仅为 3400 万美元；2018 年大幅增长到了 9200 万美元，2019 年达到 1.05 亿美元；2022 年预计能增至 1.37 亿美元。

阿联酋艾克飞公司（Icflix）在 2013 年 7 月正式推出了网络电视业务，目前业务范围已经拓展至整个阿拉伯以及区域外多个国家，是全球较为知名的网络电视平台之一。艾克飞公司是对当地传统付费电视运营业的有益补充，在那些收入较低的人群中具有较好的发展前景。阿联酋艾克飞公司超过六成的用户来自沙特阿拉伯、科威特、巴林、突尼斯和阿尔及利亚。艾克飞阿拉伯语平台上的节目都配有英语和阿拉伯语字幕，节目内容包括阿拉伯语国家的电影和电视剧等类型的节目、好莱坞和宝莱坞电影以及其他区域性和地区性节目等。针对不同国家移动通信条件的差异，艾克飞阿拉伯语平台提供不同码率的节目播出格式，并提供下载离线观看功能。艾科菲平台上最受欢迎的节目类型包括动作片、恐怖片、喜剧电影、科幻片等，其播出语言则根据当地市场进行调整，主要是以阿拉伯语和英语播出，在北非地区的播出语言还有法语、西班牙语。在中东和北非地区，网络电视领域的主要平台还有艾克飞（Icflix）、艾斯提卡纳（Istikana）、星光（Starz Play Arabia）、奈飞（Netflix）、亚马逊（Amazon Prime Video）。美国奈飞（Netflix）在 2016 年进入阿联酋市场，提供不同价位的网络视频付费业务，资费标准从每月 7.99 美元到 11.99 美元不等。美国“星光播映”（Starz Play）在中东北非地区的市场份额位居第一，达到了 26%；2020 年，该业务的市场份额有望超过 50%。奈飞（Netflix）和艾克飞在市场份额方面分别位居第二、第三，份额分别是 16% 和 11%。[①] 艾克飞公司在拓展海外市场时非常重视与当地电信运营商的合作，注重服务的本土化。以科威特市场为例，艾克飞公司 2016 年 11 月与科威特电信运营商维瓦公司（Viva）合作，在科威特推出了网络视频点播业务。艾克飞平台上的节目包括阿拉伯地区的影视节目以及欧美影视节目。维瓦公司用户可以订阅艾克飞公司网络视频点播业务，每月资费为 7.42 欧元。

2017 年，香港电信盈科集团（PCCW）面向中东地区推出了网络电视业务“唯优”（Viu）。

① www.rapidtvnews.com/2018041651690/starz-play-hails-4th-year-with-26-share-of-mena-s-ott-sector.

第三节　阿曼

阿曼（Oman）位于阿拉伯半岛东南部。石油、天然气产业是阿曼的支柱产业，国民生产总值约为 792.77 亿美元（世界银行，2018），总人口约为 466.48 万（2020），人口年龄中位数是 26.2 岁。官方语言为阿拉伯语，通用英语。阿曼电视家庭总数在 2016 年为 51.4 万，此前在 2011 年为 42.7 万，电视家庭规模近年来一直呈稳步增长态势。阿曼电视业发展相对较晚，目前整体市场规模不大，例如 2018 年付费电视业营业收入总额为 2000 万美元。

一、概述

卫星电视是阿曼最主要的电视播出渠道，也是付费电视业的主要运营方式。2018 年，阿曼卫星电视在付费电视业中所占份额高达 93.8%。相比付费卫星电视，阿曼民众更青睐免费卫星电视，通过自架卫星天线可以免费接收到 800 多个卫星电视频道。受此影响，阿曼付费电视业市场规模相对较小，付费电视用户在电视家庭中所占比例到 2023 年有望增长到 19%。

近年来，阿曼在稳步推进数字化。2016 年，阿曼数字电视信号已经覆盖 75% 的电视家庭。阿曼有望在 2021 年完成模拟转数字进程，届时数字地面电视用户在电视家庭中的比例预计为 20%。数字化完成后，免费卫星电视用户和付费卫星电视订户在电视家庭中所占比例预计分别为 60% 和 14%。

受世界经济危机影响，阿曼媒体领域的广告营业收入在 2009 年大幅下降，到 2013 年才逐渐回升到 4.74 亿美元。此后又出现下滑，2016 年下降到了 3.06 亿美元；2017 年和 2018 年仍处于颓势，广告营业收入总额分别为 2.88 亿美元和 2.53 亿美元。电视广告营业收入规模相对较小，在整个广告营业收入中所占份额不足 5%，其中 2016 年为 4.7%；2017 年为 4.8%；2018 年为 12%。具体而言，2018 年电视广告营业收入约为 800 万美元。

阿曼对于传媒领域的境外投资采取一定的控制措施，但近年来逐步放开这方面的限制。阿曼政府对于外资在合资公司中的股份限制放松到了 70%，未来可能完全取消这方面的限制。

二、电视频道与媒体机构

阿曼电视业肇始于 1974 年。经过几十年发展，目前在全国较有影响的电视播出机构主要有三家，即阿曼电视台（Oman TV）、慕斯凯特电影制作与发行公司（Muscat Film Production and Distribution Company）和阿拉伯萨公司（Arabsa）。

1. 阿曼电视台（Oman TV）

阿曼电视台是阿曼的国家电视台，其前身是成立于 1974 年的首都电视台。2016 年，阿曼电视台实现了数字化，由此进入新的发展阶段。

目前，阿曼电视台播出三个频道，即阿曼电视台综合频道（Oman TV）、阿曼电视台体育频道（Oman TV Sport）和阿曼电视台直播频道（Oman TV Live）。其中，综合频道的节目主要是综艺和新闻，体育频道的节目以区域性和国际性赛事为主，直播频道也主要播出体育赛事。

2. 慕斯凯特电影制作与发行公司（Muscat Film Production and Distribution Company）

慕斯凯特电影制作与发行公司旗下有两个电视频道，即玛坚频道（Majan TV）和盖希德频道（Jaihind TV）。这两个频道都是综合性频道，玛坚频道侧重于新闻节目，盖希德频道侧重于综艺节目。

3. 阿拉伯萨公司（Arabsa）

阿拉伯萨公司旗下播出阿曼电视二频道（Oman TV2），该频道以青年观众为主要目标受众，节目包括教育、综艺和体育等。

三、播出渠道与付费电视业

阿曼电视播出的主要渠道是卫星电视，在付费电视业领域的主要运营平台也是卫星电视。2019 年，卫星电视在阿曼电视播出渠道中的整体份额为 78%，在付费电视业中的市场份额为 65.6%。就其他播出渠道而言，IPTV 和网络电视（OTT）业务在 2016 年开始才进入阿曼市场。未来几年，卫星电视仍将居于主导地位。根据预测，2022 年免费卫星电视和付费卫星电视用户在电视家庭中所占比例预计分别为 62% 和 14%，数字地面电视用户为 20%，IPTV 用户为 4%。

就付费电视业的订户规模和营业收入而言，阿曼都处于稳步增长态势。2019 年该国付费电视业务的订户总数为 8.0 万户，此前在 2016 年为 5.8 万户，2023 年预计增至 10.7 万户。就阿曼付费电视业务的营业收入而言，该国付费电视业务的营业收入在 2016 年为 1600 万美元；2019 年达到 2400 万美元；2023 年预计能增至 3900 万美元。卫星电视和 IPTV 是阿曼付费电视业的主力，预计到 2022 年，卫星电视付费业务的营业收入预计达到 2800 万美元，IPTV 预计达到 700 万美元。目前，阿曼最主要的卫星电视运营商是半岛电视台旗下的碧影平台（beIN）和科威特国际项目公司（KIPCO）控股的轨道佳映电视网（OSN）平台。

1. 碧影平台（beIN）

碧影平台隶属于半岛电视台，此前是一个致力于体育节目运营的付费电视平台，近年来也在平台上播出综艺等方面的内容。

2019 年，碧影平台在阿曼的付费电视业务订户总数为 4.1 万户。此前，该平台 2017 年的订户总数为 3.9 万户，在 2016 年为 3.7 万户。

2. 轨道佳映电视网（OSN）

轨道佳映电视网是阿曼付费卫星电视领域的主要运营商。2018 年 3 月，轨道佳映电视网与美国奈飞公司（Netflix）合作，在其机顶盒系统中增加美国奈飞网络电视业务。

2019 年，轨道佳映电视网在阿曼的订户总数为 1.5 万户。此前，它在 2016 年的订户总数为 1.4 万户。

3. 阿曼电信公司（Omantel）

随着阿曼电信业的发展，阿曼在 2016 年开始运营 IPTV 业务。到 2022 年，阿曼 IPTV 在付费电视业中所占市场份额预计为 4%。阿曼电信公司是阿曼第一个从事 IPTV 业务的运营商。2018 年以来，阿曼电信公司持续推进“丝路门户”（Sile Route Gateway）有线系统建设，该系统连接中国、巴基斯坦等国，将有助于实现跨国网络连接、提供跨国数据传输业务等。阿曼电信公司积极发展新兴媒体业务，2018 年初与中东广播中心（MBC）合作，在其移动通信业务中增加中东广播中心的网络电视业务“Shahid Plus”。2018 年 4 月针对年轻用户推出了名为“YouTube Pass”的网络电视业务。

2019 年，阿曼电信公司的手机业务订户总数为 360 万户，宽带业务订户总数为 25.3 万户，付费电视业务的订户总数为 4000 户。

4. 欧仁杜公司（Ooredoo）

欧仁杜公司的前身是卡塔尔电信公司（Qatar Telecom，QTel），从 2007 年开始在卡塔尔运营 IPTV 业务，是卡塔尔最主要的 IPTV 运营商。2017 年 3 月，该公司与美国星光集团（Starz）开展合作，在阿曼推出了名为“Ooredoo TV Go”的网络电视业务。2017 年 5 月，欧仁杜公司又推出了名为“Stream on”的视频流媒体业务，付费用户可以观看美国优兔（YouTube）等境外平台上的视频内容。2017 年 6 月，该公司又推出了名为“Wide Khaliji”的流媒体视频业务，主要播出阿拉伯语的影视剧尤其是针对斋月特别制作的电视剧。

四、新兴媒体与网络电视

近年来，阿曼电信业取得了较好的发展，为新兴媒体和网络电视发展提供了内生动力。2019 年，阿曼手机渗透率高达 131.4%，宽带普及率为 88.2%。该国通信业务的资费标准略高，手机业务月均单位用户营业收入贡献额（ARPU）为 15.35 美元。近年来，阿曼新兴媒体处于相对较好的发展态势。2019 年该国网络电视订户为 18.5 万，此前在 2016 年仅为 11 万；2023 年预计增至 28.2 万。与此同时，该国网络电视业务的营业收入在 2016 年仅为 600 万美元；2019 年为 1400 万美元，2023 年预计能增至 2500 万美元。

目前，阿曼主要网络电视平台有 12 家，其中境外平台居多。美国亚马逊（Amazon）、奈飞（Netflix）、谷歌（Google）等在阿曼网络电视市场中具有较大影响力。境外网络电视运营商多与阿曼本国电信公司、付费电视运营商等合作，以强化在本土市场的适应能力和竞争能力。

第四节　阿塞拜疆

阿塞拜疆（Azerbaijan）位于外高加索东南部。油气工业是阿塞拜疆支柱产业，国民生产总值约为469.4亿美元（世界银行，2018），总人口约为1020.58万（2020），人口年龄中位数是32.6岁。官方语言为阿塞拜疆语，居民多通晓俄语。阿塞拜疆电视业肇始于20世纪50年代，目前全国主要有23家电视台。

一、概述

阿塞拜疆电视业经历了艰难的发展过程。在电视业开创之初，由于电视塔尚未完工，转播天线被安装在44米高的石油钻井上。1957年，180米高的电视塔交付使用。1981年又建成一座新的电视塔，但在1996年6月7日才交付使用。2013年1月，阿塞拜疆发射首颗通信卫星“阿塞拜疆太空1号”（Azerspace-1）。它由一枚阿丽亚娜-5型火箭自法属圭亚那库鲁航天中心发射，定位在东经46度。这颗卫星拥有24个C波段转发器和12个Ku波段转发器，主要用于广播电视、互联网、公司数据传输和政府管理等。该卫星80%的空间用于国际市场，为中亚、欧洲、中东以及非洲地区提供通信和电视转播服务。2014年6月，阿塞拜疆太空一号卫星播出81个电视频道和16个广播频道，其中包括阿塞拜疆国家电视台。这颗卫星的信号覆盖了中亚、欧洲和非洲50多个国家。

阿塞拜疆的传媒监管机构为阿塞拜疆国家广播委员会（National Broadcasting Council，NBC）。根据阿塞拜疆政府规定，阿塞拜疆电视媒体从2009年1月开始禁止播出外国电视剧，以改变外国电视节目在阿塞拜疆处于优势地位的状况。不过，阿塞拜疆对于外资进入传媒领域的管制相对较为宽松。

二、电视频道与传媒机构

阿塞拜疆全国共有23个电视台（2019年），其中全国性电视台共有8家，另外还有15家地方电视台。在8家全国性电视台中，3家为国有电视台，1家为公共电视台，另外4家为商业电视台。

1. 阿塞拜疆国家电视台

阿塞拜疆国家电视台（ANTV）是阿塞拜疆历史最悠久的电视台，创建于1956年2月14日。该台在1980年开始将每天播出时间增加至18小时，2005年开始全天播出。2004年，阿塞拜疆电视台开始高清化。目前，该台共播出三个频道（AzTV、Idman Azernaycan TV和Medeniyyet TV）。

2. 新闻台

新闻台（ANS TV）创建于1992年，隶属于阿塞拜疆新闻服务集团，以新闻和时事节目为主。

3. 娱乐电视台

娱乐电视台（ATV）开播于2002年12月25日，主要播出音乐、文化、历史题材的电视节目。2009年，该台开办了国际频道（ATV International），以俄语、英语、波斯语和亚美尼亚语播出。

4. 太空电视台

太空电视台（Space TV）开播于1997年1月10日。1997年10月12日，该台开始通过卫星播出，覆盖阿塞拜疆全国。

5. 激光电视台

激光电视台（Lider TV）开播于1999年12月28日，通过卫星在阿塞拜疆全境播出，并覆盖亚洲和欧洲多个国家。

第五节　巴林

巴林（Bahrain）是位于波斯湾西南部的岛国。就经济发展状况而言，巴林是海湾地区最早开采石油的国家，国民生产总值约为 377.46 亿美元（世界银行，2018）。巴林总人口约为 150.5 万（2020），人口年龄中位数是 32.9 岁。官方语言是阿拉伯语，通用英语。巴林城市化水平相对较高，人口城市化率为 89.4%。巴林电视家庭规模约为 15.1 万。巴林本国最主要的电视播出机构是巴林广播电视公司，最主要的电视播出方式是卫星电视。

一、概述

巴林最主要的电视播出渠道是卫星电视，而且以免费卫星电视居多。巴林政府禁止民众自行安装卫星电视接收天线，但并未采取有效措施来实施这一政策。全国 90% 的电视家庭主要收看免费卫星电视 ，可收看到的免费卫星电视频道多达 700 多个。免费卫星电视阻碍了付费卫星电视的发展。

在数字化方面，巴林广播电视公司（BRTC）在 2009 年 1 月使用 DVB-T 标准开始播出了一个数字化频道。2010 年 6 月，巴林政府宣布将在 2011 年完成模拟转数字进程，但未能如期实现；2016 年，巴林数字电视家庭在电视家庭中的比例达到了 96% ；2019 年完全实现数字化；2023 年，巴林以数字地面电视为主要收视渠道的家庭总数预计达到 1.2 万。

在电信业发展方面，巴林居于了整个地区的前列，这为该国发展新兴媒体和网络电视提供了有利条件。早在 2016 年，巴林就出台了国家通信发展计划，通过八项重要举措大力提升电信基础设施水平，改进电信网络的速度、资费等。2019 年底，高速光纤网络覆盖 95% 的家庭和 100% 的商务楼宇。另外，巴林于 2019 年率先在中东北非地区推出了 5G 商用业务，中国小米手机成为该国首批上市的 5G 手机品牌之一。另外，巴林《个人数据保护法》（PDPL）在 2019 年 8

月正式生效，由此成为海湾地区出台个人数据保护法律为数不多的国家之一。

二、电视频道与传媒机构

目前，巴林最具影响力的全国性电视台是巴林广播电视公司（BRTC）。该台播出三个频道，即 44 频道（Channel 44）、55 频道（Channel 55）和 56 频道（Channel 56）。其中，44 频道为阿拉伯语频道，55 频道为英语频道，56 频道主要转播英国广播公司世界频道（BBC World）的节目。

巴林阿拉巴电视台（Alarab TV）原计划在 2015 年 2 月开播，但巴林政府根据相关规定在该台开播前数小时取消了其播出许可。该台原计划定位为新闻频道。

三家区域性电视媒体机构在巴林也颇具影响：一是中东广播中心（MBC）；二是半岛电视台（Al Jazeera）；三是轨道佳映电视网（OSN）。

三、播出渠道与付费电视业

巴林电视播出的主要渠道是卫星电视，付费电视业的主要运营平台也是卫星电视。不过，免费卫星电视平台制约了付费卫星电视平台的发展。2011 年，IPTV 业务正式进入巴林付费电视业领域。2017 年，付费卫星电视在电视家庭中所占比例为 46%，免费卫星电视所占比例为 41%，数字地面电视所占比例为 5%，有线电视和 IPTV 所占比例均为 3%，模拟地面电视所占比例为 2%。

就付费电视业而言，巴林付费卫星电视订户 2018 年在电视家庭中所占比例为 52%，预计到 2023 年达到 55%。巴林付费电视业的订户规模处于负增长态势，2017 年为 7.6 万；2019 年巴林付费电视业务的订户总数小幅减至 6.3 万；2024 年继续降至 5.3 万。巴林付费电视业营业收入总额在 2020 年为 2200 万美元，此前在 2017 年为 2400 万美元，到 2024 年预计降至 1800 万美元。巴林付费电视业的单位用户月均营业收入贡献额（APRU）在 2015 年为 28.56 美元，2017 年为 29.2 美元，到 2023 年预计增长至 39.28 美元。

目前，巴林最主要的卫星电视运营商是轨道佳映电视网（OSN）、碧影体育平台（beIN Sports）、努尔电信公司（Nuetel）和巴林电信公司（Batelco）。其中，轨道佳映电视网和碧影体育平台的市场份额分别为51%和32%。

1. 轨道佳映电视网（OSN）

轨道佳映电视网是巴林付费卫星电视领域的主要运营商，也是阿拉伯地区的主要电视运营平台之一。

轨道佳映电视网2018年底在巴林的付费电视业务订户总数为4.1万户，此前2017年底为4.0万户，2016年为3.5万户。

2. 碧影平台（beIN）

碧影平台隶属于半岛电视台，原名为半岛电视台体育平台（Al Jazeera Sport）。

碧影平台2018年底在巴林的付费电视业务订户总数为2.6万户，此前2017年底为2.5万户，2016年为2.3万户。

3. 努尔电信公司（Nuetel）

努尔电信公司提供IPTV业务以及三网融合业务。该平台2017年底在巴林的付费电视订户总数为1000，此前在2016年为1100。

4. 巴林电信公司（Batelco）

巴林电信公司在2011年推出IPTV业务，成为巴林本国唯一开展三网融合业务的公司，即同时提供移动通信、固网和付费电视业务。目前，巴林电信公司推出三个IPTV业务套餐（Family Plus，Premier Plus和Platinum Extra）。巴林电信公司推出了名为“黑盒”（Blackbox）的机顶盒，在支持IPTV业务的同时，也支持网络电视业务。

在通信业务方面，巴林电信公司2019年移动通信业务订户总数为80.2万，固话业务订户总数为15.3万，固网业务订户总数为14.1万。

在付费电视业务方面，巴林电信公司2019年订户总数为3000户，此前在2018年为7500户，此前在2017年底为3000户，2016年为2500户。

5. 巴林广播电视公司（BRTC）

巴林广播电视公司隶属于巴林政府，提供广播和电视业务，也从事有线电视运营业务。该公司2017年底付费电视业务订户总数为5000户，此前在2016年亦为5000户。

四、新兴媒体与网络电视

近年来，巴林电信业取得了长足发展，宽带普及率从 2010 年的 25% 迅猛增长到 2019 年的 155%。与此同时，手机普及率也得到了有效提升，2019 年手机渗透率达到了 136%，移动通信业务的单位用户月均营业收入贡献值为 13.8 美元。巴林交通与通信部（MTT）在 2019 年 3 月宣布，巴林电信公司（Batelco）和巴林维瓦电信公司［Viva Bahrain，母公司为沙特电信巴林公司（STC Bahrain）］都在 2019 年推出 5G 业务，巴林由此成为全球最早推出商用 5G 业务的国家之一。受电信业的牵引带动，巴林网络电视等新兴媒体的发展大大提速。电信业为新兴媒体和网络电视的发展注入了强劲动力，与传统付费电视业增幅平缓形成鲜明对比。2020 年巴林网络电视业务的订户总数为 21.9 万户，此前在 2017 年仅为 12.2 万户；2024 年预计增至 31.4 万户。与此同时，该国网络电视业务的营业收入在 2017 年仅为 1400 万美元，2020 年为 2700 万美元，2024 年预计能增至 4100 万美元。

就网络电视业务的运营商而言，目前美国奈飞公司是巴林网络电视市场的领军者。美国奈飞公司在 2016 年 1 月进入巴林市场，每月资费标准为 10 美元。2019 年，奈飞公司在巴林的网络电视业务订户总数为 4.8 万户，市场份额约为 24.5%。

除了美国奈飞，艾克飞公司（Icflix）等国际性或区域性网络电视业务运营商也纷纷进入巴林市场，这些运营商通常会和当地电信公司建立业务合作关系。2015 年，巴林维瓦电信公司（Viva Bahrain）与艾克飞公司合作推出了网络电视业务，每月资费为 7.9 美元。2016 年，维瓦电信公司与印度云帕电视公司（Yupp TV）合作，推出了直播移动电视业务。该平台上播出 49 个印度频道，播出语言包括印地语、泰米尔语等五种语言，每月资费为 5 美元。巴林维瓦电信公司隶属于沙特电信公司集团（Saudi Telecom Company Group）。

第六节　卡塔尔

卡塔尔（Qatar）位于波斯湾西南岸的卡塔尔半岛上，是一个西亚国家。石油、天然气产业是卡经济支柱，国民生产总值约为 1913.62 亿美元（世界银行，2018）。总人口约为 244.41 万（2020），人口年龄中位数是 33.7 岁，人口城市化比例达到了 99.4%。阿拉伯语为官方语言，通用英语。卡塔尔电视业肇始于 20 世纪 70 年代初。1970 年 8 月，卡塔尔电视台开播。目前，半岛电视台等知名媒体机构都位于卡塔尔。卫星电视是最主要的电视播出方式，IPTV 的发展水平也居于整个阿拉伯地区前列。另外，卡塔尔在 2010 年完成了模拟转数字的进程，目前是阿拉伯地区数字化水平较高的国家。

一、概述

就电视业而言，阿拉伯地区一个共有特点是卫星电视非常普及。1993 年，卡塔尔开始禁止民众安装直播卫星天线，但民众禁而不止，政府也并没有严格执行这一规定。目前，免费卫星电视是主要收视渠道，其用户在收视家庭中所占份额为 42%；此外，付费卫星电视为 25%。近年来，该国 IPTV 也取得了长足发展，在阿拉伯国家居于前沿地位。卡塔尔国家宽带网（Qatar National Broadband Network）在政府支持下投资 5.5 亿美元建设光纤宽带网络，这为该国发展 IPTV 提供了有利条件。从 2010 年 3 月开始，卡塔尔大力建设光纤网络，已经建成的光纤线路长度超过了 1000 公里。从 2011 年开始，卡塔尔逐渐将铜轴有线网的用户转移到光纤网。光纤网的网速达到了 100Mbps。到 2020 年，卡塔尔 IPTV 普及率达到 35%，位于地区前列。2016 年，IPTV 在卡塔尔电视家庭中所占份额为 33%。2022 年，IPTV 在电视家庭中所占份额预计为 42%，卫星电视预计为 58%。

根据卡塔尔西北大学（the Northwestern University in Qatar）以及多哈电影学

院（Doha Film Institute）在 2016 年一项联合调查结果，在卡塔尔、埃及、黎巴嫩、沙特阿拉伯、突尼斯和阿拉伯联合酋长国六个国家中，95% 的民众仍然收看传统电视节目，但每天都观看传统电视的观众比例从 2014 年的 69% 小幅下降到 2016 年的 64%。其中，卡塔尔的下降幅度最大，每天观看电视的观众比例从 2014 年的 62% 下降到 2016 年的 41%。①2018 年，卡塔尔移动通信业务用户总数为 408 万，普及率在中东国家中位居第二。移动通信业为网络电视的发展提供了有利条件。卡塔尔网络电视业务订户总数在 2015 年为 6.3 万户，在 2018 年为 19.9 万户，到 2022 年预计增长到 38.2 万户。网络电视营业收入在 2015 年为 400 万美元，2018 年为 1300 万美元，到 2022 年预增长到 2300 万美元。

卡塔尔在 2010 年完成了模拟转数字的进程。国际传媒集团（Media Group International）负责卡塔尔数字化进程，2013 年又聘请德国罗德施瓦茨公司（Rohde&Schwarz）负责将数字电视系统升级至 DVB-T2 标准。2018 年，卡塔尔数字电视家庭总数为 19.8 万，预计到 2022 年达到 22.5 万。

二、电视频道与传媒机构

目前，卡塔尔主要有一家全国性地面开路电视台和多家卫星电视台。卡塔尔媒体广告营业收入在 2015 年为 8.81 亿美元，2016 年增长到了 9.11 亿美元。2016 年，电视在媒体广告营业收入中所占份额仅为 1.1%。

1. 塔尔媒体公司（Qatar Media Corporation，QMC）

全国性地面开路电视台是卡塔尔媒体公司，它旗下有卡塔尔电视一台（QTV1）和卡塔尔电视二台（QTV2）两个频道，它们分别以阿拉伯语播出和以英语播出。卡塔尔施行公共电视和私营电视并行的体制。卡塔尔电视台是公共电视台，收入来源主要是政府拨款和广告。

2. 半岛电视台（Al–Jazeera）

除了地面开路电视台之外，卡塔尔还有三家卫星电视台，其中半岛电视台最为著名。半岛电视台创办于 1996 年，是一个 24 小时阿拉伯语新闻频道。它是

① www.rapidtvnews.com/2016051042813/tv-audiences-fall-by-50in-mena.

由卡塔尔埃米尔哈马德在首都多哈建立的，是目前阿拉伯世界收视率较高的卫星频道。值得一提的是，半岛电视台是卡塔尔王室内部斗争的产物。1995 年，卡塔尔埃米尔到欧洲度假，他的儿子沙伊克·哈马德·本·哈利法·阿勒萨尼乘父亲不在之机进行宫廷政变，篡夺了王位。登上卡塔尔埃米尔王位后，卡塔尔埃米尔哈马德采取了一系列改革措施：撤销了新闻部，报刊和广播电视部不再接受检查；给予妇女政治权利；进行地方选举等，其中最具影响力的举动是创办了半岛电视台。当时英国广播公司正想建立一个阿拉伯新闻电视台，但因为与当地媒体机构的合作没有谈成而放弃了频道的开办。卡塔尔埃米尔哈马德马上把刚刚在沙特阿拉伯被解雇的英国广播公司记者和技术人员聘用过来，投入了 1.5 亿美元的启动资金，阿拉伯世界的第一家西方风格的电视新闻频道建成了。[①] 在阿拉伯语中，“Al-Jazeera”的意思是“水滴”，用来指阿拉伯半岛。卡塔尔半岛电视台的台标非常有名气，是一个水滴形的阿拉伯语的 Al-Jazeera。这个独具创意的台标是一个普通的卡塔尔人在广播里听到了征集台标的新闻而拿出来的设计作品。[②] 除了建台之初的资金投入之外，卡塔尔每年还向半岛电视台提供 3000 万 ~ 5000 万美元的补贴。目前，卡塔尔半岛电视台的主要资金来源是国家补贴、广告、收视费以及媒资销售等。目前，半岛电视台在全球设立了 65 个分支机构，共有 3000 多名雇员，包括来自 60 多个国家的 400 多位记者。其中，1000 多名雇员为半岛英语频道工作，他们来自全球 50 多个国家。

近年来，卡塔尔半岛电视台不断开播新的频道。2003 年，半岛电视台开办了半岛体育频道（Al-Jazeera Sports）。2006 年，半岛电视台开播了英语频道（Al-Jazeera English），目前该频道覆盖全球 130 多个国家和地区，拥有约 2.5 亿用户。2005 年，半岛电视台在卡塔尔教育科学与社区基金会（the Aatar Foundation for Education Science and Communication）的资助下创办了儿童频道（Al-Jazeera Children’s Channel），它自制 60% 的节目。2009 年，半岛电视台在该基金会的资助下开办了另一个针对学龄前儿童的频道（Al-Jazeera Baraem）。此外，半岛电视台还有半岛纪录频道（Al-Jazeera Documentary）。半岛电视台非常注重国际

---

① ［加拿大］马修·弗雷泽：《软实力：美国电影、流行乐、电视和快餐的全球统治》，刘满贵等译，新华出版社 2006 年版，第 156 ~ 159 页。

② 刘琛：《全球化背景下的亚洲电视传媒》，北京交通大学出版社 2009 年版，第 183 页。

市场，除了开办英语频道（Al Jazeera English）之外，还面向国际市场开办了美国频道（Al Jazeera America）、土耳其频道（Al Jazeera Tuik）、巴尔干频道（Al Jazeera Balkans）等频道。

半岛电视台旗下有两个网站，一个是阿拉伯语网站“半岛网”（Al-Jazeera.net），另外一个是英语网站“半岛英语在线”（Al-Jazeera English Online）。除了节目制作机构和网站，半岛电视台旗下还有半岛传媒培训与发展中心（Media Training and Development Center）和研究中心（Centre for Studies）。另外，依托半岛体育频道，半岛电视台还涉足节目运营领域，在2005年推出了半岛体育付费电视业务，并在2008年拥有了超过100万用户。半岛体育频道播出平台通过各国当地的代理商销售客户终端智能卡，用户可以收看8个体育频道，资费标准为每年75美元。为了拓展市场和提升竞争力，半岛电视台于2012年6月在法国开播了几个体育频道以播出其够竞得的欧洲足球赛事。

2017年，沙特阿拉伯、阿联酋、埃及、巴林四国将与卡塔尔发生了“断交风波”，并对卡塔尔一共提出了13项和解条件。其中，一项要求卡塔尔关停该国政府兴办的半岛电视台及其下属频道的要求。联合国人权事务高级专员扎伊德（Zeid Ra'ad al-Hussein）就此要求曾发布评论，认为这创下“强国或国家集团可以严重破坏其他国家和本国的言论自由权的先例”。卡塔尔外交大臣穆罕默德（Sheikh Mohammed bin Abdulrahman Al-Thani）也多次表示，“这无关恐怖主义，而是打击言论自由”。

3. 卡塔尔卫星频道（Qatar Satellite Channel）

卡塔尔卫星频道创办于1998年12月，隶属于雷恩传媒和市场公司（RMMC）。该频道创办宗旨主要是弘扬卡塔尔传统文化，促进青少年在整个社会的融合。

4. 卡塔尔雷恩卫星频道（Rayyan Satellite Channel）

卡塔尔雷恩卫星频道创办于2012年5月。雷恩传媒和市场公司的主要业务之一是制作电视表演和纪录片。

5. 阿拉伯电视台（Al Arabi）

阿拉伯电视台创办于2014年5月，是一个阿拉伯语全球频道。这个频道的总部设在伦敦，主要面向阿拉伯国家播出。该台是在卡塔尔埃米尔（Sheikh Tamim Bin Hamad Al Thani）的资助下开办的。巴勒斯坦人阿兹米·巴沙然

（Azmi Bashara）担任台长，他是卡塔尔埃米尔的主要顾问，目前还担任位于多哈的阿拉伯政策研究中心的主任。

三、播出渠道与付费电视业

卡塔尔电视播出渠道比较多元，以卫星电视和 IPTV 为主。2018 年，卫星电视和 IPTV 在电视家庭中的份额分别是 63% 与 37%。2023 年，卫星电视和 IPTV 在电视家庭中的份额预计分别为 57% 与 43%。

卡塔尔付费电视的渗透率相对较高，付费电视业务订户总数在 2016 年为 11 万；2019 年为 14 万；2023 年预计增长到 16 万。付费电视业的营业收入总额在 2016 年为 3200 万美元；2019 年为 4400 万美元；2023 年预计达到 6200 万美元。目前，直播卫星电视（DTH）在付费电视运营业中占主导地位，但 IPTV 是成长空间最大的领域，也是对付费电视业发展贡献率最大的领域。2022 年，IPTV 营业收入预计达到 3100 万美元。

1. 欧仁杜公司（Ooredoo）

欧仁杜公司从 2007 年开始运营 IPTV 业务，是卡塔尔最主要的 IPTV 运营商，在付费电视运营市场所占份额位居第一。该公司电视运营业务的品牌名为“莫扎克电视”（Mozaic TV）。2016 年 2 月，欧仁杜正式将“莫扎克”品牌更名为“欧仁杜电视”（Ooredoo TV）。该公司是卡塔尔 IPTV 产业的支柱性企业。

欧仁杜公司 2016 年在付费电视领域的市场份额为 58%，位居首位；2017 年继续保持领先地位，市场份额为 59%；2018 年进一步将市场优势地位提升，市场份额达到了 60%。

欧仁杜电视平台付费电视用户总数在 2013 年为 8.8 万户，到 2016 年小幅减少到了 6.3 万户，2018 年为 7.3 万户。此外，该公司在 2018 年拥有 288 万手机业务用户和 33.4 万宽带业务用户，其中宽带业务的市场份额高达 98%。

欧仁杜公司的前身是卡塔尔电信公司（Qatar Telecom，QTel）。卡塔尔电信公司在 1993 年建设了一个多系统微波分配系统网络（MMDS），到 2004 年共有用户 2.5 万。2007 年，卡塔尔电信公司推出了 IPTV 平台，并在 2010 年将多系统微波分配系统网络的用户转移到该平台。该公司还经营三网合一业务，资费标准为每月 69 美元。卡塔尔电信公司的主要股东是卡塔尔政府，持股 55%。

2018 年，欧仁杜公司营业收入总额为 1.32 亿美元，与 2017 年相比增长了 1.7%。

2. 轨道佳映电视网（OSN）

在卡塔尔，运营直播卫星电视业务的公司主要是区域性运营商，如轨道佳映电视网。

轨道佳映电视网的市场份额位居第二，2016 年和 2017 年的市场份额分别为 25% 和 24%，2018 年为 22%。

轨道佳映电视网在卡塔尔的用户总数在 2012 年为 1.56 万，到 2016 年达到了 2.7 万。2016 年底，轨道佳映电视网在整个阿拉伯地区的用户总数为 115.3 万。

3. 碧影体育平台（beIN Sports）

碧影体育平台隶属于半岛电视台旗下的碧影传媒集团（BeIn Media Group），是一个致力于体育节目运营的付费电视平台。该平台的总部位于卡塔尔，2014 年营业收入总额为 2.81 亿欧元，到 2020 年有望达到 7.24 亿美元。2015 年 8 月，碧影传媒集团正式完成收购土耳其直播到户卫星电视平台“土数”公司（Digiturk）。该公司 2016 年在整个阿拉伯地区的用户总数为 82.3 万，到 2020 年有望达到 138.9 万。

2016 年和 2017 年，碧影体育平台的市场份额都是 14%，2018 年为 15%，一直保持在第三。

2017 年，卡塔尔与沙特阿拉伯等西亚四国的外交关系骤然恶化，累及碧影传媒集团。四国先后对该集团采取了吊销执照、停止业务等惩罚措施。2018 年 8 月，沙特阿拉伯政府取消了碧影传媒集团在该国的运营执照，并以非法竞争的名义罚款 260 万美元。沙特阿拉伯政府取消了碧影传媒集团在该国的运营权，禁止播出其频道，禁止进口和销售其机顶盒，暂停其任何资金往来业务，封禁了该集团的网站和呼叫中心。卡塔尔政府也同步在世界贸易组织（WTO）起诉沙特阿拉伯侵犯了知识产权。2018 年 10 月，卡塔尔碧影传媒集团向沙特阿拉伯政府提起国际投资仲裁，要求沙特阿拉伯政府就非法禁止运营等赔偿 10 亿美元。

4. 麦加电视公司（Al-Majd TV）

麦加电视公司是阿拉伯地区四家主要付费卫星电视运营商之一。麦加电视公司的卫星平台以宗教节目内容为核心定位，平台上自办或集成了众多宗教类频道。该公司除在卡塔尔开展付费电视业务之外，也进入了沙特阿拉伯、阿联酋等阿拉伯地区国家，并成为当地主要运营商之一。

2016 年、2017 年和 2018 年，麦加电视公司的市场份额一直都是 3%，持续居于第四位。

四、新兴媒体与网络电视

卡塔尔政府非常重视通信业基础设施建设，已投入 5.5 亿美元建设光纤宽带网络，为传统电视业和新兴媒体业的发展提供了坚实基础。卡塔尔宽带业务的家庭渗透率高达 173.1%，手机业务的渗透率也高达 177.4%。卡塔尔移动通信业务的单位用户月均营业收入贡献额为 30.97 美元，与该地区其他国家比较相对较高。基于这些有利条件，卡塔尔网络电视业务近年来发展较为迅速，订户规模和营业收入都有较大幅度的增长。2019 年该国网络电视订户为 25 万户，此前在 2016 年仅为 16 万户，2023 年预计增至 44 万户。与此同时，该国网络电视业务的营业收入在 2016 年仅为 1600 万美元，2019 年达到 4200 万美元，2022 年预计能增至 8200 万美元。

第七节　科威特

科威特（Kuwait）位于亚洲西部波斯湾西北岸，是一个西亚国家。就经济状况而言，该国的国民生产总值约为 1406.45 亿美元（世界银行，2018）。2018 年，该国总人口约为 413.73 万，人口年龄中位数是 29.7 岁。阿拉伯语是官方语言。科威特城市化程度很高，城市人口占总人口的比例高达 98.3%。科威特电视家庭总数约为 65.8 万。

一、概述

科威特的电视业和其他阿拉伯国家有着诸多共同之处，例如卫星电视是重要的传播渠道，卫星电视频道众多（800 多个）。科威特对于卫星电视的管控相对松散，民众自行安装和使用碟式卫星接收天线是合法的，很多家庭拥有一个以上的卫星天线。科威特最主要的电视播出渠道是卫星，包括免费开路和付费两种不同卫星电视节目接收方式。卫星电视用户在电视家庭中所占比例为 97%，其中 72% 为免费卫星电视用户，25% 为付费卫星电视用户。科威特在 2012 年开始发展 IPTV 业务，但整体推进速度较为缓慢，在电视家庭中所占份额直到 2022 年仍难以超过 1%。

1998 年，科威特开始实施公私并存电视体制，目前主要公共电视播出机构是科威特电视台，主要私营电视台为舆论电视台、快乐电视台和艾瓦坦电视台。

科威特在数字化方面走在地区前列，2016 年实现了模拟转数字的进程，数字电视覆盖率达到了 100%。根据预测，2022 年 3% 的科威特电视家庭主要收看数字地面电视，其他电视家庭以数字地面电视为辅助性收视方式。

科威特电视广告市场的发展相对缓慢，2016 年电视广告业的净营业收入总额仅为 3600 万美元；2017 年为 2200 万美元。电视广告在整个广告业的营业收入总额中所占比例为 30% 左右；其中，开路电视频道在电视广告收入中占主导地位，份额约为 90%。和其他阿拉伯国家一样，区域性电视频道在一定程度上影响了科威特国内电视频道的广告营业收入。

科威特信息部（The Ministry of Information）是传媒领域的主要监管机构。另外，传播与信息技术监管局（CITRA）在科威特电视运营业发展中也发挥着重要作用。

二、电视频道与传媒机构

科威特施行公共电视和私营电视并举的传媒体制，科威特电视台（Kuwaiti Television，KTV）是公共电视播出机构，也是科威特国家电视台。1998 年，科威特出台政策允许私营公司经营电视台，但需得到政府批准。目前，主要私营电视台有舆论电视台（Al-Rai TV）、快乐电视台（Funoon TV）和艾瓦坦电视台（Al-watan TV）。

1. 科威特电视台

科威特电视台建立于 1961 年 12 月，于 1974 年开始播映彩色节目，1978 年 12 月开始播映第二套彩色节目。[①] 目前，该台播出 9 个频道，主力频道包括科威特电视一台到五台（KTV1、KTV2、KTV3、KTV4、KTV5）。其中，科威特电视一台（KTV1）播出阿拉伯语节目。科威特电视二台（KTV2）播出英语节目，是一个体育频道。科威特电视三台（KTV3）以年轻人为目标受众，主要播出电影。科威特电视四台（KTV4）主要播出综艺节目和电影。科威特电视五台（KTV5）是一个国际频道，面向居住在美国的海外科威特人和其他阿拉伯观众。科威特电视五台是一个综合性频道，主要播出从科威特电视台其他频道的节目精选的一些内容。第 9 个频道（AI-Qurain TV）开播于 2019 年，通过卫星播出，节目以电视剧为主。

2. 舆论电视台

舆论电视台（Al Rai）是科威特第一家私营电视台，开播于 2004 年。[②] 该台的节目以新闻和娱乐节目为主。舆论电视台最初隶属于科威特报业巨头舆论传播公司（Al Rai Media Group），2008 年 12 月出售给了阿卜杜勒阿齐兹 - 贾西姆贸易公司（Abdulaziz & Jassim Trading）。该台在开办之初主要播出家庭类节目，现在更为关注社会问题。目前，舆论电视台聘请了大量科威特电视台的记者和主持人。

3. 快乐电视台

快乐电视台（Funoon TV）创办于 2006 年，是科威特第二家私营电视台。该台是一个喜剧频道，所有者是科威特影星阿卜杜勒侯赛因 • 阿卜杜勒瑞德赫（Abdulhussain Abdulredha）。

4. 艾瓦坦电视台

艾瓦坦电视台（Al-watan TV）是科威特第三家私营电视台，开播于 2007

---

① 陈大斌、王玉成：《国际大众传播媒介简介》，青岛出版社 1993 年版，第 74 页。

② 刘琛：《全球化背景下的亚洲电视传媒》，北京交通大学出版社 2009 年版，第 191 ~ 192 页。

年。该台节目以新闻和综艺节目为主。该台隶属于科威特艾瓦坦出版公司，节目注重创新，同时也着力传播科威特的传统文化和价值。

三、播出渠道与付费电视业

科威特主要收看直播卫星电视（DTH）频道，72%的电视家庭主要收看免费卫星电视频道，25%的电视家庭订阅了付费卫星电视业务。根据预测，未来几年科威特免费卫星电视用户和付费卫星电视用户的份额将有所变化，预计到22年免费用户和付费用户在电视家庭中所占比例分别66%和30%。另外，数字地面电视和IPTV在电视家庭中所占份额分别为3%和1%。

近年来，科威特付费电视业务处于稳定增长的发展态势。2019年科威特付费电视业务的订户总数为19.5万，此前在2016年为16.9万，2022年预计增至21.7万。与此同时，科威特付费电视业务的营业收入处于稳中有增的发展态势。该国付费电视业务的营业收入在2016年为5300万美元；2019年达到7100万美元；2022年预计能增至9200万美元。付费卫星电视业务的平均用户营业收入（APRU）在2016年为27.05美元，到2022年预计达到36.25美元。目前，碧影传媒集团（beIN Media Group）和轨道佳映电视网（Orbit Showtime Network，OSN）是科威特最主要的两家付费电视运营商，2018年两家运营商的用户市场份额分别29%和68%。此前，科威特线视公司（Kuwait Cable Vision）提供IPTV业务，并在2012年拥有3万订户。2014年底，该公司停止了付费电视业务，推出了电视运营市场。

1. 轨道佳映电视网（OSN）

轨道佳映电视网是科威特最主要的付费直播到户卫星电视运营商之一。为了应对网络电视等新兴媒体的挑战，轨道佳映电视网从2017年开始调整业务模式和经营方式，面向付费订户推出的频道套餐和价格更加灵活多样。例如，轨道佳映电视网推出了一个包含32个电视频道的节目套餐，每月资费价格为20美元。2012年，轨道佳映电视网在科威特的用户总数为4.58万，2016年增长到了11.2万，2018年为12.3万，2022年预计达到14万。

2. 卡塔尔碧影传媒集团（BeIN Media）

卡塔尔碧影传媒集团是科威特另外一家主要付费电视运营商，2016 年在科威特的订户总数为 4.83 万。从 2017 年开始，该集团在沙特阿拉伯、巴林、阿联酋、埃及等 4 个阿拉伯国家中面临着前所未有的市场危机。2017 年，卡塔尔与这四个国家出现了严重的外交危机，四国由此抵制卡塔尔半岛电视台及碧影传媒集团。受此影响，该集团在中东北非地区的订户规模自 2010 年以来首次出现了下降；2017 年订户规模减少了 25%。2018 年底，碧影传媒集团在科威特付费电视业务的订户总数为 5.3 万。

四、新兴媒体与网络电视

科威特电信业稳步发展，2018 年宽带家庭渗透率为 24.1%；手机业务渗透率为 176.3%，手机业务的单位用户月均营业收入贡献额为 28.13 美元。预计到 2022 年底，科威特手机业务订户规模有望达到 750 万户，其中 85% 为 4G 用户。电信业为新兴媒体和网络电视业的发展奠定了基础。2019 年科威特网络电视订户为 38.3 万户，此前在 2016 年仅为 18.1 万户，2022 年预计增至 51.5 万户。与此同时，该国网络电视业务的营业收入在 2016 年仅为 600 万美元，2019 年为 1700 万美元，2022 年预计能增至 2900 万美元。

在中东和北非地区，网络电视市场主要被境外传媒机构品牌占领，尤其以美国品牌居多，包括星光（Starz Play Arabia）、奈飞（Netflix）和亚马逊（Amazon Prime Video）等。中东北非地区以及其他亚洲地区的网络电视品牌主要是沙希德（Shahid Plus）、艾克飞（Icflix）、艾斯提卡纳（Istikana）和艾菲（Iflix）。沙希德（Shahid Plus）是中东广播中心（MBC）推出的付费流媒体业务，它是中东北非地区知名媒体机构。艾克飞是中东北非地区本土新兴媒体，它从 2015 年开始与科威特赞恩电信集团合作，在科威特推出了网络电视业务。2016 年 11 月，艾克飞又与科威特威瓦公司（Viva）合作，通过威瓦公司的平台开展网络电视业务。艾菲是马来西亚网络视频点播业务，2017 年进入中东北非市场，目前在科威特发挥着日益显著的作用。目前，艾菲网络电视业务在海湾地区的单月资费是 4 美元，在北非地区是 3 美元。除了科威特之外，艾菲公司已经进入了沙特阿拉伯、巴林、约旦、伊拉克、黎巴嫩、苏丹和埃及等多个国家。艾菲公司得以在中东北非地区迅速发展的另外一个主要原因在于本土化策略。艾菲公司的本土化策略包括两个部分：一是内容的本土化；二是渠道和市场运营本土化。就渠道和市场运营本土化而言，艾菲公司的首要举措是与当地电信运营商合作。例如，艾菲公司在中东北非地区与赞恩电信集团合作，艾菲的网络视频业务与赞恩的手机通信业务进行捆绑营销。此外，艾菲公司也自行通过互联网平台面向订户进行直接销售。

第八节　黎巴嫩

黎巴嫩（Lebanon）位于亚洲西南部地中海东岸。就经济发展状况而言，国民生产总值约为566.39亿美元（世界银行，2018）。总人口约为546.96万（2020），人口年龄中位数是33.7岁。阿拉伯语为官方语言，通用法语、英语。黎巴嫩电视机的普及率较高，电视家庭比例达到了98%。黎巴嫩电视家庭总数在2017年为109.7万，此前在2010年和2012年分别为92.3万与93.3万。电视最主要的播出渠道是卫星电视，卫星电视用户总数达到了70.2万。黎巴嫩全国共有7家电视台（2019年），其中6家为私营电视台，1家是国有电视台。黎巴嫩国内最大的付费电视运营商是线视公司（Cablevision），市场份额为62%。

一、概述

黎巴嫩非常重视发展本国电视产业，凭借规模化的产业人才队伍和低成本的专业配套服务，黎巴嫩电视制作业已经在阿拉伯地区形成了一定的竞争力和影响力。得益于此，黎巴嫩国产电视节目比例很高，黎巴嫩国内电视频道播出的节目中75%以上是本国自制节目。阿拉伯地区绝大部分电视广告都是在黎巴嫩完成制作的。

黎巴嫩最主要的电视播出渠道是卫星电视，2017 年卫星电视用户在电视家庭中的比例为 64%；另外，模拟地面电视为 27%，有线电视为 6%，数字地面电视为 3%。2023 年，该国卫星电视用户在电视家庭中的比例预计为 73%，有线电视预计为 9%，数字地面电视预计为 17%，IPTV 预计为 1%。

在数字化方面，黎巴嫩政府早在 2006 年就计划在 2015 年完成模拟转数字进程。但在实际推进过程中，黎巴嫩在模拟转数字进程方面落后于整个地区，至今没有数字化的明确计划。不过，黎巴嫩在 2016 年已经探索性地推出了数字地面电视业务。根据预测，该国到 2023 年数字地面电视用户的规模预计为 15 万户。

黎巴嫩电视广告营业收入在整体广告营业收入中所占份额较高，近年来一直保持在 75% 以上。电视广告营业收入额在 2017 年为 8400 万美元，此前在 2015 年为 8800 万美元；到 2023 年预计增长到 9700 万美元。黎巴嫩广告市场的总体营业收入在 2017 年为 7.37 亿美元，此前在 2016 年为 7.48 亿美元。

二、电视频道与媒体机构

从 20 世纪 80 年代开始，黎巴嫩电视业开始得到长足发展。黎巴嫩电视业一个显著特点就是政治和宗教影响着电视竞争格局，不同派别的政治和宗教势力都控制和管理着相应的电视媒体。2015 年，黎巴嫩政府要求有线电视平台在播出本国开路频道时，需要支付这些频道一定数额的播出费。该政策能为本国电视播出机构增加一定收入来源，有利于本国电视播出机构发展。

目前，黎巴嫩国内最具影响力的电视台是黎巴嫩国际广播公司（Lebanese Broadcasting Corporation International，LBCI），紧随其后的是未来电视台（Future TV）。

1. 黎巴嫩国际广播公司（The Lebanese Broadcasting Corporation International，简称 LBCI）

黎巴嫩国际广播公司成立于 1985 年，其前身是黎巴嫩广播公司（LBC）。该公司为私营电视台，皮埃尔·达尔（Pierre Daher）是该公司主要创始人之一。黎巴嫩国际广播公司播出两个地面电视频道，即综合频道（LBCI）和电视剧频道

（LBCI DRAMA）。另外，还播出一个卫星电视频道。

黎巴嫩国际广播公司的发展历程是黎巴嫩国内以及区域政治力量博弈的缩影。黎巴嫩国际广播公司最初是在“黎巴嫩力量”（Lebanese Forces）领袖贾梅耶（Bashir Gemayel）的倡议下成立的。1992 年 7 月 23 日，政府突然派兵接管黎巴嫩国际广播公司。1994 年 3 月 23 日，黎巴嫩政府下令解散“黎巴嫩力量”。同年 4 月 21 日，“黎巴嫩力量”领导人萨米尔・贾贾（Samir Geagea）被捕。黎巴嫩国际广播公司转由公司的另外一位创始人皮埃尔・达尔（Pierre Daher）管理。

黎巴嫩国际广播公司卫星频道（LBC SAT）在 20 世纪 90 年代获得了长足发展，成为区域性知名品牌。1997 年 4 月，当时的黎巴嫩广播公司（后更名为黎巴嫩国际广播公司）相继开播了 4 个新的卫星电视频道，即黎巴嫩广播公司欧洲台（LBC Europe）、黎巴嫩广播公司美洲台（LBC America）、黎巴嫩广播公司澳大利亚台（LBC Australia）和黎巴嫩广播公司非洲台（LBC Africa）。此后，该公司又增加了一个国际频道，即黎巴嫩广播公司马格利布台（LBC Maghreb）。该频道的发展引起了阿拉伯地区的关注。2008 年，沙特王国控股公司（Kingdom Holding Company）斥资 9800 万美元收购了该卫星频道 49% 的股份；沙特王国控股公司隶属于阿尔瓦利德・本・塔拉尔王子（Prince Alwaleed Bin Talal）。后来，作为黎巴嫩国际广播公司创始人的皮埃尔・达尔与主要股东阿尔瓦利德王子在频道管理理念出现了较大分歧，关系日趋恶化。后来，两人分而治之，阿尔瓦利德王子控制了黎巴嫩国际广播公司卫星频道（LBC SAT）和 PAC 节目制作公司，皮埃尔・达尔则控制了黎巴嫩国际广播公司（LBCI）。最终诉诸法院，要求阿尔瓦利德王子出让其在黎巴嫩国际广播公司卫星频道所持股份。2015 年 8 月，法国法院裁定黎巴嫩国际广播公司胜诉。

2. 未来电视台（Future TV）

未来电视台创办于 1992 年，由前总理拉菲克・哈里里（Rafiq al-Hariri）创建，是黎巴嫩第二大电视台。作为一家年轻的电视台，黎巴嫩未来电视台取得了较快的发展。1994 年，未来电视台开播了未来电视台国际卫星频道（Future International）。在不到一年的时间里，未来电视台国际频道就成为海外地区、地中海东部地区的累范特（Levant）和埃及收视率最高的阿拉伯卫星电视频道台。从 1995 年起，未来电视台国际卫星频道面向阿拉伯地区、北非和南欧播出自己的节目。与未来电视台一样，未来电视台国际频道也是面向家庭的电视频道。1996 年，未来电视台还推出了黎巴嫩未来电视互联网台，这是黎巴嫩第一家网络电视台。

2019 年 9 月，黎巴嫩总理萨阿德·哈里里（Saad Hariri）宣布暂时停播未来电视台，主要是因为财政状况的原因。萨阿德·哈里里的父亲是该台的创办者拉菲克·哈里里。

3. 黎巴嫩全国广播公司（National Broadcasting Network，NBN）

黎巴嫩全国广播公司建立于 1996 年，是一家私营股份公司。2000 年 9 月，黎巴嫩全国广播公司开播了卫星频道，向阿拉伯地区、非洲和欧洲播出。自 2004 年开始，黎巴嫩全国广播公司落地美国。

4. 黎巴嫩超越电视台（Al-Manar）

黎巴嫩超越电视台开播于 1991 年。2000 年，该电视台开播了卫星频道。电视台的目标受众是世界各地的阿拉伯和穆斯林民众。该台节目以新闻、访谈为主。

5. 黎巴嫩新电视台（New TV）

黎巴嫩新电视台开播于 2001 年 10 月 4 日，是一个 24 小时播出的泛阿拉伯电视台。电视台的节目是用阿拉伯语播出，面向普通观众。2005 年 9 月，黎巴嫩新电视台卫星频道在美国、南美和澳大利亚落地，向这些国家和地区的阿拉伯观众播出阿拉伯语节目。

三、播出渠道与付费电视业

黎巴嫩最主要的电视播出渠道是卫星电视，有线电视具有一定的市场基础。黎巴嫩付费电视业市场规模不大，全国付费电视订户在电视家庭中的比例在 2018 年仅为 8% 左右，到 2021 年预计达到 21%。2017 年，全国付费电视业营业收入总额为 1900 万美元，此前在 2015 年为 1510 万美元，到 2023 年预计增长到 3000 万美元。付费电视业单位用户平均营业收入（APRU）在 2015 年为 18.18 美元，2016 年为 18.44 美元，到 2023 年预计增长到 20.93 美元。

目前，黎巴嫩最大的付费电视运营商是线视公司（Cablevision），市场份额为 61%。另外，轨道佳映电视网（OSN）、碧影平台（beIN）也较有影响，市场份额分别为 10% 和 12%。

1. 有线电视

在付费电视领域，有线电视在本地频道收视需求的驱动下，在电视家庭中的份额高于付费卫星电视。2015 年，付费卫星电视订户在电视家庭中的比例为 2%，而有线电视为 5%。不过，黎巴嫩有线电视业面临着诸多挑战，一方面，全国非法有线电视运营公司众多，民众向这些非法运营商每月支付 13 美元就能享受与正规有线电视运营商同等质量的服务；另一方面，黎巴嫩政府在 2015 年规定有线电视运营商在播出本地电视频道时必须支付一定费用，这增加了运营成本。2017 年，黎巴嫩大部分有线电视运营商组合成一家公司，即黎巴嫩网络播出公司（Lebanese Network Broadcast，LNB）。该公司位于贝鲁特，通过整合分散的有线网资源，强化整体市场竞争力。

线视公司（Cablevision）是黎巴嫩最大的有线电视运营平台，也是付费电视业领域的佼佼者。2017 年，线视公司的订户总数为 5.4 万，此前在 2015 年为 4.48 万。

2. 卫星电视

2017 年，黎巴嫩付费卫星电视订户在电视家庭中所占比例为 2%，预计未来几年基本保持在这一水准上，2023 年预计小幅增长到 3%。目前，黎巴嫩付费卫星电视运营平台主要来自境外。

（1）轨道佳映电视网（OSN）

轨道佳映电视网是黎巴嫩付费卫星电视领域的主要运营商之一。2017 年，轨道佳映电视网在黎巴嫩的订户总数为 9000 左右，此前 2015 年为 8100 左右。

（2）碧影平台（beIN）

碧影平台是区域性付费电视运营商，也是黎巴嫩的主要付费电视运营商之一。2017 年，碧影平台在黎巴嫩的订户总数为 1 万，此前 2015 年为 9400 左右。

3. IPTV

黎巴嫩 IPTV 发展相对缓慢，直到 2008 年才开始发展 IPTV 业务，但直到 2015 年底才有约 3000 订户，预计到 2021 年全国 IPTV 订户仅为 1.6 万左右。

索里戴尔公司（Solidere）隶属于法国欧云吉集团，是黎巴嫩主要的 IPTV 运营商。2017 年，索里戴尔公司在黎巴嫩的订户总数为 5000，此前 2015 年为

2600 左右。

四、新兴媒体与网络电视

近年来，黎巴嫩着力发展电信产业，提升宽带和手机的普及率。2017 年，黎巴嫩宽带订户的家庭普及率为 26%，移动手机订户总数为 494.6 万。根据美国皮尤研究中心（Pew Research Center）2016 年发布了一份关于新兴经济体国家民众在拥有智能手机和互联网使用方面的报告，是对全球 40 个国家 45435 位受访者进行互联网、智能手机等媒介使用和媒体行为进行调查研究的结果。全球 40 个受调查国家成年人使用互联网的平均比例为 67%。在黎巴嫩，成年人中使用互联网的比例为 66%，其中 18 ~ 34 岁年龄段民众使用互联网的比例为 89%，35 岁以上民众使用互联网的比例为 50%。全球 40 个受调查国家成年人拥有智能手机的平均比例为 43%。在黎巴嫩，成年人拥有智能手机的比例为 52%，其中 18 ~ 34 岁年龄段民众拥有手机的比例为 74%，35 岁以上民众使用互联网的比例为 37%。得益于互联网发展和智能手机的普及，黎巴嫩网络电视发展进入了启蒙阶段。目前，奈飞（Netflix）、艾克飞（Icflix）等国际网络电视平台已经进入黎巴嫩。

第九节　沙特阿拉伯

沙特阿拉伯（Saudi Arabia）位于中东地区，滨临波斯湾和红海。2017 年，国民生产总值约为 7865.22 亿美元（世界银行，2018）。沙特阿拉伯人口规模约为 3417.34 万（2020），人口年龄中位数是 30.8 岁。阿拉伯语是官方语言。沙特阿拉伯电视业初创于 1964 年，这年开始试播电视节目，并于 1965 年正式播出电视节目。1976 年开始播出彩色电视节目，1983 年开始播放英语和法语节目。20

世纪 90 年代，卫星技术的发展解决了电视信号传输覆盖的问题，沙特阿拉伯电视业进入了蓬勃发展阶段。凭借市场规模、产业基础和经济实力等方面优势，沙特阿拉伯在中东北非地区电视业领域具有举足轻重的影响。

一、概述

沙特阿拉伯和中东北非地区其他国家一样，免费卫星频道数量众多，而且持续增长。2018 年研究数据显示，中东北非地区在过去十年间增加了 500 多个免费频道。在沙特阿拉伯、阿联酋、埃及等国，开路频道收视时间份额甚至高达 90% 以上。① 根据卡塔尔西北大学（the Northwestern university in Qatar）以及多哈电影学院（Doha Film Institute）在 2016 年一项联合调查结果，传统电视节目仍占主导地位，但日均收视时间有所下降。在 2014 年到 2016 年期间，沙特阿拉伯每天都观看传统电视节目的观众比例从 65% 下降到 49%。② 沙特阿拉伯最主要的电视传播渠道是卫星电视，2018 年全国约有 90% 的电视用户通过直播卫星电视平台收看节目，其中 63% 是收看免费数字卫星频道，27% 是付费卫星电视用户。近年来，网络电视等新兴媒体在沙特阿拉伯取得了长足的发展。根据 2017 年一份调查报告，87% 的沙特阿拉伯民众在智能手机上观看网络视频。沙特阿拉伯民众对于美国优兔网情有独钟，81% 的沙特观众在单月内访问过该网站。

沙特阿拉伯国从 2006 年开始进行模拟转数字的进程，在 2015 年全面完成模拟转数字。该国采用 DVB-T 制式。2018 年，该国播出 7 个数字地面电视频道和 5 个数字广播频率。就市场份额而言，数字地面电视远不及卫星电视。根据预测，该国数字电视家庭总数在 2023 年底将达到 503 万，其中 63.9 万将以数字地面电视为主要收视渠道。

沙特阿拉伯非常重视通信技术的发展，致力于将沙特阿拉伯建设成为连接亚洲、非洲和欧洲的枢纽。

沙特阿拉伯是穆斯林国家，电视业受宗教影响较大，包括电视节目传播规

---

① www.digitaltveurope.com/2018/01/16/ey-online-video-revenues-in-mena-to-grow-by-up-to-35-annually.

② www.rapidtvnews.com/2016051042813/tv-audiences-fall-by-50in-mena.

律也有别于其他国家。沙特阿拉伯和其他中东北非地区一样在电视领域有“斋月模式”，即在斋月期间，民众往往会花大量的时间收看电视，约有1/3的沙特阿拉伯观众每天收看3～5小时电视节目。相比之下，斋月以外其他月份的平均收视时长是2.7小时。因此，斋月是电视业一年中竞争最激烈的时间段。阿拉伯地区的影视节目制作大多锁定斋月期间的收视需求，由此造成节目制作的过度集中和收视竞争的白热化。每到斋月，各家电视台都会推出最重要的电视剧和其他节目，争夺收视市场。

近年来，沙特阿拉伯开始关注国际传播问题，积极参与国际媒体竞争。根据沙特文化信息部（Minister of Culture and Information）制定的《沙特愿景2030倡议》（*Saudi Vision* 2030 *initiatives*），沙特阿拉伯要强化媒体综合实力，与全球媒体发展保持同步。2018年，沙特阿拉伯政府开播了一个英语新闻频道。该频道由沙特新闻社（the Saudi Press Agency，SPA）和广播电视公司（Radio and Television Corporation）合作运营。该频道的开办就是要有效地向全球传播沙特的信息，扩大国际新闻传播能力和提升国际话语权。另外，为了推动沙特阿拉伯传媒产业发展，沙特阿拉伯媒体监管机构“视听媒体委员”（the Audio-Visual Media Commission，AVMC）希望那些沙特阿拉伯投资的卫星电视频道将总部或基地设在沙特阿拉伯，并计划为此提供扶持。

二、传媒监管与法规政策

1. 监管机构

沙特阿拉伯电视监管机构是沙特阿拉伯视听媒体委员会，电视业的行政管理机构是文化信息部。

2. 传媒法规与政策

沙特阿拉伯是穆斯林国家，伊斯兰戒律严格，电视传播内容受到严格限制。与其他国家相比，沙特阿拉伯对外国广播电视节目进行归口管理。1994年初，沙特阿拉伯大臣会议宣布，禁止用任何别的手段接收和传播卫星播放的外国电视节目，并禁止播放和订购卫星电视节目，违者将处以罚款并没收设备。同年3月上旬，沙特阿拉伯禁止进口和生产任何接收卫星电视的装置设备，并责成有关部门建立闭路电视系统，向用户有选择地转播卫星电视节目，保证这些节目不与本国伊斯兰宗教和社会观念相违背。伴随着卫星的出现，电子信息边界的失守和对电视节目的失控对阿拉伯卫星电视产生了深远的影响。随着人们希望寻找更加可靠的信息来源，但是，私装卫星天线的数量激增。在沙特阿拉伯，卫星天线大多是“既不被允许，也不被禁止”，卫星天线的地下市场非常繁荣。这导致沙特政府在 1995 年颁布了一项针对卫星天线的禁令，却没有强制执行。尽管如此，1996 年的一项研究表明，卫星天线的数量多达 750000 个。1999 年，在一些比较富裕的海湾国家，譬如沙特、科威特、卡塔尔、阿联酋，卫星电视的普及率达到了 50%。目前，在沙特阿拉伯，92% 的电视用户通过直播到户卫星电视平台收看节目。

三、电视频道与传媒机构

近年来，沙特阿拉伯卫星电视频道仍处于不断增长之中，沙特阿拉伯境内开办的免费卫星频道数占整个中东北非地区免费卫星频道总数的 14%。沙特阿拉伯拥有 9 家政府控制的电视台。沙特阿拉伯最重要的电视机构是沙特阿拉伯中东广播中心（MBC），收视份额达到 30%，它也是整个中东北非地区最具影响的媒体机构；另外，沙特电视台（Saudi TV）等也具有一定的市场影响力。沙特阿拉伯电视广告营业收入在整个广告营业收入中所占比例很小，2015 年为 4.4%，2016 年为 4.1%，2017 年为 4.2%；全国广告营业收入在 2015 年为 15.2 亿美元，2016 年为 14 亿美元，2017 年为 12.7 亿美元。

1. 中东广播中心（MBC）

中东广播中心隶属于中东广播中心集团（MBC Group），创办于 1991 年，当时的总部设立在英国伦敦。1991 年，该集团面向阿拉伯地区播出了中东广播中心一频道（MBC1），这是阿拉伯地区第一个私营免费卫星电视频道。2002 年，中东广播中心集团把总部从伦敦迁至迪拜。

中东广播中心覆盖了中东北非地区 5000 万家庭，广告收入约占整个地区的 53% ~ 54%。瓦利德·阿尔 - 易卜拉欣王子（Waleed Al-Ibrahim）是中东广播中心的创立者，此前一直担任中东广播中心主席。根据英国路透社 2018 年 2 月报道，沙特政府为了强化对媒体的控制，决定收购中东广播中心 60% 的股份，瓦利德·阿尔 - 易卜拉欣王子持有剩余的 40% 股份。

目前，中东广播中心在阿拉伯地区播出 18 个频道，另外还运营多个网络平台，包括 MBC.net、Alarabiya.net 和 Shahid.net。中东广播中心一台（MBC 1）定位为家庭频道，中东广播中心二台（MBC 2）以播放西方电影为主，中东广播中心三台（MBC 3）是儿童频道，中东广播中心四台（MBC 4）定位为女性频道。2010 年，中东广播中心开播了影视台（MBC Drama），定位为影视剧专业频道。2017 年，中东广播中心开播了动作台（MBC Action），是以动作影视节目为主的专业频道，目标受众为 18 ~ 25 岁年龄层的阿拉伯男性。中东广播中心旗下还有中东广播中心极限台（MBC Max），主要针对西方观众。2019 年 9 月，中东广播中心开办了中东广播中心五台（英语呼号为 MBC5，法语呼号为 MBC Cinq），该频道是一个家庭娱乐频道，主要面向北美地区播出。该频道是根据中东广播中心的五年发展计划而创办的，该计划致力于“为全球观众提供一流内容”。为了强化内容制作，中东广播中心在 2018 年创建了“中东广播中心影业公司”（MBC Studios）。中东广播中心影业公司主要制作电影、电视剧、电视和网络节目内容等，以助力沙特阿拉伯领导层将沙特阿拉伯打造成区域性媒体中心的目标。

近年来，中东广播中心不断拓展国际市场，尤其注重在阿拉伯国家发展电视业务。中东广播公司非常注重本土化策略，针对目标国家的观众需求和市场特点制作节目，播出本土版本的频道。2012 年 11 月，中东广播中心推出了它的第 12 个频道（MBC MASR）。该频道主要面向埃及观众，节目以综艺和真人秀为主。[①] 在阿尔及利亚，中东广播中心集团经过本土运营，旗下频道拥有 24% 的市场份额。2019 年 2 月，中东广播中心在伊拉克开播了“中东广播中心伊拉克频道”（MBC Iraq）。这是一个综艺娱乐频道，节目内容主要是中东广播中心精选内容和伊拉克本土内容。该频道是根据中东广播中心 2018 年制订的五年发展计划创办的，以有效开拓整个阿拉伯地区市场。[②] 目前，中东广播中心在阿拉伯地区电视业中已经占有重要地位，这不仅体现在节目制作与播出领域，在广告经营方面也是如此。2019 年，中东广播中心在摩洛哥、突尼斯和阿尔及利亚三国的电视广

---

① MBC Group launches its 12th channel, http://www.rapidtvnews.com.

② www.rapidtvnews.com/2019012754921/mbc-group-announces-family-channel-for-iraq.

告市场中占到了 10% 的份额。

在经营管理方面，中东广播中心近年来一直在调整经营结构，促进营业收入的多元化。在 2007 年之前，中东广播中心的主要收入来源是广告，约占营业收入份额的 90% ~ 95%。2015 年，中东广播中心推出了名为“MBC+”的付费频道，以及名为“沙希德”（Shahid Plus）的网络电视业务，其中沙希德平台是在该台此前视频点播业务“Shahid+”基础上发展起来的。沙希德平台不仅面向阿拉伯地区提供网络视频点播业务，也面向美国之外的其他国家运营。经过优化产业结构，到 2017 年，广告收入仅占中东广播中心集团营业收入的 80%，其余 20% 来自品牌内容销售等。在有效平衡广告和非广告的经营结构之外，中东广播中心还非常注重新技术的应用，积极应对全球媒介技术变革带来的挑战。中东广播中心集团官方发言人马兹·哈雅克（Mazen Hayek）表示，中东广播中心已经不再将自身定位局限为电视领域，因为新兴媒体业务才是未来发展的关键。近年来，中东广播中心着力打造“沙希德”这一网络电视业务品牌，以有效把握网络电视时代的发展机遇，面向全球提供网络视频点播业务。2017 年，中东广播中心与卡塔尔欧瑞度公司（Ooredoo Qatar）合作，针对欧瑞度公司电信用户的需求推出了专门的电视频道。在阿联酋，中东广播中心与艾提塞特公司（Etisalat）合作，在其 IPTV 平台上独家播出 17 个高清频道，并合作制作了一个频道。另外，中东广播中心旗下的沙希德平台也入驻了艾提塞特公司 IPTV 平台。[①]

2. 沙特电视台（Saudi TV）

沙特电视台是沙特阿拉伯另外一个重要的电视播出机构，收视份额仅次于中东广播公司，约为 20%。沙特电视台旗下共有八个频道，除了综合频道（KSA1），其他频道都是专业频道，包括英语新闻频道（KSA 2）、体育频道（Al-Riyadhiyyah）、新闻频道（Al-Ikhbariyyah）、财经频道（Al-Iqtisadiyyah）、儿童频道（Ajyal）、文化频道（Al-Thaqafiyyah）和宗教频道（Al-Sunnah）。沙特电视台的所有频道通过卫星和地面开路平台播出，同时在网站上进行直播。

3. 麦加电视台（Al-Majd）

作为穆斯林国家，宗教电视台在沙特阿拉伯具有重要的地位，其中最具影响力的宗教电视台是麦加电视台。该台有四个频道，即古兰经频道（Quran）、先知

---

① www.digitaltveurope.com/longread/lines-in-the-sand.

频道（Prophetic）、知识频道（Knowledge）和综合频道。该电视台的收视份额约为15%。该台隶属于沙特阿拉伯麦加公司（Al-Majd Saudi Arabia），还从事直播卫星电视运营业务。

4. 罗塔纳电视台（Rotana）

罗塔纳电视台隶属于沙特阿尔瓦利德·本·塔拉尔王子（Prince Alwaleed Bin Talal），主要播出三个自制频道，即综合频道（Khalijiyyah）、电影频道（Aflam）、阿拉伯电影频道（Rotana Cinema）。除了瓦里德·本·塔拉勒王子之外，美国新闻集团在该电视台持有14.53%的股份，并于2012年5月将股份增加到18.97%。以此，罗塔纳电视台还播出福克斯频道（Fox）和福克斯电影频道（Fox Movies）。

5. 阿拉伯新闻频道（Al Arab News）

阿拉伯新闻频道（Al Arab News）开播于2015年2月，主要面向中东和北非播出。该频道每天播出24小时，其中有5小时财经节目由彭博电视（Bloomberg）制作。该频道是继半岛电视台、Al Arabiya和天空电视台阿语新闻频道（Sky News Arabia）之后，阿拉伯地区的第四个泛区域新闻频道。该频道隶属于阿尔瓦利德·本·塔拉尔王子（Prince Alwaleed Bin Talal），由沙特记者贾马尔·艾哈迈德·坎什吉伊（Jamal Ahmad Khashoggi）负责运营。2017年2月，阿尔瓦利德·本·塔拉尔关停了该频道。

阿尔瓦利德·本·塔拉尔王子还曾通过旗下的沙特王国控股公司（Kingdom Holding Company）购入黎巴嫩广播公司卫星频道（LBC SAT）49%的股份。该频道于1996年开播，1997年又增加了4个卫星电视频道。2015年，黎巴嫩国际广播公司（The Lebanese Broadcasting Corporation International，LBCI）通过法院裁定从阿尔瓦利德·本·塔拉尔王子收回其在黎巴嫩广播公司卫星频道所持股份。

6. KSA新闻频道

KSA新闻频道开播于2018年，由沙特新闻部（SPA）和沙特广播电视公司共同创办。该频道以英语播出，与Al-Ikhbariya卫星电视频道协同运作。

四、播出渠道与付费电视业

沙特阿拉伯的主要电视播出渠道是卫星。2019 年，沙特阿拉伯电视家庭的收视渠道主要为卫星电视（90%），其次是数字地面电视（8%），IPTV 有少量用户（2%）。根据预测，未来几年这种传播格局不会出现较大改变，到 2023 年卫星电视依然居于主导地位（84%），数字地面电视和 IPTV 的份额略有增长，分别为 13% 和 3%。

近年来，沙特阿拉伯的付费电视业规模处于持续减少之中。就付费电视业务的订户规模来说，2017 年为 193 万，2020 年降至 146 万，到 2024 年预计进一步减少到 116 万。沙特阿拉伯付费电视业务的渗透率在 2017 年为 28%，2019 年为 29%，预计到 2023 年为 33%。就付费电视业的营业收入而言，2016 年为 2.8 亿美元，2020 年为 1.7 亿美元，到 2023 年预计降至 1.33 亿美元。付费电视业的单位订户月均营业收入贡献额（APRU）在 2016 年为 19.76 美元，2017 年为 20.55 美元，2023 年预计达到 27.55 美元。

在付费电视业领域，中东和北非地区主要有两大运营商：碧影传媒集团（beIN Media Group）和轨道佳映电视网公司（OSN），两家运营商的用户市场份额合计为 60% 左右。根据 2018 年数据，中东北非地区付费电视业的营业收入在 2017 年为 11.8 亿美元，到 2023 年有望增长到 14.6 亿美元，届时付费电视用户总数预计为 584 万。轨道佳映电视网公司到 2023 年的营业收入预计为 4.98 亿美元，付费用户总数预计为 146 万；碧影传媒集团付费用户总数预计为 187 万。在沙特阿拉伯，付费电视业主要有四家公司：沙特阿拉伯麦加公司（Al-Majd Saudi Arabia）、碧影传媒集团（BeIN Media）、轨道佳映电视网公司（OSN）和沙特电信公司（STC）。2019 年，这四家公司的市场份额分别是 38%、27%、25% 和 7%。此前在 2017 年，这四家公司的市场份额分别是 36%、29%、25% 和 7%（2017 年数据）。另外还有几家订户规模较小的公司，包括属吾高清公司（My-HD）和沙特动感公司（Mobily）等，这两家公司在 2019 年的市场份额分别为 2% 和 1%。

1. 卫星电视

在沙特阿拉伯，免费卫星电视仍是主要的电视收视渠道，付费卫星电视在电视家庭中的份额和营业收入规模近年来有所增长。2018 年，付费卫星电视订户在电视家庭中的份额为 27%，到 2023 年预计达到 30%。付费卫星电视业务的营业收入在 2016 年为 2.57 亿美元，2017 年为 2.86 亿美元，2018 年为 3 亿美元，预计到 2023 年预计为 4.77 亿美元。

（1）轨道佳映电视网公司（OSN）

该公司创办于 2009 年 7 月，由轨道传播公司（Orbit Communications）和阿拉伯佳映公司（Showtime Arab）合并而成。2019 年，该公司在沙特阿拉伯的付费电视订户总数为 35 万，此前的 2016 年为 31.3 万，2017 年为 33 万。

（2）沙特阿拉伯麦加公司（Al-Majd Saudi Arabia）

该公司的业务特点是宗教性强，平台上自办或集成了众多宗教类频道。

麦加公司付费订户总数一直处于增长之中，在付费电视业的市场份额居于首位。2019 年，该公司在沙特阿拉伯付费电视业的市场份额为 38%，居于首位。2019 年为 55.3 万户，此前的 2009 年为 21 万户，2012 年为 34.4 万户，2016 年为 41.2 万户，2017 年为 46.8 万户。

（3）卡塔尔碧影传媒集团（BeIN Media）

卡塔尔碧影传媒集团隶属于卡塔尔半岛电视台。2019 年该平台在沙特阿拉伯的付费电视订户总数为 39.7 万户，此前在 2016 年为 39.1 万户，2017 年为 38 万户。

2017 年，卡塔尔与沙特、巴林、阿联酋、埃及四国出现了严重的外交危机，四国由此抵制半岛电视台及碧影传媒集团。受此影响，碧影传媒集团在中东北非地区的订户规模在 2017 年减少了 25%，这也是自 2010 年以来首次出现了下降。由于外交危机一直没有得到解决，碧影传媒集团在沙特阿拉伯的市场份额仍处于下降状态，2018 年在沙特阿拉伯付费电视业的市场份额为 30.5%，2019 年下降至 27.4%。

（4）属吾高清公司（My-HD）

属吾高清电视公司在 2012 年创办于迪拜媒体城，至 2019 年，该公司卫星电视平台已覆盖中东北非地区 22 个国家。属吾高清电视公司的卫星电视平台上共有 74 个电视频道，其中 60 个为高清节目。属吾高清电视公司平台上的节目以英语和阿拉伯语为主，其中 44 个为英语频道，16 个频道为阿拉伯语节目。目前，该公司共提供 9 种不同价位的节目套餐，资费标准从每月 1.97 美元至 27 美元不等。

该公司从 2014 年开始在沙特阿拉伯从事直播卫星电视运营业务，当年订户总数为 1.04 万户。此后，该公司订户规模未增反降，2017 年仅为 3900 户。

2. IPTV

沙特阿拉伯 IPTV 市场相对较小，营业收入规模也不大。2019 年，IPTV 营业收入总额为 2900 万美元，预计到 2023 年增长到 5400 万美元。

（1）沙特电信公司（STC）

沙特电信公司（Saudi Telecom Company，STC）是 IPTV 主要运营商之一。该公司在 2010 年 8 月开始推出 IPTV 业务，提供不同价位、不同层级的频道套餐，基础频道套餐每月资费为 7.6 美元。另外，沙特电信公司（STC）还提供手机电视业务，播出体育、新闻、财经等各类频道。为了应对市场挑战，沙特电信公司在 2017 年与思科集团开展为期三年的合作，全面升级改造核心网络和运营系统。2018 年，该公司与中国华为集团签署合作备忘录，共同推进 5G 网络技术和服务的研发。沙特电信公司与沙特阿拉伯政府签署了合作协议，承担建设地区性高速光纤宽带系统项目。该项目预计总投资为 19.5 亿美元，结项时间为 2020 年。建成后，高速光纤宽带系统将覆盖 130 万个家庭。

就电信业务而言，沙特电信公司在 2019 年的移动通信业务订户总数为 1976 万，固话业务的订户总数为 100 万户。

就付费电视业务而言，沙特电信公司在 2019 年的订户总数为 9.85 万户。此前，2012 年为 9.1 万户，2016 年为 8.1 万户，2017 年为 8.5 万户。

（2）沙特动感公司（Mobily）

沙特动感公司从 2014 年开始经营 IPTV 业务。

就电信业务而言，沙特动感公司在 2019 年的移动通信业务订户总数为 1389 万户。

就付费电视业务而言，沙特动感公司在 2019 年的订户总数为 2 万户。此前，2014 年为 5000 户，2017 年为 1725 户。

五、新兴媒体与网络电视

沙特阿拉伯在发展网络电视等新兴媒体方面具有较为有利的条件。该国人口的城市率较高，2019 年为 83.9%。在基础设施方面，根据 2019 年数据，沙特阿拉伯的固网宽带渗透率为 40.9%，移动通信业务渗透率为 126.9%，移动业务的单位用户月均营业收入贡献额为 20.27 美元。2019 年，沙特阿拉伯三大电信运营商（CITC、STC 和 Zain）都正式推出了 5G 业务，这对于推动网络视频业务的发展提供了强大动力。该国网络电视订户总数在 2016 年为 153 万户，2020 年为 299 万户，2024 年预计能增至 430 万户。网络电视业务的营业收入在 2016 年为 1.3 亿美元，2020 年增长到了 3.16 亿美元，2024 年预计能达到 4.59 亿美元。

1. 地区竞争格局

根据 2018 年数据，中东北非地区网络视频业务用户规模在 2013 ~ 2022 年的复合年度增长率为 64.2%；相比之下，传统付费电视业务仅为 6.1%。在中东北非地区，网络电视领域主要品牌包括艾克飞（Icflix）、艾斯提卡纳（Istikana）、美国“阿拉伯星光播映”（Starz Play Arabia）、奈飞（Netflix）、亚马逊（Amazon Prime Video）、艾飞（Iflix）、沙希德（Shahid Plus）等。目前，美国“星光播映”在中东北非地区的市场份额位居第一，达到了 26%；2020 年，该业务的市场份额有望超过 50%。美国奈飞（Netflix）和艾克飞（Icflix）在市场份额方面分别位居第二、第三，份额分别是 16% 和 11%。[①] 除了沙希德（Shahid Plus）之外，其他网络电视平台主要来自美国。沙希德是当地知名电视机构中东广播中心（MBC）推出的付费流媒体业务。

2. 美国奈飞

奈飞公司在 2016 年进入阿拉伯地区，也同步进入沙特阿拉伯。依托美国内容优势和国际化内容资源，奈飞公司在沙特阿拉伯市场的影响力迅速增长。奈飞公司在沙特阿拉伯主要提供两个价位的业务：一个是 10.4 美元 / 月，另一个是 14.93 美元 / 月。这两个业务的差别主要是支持不同数量的终端设备。

---

① www.rapidtvnews.com/2018041651690/starz-play-hails-4th-year-with-26-share-of-mena-s-ott-sector.

3. 沙希德平台

“沙希德”平台（Shahid）是中东广播中心（MBC）的网络电视平台，在沙特阿拉伯和中东地区都具有一定的影响力。在 2019 年斋月期间，沙希德平台在用户规模上实现了较大增长，与 2018 年相比增幅达到了 23%，月均独立用户总数为 2700 万。在斋月期间，中东广播中心在沙希德平台上投放了 50 个新节目，其中 28 个是在该平台独家播出。①2019 年 11 月，沙希德平台推出了首部原创电视剧，这也是该平台为了应对中东地区网络电视业务激烈竞争的重要举措。中东广播中心负责网络电视原创内容战略的是翰尼斯·拉切尔（Johannes Larcher），他此前担任美国葫芦公司的高管。

4. 轨道佳映电视网的网络电视业务

轨道佳映电视网（OSN）2019 年 2 月在沙特阿拉伯推出了网络电视业务，其品牌名称为“艾法格”（El Farq）。该业务走低价路线，节目内容包括福克斯频道、家庭影院频道和迪士尼频道等，每月资费为 159 里亚尔（SAR），约 42 美元。与此同时，轨道佳映电视网与美国奈飞建立了合作，前者提供平台，后者提供内容。轨道佳映电视网还与沙特阿拉伯赞恩公司（Zain Saudi Arabia）合作，轨道佳映电视网在其节目系统中添加了赞恩公司的“瓦沃”（WAVO）网络流媒体业务。

5. 阿拉伯星光播放公司

目前，阿拉伯星光播放公司（Starz Play Arabia）在 2015 年 4 月进入中东北非市场，它隶属于美国狮门影业（Lionsgate）。它在阿拉伯地区的主要市场是沙特阿拉伯，约占订户总数的一半。阿拉伯星光播放公司主要提供好莱坞影视内容，在海湾地区的订费价格为 7.99 美元 / 月，在北非地区的价格为 4.99 美元 / 月。阿拉伯星光播放公司主要采取三个方面的策略：渠道策略、内容策略和价格策略。渠道策略主要是与当地主流电信和付费电视运营商合作，包括 Etisalat、du、Saudi Telecom Group、Ooredoo Group、Orange Jordan、Orange Egypt 和 Orange Morocco 等，通过与当地移动通信和 IPTV 运营商合作，实现销售和缴费等业务的本土化；通过与沙特电信公司（STC）佳维电视平台（Jawwy TV）建立长期

① www.rapidtvnews.com/2019061856400/mbc-heralds-shahid-success-with-23-user-rise-in-ramadan.

合作，并借助其平台在沙特、巴林、科威特等国家的发展而拓展市场。内容策略主要是提供高质量的本土内容和国际性内容，它依托美国母公司的优势，购买了大量独家节目版权，既有美国影视内容，也有阿拉伯地区的本土影视节目。目前，阿拉伯星光播放平台上有 2000 多个小时的阿拉伯节目，2019 年 11 月又购入大量埃及、黎巴嫩的经典和现代电影。它从 2018 年开始还着手进行本土节目制作，以吸引阿拉伯地区订户和减少退订率。价格策略主要是针对不同市场采取不同的收费方式和价格标准。得益于此，该公司在 2019 年初的订户规模突破了 100 万，而且年均增幅仍保持在 60% 的高位。不过，阿拉伯星光播放公司也意识到，随着全球网络电视业务的迅速发展，它在阿拉伯地区的发展窗口时间也就剩下了 2 ~ 3 年。因此，它必须要把握住这个机遇期，进一步筑牢基础、巩固优势。

6. 艾克飞（Icflix）

艾克飞（Icflix）在 2017 年与沙特电信公司开展合作，沙特电信公司的预付费和后付费业务订户都能直接订阅艾克飞的视频点播业务，可以按月或按周支付订阅费用，每月资费为 5.3 美元，每周的资费为 2 美元。

第十节　土耳其

土耳其（Turkey）地跨亚、欧两洲。就经济发展状况而言，自 20 世纪 80 年代实行对外开放政策以来，经济实现跨越式发展，国民生产总值约为 7713.5 亿美元（世界银行，2018）。土耳其总人口约为 8201.75 万（2020），人口年龄中位数是 32.2 岁。土耳其语为国语。土耳其家庭最主要的付费收视渠道是卫星；2017 年，土耳其电视家庭总数为 2127.7 万户，其中 1796.1 万户为卫星电视用户。土耳其采用公私并行的电视体制，公共电视机构是土耳其广播电视公司，私营电视机构主要是多安传媒集团等六大集团。2016 年，土耳其电视广告营业收入总额为 44.7 亿美元，约占全国广告营业收入总额的一半。

一、概述

土耳其电视业相对较为发达，尤其在电视内容制作领域取得了长足进展。近年来，土耳其影视剧出口呈现蓬勃发展态势，土耳其的影视剧已经销售到了全球 140 多个国家和地区，全球约有 40 个国家和地区经常播出土耳其电视剧，包括巴基斯坦、东欧和拉丁美洲。根据 2019 年数据，土耳其影视剧在阿拉伯电视频道中影视剧的份额高达 35%。根据土耳其文化旅游部的报告，土耳其在 2013 年电视节目出口金额就突破了 2 亿美元（中国影视节目出口在 2015 年才突破 1 亿美元），到 2023 年电视节目出口总额预计达到 10 亿美元。2017 年一项针对全球 48 个电视业较为发达的国家和地区电视市场的分析报告发现，跨国播出（传统电视频道和网络电视平台）的电视剧为 4100 部，土耳其和英国、美国、法国、德国一道在电视节目出口规模方面名列前五位，东欧、中东和南美是其主要出口市场。① 根据 2016 年“欧洲电视数据”（Eurodata TV）数据，土耳其在全球节目出口总量排名方面和美国、英国、法国、澳大利亚一道位列前五，其中法国和土耳其是第一次跻身前五名。2017 年欧洲数据全球电视研究公司（Eurodata TV Worldwide）发布的四屏全受众测量（four-screen audience measurement）数据分析报告，土耳其和俄罗斯正在成为剧本性节目的出口大国，土耳其占全球出口总量的 25%，俄罗斯占据 15%，分列第一位和第二位。印度和阿联酋并列第三，所占份额都是 11%。美国位列第五，出口份额仅为 7%。媒介技术发展是主要原因之一，另外全球化影视节目交流合作也推动了整体内容质量的提升，跨文化的内容出口更为普遍，例如土耳其的电视小说就较好地开拓了拉丁美洲的电视市场。② 2019 年数据显示，土耳其电视剧在全球市场的影响持续增长，已经成为全球第二大电视剧出口国。在此背景下，第一个土耳其电视剧频道“永恒电视剧频道”（Timeless Drama Channel）于 2019 年 4 月由 SPI 公司面向全球推出。该频道将以保加利亚语、罗马尼亚语、马其顿语、塞尔维亚语、克罗地亚语、阿尔巴尼

---

① www.digitaltveurope.com/2018/04/09/eurodata-reveals-tv-viewing-and-content-tren-ds-at-miptv.

② www.digitaltveurope.net/680232/four-screen-audience-measurement-highlights-ne-w-viewing-patterns.

亚语和阿拉伯语等 10 种语言播出，并配有英文字幕。

土耳其在数字化方面的进程相对较慢，2020 年实现数字化，4% 的电视家庭主要以数字地面电视为主要收视渠道。但土耳其注重前沿电视技术。2018 年 11 月，土耳其通过土星（Turksat）3A 和 4B 两颗卫星进行了 8K 超高清电视播出试验，由此跻身全球为数不多的几个进行 8K 超高清电视试验的国家之列。另外，土耳其电信运营商在积极推动 5G 的发展与应用，并以此为基础推动媒体的融合发展。土耳其移动公司（Turkcell）是土耳其电信市场的佼佼者，移动通信市场份额高达 42.37%。2018 年 11 月，土耳其移动公司与韩国三星集团联合进行了 5G 市场展示，以此宣示其发展 5G 的市场战略。土耳其的网络电视业近年来取得了长足进展，网络电视业务的订户规模在 2018 年底超过了付费电视业务的订户规模。

1963 年土耳其《广播电视法》获得通过，据此，土耳其广播电视公司（Turkiye Radyo Televizyon Kurumu，TRT）于 1964 年 5 月 1 日成立，它是具有法人权利的公共企业，也是土耳其全国性广播电视领军机构。[①] 目前，土耳其电视业的监管机构是土尔其广播电视最高委员会（RTUK）。土耳其宪法规定，电台、电视台只能由国家经营。1993 年 7 月 1 日，土耳其对宪法第 133 条进行了修正，为私营企业进入广播电视业扫清了障碍。随后，根据该修正案又相继出台了一系列法规。就外资准入而言，[②] 根据土耳其传媒法律的规定，任何一家外国投资者不能在一家土耳其媒体中持股超过 25%。自从 1999 年成为欧盟候选国以来，土耳其已为满足欧盟标准出台了数千项改革计划，并将修改宪法，其中包括有关电视传媒方面的法律法规等。

土耳其电视业的发展深受国内政治环境的影响。土耳其政府对于国内播出的电视频道和覆盖土耳其的卫星频道都采取较为严格的监管政策，甚至积极的干涉举措。2017 年 3 月，土耳其政府副总理公开批评该国相亲类节目，土耳其广播电视最高委员会随后于 2017 年 5 月正式禁止国内频道播出相亲类节目。2017 年 5 月，土耳其广播电视最高委员会在国内禁播了 3 个库尔德电视频道，包括 Ronahi、Sterk 和 the News Channel。该委员会还劝说欧洲通信卫星公司

① 徐耀魁:《世界传媒概览》，重庆出版社 2000 年版，第 683 页。

② 唐世鼎、黎斌:《世界电视台与传媒机构》，中国传媒大学出版社 2005 年版，第 286 页。

（Eutelsat）停止在欧洲转播这些频道。此前在2016年，土耳其广播电视最高委员会在国内禁播了Newroz TV频道，并通过游说成功实现该频道被欧洲通信卫星公司平台停播。2017年9月，伊拉克北部库尔德自治区举行独立公投，引起土耳其等国不满。土耳其广播电视最高委员会随即宣布土耳其卫星电视系统停播三个库尔德电视频道（Rudaw、Kurdistan 24、Waar TV）。不过，土耳其广播电视最高委员会宣布，停播这3个频道是因为它们是境外频道，没有在土耳其取得播出执照。

二、传媒监管与法规政策

1. 监管机构

土耳其广播电视政府管理机构是土耳其广播电视最高委员会，它是根据1994年《广播电视事业法》设立的。

2. 传媒法规与政策

1963年土耳其《广播电视法》开始实施。在20世纪90年代之前，土耳其宪法规定，电台、电视台只能由国家经营。1993年7月1日，土耳其对宪法第133条进行了修正，为私营企业进入广播电视业扫清了障碍。随后，根据该修正案又相继出台了一系列法规。[①]

就外资准入而言，根据土耳其传媒法律的相关规定，任何一家外国投资者不能在一家土耳其媒体中持股超过25%。自从1999年成为欧盟候选国以来，土耳其已为满足欧盟标准出台了数千项改革计划，并将修改宪法，其中包括有关电视传媒方面的法律法规等。2010年11月，土耳其法规确定，外资资本比率上限从25%上调到50%，但外国个人或企业不能投资2个以上媒体机构。

为了应对新兴媒体的发展，土耳其政府调整和完善了媒体监管法规。2019年，土耳其颁布了新的网络播出法规，要求所有在土耳其运营的网络视频业务平台都需要申请执照。根据新法规，网络视频业务需要在土耳其设立当地办公室，并向土耳其政府上缴0.5%的营业收入。

① 唐世鼎、黎斌：《世界电视台与传媒机构》，中国传媒大学出版社2005年版，第286页。

三、电视频道与媒体机构

土耳其电视业是在20世纪60年代开始起步的。1968年1月，土耳其开始电视的试播，并于一年后正式播出。1983年，土耳其开始播出彩色节目。20世纪60～90年代，土耳其一直实行公共电视体制；1993年宪法修改后，私营电视取得了长足发展。目前，土耳其电视播出领域竞争非常激烈，全国性频道、地区性频道以及境外电视频道同台竞技。根据2014年收视数据，黄金时段收视份额位居前六位的电视频道分别是明星电视频道（Star TV，13.3%）、多安频道（Kanal D，11.1%）、阿珂缇夫频道（ATV，9.9%）、美国福克斯频道（Fox，8.8%）、萨玛优卢频道（Samanyolu，8.0%）、展示电视台（Show TV，7.4%）。2015年，土耳其电视业的广告营业收入总额为56亿美元，排名前五的电视频道广告份额超过了70%。近年来，土耳其电视领域有两个较大的变动：一是2011年收视率测量体系的变化。因为收视率数据的分歧，土耳其电视受众研究委员会在2011年终止了与美国尼尔森公司的合作，转而与TNS合作，由其负责开展收视数据调查；二是多家电视频道执照被吊销。2016年7月，因涉嫌与“政变”有关联，土耳其广播电视最高委员会吊销了13家电视频道的执照，包括STV、Samanyolu Haber、Can Erzincan TV、Kanal 124、Yumurcak TV、Hira TV、MC TV、Dunya TV、Kanal Turk、Bugün TV、Mehtap TV、Merkur TV和Tuna Shoping TV。

1. 公共电视机构

土耳其广播电视公司（Turkish Radio Television Corporation，TRT）是土耳其公共电视机构，成立于1964年5月1日。它是根据1963年通过的土耳其《广播电视法》成立的具有法人权利的公共企业，总部设在安卡拉。[①]20世纪90年代，土耳其广播电视公司办有5套电视节目，分别由设在安卡拉、伊斯坦布尔和伊兹密尔3个城市的电视台播出。电视1台和电视2台设在安卡拉，播出第一套和第二套节目。电视3台、电视4台和电视5台设在伊斯坦布尔，播出第三套、第四套和第五套节目。

① 唐世鼎、黎斌:《世界电视台与传媒机构》，中国传媒大学出版社2005年版，第286页。

目前，土耳其广播电视公司办有4个全国性频道、1个地区性频道和2个国际卫星频道。土耳其广播电视公司全国性频道是第1、第2、第3和第4频道，其中第1频道（TRT1）是家庭频道，第2频道（TRT2）是新闻、知识、文化与艺术频道，第3频道（TRT3）是青年与体育频道，第4频道（TRT4）是教育与音乐频道。土耳其广播电视公司地区性频道是TRT GAP，它主要面向安纳托利亚东部及东南部地区播出。[①]该公司由土耳其广播电视最高委员会归口管理。近年来，该公司的节目制作和播出能力稳步提升，2007年全年播出了235个节目，到2013年增长到了700个。与此同时，该公司整体收视份额也从2007年的5%提升到2014年的16%。

土耳其广播电视公司世界频道（TRT World）是一个国际英语新闻频道，创办于2015年，在伊斯坦布尔、伦敦、华盛顿等地设立了4个新闻制作和播出中心。2017年1月，土耳其与全球广播公司（Globecast）签署合作协议，增加10颗卫星来传输土耳其广播电视公司世界频道的信号，该频道由此覆盖全球190多个国家。2017年8月，土耳其广播电视公司世界频道与英国网络电视平台“TVPlayer”合作，作为免费频道在该平台上播出。英国TVPlayer平台上共有75个免费电视频道和30个付费电视频道，月均观众总数为100多万。2019年1月，土耳其广播电视公司新闻频道（TRT Today）推出了阿拉伯语频道（TRT Arabi），随后于2019年2月通过全球广播公司面向全球播出。2020年2月，土耳其广播电视公司世界频道进入葡萄牙，与葡萄牙阿尔提斯集团旗下的米奥公司开展合作。

作为国家电视台，土耳其广播电视公司的资金来源主要是收视费、财政拨款。其中，通过电费收缴的收视费约占70%，政府拨款约占20%。土耳其广播电视公司设立了TRT纪录片节，同时举办TRT纪录片大赛。TRT纪录片大赛面向全球业余和专业纪录片电影创作者，设立了四个大类的奖项。

2. 私营电视机构

土耳其私营电视台主要隶属于五家传媒集团，具体如下表所示。

---

① 参见土耳其广播电视公司网站：http://www.trt.net.tr。

传媒集团	电视频道
德米诺仁控股集团（Demiroren Holding）（原多安传媒集团，Dogan Holding）	多安频道（Kanal D）、多安高清频道（Kanal D HD）、梦想电视台（Dream TV）、美国有线电视新闻网土耳其频道（CNN Turk）、多安欧洲频道（Euro D）、明星电视频道（Star TV）
塞勒集团（Cyner Group）	展示电视台（Show TV）、展示加频道（Show TV Plus）、极致展示频道（Showmax）、展示土耳其语频道（Show Turk）
凯隆集团（Kaylon Holding）	阿珂缇夫频道（ATV）、阿珂缇夫高清频道（ATV HD）、阿哈伯频道（A Haber）、阿哈伯高清频道（A Haber HD）
多哥斯传媒集团（Dogus Holding）	e2 频道、美国全国广播公司财经 e 频道（CNBC-e）、克拉尔电视台（Kral TV）、全国电视台（NTV）、全国电视台体育频道（NTV Spor）
凯利克集团（Calik Holding）	A Haber 频道、A Haber 高清频道

私营电视机构的主要电视频道如下：

（1）多安频道（Kanal D）

该频道属于德米诺仁控股集团（Demiroren Holding），是土耳其最大的媒体集团；它原为土耳其多安传媒集团（Dogan Holding），隶属于土耳其传媒巨头阿迪·多安（Aydln Dogan）。该集团旗下还有一个国际频道——多安欧洲频道（Euro D），它于 2007 年 2 月在罗马尼亚开播的一家电视台。[①] 多安频道的收视份额长期位居全国第一，2010 年全天收视份额为 12%，黄金时段收视份额为 21.2%。2012 年，该台黄金时段收视份额为 15%。值得一提的是，多安频道 80% 以上的节目是土耳其国内制作的，而不是从其他国家引进的。该集团还播出 TV2，并参与美国有线电视新闻网土耳其频道的运营。除了经营电视频道之外，该集团旗下还有数智公司（D-Smart）和多安通讯社，其中数智公司从事直播到户卫星电视运营业务，多安通讯社是土耳其最大的私营通讯社，其视频节目提供能力在土耳其名列第一。

2018 年 4 月，多安传媒集团被德米诺仁控股集团（Demiroren Holding）收购。据报道，德米诺仁控股集团为本次收购共投入了 8.9 亿美元。

① 刘琛：《全球化背景下的亚洲电视传媒》，北京交通大学出版社 2009 年版，第 221 ~ 222 页。

（2）美国有线电视新闻网土耳其频道（CNN Turk）

该频道开播于1999年10月，是由美国有线电视新闻网（CNN）和土耳其多安传媒集团（Dogan Holding）合资成立的。目前，这个频道拥有员工150多人，几乎都是土耳其人。美国有线电视新闻网土耳其频道的总部设在土耳其最大的城市伊斯坦布尔，起初这个频道主要是将美国有线电视新闻网（CNN）的节目翻译成土耳其语播出，现在则成为当地原创节目占主流的本土频道，24小时滚动播出新闻，成为土耳其国内收视率最高的新闻频道之一。

（3）展示电视台（Show TV）

除了多安传媒集团旗下的电视频道之外，土耳其还有另外几家较有影响力的电视播出机构。展示电视台在2012年黄金时段的收视份额仅次于多安频道，达到了15%。

（4）明星电视频道（Star TV）

该频道在2005年被阿迪·多汉（Aydln Dogan）集团以3.06亿美元的价格收购。该频道40%的节目是从国外引进的，2012年黄金时段收视份额是7%。

（5）阿珂缇夫电视台（Aktif Televison，ATV）

该台开播于1993年，信号覆盖全国，主要播出娱乐节目。2012年黄金时段收视份额是13%。阿珂缇夫电视台原来隶属于凯勒克集团（Calik Holding），2013年11月被出售给凯隆集团（Kaylon Holding）；凯隆集团主要经营建筑业。此前，凯勒克集团在2007年底以11亿美元收购了阿珂缇夫电视台。

3. 境外电视机构

土耳其是境外电视机构拓展国际市场的重要目标，通过收购、合作等方式积极开拓土耳其电视市场。其中，美国福克斯公司在土耳其的发展成绩较为显著，福克斯频道的收视份额甚至长期高于大多数土耳其频道，名列前茅。美国福克斯公司在土耳其成立"福克斯电视网集团土耳其公司"（FNG Turkey），隶属于福克斯电视网集团欧洲和非洲公司（Fox Networks Group Europe and Africa）。福克斯电视网集团土耳其公司在当地播出的频道包括Fox、FoxLife、FX、Fox Crime、National Geographic Channel、Nat Geo Wild、Nat Geo People和24Kitchen。

除了福克斯公司，美国探索传播集团（Discovery Communications）和美国艺术与娱乐电视网集团（A+E Television Networks）也都积极拓展土耳其市场。2015年7月30日，美国探索传播集团与土耳其多哥斯传媒集团（Dogus Media

Group）建立了战略合作关系。通过与多哥斯传媒集团的合作，美国探索传播集团在土耳其播出的频道规模达到13个，包括当地版本的探索频道、动物星球频道、探索科学频道等。与此同时，多哥斯传媒集团从2015年9月1日开始成为美国探索传播集团在土耳其的独家广告和销售代理。2016年4月，美国艺术与娱乐电视网集团（A+E Television Networks）旗下的生活频道（Lifetime）推出土耳其版，在当地以开路免费频道的方式播出。频道的节目主要是电影、电视剧以及针对土耳其观众推出的其他节目。

土耳其当地运营商非常注重欧美内容，积极在其播出平台引进欧美电视频道。2018年4月，土数公司（DigiTurk）就播出英国广播公司幼儿频道（CBeebies），并以土耳其语对该频道进行了本土化制作；这也是英国广播公司的这个针对学龄前儿童的电视频道首次在土耳其播出。

卡塔尔半岛电视台也把土耳其作为重要市场。2011年，卡塔尔半岛电视台获得土耳其政府批准，收购了土耳其Cine5频道。Cine5频道原为私有，后因经营不善由土耳其国营基金会接管，并进行了公开拍卖。半岛电视台作为唯一竞标者以4050万美元购得该台。

2019年4月，英国广播公司、德国“德国之声”（Deutsche Welle）、法国法兰西24台（France24）和美国“美国之音”（VoA）四家机构合作创办了一个名为“+90”的土耳其语新闻频道。该频道的目标受众是土耳其国内以及境外的土耳其人，播出平台是优兔（www.youtube.com/plus90）。

四、播出渠道与付费电视业

在土耳其，卫星电视是主要的电视播出渠道。2017年，土耳其卫星电视用户在电视家庭中所占比例为84%，有线电视和模拟地面电视都为6%，IPTV为4%；到2022年，卫星电视用户所占比例预计为88%，有线电视和数字地面电视均为5%，IPTV为4%。2017年，土耳其使用免费开路卫星电视的家庭比例在中东北非地区（MENA）位居前列，达到了55%；付费卫星电视业务用户在2016年时的比例为24%，到2018年初为29%。

近年来，土耳其付费电视业务的订户规模和营业收入处于稳定增长的态势。

2019年该国付费电视业务的订户总数为667.6万，此前在2016年为590.1万，2023年预计增至741.9万。就营业收入而言，土耳其付费电视业务的营业收入在2016年为5.73亿美元；2019年增至7.02亿美元；2023年预计能增至8.47亿美元。

目前，在土耳其付费电视运营领域，土数公司（Digiturk）、土耳其卫星电视公司（Turksat）和数智公司（D-Smart）是三家主要的运营商。2015年，付费电视订户每月的单位平均收入产值（APRU）贡献额为9.02美元，在2016年为8.36美元，到2021年预计达到9.45美元。土耳其付费电视业非常注重融合发展，土数公司、土耳其卫星电视公司、数智公司、土耳其电信公司（Turk Telekom）和土耳其移动公司（Turkcell）都推出了融合业务，其中土耳其电信公司和土耳其移动公司提供四网合一业务。

1. 有线电视运营

土耳其有线电视运营业的营业收入总额在2016年为1.23亿美元，到2022年预计增长到1.66亿美元。土耳其最主要的有线电视运营商是土耳其卫星电视公司（Turksat），该公司在2009年对网络进行了全面升级，以发展数字电视业务，但到2015年时仍有一半用户是模拟电视业务用户。为了加快高清电视发展，土耳其卫星电视公司在2018年2月停播了平台上所有标清电视频道，全部改为高清格式播出。该公司的有线电视网络已经覆盖了全国大部分地区，因此在整个有线电视业形成了较大的优势。土耳其大部分有线电视运营商的运营都需要与它合作，以利用其有线网络传输节目和提供相关服务。

2019年，土耳其卫星公司付费电视业务订户总数为120万，宽带业务订户总数为90万。此前在2015年，该公司订户规模为129.9万，在全国付费电视业务的用户份额为23%。

2. 直播卫星电视运营

土耳其非常注重发展卫星通信事业，在2016年至2023年之间计划发射10颗卫星。土耳其卫星电视运营业的营业收入总额在2016年为3.54亿美元，到2022年预计达到4.85亿美元。目前，直播卫星电视是土耳其主要的电视播出渠道，其中付费卫星电视运营商的佼佼者是土数公司（Digiturk）。

（1）土数公司（Digiturk）

“土数公司”创办于2000年，是土耳其最主要的付费直播卫星电视运营商，其规模在整个中东北非地区也首屈一指。2015 年时，土数公司平台上播出 219 个标清和高清频道。2016 年，土数公司推出了名为“土数超高清”（Digiturk UHD）的 4K 超高清频道。土数公司原来隶属于土耳其 Cukurova 控股公司和美国 Province Equity Partners 集团。2016 年，卡塔尔碧影传媒集团（BeIn Media Group）斥资 10 亿 ~15 亿美元收购了该公司。土数公司拥有土超独家转播权，碧影传媒集团近年来一直在着力打造“半岛碧影体育”（beIN Sports）平台，故重金收购意在强化其体育内容布局。

土数公司在土耳其付费电视业居于主导地位，市场份额约为 40%。2019 年，土数公司付费电视业务的订户总数为 250 万，宽带业务订户总数为 10 万。此前在 2017 年，该公司付费电视业务订户总数为 260 万，2016 年为 248 万。

（2）数智公司（D-Smart）

土耳其“数智公司”创办于 2007 年，从 2008 年开始提供付费直播卫星电视业务。其平台上播出 220 多个频道，其中包括 11 个高清频道。2015 年，其用户总数为 123 万，在全国付费电视业务的用户份额为 22%；2017 年时电视业务订户总数为 93.6 万，另外宽带订户总数为 39.9 万。数智公司隶属于土耳其多安传媒集团，2017 年多安传媒集团营业收入总额为 6 亿美元。2018 年 4 月，多安传媒集团被德米诺仁控股集团（Demiroren Holding）收购。

（3）菲尔波斯公司（Filbox）

菲尔波斯公司在 2014 年 10 月开始提供直播到户卫星电视业务。该公司在 2014 年 9 月还推出了网络电视业务。2015 年底，该公司卫星电视订户总数为 1.4 万；2017 年，该公司电视业务订户总数为 4.5 万。

3. IPTV 运营

土耳其主要有两家公司提供 IPTV 业务，分别是土耳其电信公司和土耳其移动公司。2015 年，IPTV 在整个付费电视业订户总数中所占份额为 10.8%。

（1）土耳其电信公司（Turk Telekom，TT）

土耳其电信公司在 2010 年开始提供 IPTV 业务，也是土耳其第一家运营 IPTV 业务的公司。2015 年，土耳其电信公司开始提供直播到户卫星电视业务，并在同年推出了 4K 高清服务。该公司在土耳其宽带领域位居市场首位。土耳其电信公司在 2005 年完成了私有化，土耳其政府仅持股 30%。

就市场份额而言，土耳其电信公司在付费电视业中居于第二位，2019 年市场份额为23.7%。2019年初，土耳其电信公司付费电视业务的订户总数为170万，宽带业务订户总数为1090万，移动通信业务的订户总数为2150万。此前在2017年，土耳其电信公司付费电视业务的订户总数为32.2万，宽带业务用户总数为716万。2015年，该公司电视业务订户总数为38.3万，其中30.9万为IPTV订户，其余为卫星电视业务订户。2018年，土耳其电信公司营业收入总额为34.2亿欧元。

（2）土耳其移动公司（Turkcell）

土耳其移动公司在2014年开始提供IPTV业务。2016年，土耳其移动公司获得了阿尔法集团（Alfa Group）与VTB集团的联合投资。该公司是土耳其最大的移动通信运营商。

2019年4月，土耳其移动公司的IPTV订户总数为63.2万户，如果将网络电视业务订户计算在内，该公司电视业务订户总数达到了410万户。另外，该公司宽带业务订户总数为230万户，移动通信业务的订户总数为3370万户。此前在2017年，该公司IPTV订户总数为40.2万户，2015年为22.4万户。

五、新兴媒体与网络电视

随着宽带和移动终端的普及，土耳其新兴媒体迅速发展，网络视频业务日趋普及。2018年，土耳其订阅宽带业务的家庭比例为77.2%，手机的渗透率为91.4%；移动通信业务的单位用户月均营业收入贡献额为5.68美元。根据2018年数据，土耳其互联网家庭中订阅了网络视频点播业务的比例高于多个欧洲国家，达到了56.2%；相比之下，荷兰为54.8%，意大利为54.8%，沙特为54.3%，德国为49.3%，法国为33.9%，日本为27.4%。[①] 另根据2017年数据，76%的土耳其互联网用户在智能手机上观看视频，43%的人每天在智能手机上观看视频。

近年来，土耳其网络电视业处于稳步增长发展态势。2019年土耳其网络电视订户为486.1万户，此前在2016年仅为270.2万户，2023年预计增至689.3万

---

① www.broadbandtvnews.com/2018/04/11/ampere-analysis-us-svod-subs-plateaued-europe-grows.

户。与此同时，该国网络电视业务的营业收入在 2016 年仅为 1.34 亿美元；2019 年达到 2.29 亿美元；2023 年预计能增至 3.82 亿美元。值得一提的是，在新兴媒体领域，美国新兴媒体平台具有重大影响力和市场竞争力；2017 年分析数据显示，11% 的土耳其互联网用户通过美国奈飞（Netflix）平台观看节目；76% 的土耳其互联网用户经常在美国优兔网上观看视频；50% 的互联网用户经常在美国脸谱网上观看视频；15% 的互联网用户经常在美国推特平台上观看直播流媒体视频。另外，土耳其本土的“蓝视”（BluTV）也在积极参与市场竞争。就市场份额而言，土耳其本土公司显著高于奈飞等美国公司。根据 2018 年 9 月数据，土耳其的网络电视市场以本国公司为主，美国奈飞和亚马逊仅占有 5% 的市场份额。相比之下，土耳其移动公司（Turkcell）、土耳其电信公司（Türk Telekom）和土耳其沃达丰公司（Vodafone Turkey）在网络电视市场中的订户份额之和为 77%。这些电信运营商通常是与第三方合作，引进节目资源，开展捆绑业务。

1. 美国奈飞公司

美国奈飞公司在 2016 年 1 月进入土耳其市场，并在 2016 年 9 月推出了本土化服务，包括给节目增加土耳其语字幕或以土耳其语进行配音。为了强化本土水平，美国奈飞 2018 年与土耳其 O3 Medya 公司合作，制作了其首部土耳其语原创电视剧，该剧共 10 集，讲述一位伊斯坦布尔现代年轻店主完成古代神秘使命，保护伊斯坦布尔的故事。2018 年时，奈飞平台在土耳其推送的节目中 80% 已经以土耳其语配上字幕或配音。奈飞公司在土耳其的业务资费为每月 4.54 欧元。尽管如此，美国奈飞公司的市场份额一直没有实现较大提升，价格偏高是一个重要原因。2019 年，美国奈飞在土耳其拥有 150 万订户，在宽带家庭中的渗透率约为 10%。①

2. “蓝视”平台

蓝视平台（BluTV）创办于 2015 年，成立之初主要面向海外土耳其人提供网络电视业务。除了主品牌之外，该平台还根据目标市场细分为“蓝视土耳其世界”（BluTV Turkish World）、“蓝视阿拉伯语平台”（BluTV Arabic）、“蓝视拉美平台”（BluTV Latino）等。蓝视平台非常注重原创影视剧制作，截至 2019 年 3

① www.rapidtvnews.com/2019090457180/netflix-seeks-turkish-license-as-new-online-video-rules-kick-in.

月已推出 11 部原创影视剧。[①]

它是德米诺仁控股集团（Demiroren Holding）（原土耳其多安集团）旗下的网络电视业务，平台上有超过 1.1 万小时的土耳其和外国电影，另外还有 30 多个直播频道。2017 年 6 月，该平台开始面向海外提供网络电视业务。截至 2017 年 11 月，蓝视平台已有 150 万注册用户。该平台目前采用集中语言提供服务，目前的核心市场是中东北非地区，下一步的目标是面向全球提供业务。

3. M2M TV

M2M TV 是在 2017 年 1 月推出的，在其网络电视平台上播出土耳其 26 个主要频道，每月资费为 9.99 欧元。

第十一节　叙利亚

叙利亚（Syria）位于亚洲大陆西部，地中海东岸。就经济发展状况而言，国民生产总值受战乱影响持续走低，2007 年约为 404 亿美元（世界银行），2014 年约为 246 亿美元，此后经济数据不再更新。该国总人口约为 1939.84 万（2020），人口年龄中位数是 23.5 岁。阿拉伯语为国语。叙利亚电视家庭总数在 2015 年底时为 324 万，卫星电视是主要收视渠道，免费卫星电视用户在电视家庭中所占比例高达 78%。

一、概述

叙利亚国内战乱严重影响了电视业以及整个媒体领域的发展。2010 年，叙利亚媒体广告营业收入为 6100 万美元，到 2015 年减少到了 2000 万美元。

---

① www.broadbandtvnews.com/2019/03/28/turkish-svod-focus-in-blutv.

叙利亚数字化进程受战乱影响被长期搁置。2015 年底，叙利亚仍有 68.5 万电视家庭主要收看模拟地面电视信号。不过，卫星电视用户中的数字化比例很高，全国 79% 的卫星电视用户接收的数字电视信号。

二、传媒监管与法规政策

1. 监管机构

叙利亚的电视监管机构为叙利亚广播电视总局。该局隶属于叙利亚新闻部，下辖广播局和电视局。除了广播电视总局，新闻部下辖叙利亚通讯社、报业印刷出版总机构、十月报业出版机构、阿拉伯叙利亚发行机构、阿拉伯广告机构、新闻培训学院和印刷出版学院。

2. 传媒法规

目前，叙利亚的传媒法规主要针对新闻媒体以及新闻报道等，针对电视产业发展以及行业监管尚未建立完善的法规体系。新闻媒体监管以及新闻报道管理方面的法律是《出版法》。另外，叙利亚总统巴沙尔在 2011 年签署了《电子新闻法》。

三、电视频道与传媒机构

叙利亚电视业肇始于 19 世纪 60 年代。目前，叙利亚本国电视频道都为国有。该国最主要的电视机构是叙利亚电视台（Syrian Television）。该台开播于 1960 年 7 月 23 日，总部设在大马士革，开播之初即制作播出新闻、文化、音乐、影视等节目。1980 年，该台实现了彩色节目的播出。1985 年，叙利亚电视二台开播。1995 年，叙利亚卫星频道试播，覆盖阿拉伯世界和亚洲、欧洲部分地区。

目前，叙利亚电视台播出 7 个频道，包括 2 个地面频道和 5 个卫星频道。叙利亚电视台的卫星频道覆盖了阿拉伯地区的几乎所有国家，节目内容包括新闻、肥皂剧和电影等。

四、播出渠道与付费电视业

叙利亚最主要的电视播出渠道是卫星电视，而且是免费卫星电视，2016 年叙利亚免费卫星电视用户在电视家庭中的比例为 79%；2020 年增长到 85%。2020 年，付费卫星电视订户在电视家庭中的比例为 1%，模拟地面电视为 14%。该国付费电视业几乎没有发展起来，全国付费电视订户在电视家庭中所占比例不足 1%。目前，该国主要有三家付费电视运营商，即麦加电视（Al Majd）、叙利亚轨道佳映电视网（OSN）、碧影平台（beIN）。三家电视运营商的市场份额分别为 43%、39% 和 18%。

1. 麦加电视（Al Majd）

叙利亚最主要的付费电视运营平台是麦加电视，截至 2015 年底订户总数为 9000 户。该平台以宗教类节目为主。

2. 叙利亚轨道佳映电视网（OSN Syria）

叙利亚轨道佳映电视网隶属于轨道佳映电视网。2015 年底，叙利亚轨道佳映电视网的订户总数为 8190 户。

3. 碧影平台（beIN Sports）

碧影平台隶属于半岛电视台，2016 年在叙利亚的订户总数为 3855 户。

第十二节　亚美尼亚

亚美尼亚（Armenia）是位于亚洲与欧洲交界处的外高加索南部的内陆国，国土面积为 2.97 万平方公里。国民生产总值约为 124.33 亿美元（世界银行，2018）。亚美尼亚人口总数为 302.13 万（2020），人口年龄中位数是 36.6 岁，城市人口比例为 63.2%。官方语言为亚美尼亚语，居民多通晓俄语。亚美尼亚电视家庭总数为 79.1 万（2019），预计到 2022 年小幅降至 78.8 万。其中，付费电视业务的订户总数在 2019 年为 6.9 万，预计到 2022 年为 70.3 万。亚美尼亚家庭最主要的付费收视渠道是数字地面电视。

一、概述

亚美尼亚的现代新闻传播历史肇始于 1906 年，这一年亚美尼亚第一份公开发行的亚美尼亚文布尔什维克报纸《火星报》在第比利斯出版。亚美尼亚独立后发行的影响较大的主要报纸是《亚美尼亚共和国报》和《亚美尼亚之声》。其中，《亚美尼亚共和国报》创刊于 1990 年，是官方报纸，用亚美尼亚文和俄文两种文字出版。《亚美尼亚之声》创刊于 1991 年，是独立报纸，用俄文出版。亚美尼亚全国有 10 多家通讯社，其中主要的通讯社是亚美尼亚通讯社，简称亚通社，其前身是 1920 年成立的亚美尼亚电讯社。亚美尼亚广播事业开始于 20 世纪 20 年代。1926 年，亚美尼亚公共广播电台开播。苏联时期，亚美尼亚几乎家家都有有线广播收音机。

亚美尼亚电视事业起步于 1956 年。这一年，亚美尼亚公共电视台创办，总部设在埃里温，用亚美尼亚语播出。目前，亚美尼亚每 1000 人拥有电视数量 276.56 台，即每户均有一台电视机。全国性电视频道 16 个。

二、电视频道与媒体机构

亚美尼亚广播电视台是亚美尼亚的国家媒体，旗下有亚美尼亚公共广播电台和亚美尼亚公共电视台。亚美尼亚公共广播电台创建于 1926 年，目前用亚美尼亚语、俄语、阿拉伯语、伊朗语、库尔德语、英语、西班牙语、格鲁吉亚语、阿塞拜疆语、土耳其语和法语等多种语言广播。亚美尼亚公共电视台创办于 1956 年，1962 年开始播出本国电视节目。1980 年时，全国共有 4 个频道，都用亚美尼亚语播出。

独立后，亚美尼亚媒体管理体制发生变革，公营和私营电视并存。其中，私营电视台发展较为迅速，首都埃里温地区在 1997 年共有 16 个电视频道，1998

年增至 24 个频道。[①] 全国电视频道超过 100 个（2019），其中全国性播出的电视频道 16 个。就电视频道属性而言，亚美尼亚有 1 个国家电视台和 100 多家私营电视台。

数字化后，亚美尼亚开始运营全国性数字地面电视平台。该平台总共播出 8 个电视频道，其中包括 1 个国家台频道、5 个私营台频道和 2 个外国频道。在首都地区的数字地面电视系统中播出 18 个频道。

亚美尼亚对境外电视频道和节目进入没有出台法律法规，相对较为开放。境外媒体机构可以租用亚美尼亚的电视频道或时段播出。租用当地电视频道平均收费为 130 美元 / 分钟。

三、播出渠道与付费电视业

亚美尼亚的主要电视播出渠道，或者说电视家庭的主要收视渠道是数字地面电视。就不同渠道的电视家庭数量而言，2019 年亚美尼亚数字地面电视收视家庭总数为 65 万，有线电视收视家庭总数为 1.8 万，IPTV 收视家庭总数为 5 万，开路卫星电视收视家庭总数为 7.2 万。

就付费电视业而言，亚美尼亚的付费电视业务整体规模较小，主要是 IPTV 和有线电视。

1. IPTV

亚美尼亚的 IPTV 业务始于 2006 年，随后取得了较快的发展，高峰期仅首都埃里温地区的订户总数就达到了 13 万户。近年来，该国 IPTV 用户逐渐减少。目前，亚美尼亚 IPTV 业务最主要的运营商是亚美尼亚佑康公司（UCom Armenia）。2018 年，亚美尼亚佑康公司的付费电视业务订户总数约为 4.38 万户。

2. 有线电视

亚美尼亚有线电视领域主要有四家运营商，即俄罗斯毕莱公司（Beeline）、欧洲有线电视公司（Eurocable）、互动电视公司（Interactive TV）和超级系统公司（Supersystem）。

---

① 施玉宇等编著《列国志 亚美尼亚》，社会科学文献出版社 2010 年版，第 196 ~ 199 页。

四家公司的付费电视业务订户规模多少不一，但整体规模都不大。2018 年，俄罗斯毕莱公司的订户总数约为 5000 户，欧洲有线电视公司的订户总数约为 7100 户，互动电视公司的订户总数约为 1.27 万户，超级系统公司的订户总数仅为 400 户。

第十三节 伊拉克

伊拉克（Iraq）位于亚洲西南部，阿拉伯半岛东北部。就经济发展状况而言，由于安全局势不稳，基础设施严重损毁，经济重建进展缓慢，国民生产总值约为 2242.28 亿美元（世界银行，2018）。伊拉克总人口约为 3887.26 万（2020），人口年龄中位数是 21.2 岁。官方语言为阿拉伯语和库尔德语。伊拉克约 70% 的电视观众主要收看卫星电视频道，中东广播中心（MBC）的阿拉伯卫星电视台（Al Arabiya）和卡塔尔半岛电视台是当地最受欢迎的频道。巴格达民众可以直接收看全球卫星电视台（Al Alam），这是一家伊朗阿拉伯语电视台。另外，观众还可以看到英国广播公司（BBC）和自由电视台（Al Hurra）的节目，自由电视台是一家由美国资助的阿拉伯语广播机构。

一、传媒监管与法规政策

1. 监管机构

伊拉克电视监管机构是通信与媒体委员会（Communication and Media Commission，CMC）。该机构独立于政府，职能定位、管理架构和运行模式均参照美国联邦通信委员会（FCC）。

2. 传媒法规与政策

伊拉克传媒法规主要集中于新闻领域，按照美国传媒管理理念强化对新闻自由的保护。2011 年，伊拉克议会通过了《记者保护法》和《传媒保护法》，强化了对新闻信息获取、信息源保护以及记者人身安全保障等方面的规定。

二、电视频道与传媒机构

19 个阿拉伯国家共有 115 个地面电视频道，其中伊拉克拥有 21 个地面电视频道，总数位居第一。

1. 伊拉克阿尔萨奇亚电视台

伊拉克阿尔萨奇亚电视台（Al-Sharqiyah）创建于 2004 年 3 月，是伊拉克首个商业电视台，隶属于逊尼派。

2. 伊拉克阿尔玛达电视台

伊拉克阿尔玛达电视台（Al Madar TV）创建于 2013 年，面向中东和北非地区播出。该台隶属于伊拉克底格里斯传媒公司（Tigris Media），其宗旨是向世界传播伊拉克文化和艺术遗产。该台的节目制作和播出都在阿布扎比完成。

3. 伊拉克传媒电视网

伊拉克传媒电视网（The Iraqi Media Network) 开播于 2013 年，通过阿拉伯卫星播出，节目覆盖中东、北非、亚洲和欧洲。该电视网是由伊拉克联合临时机构在 2003 年创办的，目前属于国有机构，旗下包括伊拉克电视台（Al Iraqiya）、伊拉克共和国广播电台（Republic of Iraq Radio）和 Al-Sabah 报。

4. 中东广播中心伊拉克频道

2019 年 2 月 17 日，中东广播中心（MBC）在伊拉克开播了“中东广播中心伊拉克频道”（MBC Iraq）。这是一个综艺娱乐频道，节目内容主要是中东广播中心精选内容和伊拉克本土内容。该频道是根据中东广播中心 2018 年制订的五年发展计划创办的，以有效开拓整个阿拉伯地区市场。[①]

---

① www.rapidtvnews.com/2019012754921/mbc-group-announces-family-channel-for-iraq.

第十四节　伊朗

伊朗（Iran）位于亚洲西南部。就经济发展状况而言，伊盛产石油，石油产业是伊经济支柱和外汇收入的主要来源之一，国民生产总值约为4540.13亿美元（世界银行，2017）。伊朗总人口约为8492.33万（2020），人口年龄中位数是31.7岁。官方语言为波斯语。伊朗电视家庭总数约为2300万。伊朗采取国有国营电视体制。伊朗最主要的收视渠道是卫星天线，另外也有模拟地面电视。伊朗付费电视业尚未起步，这意味着，所有电视家庭都以免费方式收看电视节目。伊朗仅有一家电视台，即伊朗伊斯兰共和国广播电视台（Islamic Republic of Iran Broadcasting，IRIB）。伊朗没有付费电视业，民众主要通过卫星、地面电视等免费渠道收看电视节目。伊朗规模庞大的卫星电视用户群体为境外卫星电视频道提供了发展空间，美国、英国和迪拜等多个国家和地区针对伊朗开办了120多个波斯语频道，并通过卫星电视覆盖伊朗。

一、概述

2017年，伊朗全国约55%的电视家庭主要以卫星电视为主要收视渠道，这一比例到2023年预计为62%。而经常收看卫星电视节目的家庭比例预计为70%，此前在2008年仅为40%。为了保护本国电视业发展，伊朗文化和伊斯兰指导部要求伊朗企业不得到那些面向伊朗播出的境外卫星电视频道上投放广告。

除了卫星电视，伊朗也开始发展IPTV。2015年，伊朗伊斯兰共和国广播电视台授权颁发了5张IPTV执照给巴兰电信（Baran Telecom）、夏尔电信（Shatel）等五家公司。但2016年11月，这五张执照被取消，原因是伊朗伊斯兰共和国广播电视台和伊朗电信部（Ministry of Telecommunications）之间就执照颁发权问题产生了分歧。随后，2017年1月，伊斯兰共和国广播电视台重新颁布了临时性IPTV执照。

在模拟转数字方面，伊朗的进展相对迟缓。2017 年，伊朗仍有 44% 的家庭主要依靠模拟地面电视，1% 的电视家庭收看数字地面电视；2023 年，收看模拟地面电视和数字地面电视的电视家庭比例预计分别为 33% 和 5%。

伊朗电视业的产业化程度不高，这和整个媒体业的发展水平相关。近年来，伊朗广告市场整体呈增长态势。伊朗全国广告整体市场规模在 2011 年为 5 亿美元，2015 年为 10.5 亿美元，2016 年为 12.2 亿美元。

近年来，伊朗非常注重发展通信技术和网络视频业务。伊朗移动通信公司（MCI）和中国华为集团从 2017 年开始合作推进 5G 技术的开发与应用。另外，伊朗正在全力推进本国宽带网络建设，从 2016 年开始推出了“国家信息网”（National Information Network），并在 2017 年进行提速升级，网速达到了 10Tb/s。伊朗此举在于应对西方网络霸权，维护本国网络安全。在网络视频业务方面，伊朗本国媒体和通信企业推出了“菲力莫”（Filimo）、“棱兹”（Lenz）等多个业务。

二、传媒监管与法规政策

1. 传媒监管

伊朗电视领域的监管机构是伊朗广播电视总局，同时也接受文化与伊斯兰指导部（Ministry of Culture and Islamic Guidance）的指导。

2. 传媒法规与政策

1979 年伊朗宪法中规定：“所有广电必需由政府独占经营。”伊朗最主要的收视渠道是卫星电视。伊朗从 1994 年开始禁止私人安装卫星电视天线，对于私自安装卫星天线者处以 570 ~ 1700 美元的罚款。伊朗政府认为，对境外卫星电视的严格管制是其防范西方“文化入侵”的重要途径之一。同年，伊朗发生了一场关于境外卫星电视禁令的争论，最后矛头指向了伊朗伊斯兰共和国广播电视台，指责这是他们没能提供丰富的文化节目。最后的争论结果是认为禁止卫星电视不具备合法性。1994 年之后，伊朗政府并没有严格执行卫星禁令，而且从哈塔米政府开始境外卫星电视控制被进一步放松。2013 年，温和派的鲁哈尼在大选中获胜后，伊朗进一步放宽了对于包括境外卫星节目控制等在内的跨国信息管控。2015 年伊朗政府宣布，经过 8 个月审查，《信息接触自由法案》获得内阁会议通过。《信息接触自由法案》规定任何伊朗公民都有权自由接触那些未分级的信息。同年，伊朗政府关闭了 17 家境外电视媒体在伊朗的办公室，并把这些媒体描述为“敌对频道”。2016 年，伊朗政府为了表达与美国改善关系的诚意，伊朗伊斯兰共和国广播电视台从美国奈飞（Netflix）引进并播出《纸牌屋》（*House of Cards*）。可见，伊朗政府关于境外卫星电视、境外媒体以及与西方媒体合作等方面的政策具有一定的摇摆性，体现了伊朗国内政治不同政治势力派系之间的博弈与斗争。

三、电视频道与传媒机构

伊朗伊斯兰共和国广播电视台（IRIB）是伊朗的国家电视台，也是伊朗国内唯一的电视播出机构。

1. 伊朗伊斯兰共和国广播电视台

该台以“传播宗教思想、介绍伊朗政体”为己任。伊朗《宪法》第 175 条：“伊朗伊斯兰共和国广播电视台有义务同时维护言论自由和国家利益，但要禁止作为派系斗争、宣传的工具。”该台播出地面频道和卫星频道，资金来源包括政府资助和广告。该台在亚洲、欧洲和北美都设立了记者站或办公室。目前，该台共播出 59 个电视频道和 23 个广播频率，播出语言种类超过 30 种。就播出区域而言，该台播出 24 个全国性电视频道以及 35 个地区性电视频道；就频道节目类型而言，该台播出 4 个新闻性频道，11 个综艺和体育频道，13 个综合类频道，5 个科学和宗教类频道。目前，该台最受欢迎的电视频道是青年频道。

面对境外卫星电视节目的压力，伊朗伊斯兰共和国广播电视台采取了外包境制作广播电视节目的方式来完善自身媒介内容，“外包”的节目质量高，价格便宜，主题生动活泼。通过“外包”，伊朗境内娱乐节目的比重增加。但伊朗政府强调，“外包”的娱乐节目不是单纯的娱乐，而一直有伊朗的价值观等贯穿其中。该台除了自制节目之外，也从韩国、拉美以及美国引进节目。

伊朗非常注重国际传播。伊朗伊斯兰共和国广播电视台播出 8 个国际频道，其中包括新闻电视频道（Press TV）。此前受美国制裁，这些频道不能通过西方国家控制的卫星平台播出，主要通过俄罗斯的卫星平台在海外播出。不过在2014年，国际通信卫星组织（INTELSAT）和欧洲通信卫星公司（Eutelsat）获得美国国务院同意播出伊朗伊斯兰共和国广播电视台的电视频道。

伊朗伊斯兰共和国广播电视台目前拥有约5000名员工，年度经费预算超过10亿美元；台长由最高宗教领袖指定。

2. 境外卫星电视频道

伊朗政府没有严格执行针对卫星电视的禁令，民众实际上可以看到很多境外卫星电视频道，这在一定程度上打破了伊朗伊斯兰共和国广播电视台的垄断地位。伊朗在国际政治中具有重要战略价值，多个国家针对伊朗开办了波斯语频道，并通过卫星电视覆盖伊朗。目前，境外针对伊朗播出的波斯语卫星频道多达120多个，其中以来自美国、英国和迪拜的频道居多。在这些频道中，英国广播公司波斯语频道（BBC Persian Television）和吉恩电视台（Gem TV）等在伊朗卫星电视观众中较有影响。

（1）英国广播公司波斯语频道（BBC Persian Television）

英国广播公司波斯语频道开办于2006年。据英国广播公司称，该频道在伊朗的周均观众规模达到1140万，是伊朗受众最多、具有影响力的境外卫星频道。

（2）吉恩电视台（Gem TV）

吉恩电视台播出20个电视频道，其中17个以波斯语播出。该台以伊朗为主要播出目标市场。吉恩电视台的创始人和总裁为萨义德·卡里米安（Saeed Karimian）。他被伊朗政府认定为从事“散布反伊朗宣传”活动，并在德黑兰法院缺席宣判定罪。2017年4月，他在土耳其遭暗杀身亡。

（3）波斯1台（Farsi 1）

波斯1台是伊朗境内最受欢迎的三大电视频道之一。该台隶属于中东广播公司（Broadcast Middle East），它是美国新闻集团（News Corp）和穆比集团（Moby Group）的合资公司。

（4）曼诺托电视频道（Manoto TV）

2016年6月，曼诺托电视台在欧洲通信卫星公司（Eutelsat）的卫星平台上播出，以覆盖伊朗。曼诺托电视频道是一个商业电视频道，以波斯语播出，总部位于伦敦。

（5）波斯电视频道（Farsi TV）

波斯电视频道开播于 2016 年 9 月，是一个波斯语频道。该频道是由沙特阿拉伯中东广播中心（MBC）开办的，通过卫星覆盖伊朗。

（6）家居与健康波斯语频道（Home & Health Farsi）

家居与健康波斯语频道开播于 2016 年，是美国探索集团（Discovery）与迪拜 BHS 传媒公司合作开办的。该频道是一个开路免费频道，通过欧洲通信卫星公司热鸟卫星（Hotbird）和 7B 卫星这两颗卫星覆盖伊朗。热鸟卫星和欧通 7B 卫星在伊朗卫星电视用户中具有很高的知名度，伊朗约有 1000 万家庭通过这两颗卫星收看境外电视节目。

四、新兴媒体与网络电视

近年来，伊朗的互联网和智能手机日益普及。2018 年，伊朗手机订户总数达到了 1.228 亿，普及率高达 152.14%。伊朗宽带订户总数为 1185 万户，宽带家庭普及率为 50.6%。另外，伊朗人口的城市率较高，达到了 70%。得益于此，伊朗新兴媒体和网络电视都悄然发展起来。

近年来，伊朗网络电视业务发展较为迅速。2015 年，该国网络电视订户仅为 1.4 万户，2018 年增长到了 66.4 万户，2019 年达到 82.9 万户，2022 年预计增至 141 万户。伊朗网络电视业的发展呈现出与其他国家不同的特点，虽然订户规模增长迅速，但网络电视市场营业收入基本处于停滞状态。该国网络电视业务的营业收入在 2015 年为 100 万美元，2018 年和 2019 年基本保持在 100 万美元的水准，2022 年预计能增至 200 万美元。

尽管伊朗对于媒体有着严格的准入措施，但境外网络电视等新兴媒体都非常看重伊朗市场。例如，美国奈飞（Netflix）2016 年针对伊朗市场推出了网络电视业务。尽管目前部分境外网络电视平台已经针对伊朗推出了相关业务，但境外网络电视平台在伊朗的发展仍受制于几个重要因素：一是需要波斯语字幕或配音；二是宽带速度和质量；三是政府管控、宗教控制和文化差异等。

为了应对境外新兴媒体和网络电视的挑战，伊朗着力发展本国的社交媒体平台和视频网站。2011 年，伊朗推出了国内第一个社交视频网站“阿帕推特”

（Aparat）。目前，该网站的月均独立访问量为2500万。2014年，阿帕推特网站又创办了网络电视平台“菲力莫”（Filimo），平台上主要播出伊朗和外国电影。2017年，伊朗MTN移动通信公司推出了手机视频业务“棱兹”（Lenz），主要提供伊朗国内电视频道以及节目回放等业务。

第十五节　以色列

以色列（Israel）位于亚洲最西端。就经济状况而言，以色列工业化程度较高，以知识密集型产业为主，国民生产总值约为3705.9亿美元（世界银行，2018）。该国总人口约为867.5万（2020），人口年龄中位数是30.4岁，人口城市率为92.6%。希伯来语为官方语言，通用英语。以色列拥有电视机的家庭总数为239万（2019）。以色列从20世纪90年代开始采取公共电视和商业电视并存的体制，目前公共电视台为以色列公共广播公司（IPBC），商业电视台主要是以色列电视二台（Channel 2）和伊瑟电视台（Channel Eser）。以色列主要电视播出渠道是卫星电视和有线电视，付费电视业市场较为成熟，目前最主要的两家付费电视运营商为HOT电信公司和YES公司。

一、概述

以色列电视业肇始于20世纪60年代，此后直到20世纪90年代初一直采取公共电视体制。1993年之后实施公共电视台和商业电视台并存的电视体制。2017年，以色列公共电视台经历了历史性的机构变革。2017年5月，以色列议会关闭了以色列广电传播局，成立“以色列公共广电传播公司”（Israel Public Broadcasting Corporation）。

以色列电视播出的主要渠道是卫星电视和有线电视。2015年，卫星电视在电视家庭中所占份额为 38.9%；其次是有线电视，所占份额为 36.7%；第三是数字地面电视，所占份额为 24.4%。2017 年，卫星电视在电视家庭中所占份额为 36.8%；其次是有线电视，所占份额为 34.6%；第三是数字地面电视，所占份额为 28.6%。2022 年，卫星电视在电视家庭中所占份额预计为 36.3%；其次是有线电视，所占份额预计为 31.7%；第三是数字地面电视，所占份额预计为 32%。以色列付费电视市场较为成熟，2005 年在电视家庭中的普及率就达到了 78%，但随后呈下滑趋势，2015 年为 65%，2021 年预计为 63%。根据预测，2021 年卫星电视在电视家庭中的份额为 39.8%；有线电视为 32.1%，地面数字电视为 25%，IPTV 为 3.1%。

在数字化方面，以色列夷丹普拉斯公司（Idan Plus）早在 2009 年 8 月就推出了数字地面电视业务。2011 年 3 月，以色列全国完成了模拟转数字的进程。数字地面电视作为电视家庭主要收视渠道的比例持续增长，2017 年为 28.6%，到 2022 年预计将达到 31.9%。

二、传媒监管与法规政策

1. 传媒监管

以色列过去共有两个电视监管机构，一个是负责监管公共电视机构的以色列广电传播局（IBA）；另外一个是负责监管商业电视机构的以色列电视广播二局（SATR）。其中，以色列广电传播局是 1965 年 6 月根据以色列议会立法批准成立的。后来，以色列政府决定撤销以色列广电传播局，同时停止收取收视费。

2. 传媒法规与政策

以色列关于公共电视监管的法规是《1965 年广播电视协会法》（*The Broadcasting Authority Law 1965*），适用于商业电视的法规是《1990 年第 2 以色列广播电视授权法》（*Second ISraeli Broadcasting Authority Law 1990*）。

为了适应新兴媒体发展，以色列议会 2001 年通过了第 25 条《电信法》修正案，从此以色列国内的信息传播业完全由市场来决定，结束了原来存在的电信市场垄断局面。早在 1998 年，以色列就认识到通过发布信息、塑造良好国家形象的重要性，正式颁布了《信息公开法》，以一种开放的心态迎接复杂的新媒体环境的挑战。①

三、电视频道与传媒机构

以色列电视业肇始于20世纪60年代，在20世纪80年代之前公共电视台一统天下。1986年，以色列开始允许建立商业电视台。目前，以色列公共电视与商业电视并存，公共电视台为以色列公共广播公司（IPBC），商业电视台主要是以色列电视二台（Channel 2）和伊瑟电视台（Channel Eser）。

1. 以色列公共广播公司（IPBC）

以色列公共广播公司的前身是以色列广电传播局（Israeli Broadcasting Authority，IBA）。该局下辖三家电视台，即以色列电视台（Israel TV）、以色列电视台高清频道（Channel 1 HD）和33台（Channel 33）。以色列电视台历史最为悠久，开播于1968年5月2日，每天主要播放希伯来语节目，该台也被称作以色列电视一台（Channel 1）。20世纪70年代末，以色列电视台开始试播彩色节目。此后直到1986年，以色列电视一台处于一家独大的地位。此后，其收视份额处于连年下滑的态势。该台的资金来源目前主要是政府拨款，此前曾主要是收视费和广告。2017年，该台更名为“KAN 11”。以色列电视33台以阿拉伯语和希伯来语播出，2017年更名为“Makan 33”。2018年，以色列公共广播公司开播了“教育频道”（KAN Hinuchit）。

2017年，以色列公共电视台经历了历史性的机构变革。2017年5月，以色列议会关闭了以色列广电传播局，原因是议会认为该局过于官僚、资金投入过多以及机构过于臃肿。以色列广电传播局在运行了49年后，就此成为历史。该局下辖的所有节目都停播，除保留20名员工负责过渡工作和完成相关播出任务之外，所有人都被解聘。作为以色列广电传播局的替代，以色列成立新的官方播出机构，并将其命名为“以色列公共广电传播公司”（Israel Public Broadcasting Corporation）。该机构的英文简称为IPBC，希伯来文简称为Kan。以色列公共广

① 何辉、刘朋等：《新媒体环境中国家形象的构建与传播》，外文出版社2008年版，第86页。

电传播公司于2017年5月15日正式投入运营，它采用全新的管理、运营方式以消除此前存在的各种弊病。

2. 以色列电视二台（Channel 2）

以色列电视二台（Channel 2）开播于1986年10月。1993年11月，以色列电视二台正式转交给三个私营企业共同经营，并因此成为国内第一家商业性的私营电视台。目前，以色列电视二台是以色列最具市场影响力的电视台，收视份额近年来一直居于全国第一的位置。根据以色列电视广播二局（the Second Authority for Television and Radio，SATR）的规定，以色列电视二台必须制作50%的节目，另外需要播出一定数量的关于犹太文化遗产的节目。该台的新闻节目是由以色列新闻公司制作的。2017年，电视二台一分为二成为两个频道，即11频道（Channel 11）和12频道（Channel 12）。

3. 以色列伊瑟电视台（Channel Eser）

伊瑟电视台的前身是以色列电视十台（Channel 10），后更改为现名。以色列电视十台开播于2002年1月28日，是一家商业电视台。该台的主要股东是约瑟夫·梅曼（Joseph Maiman），他持有50.1%的股份。美国新闻集团在该电视台持有9%的股份。以色列电视十台覆盖观众约200万。该台曾是唯一在北美和欧洲各国有线网中转播的以色列频道。2011年，该台收视份额达10.7%。

4. 以色列电视十九台（Channel 19，又称Israel Plus）

以色列电视十九台是一家用俄语播出的以色列电视台。该电视台播出的电视节目会加上俄语或希伯来语的字幕。以色列电视十九台的目标受众是自1990年以来、移民到以色列的100多万俄罗斯移民。以色列电视十九台除对内播出之外，还在北美落地播出。①

5. i24新闻频道（i24News）

2013年7月17日，以色列推出一个名为“i24新闻”的24小时国际新闻频道。它与阿尔提斯新闻网（Altice News networks）、彻达频道（Cheddar）和新闻12网（News 12 Networks）同属于阿尔提斯集团。i24新闻频道的总部位于以色列港口城市迦法。该频道以英语、法语和阿拉伯语三种语言播出，节目内容主

① 刘琛：《全球化背景下的亚洲电视传媒》，北京交通大学出版社2009年版，第163～165页。

要关注政治、国际事务、文化等方面，其中国际新闻约占 70%，中东地区和以色列新闻约占 30%。以色列以及中东地区一直是半岛电视台和法国法兰西 24 台（France24）的报道重点，以色列开办这个国际新闻频道就是要强化自己在中东事务报道上的话语权，致力于改写中东地区的舆论竞争格局。近年来，该频道持续推动在国际上的传播渠道。2017 年，该频道进入美国市场。2019 年 11 月，以色列 i24 新闻频道进入美国电话电报公司（AT&T）旗下的 IPTV（U-Verse）和直播卫星电视（DIRECTV）平台。

四、播出渠道与付费电视业

中东和非洲地区（MENA）16 个主要国家的付费电视订户总数为 920 万，付费电视用户的渗透率达到 14%。其中，以色列和土耳其两国合计用户占总数的 60.3%，为 560 万。以色列的付费电视市场比较成熟，全国 71% 的家庭都使用付费电视服务，其中有线电视是主要的电视接收方式，超过 40% 的家庭是有线电视用户。根据 2018 年数据，以色列付费电视业受新兴媒体发展的影响，用户规模和营业收入在未来几年将持续减少。近年来，以色列付费电视业处于持续下滑态势。2019 年以色列付费电视业务的订户总数为 129 万，此前在 2016 年为 142 万，2023 年预计减至 121 万。与此同时，以色列付费电视业务的营业收入处于下滑态势。该国付费电视业务的营业收入在 2016 年为 9.98 亿美元，2019 年降至 8.86 亿美元，2023 年预计进一步小幅下滑至 8.17 亿美元。以色列付费电视业的单位订户营业收入在 2015 年为 54.49 美元，2017 年为 57.35 美元，到 2021 年预计小幅下降到 51.77 美元。

1. 有线电视

HOT 电信公司是以色列唯一一家从事有线电视运营的公司，在 2008 年推出高清电视业务。为了应对网络电视的挑战，HOT 电信公司在 2017 年 8 月推出了低价电视套餐，电视频道仅有 35 个，其中包括美国家庭影院频道（HBO），每月资费为 24.8 美元。

近年来，HOT 电信公司订户规模基本保持平稳。2015 年，HOT 电信公司付费电视订户总数为 82 万，2016 年为 81.9 万，2017 年为 80 万。

HOT 电信公司的主要股东是 COOL 控股公司，持股比例为 65%。COOL 控股公司隶属于法国企业家帕特里克·德拉希（Patrick Drahi），他也是法国努梅瑞有线公司（Numericable）的主要股东，另外还是以色列“i24 新闻”（i24News）频道的主要资助者。

2. 卫星电视

以色列卫星电视领域主要有一家付费电视运营商，即 YES 公司。

YES 公司是以色列主要的直播到户卫星电视运营商，创办于 2005 年。2014 年上半年，YES 公司与付费网络定时平台公司特维琪公司（Tvinci）合作，推出了多屏电视服务，订户可以在多种终端上收看 YES 平台上播出的直播频道和视频点播节目。2014 年 9 月，YES 公司推出了网络电视平台 yesGO，该平台上播出 40 多个频道以及数千小时的视频点播节目。2017 年，YET 平台上播出一个超高清电视频道。YES 公司隶属于以色列贝泽克电信公司（Bezeq）。2009 年，贝泽克电信公司开始着手合并 YES 公司，几经曲折，直到 2015 年 6 月才获政府批准。近年来，YES 的付费电视业务订户规模呈小幅下降趋势。2013 年，该公司直播到户卫星电视订户总数为 57.8 万；2015 年为 63.4 万；2016 年为 62.3 万；2017 年为 61.4 万。

3.IPTV

以色列 IPTV 领域主要有两家付费电视运营商，即伙伴传播公司（Partner Communications）和以色列通信公司（Cellcom）。

（1）伙伴传播公司

伙伴传播公司在 2017 年 4 开始推出 IPTV 业务，其平台上播出 40 多个电视频道。2018 年 4 月，该公司开始提供网络电视业务，其中包括美国奈飞（Netflix）。

（2）以色列通信公司

以色列通信公司在 2017 年 4 月推出了低价 IPTV 业务，作为其四网合一套餐的组成部分，即宽带、移动通信、固话和电视。

五、新兴媒体与网络电视

以色列电信业发达，宽带家庭渗透率高达 127.1%；手机业务渗透率为 138%，手机业务的单位用户月均营业收入贡献额为 16.86 美元。电信业为新兴媒体和网络电视的发展注入了强劲动力，与传统付费电视业持续下滑形成鲜明对比。2019 年以色列网络电视业务的订户总数为 140 万户，此前在 2016 年仅为 52 万户，2023 年预计增至 233 万户。与此同时，该国网络电视业务的营业收入在 2016 年仅为 2000 万美元；2019 年为 5800 万美元；2023 年预计能增至 1.2 亿美元。

近年来，以色列网络电视业务的规模持续增长。2016 年，网络电视业务数量为 6 个，2018 年就增长到了 10 个。以色列本国的网络电视业务主要运营商是电信公司，它们通过业务融合来提高用户的黏性。2014 年 12 月，以色列通信公司（Cellcom）推出了名为“通信电视”（Cellcom TV）的网络电视业务。用户订阅该业务后，即可通过机顶盒、智能手机以及平板电脑观看电影和电视节目。以色列通信公司网络电视业务的合作伙伴是 Vubiquity 公司，Vubiquity 从事国际节目内容集成和运营业务，同时也提供国际市场的推广营销服务。以色列通信公司网络电视业务的节目内容主要来自以色列本国和美国。美国电影主要是好莱坞主要电影公司的作品，如索尼影业、全国广播公司环球公司和迪斯尼公司等；美国电视剧等电视节目来自迪斯尼 - 美国广播公司、狮门影业、哥伦比亚广播公司国际影业公司、索尼影业电视公司、全国广播公司环球公司、迪斯尼公司等。以色列通信公司的节目库中还有从英国广播公司环球公司引进的节目。2015 年 5 月，以色列通信公司推出了三网合一业务，每月资费为 25.3 美元。2015 年，以色列通信公司的网络电视业务订户总数为 7 万，2017 年为 7.5 万。

HOT 电信公司也推出了网络电视业务，其网络电视业务品牌是“Next”和“Next+”，每月资费标准分别为 7.38 美元和 26.78 美元。“Next”平台上的内容以影视剧为主，“Next+”平台上的内容以儿童、青年和体育节目为主。作为以色列主要付费电视运营商，YES 公司面向卫星电视业务订户推出了“Sting.tv”网络电视平台。

美国奈飞（Netflix）在 2016 年进入中东地区，该平台在推出之初的主要播出语言为英语、阿拉伯语。2017 年，美国奈飞在以色列推出本土化业务，其网络电视平台上提供希伯来语配音或字幕的节目，同时支持使用以色列本土货币进行支付；每月资费为 7.4 美元。

第十六节　约旦

约旦（Jordan）位于亚洲西部，阿拉伯半岛西北。就经济发展状况而言，约旦系发展中国家，经济基础薄弱，资源较贫乏，经济规模是整个地区最小的国家之一，国民生产总值约为 422.31 亿美元（世界银行，2018），总人口约为 1082.06 万（2020），人口年龄中位数是 23.5 岁。官方语言为阿拉伯语，通用英语。约旦电视家庭总数约为 130 万。卫星电视是约旦最主要的电视播出渠道，在全国电视家庭中所占比例为 85%。

一、概述

约旦电视业发展与国家经济发展以及地区政治、经济形势密切相关。近年来，受叙利亚局势影响，约旦电视业发展乏力。2016 年，约旦付费电视业营业收入总额为 800 万美元，预计到 2022 年达到 1500 万美元。2016 年，约旦电视广告营业纯收入为 300 万美元，到 2022 年预计达到 500 万美元。电视广告在广告业整体营业额中所占份额仅为 13%，而报纸为 80%。

约旦原计划在 2015 年完成模拟转数字进程，但直到 2016 年才实现数字化发展目标。预计到 2022 年，约旦有 15.3 万家庭主要以数字地面电视为主要收视渠道。

二、传媒监管与法规政策

1. 监管机构

2003 年，约旦撤销了新闻部，并相继成立了最高新闻委员会、出版局、视听媒体局、广播电视局、约旦新闻中心、约旦通讯社六个机构。目前，约旦电视业的主要管理机构是最高新闻委员会、视听媒体局和广播电视局。

2. 传媒法规与政策

约旦在 1985 年颁布实施了《广播电视机构法（1985）》，2000 年又颁布实施了《广播电视机构法（2000）》。在私营电视机构监管方面，约旦政府于 2002 出台了《视听媒体法》，并成立国家视听媒体局，负责受理开办广电机构的申请。为规范国外媒体机构在约旦设立分支，国家视听媒体局颁布了《关于境外广电机构在约旦设立分支机构的规定》。

三、电视频道与媒体机构

约旦电视业肇始于 20 世纪 60 年代。目前，该国共有 29 个地面电视频道。约旦全国性电视播出机构是约旦广播电视公司（Jordan Radio and Television Corporation，JRTV），另外还有一些地方性电视播出机构。整体而言，约旦本国电视机构在民众中的收视份额和影响力不及境外区域性电视播出机构。

1. 约旦广播电视公司（JRTV）

约旦广播电视公司是约旦的国家电视台，其前身是成立于 1968 年的约旦电视台。开播之初，约旦电视台与约旦广播电台同属官方机构。1974 年 4 月，约旦电视台实现了彩色播出，信号覆盖了约旦全境以及叙利亚、黎巴嫩和沙特的部分地区。1985 年，约旦电视台与广播电台合并，成立广播电视总局。后来，约旦广播电视总局改组为约旦广播电视公司（JRTV）。目前，该公司在国内主要播出四个频道，即综合频道（Al-Urdunniyya）、一频道（Channel 1）、二频道（Channel 2）和三频道（Channel 3）。约旦广播电视公司还面向海外播出约旦卫星频道（Jordan Satellite Channel）。

2. 若亚电视台（Roya TV）

若亚电视台的前身是瓦坦电视台（Watan TV），在 2011 年改组重建后更为现名。该台隶属于迪拜阿尔萨耶戈集团（Al-Sayegh），是一个地方性频道，也是约旦唯一的独立电视台。该台主要播出新闻、体育、纪录片、肥皂剧等节目，是一个综合性频道。

3. 王国电视台（Al Mamlaka TV）

王国电视台开播于 2018 年 7 月 16 日，是约旦第一个 24 小时新闻频道。该台总部位于阿曼，以高清格式播出，并通过尼罗河卫星（Nilesat）覆盖中东北非地区。约旦政府此前曾计划由约旦广播电视公司来开办和管理这个新闻频道，后来改变了计划。王国电视台是一个公共电视台。

四、播出渠道与付费电视业

约旦最主要的电视播出渠道是免费卫星电视。2016 年，免费卫星电视用户在电视家庭中所占比例为 83%，付费卫星电视为 2%，数字地面电视为 15%。2022 年，免费卫星电视用户所占比例预计为 87%，付费卫星电视为 3%，数字地面电视为 10%。约旦付费电视业的发展水平在整个地区都处于较为落后的位置，付费电视订户在电视家庭中所占比例很小，即便到 2022 年仍不会超过 3%。付费电视订户仍将以卫星电视为主，IPTV 订户到 2020 年约为 2000 户，在付费电视订户总数中所占比例不及 1%。约旦付费电视业的单位用户平均营业收入（APRU）在 2016 年为 24.6 美元，到 2022 年预计增长到 32.47 美元。目前，约旦主要运营商有轨道佳映电视网（OSN）、碧影平台（beIN）和欧云吉公司（Orange）。三家平台的市场份额分别为 33%、45% 和 7%。另外，麦加电视（Al Majd）和吾家高清（My HD）分别拥有 8% 和 7% 的市场份额。

1. 轨道佳映电视网（OSN）

轨道佳映电视网是约旦付费卫星电视领域的主要运营商，也是阿拉伯地区的主要电视运营平台之一。2017 年，轨道佳映电视网在约旦的订户总数为 9000 户。

2. 碧影平台（beIN Sports）

碧影平台隶属于半岛电视台，原名为半岛电视台体育平台（Al Jazeera Sport）。该平台 2017 年在约旦的订户总数为 1.24 万。

3. 欧云吉公司（Orange）

法国欧云吉公司（Orange）于 2008 年在约旦推出 IPTV 业务，但发展缓慢。该平台在 2017 年订户总数为 2000 户。

五、新兴媒体与网络电视

近年来，约旦新兴媒体开始发展起来，这与网络和智能手机的普及密切相关。根据 2016 年数据，约旦成年人中使用互联网的比例为 67%，拥有智能手机的比例为 51%。另外在互联网用户或智能手机使用者中，使用社交媒体的比例为 67%。

2015 年，约旦翁尼安电信公司（Umniah）与艾克飞（Icflix）合作，在手机订户中开展网络电视业务。2016 年，美国奈飞（Netflix）进入约旦市场，每月资费为 8 美元。2017 年，赞恩集团（Zain Group）与艾菲（Iflix）合作，同步在约旦、伊拉克、科威特和巴林推出网络电视业务。

第七章　南亚地区

第一节　巴基斯坦

巴基斯坦（Pakistan）是一个南亚国家，国民生产总值约为3145.88亿美元（世界银行，2018）。该国总人口约为2.33亿（2020），人口规模在全球位居第五，人口年龄中位数是22岁。乌尔都语为国语，官方语言为乌尔都语和英语，主要民族语言有旁遮普语、信德语、普什图语和俾路支语等。巴基斯坦拥有电视机的家庭总数为1895万户，其中1212万户家庭主要通过模拟有线电视系统收看节目，另外有541.9万户家庭主要通过模拟地面电视收看电视节目。

一、概述

巴基斯坦电视业肇始于1963年，这年10月，巴基斯坦国民议会通过一项法案，决定建立一个在政府领导下的、有私人资金参与的公共电视服务系统，主要目的是提供教育、信息和娱乐。巴基斯坦第一家电视台成立于1965年，1979年开始播出彩色电视节目。2002年以前，巴基斯坦官方媒体占据主导地位。2002年之后，当时的穆沙拉夫政府放开对私营媒体管制，私营媒体迅猛发展。巴基斯坦全国电视台规模约为90家，其中私营电视台数量为50家左右。近年来，巴基斯坦媒体管理委员会一直要求限制电视频道规模，在2013年曾明确建议巴基斯坦电子媒体管理局停止颁发新的电视执照，以优化电视格局。巴基斯坦电视业整体发展水平不高，这与巴基斯坦政府的影视产业政策有关。例如，巴基斯坦政府不仅没有对影视节目制作出台有效的鼓励扶持政策，而且还收取高达40% ~ 60% 的税收。

巴基斯坦数字化进程非常缓慢，目前模拟有线电视和模拟地面电视是最主要的电视播出方式。巴基斯坦信息与播出部在 2011 年宣布启动全国模拟转数字化进程，并提出了实施计划。但巴基斯坦政府的计划与发展部在 2012 年以预算过高为由，拒绝执行计划。经过修改，巴基斯坦政府宣布在 2015 年完成数字化，但到 2017 年仍未出台任何实施计划。

根据 2017 年数据，巴基斯坦家庭的日均电视收视时间长度为 119 分钟，其中在大城市为 150 分钟，小城市为 129 分钟，农村为 111 分钟。新闻节目在所有收视时间中所占比例为 23%，娱乐节目为 64%。目前，巴基斯坦有 10 家新闻频道，新闻节目是全国竞争最为激烈的内容领域。

近年来，巴基斯坦新兴媒体取得了稳步发展，这也吸引了欧美媒体机构的关注。2016 年 1 月，美国奈飞（Netflix）进入巴基斯坦市场。2018 年 9 月，美国星光播映（Starz Play）与西里派克斯公司（Cinepax）合作，进入巴基斯坦市场。西里派克斯公司是巴基斯坦最受欢迎的电影院线公司之一，在巴基斯坦全国 8 个城市 11 个地区拥有影院。

二、监管机构与传媒法规

1. 监管机构

巴基斯坦电子媒体管理局（Pakistan Electronic Media Regulatory Authority，PEMRA）成立于 2002 年 3 月，负责监管全国所有官方和私营广播电台、电视台。具体职责包括审查境内广播、电视、有线电视和 IP 电视的资质，审查境外电视频道在巴基斯坦有线电视网络落地的资格，负责广播频率的分配，颁发运营许可证，以及监督播出节目的内容等。电子媒体管理局设主席 1 名、委员 9 名，其中三名委员来自巴基斯坦新闻部、内政部和通信管理委员会这三个政府部门，另外 6 名委员来自私营部门。电子媒体管理局下设四大部门，包括公共事务、有线电视和执行部、合作和财务部、执照和法律部、工程技术部。巴基斯坦广播新闻部直接管辖巴基斯坦广播公司（PBC）和巴基斯坦电视有限公司（PTV）

等官方媒体。①

2. 传媒法规

巴基斯坦现行的广电管理法规主要有《1973 年巴基斯坦广播协会法》《2002 年有线电视运营法规》《2002 年电视 / 广播运营法规》《2002 年媒体所有支配法规》《2003 年外国电视频道注册法规》《2007 年巴基斯坦电子媒体管理局修正法》等。

巴基斯坦对文化及宗教相关内容有较强的审查机制，违反条例规定可能面临法律诉讼。2016 年，巴基斯坦电子媒体管理局进一步强化了斋月期间电视节目的管控，不得播出警匪、凶杀、抢劫、自杀等题材或场景的节目。

巴基斯坦对于广播播出有较为严格的规定。每小时节目中的广告长度不得超过 12 分钟，单次广告插播时间不得超过 3 分钟，两次广告播出之间的间隔不得少于 15 分钟。

巴基斯坦与印度之间的关系一直没有得到有效改善，这也影响了影视节目播出政策。2016 年 10 月，巴基斯坦政府规定，全国有线电视平台都不得播出印度电视频道，违反者将被罚款 1000 万巴基斯坦卢比（PKR），同时面临 4 年以内的监禁。

长期以来，巴基斯坦对境外频道的落地实行严格的准入政策，境外频道在巴基斯坦落地，需先通过巴基斯坦电子媒体管理局获得相关落地许可证。

三、电视频道与媒体机构

巴基斯坦采取公共电视和私营电视并存的媒体体制。

1. 巴基斯坦电视有限公司（PTV）

巴基斯坦电视有限公司是巴基斯坦的国家电视台。1964 年 11 月 26 日，巴基斯坦政府与日本电力公司合作创办的电视试验台在拉合尔开始播出，在此基础上于 1965 年正式成立了电视促进有限公司（Television Promoters Limited）。1967

① 国家广播电影电视总局培训中心:《南亚国家广播电视发展概况》，中国广播电视出版社 2010 年版，第 161 页。

年，该公司更名为“巴基斯坦电视有限公司”（Pakistan Television Corporation Limited）。1979年2月，巴基斯坦国家电视台开始播出彩色电视。目前，巴基斯坦电视有限公司旗下共有6个频道，包括家娱频道（PTV Home）、新闻频道（PTV News）、博兰频道（PTV Bolan）、民族频道（PTV National）、环球频道（PTV Global）和自由查默·克尔米尔米频道（AJK TV）。其中，家娱频道是一个综合卫星频道，24小时播出，节目包括新闻、电视剧、访谈、教学和宗教节目等。新闻频道是卫星频道，24小时播出新闻、访谈等新闻类节目。博兰频道是针对西南部俾路支省的卫星频道，以普什图语和俾路支语播出，博兰（Bolan）是俾路支省通向外界的一个重要山口。民族频道以俾路支语、旁遮普语、普什图语和信德语播出，主要内容为地方性节目，以弘扬全国丰富多彩的各民族文化。环球频道是巴基斯坦的国际频道，主要针对欧美国家的巴基斯坦侨民播出，以娱乐和新闻节目为主。自由查默·克尔米尔米频道以克什米尔语和高吉里语播出，内容以新闻和其他地方性节目为主。①

巴基斯坦电视有限公司的主要经费来源是执照费（每月25巴基斯坦卢比），这笔费用从电费中收缴。巴基斯坦政府是巴基斯坦电视有限公司的主要股东，持有75%的股份。2013年，巴基斯坦媒体委员会建议巴基斯坦政府将所持股份减少到25%以下。

2. 私营电视台

2002年以来，巴基斯坦电子媒体管理局共颁发了90多张电视播出执照，其中50多张为私营电视频道。

（1）夏利玛电视网

1989年，夏利玛录音公司（SRBC）获准成立，并开播了夏利玛电视网（STN）。该频道通过卫星面向全国20多个主要城市播出，覆盖一半以上人口。娱乐节目占40%，资讯类节目占37%，教育节目占23%。目前，该频道收入来源主要是广告。

（2）印度河电视网（Indus TV Network）

2000～2001年期间，巴基斯坦开始出现卫星电视。印度河电视网是巴基

① 国家广播电影电视总局培训中心：《南亚国家广播电视发展概况》，中国广播电视出版社2010年版，第183页。

斯坦首个私营的卫星电视台。该台隶属于印度河娱乐有限公司，目前播出六个频道：视野频道（Indus Vision）、音乐频道（MTV Paksitan）、新闻频道（Indus News）、娱乐频道（Indus Plus）、青年频道（G Kaboom）和美食频道（Indus Foods）。其中，视野频道是印度河电视网的旗舰频道，节目包括电视剧、儿童节目等。音乐频道是巴基斯坦第一个音乐类电视频道，也是巴基斯坦在国内外享有盛誉的音乐节目频道，主要播出巴基斯坦音乐。经过多年努力，印度河电视网的节目已经覆盖亚洲、非洲、澳大利亚、欧洲、中东和北美等地。①

（3）巴基斯坦吉奥电视台（GEO）

巴基斯坦吉奥电视台开播于 2002 年 10 月，是南亚地区首个乌尔都语综合频道。该台隶属于巴基斯坦最大的报业集团《战斗报》集团（Jang Group）。该台利用在全国各地建立的新闻信息报道网络，24 小时播出最新消息。该台还播出乌尔都语新闻频道（Geo News）和英语新闻频道（Geo English News），其中乌尔都语新闻频道是巴基斯坦收视率最高的新闻类频道之一。此外，吉奥电视台还开办了娱乐频道（Geo Entertainment）、体育频道（GEO Super）、AAG 频道等。吉奥电视台针对世界不同地区开办了当地版本的电视频道，包括吉奥英国频道（GEO UK）、吉奥美国频道（GEO USA）、吉奥加拿大频道（GEO Canada）、吉奥欧洲频道（GEO Europe）和吉奥日本频道（GEO Japan）。②

四、播出渠道与付费电视业

巴基斯坦最主要的电视播出渠道首先是模拟有线电视，在电视家庭中的份额高达 66%；其次是模拟地面电视，电视家庭份额为 28%；数字有线电视、数字免费卫星电视和 IPTV 所占份额分别为 3%、2% 和 1%。根据预测，巴基斯坦在 2020 年时的主要电视播出渠道仍然为模拟有线电视，在电视家庭中所占份额为 52%；其次为模拟地面电视，所占份额为 19%；数字有线电视、数字地面电视、数字免费卫星电视和 IPTV 所占份额分别为 13%、13%、2% 和 1%。

---

① 国家广播电影电视总局培训中心:《南亚国家广播电视发展概况》，中国广播电视出版社 2010 年版，第 169、184 页。

② 同上。

近年来，巴基斯坦付费电视业务的订户规模处于稳定增长的态势。2019 年该国付费电视业务的订户总数为 1421 万户，此前在 2015 年为 1248 万户，2022 年预计增至 1554 万户。与此同时，巴基斯坦付费电视业务的营业收入也处于稳中有增的发展态势。该国付费电视业务的营业收入在 2015 年为 5.69 亿美元，2019 年增至 7.94 亿美元，2022 年预计能增至 9.99 亿美元。巴基斯坦付费电视业的渗透率较高（69%），但付费电视运营业市场分散、运营商林立，而且主要经营低端业务。

1. 有线电视

巴基斯坦在 2000 年开始发展有线电视业，目前有线电视运营商超过 4000 家，其规模小而分散，其中包括相当数量的未持牌照的小型有线电视运营商；规模较大的有线电视运营商超过 30 家，但其平台用户数也不超过 20 万户。预计到 2022 年，有线电视的市场份额会由 67% 降至 66%，但依旧是付费电视市场的主流。目前，规模较大的有线电视运营商为纳雅电信公司（NayaTel）和世话公司（WorldCall）。其中，纳雅电信公司在模拟有线电视平台上播出 71 个频道，在数字有线电视平台上播出 100 多个频道；该公司拥有 3 万订户。世话公司在模拟有线电视平台上播出 80 个频道，在数字有线电视平台上播出 60 个频道。

2. 卫星电视

目前，巴基斯坦境内还没有持合法牌照的卫星电视运营商。巴基斯坦电子媒体管理局认为，发展直播到户卫星电视业务将为巴基斯坦机顶盒等相关电视设备制造业和电视内容业的发展带来机遇。另外，卫星电视业有利于推进巴基斯坦电视业的数字化。为此，巴基斯坦在 2015 年 12 月首次就直播到户卫星电视运营业务（DTH）三张营业执照进行竞标。巴基斯坦吉奥电视台、中国四达时代集团、俄罗斯媒体巨头 GS 集团等 30 多家本地和国际知名公司参与了竞标。巴基斯坦电子媒体管理局委托瑞士数字战略咨询与服务公司作为顾问开展此次执照竞标申请和评审。最终，包括中国四达时代集团等三家公司中标，以 48.98 亿巴基斯坦卢比（约 3.26 亿人民币）获得 15 年的运营权。不过，2017 年 1 月，巴基斯坦拉合尔最高法院宣布，巴基斯坦电子媒体管理局的招标无效，因为该局以利益冲突为由禁止巴基斯坦的电视台参加。但最高法院认为，电视播出和运营业务的整合并不一定导致所有权的集中。

3. IPTV

巴基斯坦电信有限公司（PTCL）是巴基斯坦唯一的信号覆盖全国的电信运营商，拥有巴基斯坦最大的IPTV运营平台，服务网点遍布全国。目前，平台上播出150个高标清频道。2014年，该公司与迪拜艾克飞（icflix）合作在巴基斯坦推出了网络电视业务（PTCL Icflix）。2018年，巴基斯坦电信有限公司IPTV平台用户数为8.3万户，网络电视平台用户数为15万户。另外，该公司拥有2050万手机用户和81万宽带用户。巴基斯坦电信有限公司的主要股东是巴基斯坦政府，持有62%的股份。

五、新兴媒体与网络电视

巴基斯坦宽带普及率相对较低，手机普及率略高。2017年，全国宽带家庭渗透率仅为6.7%，手机渗透率为71.8%。该国移动通信资费标准较低，移动通信业务的单位用户月均营业收入贡献额为1.5美元。尽管如此，巴基斯坦网络电视业务近年来发展较为迅速，订户规模和营业收入的增幅都远大于传统电视业。2019年该国网络电视订户为39.5万户，此前在2015年仅为3.6万户，2022年预计增至59.6万户。与此同时，该国网络电视业务的营业收入在2015年仅为100万美元，2019年达到2100万美元，2022年预计能增至4300万美元。

目前，巴基斯坦网络电视业务的主要品牌有五个，主要是美国亚马逊（Amazon）、奈飞（Netflix）、星光播映公司（Starz Play）、索尼（Sony）等国外品牌，本国网络电视品牌仍处于起步阶段。境外网络电视主要通过与巴基斯坦当地电信运营商、付费电视运营商等合作，以强化市场拓展效率和效果。2016年1月，美国奈飞公司（Netflix）进入巴基斯坦市场。2018年3月，该公司与巴基斯坦电信有限公司（PTCL）合作，借助巴基斯坦这家主流电信运营商的业务平台拓展市场。

2018年9月，美国星光播映公司（Starz Play）与西里派克斯公司（Cinepax）合作，进入巴基斯坦市场。西里派克斯公司是巴基斯坦最受欢迎的电影院线公司之一，在巴基斯坦全国8个城市11个地区拥有影院。2018年10月，美国星光播映公司与巴基斯坦电信有限公司合作，美国星光播映公司的网络视频点播业务入驻巴基斯坦电信有限公司的智能电视应用系统。

值得一提的是，中国移动通信集团有限公司近年来在巴基斯坦市场取得了长足的发展，2019 年 4G 用户突破 1 千万。基于用户规模优势，该公司今年积极发展新兴媒体业务，但多以合作方式开展。中国移动巴基斯坦公司在 2017 年与美国瓦次普公司（WhatsApp）合作，在 2018 年又与美国照片墙平台（Instagram）合作，通过彼此业务捆绑强化市场黏性。中国移动通信集团有限公司在 2007 年收购了巴基斯坦电话公司（Paktel），在此基础上成立了全资子公司，公司注册名辛姆巴科公司（CMPak），并推出了“ZONG”品牌。2018 年该公司加大 4G 网络建设力度，并在 2018 年 10 月实现 4G 基站规模达到 1 万座，覆盖了 300 座城市，建成巴基斯坦最大的 4G 网络，移动宽带市场份额高达 43%，居于巴基斯坦首位。2017 ~ 2018 年度的营业收入增幅为 18%，此前在 2016 ~ 2017 年度的增幅高达 44%。中国移动巴基斯坦公司的本土化程度很高，2019 年全公司员工 3267 人，其中中国员工只有 26 名。

第二节　不丹

不丹（Bhutan）是一个南亚国家，国民生产总值约为 24.47 亿美元（世界银行，2018）。该国总人口约为 78.2 万（2020），人口年龄中位数是 29.1 岁。不丹语“宗卡”为官方语言。目前，不丹广播电视机构主要是不丹广播公司。该公司创建之初仅有广播业务，用不丹语、英语、尼泊尔语等广播，到 20 世纪末才开始提供电视业务。

一、监管机构与传媒法规

1. 监管机构

不丹广播电视的监管机构是不丹皇家政府信息与通信部（Ministry of Information

and Communication)。信息与通信部的前身是不丹皇家政府通信部(Ministry of Communications),2003 年 7 月,通信部拆分为信息与通信部和人类居住与工作部两个新部门。信息与通信部下设五个部门和五个直属国有公司,其中与广电领域直接相关的部门和公司包括信息通信部(Department of Information & Media)、信息传媒局(Info., Comm. & Media Authority)、信息技术部(Department of Information Tech.)和不丹广播公司(Bhutan Broadcasting Service)。①

2. 传媒法规

不丹皇家政府颁布的《信息传媒法案》(2006)是皇家政府对广播电视等传媒与信息行业管理的最高法案,也是不丹皇家政府在广播电视高速发展时期颁布的一部比较全面的有关不丹境内广播电视传媒与信息的法案。②

二、电视频道与传媒机构

不丹的电视事业起步较晚,直到 1999 年才有自己的电视台。目前,不丹广播公司是不丹国内唯一的广播电视机构。

不丹广播公司的前身是 1973 年成立的不丹青年协会广播电台(The Radio of National Youth Association of Bhutan)。1979 年,该电台被不丹政府通信部收购,并于 1986 年更名为不丹广播服务公司。从 1991 年开始,不丹广播服务公司正式成为国家常设机构,由不丹政府通信部监管,总部设在首都廷布。不丹广播公司运营之初,每天只能播出一个小时的电视节目,分别安排在周一至周五晚上 8 点到 9 点,以及周末晚上 7 点到 8 点。一个小时的电视节目中,前 30 分钟为新闻节目,用宗卡语(Dzongkha)和英语播出;后 30 分钟为其他节目,包括自制节目和引进节目。2004 年 12 月,不丹广播公司的节目播出时长延长到 4 个小时。2006 年 2 月,不丹广播公司开始通过卫星播出,信号覆盖全国。2007 年,不丹广播公司开始面向海外播出,通过地面和卫星覆盖了全球 40 多个国家和地区。2008 年,不丹广播公司的播出时间再次延长,每天播出 5 小时,并在次日早间 6

① 国家广播电影电视总局培训中心:《南亚国家广播电视发展概况》,中国广播电视出版社 2010 年版,第 76 页。

② 同上书,第 75 页。

点到10点进行重播。不丹广播公司下设五个部门，包括技术部、电视部、广播部、金融贸易部以及人力资源和行政部。①

第三节　马尔代夫

马尔代夫（Maldives）是印度洋上的群岛国家，以旅游、船运为主要经济支柱，国民生产总值约为53.27亿美元（世界银行，2018）。该国总人口约为39.19万（2020），人口年龄中位数是29.5岁。民族语言和官方语言为迪维希语（Dhivehi），上层社会通用英语。马尔代夫广播电视领域长期保持国有公营体制，进入21世纪后才有所改变。目前，全国共有4家国有电视台和7家私营电视机构。

一、监管机构

马尔代夫广播电视的监管机构是马尔代夫旅游、艺术和文化部，其前身是成立于1993年的马尔代夫信息部。2005年7月，马尔代夫信息部更名为信息和艺术部。2007年10月，该部又更名为法律改革、信息和艺术部。2008年11月，该部再次更名为马尔代夫旅游、艺术和文化部。该部的信息司负责信息、媒体、艺术和文化领域的监管工作。信息司下属的播出和转播处负责准许和批准有线电视和新频道的开播事宜。信息司下属的媒体处负责与国内外的媒体进行联络，并负责政府重要特殊信息的发布以及报刊的审批和注册工作。②

① 国家广播电影电视总局培训中心：《南亚国家广播电视发展概况》，中国广播电视出版社2010年版，第79～80页。

② 同上，第119页。

二、电视频道与传媒机构

马尔代夫电视业起步较晚，1978 年才开始有了本国的电视台。在电视播出之前，报纸和广播是该国主要的媒体。马尔代夫的日报和周刊都以迪维希语刊发，另外有一份英文的双周刊报纸，主要在首都马累发行。马尔代夫之声广播电台创建于 1962 年，用迪维希语和英语播出。

马尔代夫电视台（Television Maldives）于 1978 年 3 月建成启用，同年修建了卫星通信站，可以通过卫星转播世界各地节目。马尔代夫电视台是国有电视台，隶属于马尔代夫信息、艺术和文化部。目前，马尔代夫电视台播出两个频道，第一频道（TVM）每天播出 18 个小时，主要节目内容包括国内外新闻、时事、音乐、体育、教育、儿童、健康、纪录片和娱乐节目等。第二频道（TVM+）开播于 1994 年，为专业收费频道，每天播出 10 个小时。①

第四节　孟加拉国

孟加拉国（Bangladesh）经济发展水平较低，国民经济主要依靠农业，国民生产总值约为 2740.25 亿美元（世界银行数据，2018）。该国总人口约为 1.62 亿（2020），人口年龄中位数是 27.9 岁。孟加拉语为国语，英语为官方语言。孟加拉国电视领域实施国有与商业并行的传媒体制，孟加拉国国家电视台是该国主要电视机构，面向全国播出。整体而言，孟加拉国电视覆盖率不高，仅覆盖 5 千万人口（2019）。

---

① 国家广播电影电视总局培训中心:《南亚国家广播电视发展概况》，中国广播电视出版社 2010 年版，第 116、122 页。

一、监管机构与传媒法规

1. 监管机构

1986 年，孟加拉国新闻部根据总统法令成立了孟加拉国广播局，主管电台、电视台业务。该局由一名局长和不少于 3 人、不多于 7 人的成员组成，成员来自公共服务部门。广播局负责监督、安排、实施和开发广播电视节目，执行政府有关广播电视方针政策。① 广播电视领域的重要监管机构还有电信管理委员会（Bangladesh Telecommunication Regulatory Commission，BTRC）。

2. 传媒法规

1985 年 12 月 28 日，孟加拉国新闻部颁布了《孟加拉国国家电台和国家电视台的节目方针》。2006 年 9 月 24 日，孟加拉国总统批准实施《孟加拉国电视网管理法》。2001 年 4 月 11 日，孟加拉国新闻部颁布了《国家电视台使用民间制作电视节目条例》。②

在产业与市场管理方面，孟加拉国与电视业相关的法律法规还有《1985 年无线电信法》《1933 年无线电信法》和《2001 年孟加拉国电信管理委员会法》等。

在内容管理与媒体运营监管方面，孟加拉国相关法律法规有《孟加拉国家电视台播放影片审核条例》《孟加拉国家电台和国家电视台的节目方针》《国家电视台使用民间制作电视节目条例》。

二、电视频道与传媒机构

孟加拉国全国批准注册的电视台共有 41 家（2019），其中 26 家正常播出。在 26 家电视台中，23 家电视台是私营电视台，主要通过有线电视系统播出。值得一提的是，在孟加拉国一些地区，电视的影响力仍不如广播，尤其在孟加拉国沿海地区。这些地区是孟加拉国最为贫穷的地区，甚至还没有通电，广播电台成

---

① 国家广播电影电视总局培训中心:《南亚国家广播电视发展概况》，中国广播电视出版社 2010 年版，第 58 页。

② 同上书，第 49 ~ 52 页。

为这里的民众了解外部世界的唯一传播媒介。

1. 孟加拉国国家电视台

孟加拉国国家电视台（BTV）创办于1964年12月25日，前身是东巴基斯坦电视台。1971年，孟加拉国独立后，东巴基斯坦电视台被收归国有，并在其基础上成立了孟加拉国国家电视台。1980年，该台开始播出彩色节目。

1975年到1984年，孟加拉国国家电视台分别在吉大港、库尔纳、锡尔赫特、那都尔、兰格普尔、米门辛格、诺阿卡利、萨德基拉、兰格玛迪和果科斯巴扎尔等地建立了10个中继站。通过这10个中继站，孟加拉国国家电视台大大提升了节目信号的覆盖率。1991～2003年，该台又新建了6个中继站。[①] 除了面向国内播出，孟加拉国国家电视台世界频道（BTV World）通过卫星面向海外播出。

2. 私营电视台

2019年正常运营的私营电视台共有23家。

（1）二月二十一日电视台

该台创办于2000年4月14日，其新闻节目颇具影响力。

（2）亚洲网络电视台

该台开播于1997年7月15日，是孟加拉国第一个卫星电视台。

（3）正月电视台

该台是一个24小时播出的电视台，节目以资讯和娱乐为主。该台主要面向中东、欧洲和亚洲其他国家的孟加拉语观众播出。

（4）民族电视台

该台开播于2003年，是一家卫星电视台。该台主要播出新闻、电视连续剧、教育、宗教和政治类节目。

另外，孟加拉国还有祖国电视台等其他私营电视台。[②]

3. 境外频道与节目

作为南亚重要国家，欧美国家都着力开展面向该国的传播。2013年4月，德

---

① 国家广播电影电视总局培训中心：《南亚国家广播电视发展概况》，中国广播电视出版社2010年版，第63～64页。

② 同上书，第64页。

国之声电视台的一档科技类节目“Onneshon”在孟加拉国艾酷诗电视台（Ekushey）电视台播出。这档节目的主要内容是科技动态，另外也报道德国生活的方方面面。该节目还关注德国与南亚国家在文化等方面的差异。

三、播出渠道与付费电视业

目前，孟加拉国的播出渠道主要是卫星电视、有线电视和地面电视。其中，卫星电视和有线电视在付费电视运营方面具有较强的市场化程度。

1. 卫星电视

孟加拉国贝克西姆传播集团（Beximco Communications）2019 年 5 月推出了直播卫星电视平台“阿卡什”（Akash）。阿卡什平台是一个付费卫星电视平台，播出 115 个孟加拉国和国际频道，其中包括 20 个高清频道。此前在 2013 年，贝克西姆传播集团与俄罗斯 GS 集团取得了运营直播电视业务的执照，随后在 2016 年 5 月合作推出了该国第一个直播到户卫星电视平台（DTH）。该平台以“RealVU”为品牌开展业务，播出 100 多个频道，包括 26 个孟加拉国频道和 80 多个国际频道。该平台主要面向城市及周边地区的用户，每月收视资费为 300BDT，约合 3.83 美元。不过，在该卫星电视平台投入运营后，俄罗斯 GS 集团就出售了其在贝克西姆传媒公司中的股份，随后该平台在 2018 年 10 月 1 日停止运营。俄罗斯 GS 集团提供硬件和软件支持，负责运营系统集成平台；该集团在亚洲的业务还包括柬埔寨的数字地面电视业务。

2. 有线电视

孟加拉国有多家公司开展有线电视运营业务，其中不乏用户规模较大的平台。联合通信服务有限公司（United Communication Service Ltd.）是主要有线电视平台之一，2019 年用户规模为 90 万户。另外，迪吉 21 系统有限公司（DIGI 21 SYSTEM Ltd.）在有线电视市场中占据重要地位，2019 年用户总数为 150 万户。

第五节　缅甸

缅甸（Myanmar）是一个东南亚国家，国民生产总值约为712.15亿美元（世界银行，2018），总人口约为5659万（2020），人口年龄中位数是29.2岁。官方语言为缅甸语，各少数民族均有自己的语言，其中克钦、克伦、掸和孟等民族有文字。缅甸电视业发展相对迟缓，在传统电视市场整体水平相对较低。但缅甸近年来大力发展电信业，有效促进了IPTV、卫星电视以及网络电视的发展。

一、概述

缅甸电视业起步较晚，直到20世纪80年代初才开始建立电视台。长期以来，缅甸电视业发展缓慢，电视基础设施相对落后，电视节目产量较低。从2014年开始，缅甸电视业开始进入快速发展阶段。在开路电视领域，缅甸在2009年时仅有4个开路频道，到2015年底已经达到了20个频道。

缅甸的电视监管机构是缅甸信息部。缅甸信息部是国务院下属的媒体管理机构，下设五个部门：国家广播电视台（Myanmar Radio and Television，MRTV）、新闻期刊局（News and Periodicals Enterprise）、公共关系司（Information and Public Relations Department）、电影管理局（Myanmar Motion Picture Enterprise）、国家出版公司（Printing and Publishing Enterprise）。

在全球通信技术和媒介格局大变革的背景下，缅甸政府从2014年开始调整政策，面向外资企业放开了电信市场，由此推动缅甸电信业取得了长足的进展。2014年，缅甸在移动通信领域修改了政策，允许境外公司在缅甸从事通信业务，由此终止了缅甸电信公司（MPT）的垄断地位。第一批进入的境外公司包括奥瑞都公司（Ooredoo）和特雷诺公司（Telenor）等。2018年，随着属吾电信公司（Mytel）等更多电信公司的进入，缅甸电信公司的市场份额进一步下降到了45%。属吾电信公司隶属于越南电信公司（Viettel），在缅甸投资了15亿美元用于全国性 4G 网络建设。奥瑞都公司和特雷诺公司在 2013 ~ 2018 年在缅甸的投资总额分别为 11 亿美元和 13 亿美元。相比之下，缅甸宽带业务的发展仍然非常滞后。2018 年，缅甸订阅宽带业务的家庭比例为 0.2%，而手机的渗透率为 105%；移动通信业务的单位用户月均营业收入贡献额为 3.11 美元。电信业的发展大大提升了缅甸移动宽带和智能手机的普及程度，这为新兴媒体尤其是网络电视业务的推广提供了条件。

与此同时，缅甸电信领域也在积极推进 5G 等新技术的应用。2018 年 9 月，奥瑞都公司与诺基亚公司、缅甸仰光大学合作，开始 5G 技术应用的测试。

二、电视频道与媒体机构

缅甸最早的电视台是缅甸广播电视台（MRTV），创办于 1980 年，是在日本政府捐赠设备成立的。目前，缅甸主要有三家开路电视播出机构。

1. 缅甸广播电视台

缅甸广播电视台（MRTV）是缅甸的国家电视台，使用缅甸语（Burmese）、阿拉干语（Arakanese）、掸文（Shan）、克伦语（Karen）、克钦语（Kachiin）、克耶邦语（Kayah）、钦族语（Chin）、孟族语（Mon）和英语播出。目前，该台播出 10 个电视频道，其中缅甸广播电视三台（MRTV-3）是由政府管理的国际频道，以英语面向海外播出。另外，新闻频道（MRTV News）和综艺频道（MRTV Entertainment）创办较晚，开播于 2015 年 1 月。

缅甸广播电视台的前身是缅甸信息广播处。1972 年 3 月 26 日，缅甸政府合并了广播部门和信息部门，成立了缅甸信息广播处。1991 年 7 月 24 日改名为缅甸广播电视处，1997 年改名为缅甸广播电视台（MRTV）。缅甸广播电视台在 1980 年开播时，节目信号仅能覆盖仰光。此后在全国建立了 15 家转播台，到 1988 年时节目信号覆盖了全国 53.95% 的人口。1988 年以后又增加了 119 座转播台，节目信号覆盖人口达到了 82.45%。2013 年 10 月，缅甸广播电视台开始数字化播出。

缅甸广播电视机构实行国有国营制。缅甸广播电视台的使命定位是“提供信息，教育人民，娱乐大众”（information、education、entertainment），口号是“甜美怡人的声音，清晰愉悦的图像，真实，准确，永远呈现精彩”。缅甸广播电视台是国家台，直接由政府领导。缅甸广播电视台台长由政府任命。缅甸广播电视台由四个部门组成，包括广播部、电视部、技术部和管理部。缅甸广播电视台的财政收入主要靠广告收入和相关市场运作。

2. 妙瓦底电视台

妙瓦底电视台（Myawaddy Television）创办于1993年6月27日，目前播出5个频道，包括音乐频道（MWD Music）、马瓦蒂频道（MWD TV）、多元频道（MWD Variety）、电影频道（MWD Movie）和纪录片频道（MWD Documentary）。

妙瓦底电视台在2011年11月完成了数字化转换，以DVB-T模式播出数字地面电视节目。妙瓦底电视台在全国各地共有电视转播站177个，节目信号覆盖缅甸60%的国土。

妙瓦底电视台隶属缅甸军方。该电视台是中国和缅甸合作创办的，是由北京建筑设计研究院、北京广播器材设备厂、缅甸工业部联合修建的，整个项目耗资1150万美元。

3. 苏坦温媒体集团

缅甸金江胜利集团（或译为瑞丹伦传媒集团，Shwe Than Lwin Media Group）开办了3个电视频道，包括MNTV、MITV和9频道（Channel 9）。其中，MNTV是2012年开播的商业性开路频道。

金江胜利集团旗下的天网公司（Skynet）是一家付费电视运营商，它也在自有付费电视平台上开办了多个自办频道。目前，天网公司的频道主要是体育频道（Skynet Sports）和电影频道（Skynet Movies）。

三、播出渠道与付费电视业

在缅甸，卫星电视和数字地面电视是主要的电视播出渠道。

近年来，缅甸付费电视业务的订户规模和营业收入处于稳定增长的态势。2019年该国付费电视业务的订户总数为62万户，此前在2016年为51万户，2023年预计增至78万户。就营业收入而言，缅甸付费电视业务的营业收入在2016年为5700万美元，2019年增至7200万美元，2023年预计能增至9600万美元。在付费电视业领域，卫星电视和数字地面电视是两大业务形态。2018年，卫星电视和数字地面电视在付费电视业的总体营业收入中所占份额分别为62%和38%。

1. 缅甸永久集团

缅甸永久集团（Forever Group）成立于1996年，在2006年开始从事付费电视业务。它也是缅甸第一家从事付费电视业务的公司。2018年2月，缅甸永久集团与法国凯勒普拉斯集团合作，在缅甸推出了付费电视业务。凯勒普拉斯集团在缅甸的付费电视平台播出80多套节目，其中8个频道是以缅甸语播出的，频道内容包括缅甸当地制作的节目。

2018年，缅甸永久集团在付费电视业领域的市场份额为55%。

2. 天网公司

天网公司（Skynet）从事付费卫星电视业务。该公司隶属于缅甸金江胜利集团。

2018年，天网公司在付费电视业领域的市场份额为43%。

3. 缅甸凯勒普拉斯集团

缅甸凯勒普拉斯集团（Canal+ Myanmar）隶属于法国凯勒普拉斯集团，在缅甸从事卫星电视付费业务。

2018年，缅甸凯勒普拉斯集团作为后起之秀也开始显露其竞争实力，2018年的市场份额为1%。

四、新兴媒体与网络电视

受制于经济发展水平及军队对网络的控制，缅甸的新兴媒体发展相对迟缓。缅甸在2000年才开始普及互联网，但随后军方通过基于软件的审查制度、基础设施和技术限制、法律法规以及对违规者处以高额罚款和长期监禁等方式，严格限制和控制普通民众使用互联网，这种情况持续到2011年才有所改变。2014年以来，缅甸新兴媒体和网络电视业取得了长足的发展，呈现稳步增长的良好态势。2019年缅甸网络电视订户为11.6万，此前在2016年仅为2万，2023年预计增至121.9万。与此同时，该国网络电视业务的营业收入在2016年仅为100

万美元，2019 年达到 600 万美元，2023 年预计能增至 1600 万美元。目前，缅甸主要的电信公司都以自办或合作的方式开展网络电视业务，通过融合业务来提升市场竞争力。

1. 奥瑞都公司

奥瑞都公司（Ooredoo）从 2013 年开始谋划进入缅甸电信业市场，从 2014 年开始取得了实质进展。与此同时，奥瑞都公司着力发展网络电视业务。2019 年 6 月，奥瑞都公司与酷奇电视公司（Cookie TV）和米兹玛传媒公司（Mizzima Media Company）分别建立了合作关系，在其电信业务平台上开展网络电视业务。酷奇电视公司在其应用程序上播出多个美国电视频道，包括美国家庭影院频道（HBO）、音乐电视频道（MTV）、福克斯体育频道（Fox Sports）和探索发现频道（Discovery）等。通过奥瑞都公司的电信平台，缅甸用户可以付费订阅酷奇电视公司的业务。与此类似，奥瑞都公司的用户也可以在其平台上订阅米兹玛传媒公司的电视节目服务。2018 年 5 月，奥瑞都公司还与马来西亚艾菲公司（Iflix）合作，面向其宽带业务用户推出了网络电视业务。

2. 特雷诺公司

特雷诺公司（Telenor）从 2013 年开始在缅甸投资电信基础设施，2014 年正式开展电信业务。2019 年 2 月，特雷诺公司推出了一个名为“数字奇幻”（D. Magic）的网络电视平台，订户以付费方式观看该平台上的频道和节目。目前，该平台上的节目主要来自美国迪斯尼公司、皮克斯公司等。2018 年 6 月，特雷诺公司还与马来西亚艾菲公司（Iflix）合作，面向其宽带业务用户推出了网络电视业务。

3. 缅甸电信公司

缅甸电信公司（MPT）是缅甸最主要的电信运营商。2018 年 6 月，缅甸电信公司推出了名为“玛哈”（Mahar）的手机应用程序，以付费方式向用户提供本土电影。此前在 2018 年 2 月，该公司还与乌科力普公司（Vuclip）合作，面向用户提供视频点播业务。

4. 境外网络电视公司

除了缅甸的电信公司，境外网络电视公司也开始大举进入缅甸市场，尤其以美国的网络电视公司最为突出。目前，美国亚马逊公司（Amazon）、奈飞公司（Netflix）等都在缅甸开展网络电视业务，主要提供英语内容。

第六节　尼泊尔

尼泊尔（Nepal）是南亚内陆山国，以农业为主要经济支柱，国民生产总值约为 290.4 亿美元（世界银行数据，2018）。该国总人口约为 3032.78 万（2020），人口年龄中位数是 25.3 岁。尼泊尔语为国语，上层社会通用英语。

尼泊尔电视业肇始于 1984 年，在此之前，尼泊尔境内的百姓主要收看印度杜达山电视台的节目。尼泊尔政府为应对来自印度的文化入侵，开始发展电视事业，于是创办了尼泊尔电视台。目前，全国共有 30 多家电视台，电视业实施国有与商业并行体制。

一、监管机构与传媒法规

1. 监管机构

在尼泊尔广播电视监管体系中，政府信息和通信部是主要机构，另外还有负责相关业务的机构，如国家传播事务局（The Ministry of Communication）、牌照管理局（Licensing Authority）、频率管理和技术分析局（Frequency Management and Technology Analysis Division）、行政处罚委员会（Penalizing Authority）等。其中，信息和通信部的职责包括分配、管理无线频率，监督无线频率的使用情况，处理法律所规定的有关无线广播方面的事情，促进媒体间的国际交流和合作等。国家广播事务管理局负责制定广播电视相关法规，监督广播电视机构开展有序竞争，促进广播电视产业协调发展等。[①] 另外，国家传播事务管理局是监管机构，负责制定广播电视相关法规，监督广播电视机构开展有序竞争，促进广播电视产业协调发展。

---

① 国家广播电影电视总局培训中心：《南亚国家广播电视发展概况》，中国广播电视出版社 2010 年版，第 134 页。

2. 传媒法规

1957年6月1日，尼泊尔王室通过了《广播法》(*The Radio Act*)，并于1958年4月16日公布实施，规定了准入规则、牌照申请方式以及相关违法行为的惩处措施等。1992年，尼泊尔政府颁布了《广播通信（牌照）条例》[*The Radio Communication (License) Regulation*，*2049 (1992)*]，明确规定了牌照的取得方法、发放对象、使用时间和续租、转移、发放和监督机关、持有者义务、复制和再登记等。1993年，尼泊尔议会颁布了《国家广播法》(*The National Broadcasting Act*)，对媒体机构的节目制作、播出和从业人员职责进行了严格的规定。1995年，尼泊尔政府颁布了《国家广播条例》(*The National Broadcasting Regulation*)，详细规定了传媒播出机构或个人必须遵守的相关规定。①

在节目制作和播出方面，根据上述法律，当国家处于危难或面临自然灾害时，由政府直接领导的播出机构必须免费播出政府有关新闻，时长为一次播出5分钟，一天播出6小时。当国家处于战争或紧急状态时，只能播出政府指定的节目。媒体播出机构必须优先播出：关于农业、教育、工业、商业、科技、健康、家庭计划及环境保护发展情况的节目；反映不同民族、不同种族、不同宗教信仰、不同阶层、不同地区的人民相互平等、相互信任、和谐共处的节目；展示尼泊尔语言、文化多样性的节目等。

在广告管理方面，任何个人要想在媒体播出机构播出广告，须向该机构缴纳一定的费用。不鼓励播出烟、酒和其他危害公众健康产品的广告。

二、电视频道与传媒机构

尼泊尔电视领域长期以来以国有媒体为主，主要电视传媒机构是尼泊尔电视台。近年来，为了引入竞争，尼泊尔政府向私人资本开放了广电领域。目前，尼泊尔共有7个电视频道，其中2个为国有频道，5个为私营频道。②

---

① 国家广播电影电视总局培训中心:《南亚国家广播电视发展概况》，中国广播电视出版社2010年版，第128～132页。

② 同上书，第136页。

1. 尼泊尔电视台

尼泊尔电视台（Nepal Television，NTV）创建于 1985 年 1 月。同年 12 月，尼泊尔电视台开始固定播出新闻、教育和娱乐节目。2003 年 6 月，尼泊尔电视台扩建项目电视工艺部分竣工，这是中国广播电视国际经济技术合作总公司的援助项目。2001 年 7 月 4 日，尼泊尔电视台开始通过卫星传播，其电视节目由此覆盖全国各地并向境外传播。尼泊尔电视台还开播了尼泊尔都市频道（Metro TV），该频道由中国政府援建。

尼泊尔政府将尼泊尔电视台和尼泊尔广播电台列为政府部门的下属单位，并以法律形式确保尼泊尔电视台和电台在国内的绝对垄断地位。尼泊尔《信息和通信技术部分 2059（2003）长期发展规划》明确规定，尼泊尔广播电台和电视台属于国有，由政府出资发展基础设施。[①]尼泊尔电视台和尼泊尔广播电台都隶属于尼泊尔电视公司（Nepal Television Corporation）。该公司是尼泊尔的国有传媒机构，隶属于信息和通信部，董事会负责管理运营。董事会成员由信息和通信部任命，包括一名主席、四名经理和一位职工代表。董事会下设技术部、市场部、节目部、财务管理部、行政部、业务部和新闻部。[②]

2. 私营电视机构

尼泊尔的私营电视机构较多，实力强弱不一。

（1）坎特普尔电视台

坎特普尔电视台（Kantipur TV）隶属于坎特普尔媒体集团（Kantipur Media Group，KMG）。该电视台成立于 2003 年 7 月，是尼泊尔重要的私营电视台，其新闻、娱乐和互动类节目等内容为观众所喜爱，通过地面无线电视平台和卫星电视平台进行传输覆盖尼泊尔全境，其免费信号还覆盖亚洲、中东、非洲、欧洲和澳大利亚的部分地区。

坎特普尔电视台共有两个频道。第一频道于 2002 年 7 月开播，频道内容由 70% 的新闻、时事节目和 30% 的娱乐节目构成，尼泊尔语节目占 90%，英语节目占 10%。第二频道（KTV Gold）开播于 2015 年 2 月，主要定位为娱乐和体育

① 国家广播电影电视总局培训中心：《南亚国家广播电视发展概况》，中国广播电视出版社 2010 年版，第 14 页。

② 同上书，第 138 页。

频道，主要面向年轻观众和家庭主妇，尼泊尔语节目占 60%，英语节目占 40%。

坎特普尔媒体集团是尼泊尔最大的媒体集团，拥有多个英语和尼泊尔语的全国性日报、杂志、小报，两个全国播出的电视频道，一个全国播出的广播电台以及尼泊尔首个数字媒体公司。坎特普尔媒体集团的主席和总裁是凯拉什·普拉萨德。

（2）大道电视台

大道电视台（Avenues TV）开播于 2007 年，由尼泊尔大道广告公司（Ad Avenues Nepal）创办。

（3）尼泊尔频道

尼泊尔频道（Channel Nepal）是尼泊尔第一个国际卫星电视频道，覆盖到亚洲，主要播出娱乐节目，目的是让海外的尼泊尔人和世界其他国家和地区欣赏到尼泊尔文化，了解尼泊尔国内与文化有关的活动和相关事件。

（4）萨迦玛塔电视台

萨迦玛塔电视台（Sagarmatha TV）建立于 1997 年，是一个在美国华盛顿播出的尼泊尔电视频道，也是第一个在国外播出的尼泊尔电视频道。萨伽玛塔电视台对尼泊尔海外侨民播出新闻和文化类节目。在美国，该台每周日早九点播出，节目主要是介绍尼泊尔的时政，并将尼泊尔的多元文化介绍给美国观众和世界观众。2018 年 7 月，萨迦玛塔电视台通过马来西亚米亚卫星公司（Measat）的平台覆盖亚太区域多个国家。米亚卫星公司主要面向亚洲提供区域性卫星电视平台运营业务。

（5）银河电视台

银河电视台（Galaxy）是在尼泊尔播出的澳大利亚收费电视，通过卫星和无线电缆转播节目。[①]

（6）喜马拉雅高清电视台

喜马拉雅高清电视台（Himalaya TV HD，HTV）是尼泊尔私营电视机构，主要播出新闻和综艺娱乐节目。2019 年 3 月，该电视台通过马来西亚米亚卫星公司的卫星平台拓展了节目播出范围，覆盖了尼泊尔以及亚太多个国家。

---

① 刘琛：《全球化背景下的亚洲电视传媒》，北京交通大学出版社 2009 年版，第 80 页。

（7）新闻 24 频道

新闻 24 频道（News24）主要播出区域性新闻报道和尼泊尔知名人士的访谈节目。2018 年 7 月，新闻 24 频道通过马来西亚米亚卫星公司的平台覆盖亚洲多个国家。

（8）首要电视台

首要电视台（Prime TV）要播出娱乐、新闻等多种节目。2018 年 7 月，首要电视台通过马来西亚米亚卫星公司的平台覆盖亚洲多个国家。

第七节　斯里兰卡

斯里兰卡（Sri Lanka）是南亚次大陆以南印度洋上的岛国，以种植园经济为主，国民生产总值约为 889.01 亿美元（世界银行，2018），总人口约为 2288.92 万（2020），人口年龄中位数是 33.7 岁。僧伽罗语、泰米尔语同为官方语言和全国语言，上层社会通用英语。斯里兰卡最主要的付费电视运营商是斯里兰卡模拟电视公司，最主要的电视播出机构是斯里兰卡国家电视公司。近年来，斯里兰卡电视家庭规模为 450 万左右。

一、概述

斯里兰卡最主要的电视播出渠道为模拟地面电视，71% 的电视家庭主要收看模拟地面电视。斯里兰卡付费电视业发展水平相对较低，全国仅有 27% 的电视家庭订阅了付费电视业务；此前在 2012 年，这一比例是 10%。斯里兰卡电视市场仍不规范，目前有 500 多家未获政府执照的卫星电视和有线电视运营商，全国共有 30 万个非法卫星电视接收天线。

2008 年斯里兰卡启动模拟转数字进程。2008 年 1 月，斯里兰卡模拟电视公司（Dialog Television）开始试运营一个数字地面电视系统，播出九个频道。斯里兰卡最初采用 DVB 和 DVB-T2 标准发展数字地面电视，但在日本政府的游说下于 2014 年 5 月改用日本 ISDB-T 标准。2013 年 6 月，斯里兰卡国家电视台曾同时以日本标准和欧洲标准进行地面数字电视的试验播出。该国大众传媒和信息部长科赫里亚·郎布卫拉（Keheliya Rambukwella）表示，即使实验播出表明两种标准在技术优越性方面没有差别，但鉴于两国紧密的关系，斯里兰卡仍将选择日本标准。日本为此提供了 1.3 亿美元的贷款，斯里兰卡政府自筹 3070 万美元的经费。根据计划，斯里兰卡电视家庭到 2020 年将全部实现数字化。到 2022 年，斯里兰卡以数字地面电视作为主要收视频道的电视家庭比例预计达到 35%。

斯里兰卡传媒领域的主管机构是大众传媒和信息部（Ministry of Mass Media and Information），主要监管机构是电信监管委员会（Telecommunications Regulatory Commission）。斯里兰卡与广播电视相关的法律法规包括 1966 年《斯里兰卡广播公司法案》和 1982 年《斯里兰卡电视公司法案》。① 在具体管理措施方面，斯里兰卡政府从 2006 年开始对进口的电视节目征税，以鼓励本国电视台更多地播出本土电视节目。2008 年，斯里兰卡政府第一次对私营电视台制定了一系列管理措施，主要是为了防止政治党派涉足电视传媒，同时确保电视节目不会危害国家安全。

二、电视频道与传媒机构

2020 年，斯里兰卡国内共有 32 家电视台，其中 25 家为私营电视台，6 家为非营利电视台。电视广告是电视业营业收入中的重要组成部分，斯里兰卡广告营业收入总额约为 3.97 亿美元（2016）。

1. 斯里兰卡国家电视公司

斯里兰卡最主要的电视播出机构是斯里兰卡国家电视公司（Sri Lanka Rupavahini Corporation，SLRC），每天用英语、僧伽罗语和泰米尔语三种语言

① 国家广播电影电视总局培训中心：《南亚国家广播电视发展概况》，中国广播电视出版社 2010 年版，第 196 页。

播出，拥有30%的电视收视份额。直到20世纪80年代中期，斯里兰卡的广播电视一直处于国家垄断状态。斯里兰卡电视台是斯里兰卡电视节目的主要提供者，并对广告播出和外国电视机构制作节目有着很强的监控权。1992年，该台作为国家所有的电视公司上市，为斯里兰卡国家电视公司。该公司每天播出18小时，节目包括新闻、时事、音乐、宗教、体育、文化、音乐等。此外，还播出了一个英语电影和戏剧频道。斯里兰卡国家电视公司隶属于斯里兰卡大众传媒与信息部，其董事会经总统授权、经大众传媒与信息部部长任命。斯里兰卡国家电视公司还向斯里兰卡其他电视台提供节目，并负责监管国内其他电视台的广告播出和外国电视机构的节目制作等。[①] 目前，斯里兰卡国家电视公司播出四个频道，其中，国家电视台（Rupavahini）一个综合频道，也是斯里兰卡电视台唯一的全国性电视频道。另外，目光频道（Channel Eye）是一个英语频道，内特日频道（Nethra TV）是一个泰米尔语频道，另外还有一个NTV。

2. 独立电视网

独立电视网（Independent Television Network，ITV）是斯里兰卡第一家电视台。独立电视网最初是私营电视台，在1992年收归政府所有。独立电视网每天播出18个小时的节目，共有三个频道（ITN，Vasantham TV和Prime TV）。这三个频道都是综合性频道。

3. 王公电视台

王公电视台（Maharaja TV，MTV）开播于1992年，是斯里兰卡主要的私营电视网。王公电视台的旗舰频道是王公一频道（Channel One MTV），另外还播出诗冉莎频道（Sirasa TV）和力量频道（Shakthi TV），其中力量频道是一个泰米尔语频道。这三个频道都是综合性频道。1992年，政府批准成立私人商业电视台。

王公电视台的主要股东是新加坡电信公司（SingTel）。

4. 艺术电视台

艺术电视台（ART TV）是一个以英语播出的私营电视台，其信号主要覆盖大科伦坡地区和康提（Kandy）地区。该频道是一个综合性频道，其中新闻和脱

---

① 国家广播电影电视总局培训中心：《南亚国家广播电视发展概况》，中国广播电视出版社2010年版，第201、206页。

口秀节目颇受欢迎。

5. 锡内塔卫视

锡内塔卫视（Thinetha）开播于2014年，是斯里兰卡第一个国际卫星频道。该频道以英语、泰米尔语和僧伽罗语播出，节目类型包括新闻、纪录片、音乐、电视剧等。该频道通过Thaicom5卫星覆盖亚太、中东、欧洲和非洲的116个国家和地区。该频道隶属于Future SatCom控股公司，该公司在2013年12月从电信监管委员会（Telecommunication Regulatory Commission）获得了直播到户卫星信号上传执照。

三、电视播出与渠道运营

1999年，斯里兰卡政府同意私营部门来经营国家的有线电视和卫星通信业务。[①]2017年，模拟地面电视是斯里兰卡最主要的收视渠道，在电视家庭中所占份额为68%。付费卫星电视位居第二，在电视家庭中的份额为23%。IPTV、有线电视和免费卫星电视位居第三位到第五位，在电视家庭中所占份额分别为6%、2%和1%。根据预测，2022年数字地面电视是斯里兰卡最主要的电视播出渠道，在电视家庭中的份额为35%，其次是付费卫星电视（27%）和模拟地面电视（25%）。电视家庭份额位居第三位到第五位的收视渠道分别是IPTV（7%）、免费卫星电视（2%）、有线电视（2%）。目前，斯里兰卡付费电视的主要直播到户卫星电视（DTH）运营商是斯里兰卡模拟电视公司（Dialog Television，DTV），有线电视运营商是兰卡宽带网（Lanka Broadband Networks，LBN），IPTV运营商是兰卡宽带网（Lanka Broadband Networks，LBN）旗下的皮奥电视（Peo TV），以及卫星运营商兰卡碟线电视公司（Dish TV Lanka）。2017年，模拟电视公司在付费电视市场的份额为65.6%，位居第一；皮奥电视平台位居第二，订户份额为21.1%；兰卡碟线电视平台位居第三，订户份额为5.5%。

---

① 国家广播电影电视总局培训中心:《南亚国家广播电视发展概况》，中国广播电视出版社2010年版，第197页。

1. 直播卫星电视

斯里兰卡模拟电视公司（DTV）是该国主要的直播卫星电视平台。该公司平台上共有70多个频道，提供不同规模的节目套餐。模拟电视公司的前身是CBNSat公司，该公司在2005年开始提供直播卫星电视业务，当时共有40个频道。目前，该平台播出119个频道，其中112个为标清频道，7个为高清频道。该平台在2012年拥有用户25.1万，2017年时拥有91.1万订户。模拟电视公司的平均单位营业收入（APRU）为9美元。模拟电视公司同时经营宽带业务，在2017年时拥有27万宽带用户。2006年，CBNSat被模拟电视公司收购。

斯里兰卡对话公司（DIALOG）是该国重要的直播卫星平台，其服务覆盖斯里兰卡全境。2019年，该平台的用户数为50万户。

斯里兰卡另外一家主要的卫星电视运营商是兰卡碟线电视公司（Dish TV Lanka）。该公司在2014年获得卫星电视运营执照，在2015年5月正式开展运营业务，投资总额为1600万美元。该平台最初播出47个频道，目前播出90个标清频道。截至2016年底，该平台订户总数约为7万。兰卡碟线电视公司的主要股东是印度碟线电视公司（Dish TV India），持有70%的股份。

2. 有线电视

斯里兰卡主要有两家有线电视/多系统运营商，它们是兰卡宽带网（LBN）和彗星有线电视公司（Comet Cable）。兰卡宽带网覆盖了科伦坡等在内的四个主要城市，在2008年推出了数字有线电视，播出70多个频道。彗星有线电视公司创办于1997年，业务范围主要集中在大科伦坡地区，用户总数约为1万户（2011）。

3. IPTV

斯里兰卡IPTV业务肇始于2008年，这一年9月斯里兰卡电信公司（Sri Lanka Telecom，SLT）推出了斯里兰卡第一个IPTV平台，命名为皮奥电视（Peo TV）。皮奥电视平台在创办之初推出50多个频道，目前播出92个频道。皮奥电视平台在2012年10月的订户总数为7.5万户，到2016年底为26.9万户。斯里兰卡电信公司的主要股东是斯里兰卡政府和荷兰全球电信控股公司（Global Telecommunication Holdings），两者所持股份比例分别为49.5%和44.9%。全球电讯控股公司是一家荷兰公司。

四、新兴媒体与网络电视

斯里兰卡网络电视业虽然规模不大，但竞争较为激烈。早在 2008 年，斯里兰卡电信公司（Sri Lanka Telecom）就开办了网络电视业务。此后在 2016 年 1 月和 11 月，美国网络电视平台“奈飞”（Netflix）和“亚马逊”（Amazon）分别进入斯里兰卡市场。2016 年 4 月，斯里兰卡电信公司（SRT）推出了网络电视平台，向用户提供流媒体视频、音乐下载、游戏等服务。其中，节目将播出最新的美国好莱坞影视剧、印度宝莱坞电影、泰米尔语电影、僧伽罗语电影等，以及最新的主打歌曲。值得一提的是，受制于斯里兰卡宽带基础设施水平，该国网络电视业务的发展前景并不十分乐观。2016 年 8 月，马来西亚网络电视平台“艾菲”（Iflix）开始在斯里兰卡开展网络电视业务。

第八节　印度

印度（India）是南亚次大陆最大的国家，是亚洲重要国家。就经济状况而言，印度 2017 年国民生产总值为 2.72 万亿美元（世界银行，2018）。印度人口总数为 13.26 亿（2020），人口年龄中位数为 28.7 岁。官方语言是印地语和英语。经过几十年发展，印度电视业取得了较大的发展，电视播出机构和运营机构都呈现新的发展态势，印度也成为亚洲重要的电视市场之一。其中，印度电视频道数量增长态势颇为可观。2003 年印度仅有 120 个电视频道；2012 年已有 700 个频道在印度播出；2017 年获得播出许可的私营电视频道总数为 1061 个，其中实际播出的私营电视频道为 892 个。另外根据 2019 年数据，电视是印度最流行的媒体形态，日均受众规模为 6.13 亿；纸质媒体的日均受众规模为 1.73 亿，社交媒体的日均活跃用户规模为 2.5 亿。电视终端上观看视频的日均时间长度为 3 小时 53 分钟，此前在 2017 年为 3 小时 7 分钟。综艺和电影是印度最主要的电视节目类型，综艺频道和电影频道的观众在整体观众规模中所占份额为76%。①

一、概述

印度电视业肇始于1959年，1981年各电视台开始播出彩色电视节目。1982年4月，印星1A号卫星发射升空，几个月后开始传送彩色电视节目。在20世纪90年代以前，印度电视业基本上以国营电视机构为主，即杜达山电视台（Doordarshan TV，也有译作印度电视公司，DD）一统天下。1992年10月，Zee电视电影有限公司正式成立，这是印度第一家私营电视公司，所属的Zee TV是印度第一个私营电视频道，也是印度第一个印地语频道。到20世纪90年代后期，形成国家电视台、本土商业电视台和外国卫星电视三足鼎立的格局。印度电视发展史上有三次变革：一是1982年新德里举办第九届亚运会时，国家电视台成功推出了彩色电视；二是20世纪90年代卫星电视带来了电视市场的新格局，一些私营和合资电视公司相继进入印度电视市场；三是进入新千年后有线电视传输设备升级改造，把电视业带上了持续发展的轨道。② 为了提升全国信息化水平，印度在2011年启动了"国家光纤网络"（NOFN）项目，在印度25万个村庄于2017年前全面铺设高速宽带，项目总投资2010亿卢比（约合200亿元人民币）。信息化水平的提升也有效推动了电视业的发展，尤其是网络电视业的发展。根据2019年数据，印度民众在2019年日均使用移动网络的时间为54分钟，此前在2013年为9.4分钟，到2021年预计增至79分钟。印度观众日均观看电视的时间长度是144分钟。就媒体使用时间而言，印度民众在2019年的日均媒体使用时间是320分钟，此前在2013年为270分钟，到2021年预计增至348分钟。③

印度非常注重媒体和文化产业的发展。根据2018年数据，印度2017年在视频内容方面（包括电视、电影和网络视频内容）的投资总额为42亿美元，与

① www.rapidtvnews.com/2019040455681/linear-tv-viewing-rises-67-in-india-barc.

② 张讴：《印度文化产业》，外语教学与研究出版社2007年版，第161页。

③ www.rapidtvnews.com/2019061156313/india-mirrors-world-as-tv-withstands-mobil-e-internet-charge.

2016年相比增长了14%。① 印度2017年娱乐领域产值为15万亿卢比（约合230亿美元），到2020年预计增长到20万亿卢比（约合307亿美元）。其中，电视业约占半壁江山，2017年产值为6600亿卢比（约合101.4亿美元）。电视业产值的构成以广告业收入为主，占比为41%，2020年预计增长到43%；收视订费在2017年电视业产值中的占比为28%。2017年，印度电影业的产值为1560亿卢比（约合23.96亿美元），电影产量为9530部，其中17%为印地语电影，印地语电影在全年票房中所占比例为40%。②

新闻频道是印度电视业的重要频道类型，这与印度受众的内容需求密切相关。根据美国皮尤研究中心2018年发布的一项调查报告，印度非常密切关注本国新闻的受访者比例为50%；印度受访者关注本地新闻的比例高于全球水平，受访者中非常关注本国地方性新闻的比例高达61%。③ 此前根据2012年一项调查（FICCI-KPMG），印度观众最喜欢的频道类型是地方频道，这些频道的收视份额为33.4%。其次是印地语综合娱乐频道，收视份额为27.3%。位居第三的是印地语电影频道，这类频道的收视份额为11.9%。就电视新闻频道而言，印度"今日新闻"频道在2000年12月31日开播，撒哈拉新闻频道和星空新闻频道分别在2003年3月28日和4月1日正式播出。在此之前，杜达山新闻频道（DD News）、ZEE新闻频道Zee News、阳光新闻频道（Sun News）、新德里电视台新闻频道（NDTV）以及美国有线电视新闻网（CNN）和英国广播公司（BBC）等境外新闻频道等已经占据了印度新闻电视市场。2003年6月，观众收视率调查机构TAM People在印度15座城市进行了新闻频道收视率调查。被调查的家庭都能收看有线电视和卫星电视。收视率调查结果显示，今日新闻频道的收视率为38%，星空新闻频道为25%，Zee新闻频道为19%，撒哈拉新闻频道为10%，英国广播公司（BBC）为2%，美国有线电视新闻网（CNN）尚不到2%。④

印度电视业逐渐加大"走出去"力度，成为世界电视市场中的重要一员。印

① www.broadbandtvnews.com/2018/07/09/asian-video-content-budget-exceeds-10b.

② www.rapidtvnews.com/2018030551145/tv-excels-as-digital-gains-ground-in-india-s-23bn-entertainment-sector.

③ Pew Research Center："Publics Globally Want Unbiased News Coverage, but Are Divided on Whether Their News Media Deliver"，January，2018，www.pewresearch.org.

④ 张讴:《印度文化产业》，外语教学与研究出版社2007年版，第128、157页。

度早在20世纪30年代就开始向全世界出口电影，到20世纪90年代宝莱坞电影已成为“全球流行文化”的一部分。历史上，印度电影曾经在苏联很受欢迎，至今在俄罗斯和日本仍有市场。在德国，卢森堡广播电视集团（RTL）等主流电视台经常给宝莱坞电影进行德语配音后播出。除了西方主流市场和“离散市场”（海外印度裔移民的市场）之外，宝莱坞电影在亚洲、中东和非洲等地的发展中国家中也很流行。在尼日利亚，当地音乐家们将印地语电影歌曲改编成豪萨语版本；在印度尼西亚，本土音乐也受到印度歌舞剧的影响。宝莱坞式的内容甚至传播到像巴西这样的流行和娱乐文化生产大国。① 电影的出口为电视业拓展全球市场提供了有效引导和持续动力。根据2017年欧洲数据全球电视研究公司（Eurodata TV Worldwide）发布的首份四屏全受众测量（four-screen audience measurement）数据分析报告，印度在剧本性节目的出口方面位居全球第三，所占份额为11%。②

印度的媒体环境相对开放，印度的巨大市场吸引了欧美电视业纷纷进入印度市场。1990年，印度出台了《广播电视公司法案》（*The Prasar Bharati Broadcasting Corporation of India Act*），明确规定了私人和国外资本可以在印度投资兴建广播电视公司，从此电视业格局逐渐出现较大的改变。1990年，美国有线电视新闻网（CNN）在印度播出，成为第一家进入印度的外国电视台。此后，多个国家的电视频道通过直接落地或合办频道等方式进入印度电视市场。半岛电视台英语频道在2012年4月进入了达达天空公司（Tata Sky）的直播卫星平台，它在印度的用户总数达到了2500万户。2012年6月，印度开播了一个名为“战栗”（Thrill）的电视频道，它是由卢森堡广播电视集团（RTL）与印度直播卫星电视运营商里莱恩斯传媒公司（Reliance Broadcast）合资创办的，主要面向15 ~ 34岁年龄段的观众，内容以动作电影、极限运动、真人秀、摔跤比赛等节目为主，以印地语配音的方式播出。③2013年，美国家庭影院频道（HBO）与印度当地公司“艾饶国际”（Eros International）合作开办了两个频道“家庭影院精

---

① ［英］达雅·屠苏、史安斌：《全球传播的重构和“中印议题”的崛起》，载姜飞主编《中国跨文化传播研究年刊》（第1辑），中国社会科学出版社2016年版，第127页。

② www.digitaltveurope.net/680232/four-screen-audience-measurement-highlights-new-viewing-patterns.

③ Indian TV channel from RTL, Reliance by June, http://www.rapidtvnews.coml.

选频道”（HBO Defined）和“家庭影院热播频道”（HBO Hits），这两个频道是没有广告的付费电影频道。另外，两家公司除了合作运营这两个频道之外，还针对印度市场联合制作影视节目。另外根据2018年数据，2017年域外媒体公司在亚洲付费电视频道领域的营业收入增长了4%，达到了50亿美元。印度是亚洲域外媒体公司最为重要的市场，营业收入占这些公司在亚洲付费电视频道影业总收入的65%。在印度付费电视频道领域，印度天空电视（Star TV）隶属于美国21世纪福克斯公司，印度索尼影业电视网（SPN India）隶属于美国索尼影业，维亚康姆18公司（Viacom18）的重要股东是美国维亚康姆集团。[①] 与此同时，印度也逐渐成为跨国媒体集团——其中多数来自美国——的生产基地，尤其是在给好莱坞和其他媒体产业提供动画和后期制作服务的领域。这类日渐增多的文化合作同样也促进了有关印度的影视内容向全球市场进行营销和传播。[②]

二、传媒监管与电视法规

1. 监管机构

印度新闻广播部（Ministry of Information and Broadcasting，MIB）是印度传媒的管理机构，也是面向公众的服务机构，下辖四个司：信息司（Information Wing）、广播司（Broadcasting Wing）、电影司（Film Wing）和经济整合司（Integrated Financial Wing）。另外，印度新闻广播部直接管辖印度广播公司。印度新闻广播部的主要职责包括通过印度国家电视台和电台向大众提供新闻服务，建设和发展广播电视基础设施；负责电影的进出口管理，开发和推广印度电影产业，组织电影节等文化交流活动；代表政府对大众进行宣传教育，向国内外民众传播印度，同时积极寻求国际信息和开展传媒交流；妥善处理同新闻出版业的关

---

① www.rapidtvnews.com/2018013150696/global-investors-reap-rewards-in-asia-s-gro-wing-pay-tv-sector.

② ［英］达雅·屠苏、史安斌：《全球传播的重构和“中印议题”的崛起》，载于姜飞主编《中国跨文化传播研究年刊》（第1辑），中国社会科学出版社2016年版，第128页。

系，依照1867年《新闻与图书出版法》管理报业。①

2. 传媒法规

印度相继出台与广播电视管理相关的法令法规有:《电报法》（1885年制定，1951年颁布修正案）、《广播公司法》（1990年、1997年修正案）、《著作权法》（1994年）、《有线电视网管理法规》（1995年）、《印度广播法令》（1997年）、《有线电视网管理法》（2000年）、《有线电视网管理法修正案》（又称《CAS法案》，2002年）、《外国资本进入印刷媒体的相关条例》（2002年）等。② 其中较为重要的法规有《广播电视公司法案》《有线电视管理法规》和《印度广播法令》。《广播电视公司法案》首次规定了私人和国外资本可以在印度投资兴建广播电视公司，是印度面对全球化的挑战，通过自身的政策改革以适应全球化发展的重要举措。③《有线电视管理法规》也是印度电视行业较为重要的一部法规。它的颁布意味着，在有线电视出现10年后首次承认了有线电视运营的合法地位。《印度电影法》最早制定于1918年，1952年重新修订。该法为印度电影的持续、稳定和有序发展奠定了基础。电影审查委员会是根据《印度电影法》成立的，1983年更名为中央电影许可证委员会（CBFC），总部设在孟买，其成员全部由中央政府任命，其中包括警察、海关税收人员、教育界人士和3位分别代表印度教、伊斯兰教和其他团体的知名人士。

1997年修订的《广播电视公司法案》正式确定了“开放天空”的政策，它明确提出:“公共广播机构本身将难以在节目的丰富性和多样性方面满足不同地区和不同社会层次的需求……我们的公民必须获得全方位的信息，并且在信息、教育和娱乐方面有更加宽泛的选择，这些可以在我们国家通过开放私营广播电视来获得。”④ 不过，近年来印度开始严格控制在印度播出的境外电视频道。2012年底，印度安全机构认为一些境外频道的节目内容存在潜在的威胁，印度政府开始逐步规范印度国内运营机构播出境外频道。2013年1月，印度新闻与广播部（I&B）明确规定，所有负责从事境外电视频道传输业务的电信公司需要每月进

---

① 国家广播电影电视总局培训中心:《南亚国家广播电视发展概况》，中国广播电视出版社2010年版，第90页。

② 明安香:《全球传播格局》，社会科学文献出版社2006年版，第483页。

③ 褚建勋:《中外传播政策》，科学出版社2009年版，第227页。

④ 王辰瑶:《论印度电视体制的转型》，《国际新闻界》2005年第5期，第38页。

行报备，以规范境外电视频道在印度的运营与播出。[①]

2017 年 4 月 1 日，印度电信管理局（The Telecom Regulatory Authority of India，缩写为 TRAI）颁布施行《电信（无线播出与有线服务）关税指令》（2016 年第八版）和《服务质量标准和消费者保护规定》（2016 年），这两部法律法规都主要是针对有线电视和卫星电视业的关税及服务条款。

3. 相关规定

关于播出渠道与运营商监管方面，印度实施“必须播出”（must carry）政策。2013 年 9 月，印度信息与广播部颁布法令，要求有线电视和多系统运营商在完成数字化改造之后，必须播出杜达山电视台的 21 个频道和另外 3 个频道。同月，该部又确认交互式网络协议电视平台也必须播出这 24 个频道，并确保这些频道的节目能触达包括点播用户在内所有类型用户。2019 年 2 月，印度电信监管局（THAI）针对付费电视业收费出台新规定，付费电视业务订户从 2019 年 2 月 1 日开始可以“自选频道”或“购买套餐”，而不再是被动选择运营商提供的频道套餐。根据新规，订户可以自由选择频道加以组合，据此支付相应的费用；订户也可以按照传统模式购买运营商提供的频道组合。印度电信监管局原计划在 2018 年 12 月 28 日开始实行这一规定，后推迟至 2019 年 2 月 1 日。新规出台后，印度付费电视运营商纷纷推出了多款不同价位的频道套餐供订户选择，力求在满足订户节目内容需求的同时，也能契合订户经济支出考虑。此前，印度对于播出渠道和运营商的服务标准已经出台了非常详细的规定。根据 2016 年《服务质量标准和消费者保护规定》，电视运营商负责提供频道及相关服务，每个机顶盒需要提供包括 100 个标清频道的基本节目套餐，每月资费最低标准为 130INR；一个高清频道可以相当于两个标清频道。频道运营商不得自行修改电视台确定的频道付费标准，但可以对不同电视台播出的频道进行组合。订户有权确定机顶盒中基本套餐 100 个频道的构成，但其中必须包括政府法定播出频道，另外还有七种频道类型中每种类型的 5 个频道。除了基本节目套餐之外，订户可以购买付费套餐。付费套餐包括 25 个频道，价格为 20 INR（不含税）。印度电信管理局对电视频道的类别进行了划分，主要分成七类，即宗教类、综艺类、资讯类、儿童类、电影类、新闻与时事类、体育类。这七类频道的最高零售价格也

---

① India intent on tracking down illegal channels, http://www.abu.org.my 20130117.

有明确规定，从宗教类频道的3INR到体育类频道的19INR不等。根据印度电信管理局的规定，电视台必须要明确频道的所属类别，另外还要确定其所播出频道是付费频道或免费频道。电视台需要承担内容分发费用的20%，运营商再支付一部分费用给地方有限电视运营商。电视台在与运营商合作时，可以提供一定的价格优惠，即在频道最高零售价格基础上最多优惠15%；但这些优惠条件必须是透明的，也必须是持续性的。

关于广告播出方面，印度传媒法规原来规定，电视台每小时最多可以播出10分钟广告。2013年初，广告播出时间增加到了12分钟。不过，印度大部分电视台并不遵守该规定，广告播出时间往往是规定时长的2～3倍。公共电视台不得播出烟草和酒类广告，卫星频道不受此限制，且这类广告占到了营业收入的35%。

关于境外节目引进方面，2012年9月，印度政府开始放松对外资进入传媒领域的限制。其中，外资在有线电视运营公司中所持股份比例提高到了74%，而此前是49%。

三、电视频道与传媒机构

印度有19种通用语言和844种方言，电视频道呈现多语种、多类型发展态势。印度电视频道主要包括四种类型：一是付费电视频道；二是全国性开路免费电视频道；三是地方性开路免费电视频道；四是方言类开路免费电视频道。目前，印度国内最主要的电视播出机构包括杜达山电视台（DD）、Zee TV等。

1. 杜达山电视台（DD）

杜达山电视台是印度的国营公共电视台，也是印度电视业发展的直接见证者。1959年9月15日，印度电视首次成功播出，当时电视播出还归属于新德里全印广播电台。在印度电视初创时期，印度全国仅有21台电视机。1965年，杜达山电视台正式成立，不过只是全印广播公司的附属机构。1972年，杜达山电视台从全印广播电台中脱离出来，成为独立的国有公司。[①]1978年，全印电视

① 国家广播电影电视总局培训中心：《南亚国家广播电视发展概况》，中国广播电视出版社2010年版，第92、95页。

台改组为印度电视公司（Doordarshan India），下设13家电视台。[①]2017年，印度杜达山电视台已经面向广大乡村地区开办了23个卫星频道，其中16个是地区性语言频道，6个是全国性频道，1个是国际频道。另外，杜达山电视台还为农村社区开办了“DD Kisan”频道，主要播出农业、天气、乡村发展和娱乐节目。2016年，杜达山电视台周均观众规模为1.72亿，比2015年的1.33亿有大幅增长。

针对新兴媒体发展，杜达山电视台推出了手机电视业务，观众通过应用程序可以在手机上观看杜达山电视台的直播电视频道。

作为印度的国家电视台，杜达山电视台一直受到政府的严格控制，其管理方式逐渐僵化，并日益受到官僚体制的束缚。与此同时，该台在公众中也逐渐失去了公信力。为了改变这种状况，印度在1990年9月12日正式颁布了《印度广播公司法》（*Prasar Bharati Act of 1990*），规定印度新闻广播部必须放弃对全印广播电台和杜达山电视台的直接控制，转为直接管辖印度广播公司；印度广播公司负责管理杜达山电视台和全印广播电台，但这两个国家媒体是以企业方式运作的独立媒体。[②]也就是说，杜达山电视台、全印广播电台以及印度广播工程咨询有限公司（BECIL）隶属于印度广播公司（Broadcasting Corporation of India，又称Prasar Bharati），而印度广播公司受印度新闻广播部的直接管辖。根据该法案，1997年杜达山电视台与全印广播公司合并成立“印度广播电视公司”（India Broadcasting Corporation）。杜达山电视台成为脱离政府的独立电视公司，并与其他电视公司竞争。[③]杜达山电视台由此减少了来自政府的干预，增强了与境外电视台的竞争力。近年来，印度政府在政策和财政上给予该公司大力支持。

为了满足不同语言文化和宗教信仰背景的观众需求，杜达山电视台除了在新德里设立宗教节目制作中心外，还在许多邦首府设立了区域语言节目制作中心和地方语言节目制作中心。国家电视台垂直领导和管理各级节目制作中心。根据官方统计，印度有4个典型种族，有4636个部落，有16种官方语言和400多种地

① 陶涵：《世界十国新闻史纲要》，文津出版社1989年版，第237页。

② 国家广播电影电视总局培训中心：《南亚国家广播电视发展概况》，中国广播电视出版社2010年版，第86页。

③ 褚建勋：《中外传播政策》，科学出版社2009年版，第227～228页。

方语言。各级节目制作中心的节目，都通过国家电视台的微波传输网和卫星线路在全国播出。[①] 目前，杜达山电视台是世界上最大的广播电视组织机构之一，多个频道通过卫星和有线电视系统覆盖全国，这些频道包括全国性综合频道、都市娱乐频道、10 个独立的方言频道、体育频道、教育频道及面向海外的国际频道等。[②] 该杜达山电视台第一频道（DD-1）是杜达山电视台的旗舰频道，覆盖了印度 90% 以上的人口。另外，杜达山电视台开办的国际频道（DD India）覆盖了世界 146 个国家。

根据《印度广播公司法》，杜达山电视台主席人选由印度议会联邦院议长和印度新闻理事会主席共同推举，主席为兼职，任期 6 年。其他高层管理人员分别负责常务工作、财务和人事，任期为 6 年，年龄不超过 62 岁。该台接受一个议会委员会的监督，该委员会由 22 名议员组成，其中 15 人来自人民院，7 人来自联邦院。另外，还设立一个广播委员会负责处理员工和民众关于节目的投诉，该委员会有 12 位成员，其中 4 位为议员。[③]

2. 印度 Zee 传媒公司（Zee Media）

20 世纪 90 年代初，印度商业性电视开始出现。Zee 传媒公司是印度第一家私营商业电视公司，成立于 1992 年 10 月，由美国新闻集团旗下的星空电视（Star TV）与印度公司合资开办。创办之初，Zee 传媒公司以 500 万美元的价格租用了亚洲卫星 1 号的一个转发器，向印度传输印地语电视节目，由此成为印度首个私营卫星电视频道。Zee 传媒公司隶属于 Zee 娱乐事业有限公司（Zee Entertainment Enterprise Ltd.），是印度第一家集电视制作、播放、音乐和电影制作、新闻、娱乐以及杂志出版等于一体的私营媒体集团，是印度最大的媒体内容提供商，也是印度最大的多渠道媒体流通平台。[④]1995 年，Zee 传媒公司与美国新闻集团合资创建了城市有线公司（Siticable）。此后几年中，城市有线公司发展成为印度最重要的有线多系统运营公司之一。1999 年，Zee 传媒公司从新闻集团

---

① 国家广播电影电视总局培训中心：《南亚国家广播电视发展概况》，中国广播电视出版社 2010 年版，第 104 页。

② 明安香：《全球传播格局》，社会科学文献出版社 2006 年版，第 496 页。

③ 国家广播电影电视总局培训中心：《南亚国家广播电视发展概况》，中国广播电视出版社 2010 年版，第 87 页。

④ 同上书，第 109 页。

买回了另一半股份，全资拥有了该公司。城市有线公司持有移动网增值业务经营许可证（ISP），能够通过有线在全国经营互联网业务。2000 年，城市有线公司在班加罗尔用有线电视系统提供互联网业务。2002 年，它在 38 个城市运行了 68 个前端，为 650 万家庭提供服务。在经营有线电视业务的同时，Zee 传媒公司又进入直播卫星电视市场，成为印度第一个提供直播卫星电视服务的私营公司。依托这个平台，Zee 开办了动作电影（Action Cinema）、经典电影（Classic Cinema）等五个卫星频道。[①] 截至 2017 年 12 月，Zee 传媒公司共开播了 14 个新闻频道，其中包括 1 个国际新闻频道（Zee News）、4 个全国性新闻频道和 9 个地区性新闻频道。这 14 个频道以 8 种语言播出，共触达 2.2 亿观众。

随着新兴媒体纵深发展，印度 Zee 传媒公司强化了新兴媒体业务。2018 年初，印度 Zee 传媒公司推出了一个名为 Zee5 的网络电视业务。该业务提供点播和直播电视节目，内容包括多达 10 万小时的点播节目和 60 多个直播频道，以英语、印地语等 12 种语言播出。该业务的价格为每月 150 卢比，但在推出之初的优惠价格为每月 99 卢比，约合 1.24 欧元。根据 2016 年收视数据，Zee TV 频道的收视份额位居全国第四位，为 9%；Zee Anmol 位居全国第六位，为 8%；Zee Telegu 位居第十位，为 7%。Zee 传媒公司着力强化与国际电信公司的合作，借助其平台拓展海外市场。2019 年 12 月，Zee 传媒公司的应用程序入驻到华为应用程序市场（Huawei App Gallery）。

Zee 传媒公司非常注重拓展国际电视市场。2012 年，Zee 传媒公司开办了 Zee 世界频道（Zee World），这是一个综合娱乐频道，主要面向非洲播出。该频道的节目包括宝莱坞电影、电视剧、真人秀等节目，以英语配音播出。该频道 2015 年 2 月 3 日开始在多选集团付费电视平台 DStv 上播出，到 2015 年 3 月就成为该平台收视率前十名的频道。2015 年 4 月，印度 Zee 娱乐实业有限公司开办的“&TV”频道在英国播出。此前，该频道已于 2015 年 3 月 2 日在印度和中东地区播出。“&TV”是一个综艺频道，每周播出 22.5 小时原创节目。2014 年，Zee 传媒公司在印度尼西亚雅加达开设了办事处，筹备开办一个面向印度尼西亚观众的宝莱坞频道。这个频道将以印尼语 24 小时通过 Apstar 卫星播出。此前，

① 李黎丹：《发展中国家电视媒体全球化路径研究》，中国传媒大学出版社 2012 年版，第 35 页。

Zee传媒公司已经在印度尼西亚开办了一个名为“Veria Living Channel”的健康类频道。从2014年开始，Zee传媒公司在亚洲先后推出了三个频道，包括Zee Bioskop、Zee Nung和Zee Hibran。其中，Zee Hibran是一个娱乐频道，2015年3月进入印度尼西亚播出，节目主要是经过本土化改编的原创节目。2016年，印度Zee传媒公司（Zee Media）开办了一个面向全球播出的英语新闻频道，并将其命名为“世界即新闻频道”（World is One News，WION）。Zee的企业格言是“世界即家”（The World is My Family），这个国际新闻频道的命名也是基于这一概念。该频道计划在全球主要城市设立记者站，致力于以“南亚”的视角来报道国际新闻，其核心目标受众是20亿南亚观众。2017年，Zee传媒公司在马里数字地面电视平台TNTSAT上推出了两个频道：奇幻频道（Zee Magic）和电影频道（Zee Cinema）。奇幻频道开播于2015年10月，是一个综艺频道；电影频道是一个针对南亚观众推出的宝莱坞电影频道。在非洲市场上，这两个频道都以法语配音后播出。

近年来，Zee传媒公司加大了在非洲发展的力度。此前2017年1月，Zee传媒公司在非洲奎西电视（Kwese TV）平台上推出了两个新频道：宝莱坞电影频道（Zee Bollymovies）和宝莱坞小说频道（Zee Bollynova）。2017年，Zee传媒公司在波兰推出了Zee One频道波兰版。该频道由印度Zee娱乐有限公司（ZEEL）运营，主要播出具有印度文化特点的电影、电视剧和生活时尚类节目。此前，Zee One频道从2016年开始在德国播出。2017年9月，印度Zee传媒集团在加拿大创建了内容创意制作室，这是该集团致力于面向海外主流市场开展全球化节目制作的重要举措。该制作室在开办之初将主要侧重于面向电视和网络平台制作节目，待时机成熟之后再进入电影等其他领域。制作室在海外制作的节目和推出的内容模式主要是基于该集团在印度的已有成功节目和模式。制作室采用本土化模式运营，员工主要来自当地，节目也以本土语言制作和播出。2019年，Zee传媒公司在全球171个国家和地区运营66个电视频道，旗下还有ZEE5流媒体平台。它是印度最大的私营电视播出机构，年度利润总额高达2.28亿美元。

Zee传媒公司隶属于印度埃协集团（Essel）。印度埃协集团在Zee传媒公司中持有42%的股份。该集团创立于1976年，是印度最知名的跨国集团之一，总部设在印度孟买，其业务涉及媒体、高新技术、材料包装、娱乐、房地产、教育等多个领域。埃协集团由多家公司组成，包括ZEE娱乐实业有限公司、碟线电视公司（Dish TV）以及城市有线公司（SitiCable）等。2019年，印度埃协集团（Essel）将Zee传媒公司11%的股份出售给了美国英伟思科集团（Invesco），市值约为6.35亿美元。此前，美国康卡斯特集团也参与竞购，但最终选择了英伟思科集团。[①]

3. 维亚康姆18公司（Viacom 18）

维亚康姆18公司旗下包括彩色电视频道（Colors TV）、彩色无限电视频道（Colors Infinity）、尼克频道（Nick）和VH1频道等。其中，彩色电视台成立于2008年7月。2010年5月，彩色电视频道成功运营了曲棍球锦标的版权，大大提升了其收视率，一举跃居付费电视排行榜首位。近年来，其排位稍后有所下降。2016年，彩色电视频道的收视份额位居全国第三位，为10%。维亚康姆18公司（Viacom 18）是由美国维亚康姆（Viacom）和印度电视网18集团（Network18）合作经营的。2015年7月，美国维亚康姆国际电视网（Viacom International Networks）斥资1.53亿美元收购了印度棱镜电视私人有限公司（Prism TV Private Limited）50%的股份。印度棱镜电视私人有限公司在印度拥有或运营了几个区域性综艺频道，包括ETV Marathi、ETV Kannada、ETV Bangla,、ETV Oriya和ETV Gujarati。完成收购后，这些频道均统一纳入“彩色”品牌之下。

4. 阳光电视网（Sun Network）

阳光电视网开办了32个频道，其中包括5个泰米尔语（Tamil）频道、5个埃纳德语（Kannada）频道、2个马拉雅拉姆语（Malayalam）频道和6个泰卢固语（Telugu）频道。阳光电视网隶属于阳光电视公司（Sun TV）。其中，该公司既是电视节目的内容提供商，又是电视频道的渠道运营商，在2007年12月开办了印度阳光直播电视公司（Sun DirectTV）。根据2016年数据，阳光电视网旗下的阳光电视频道（Sun TV）在印度收视份额排名上位居第一，为21%。

5. 印度18新闻频道（News 18 India）

印度18新闻频道是印度一家面向全球播出的24小时新闻频道。该频道开播于2013年6月，隶属于18电视网集团（Network18 Group）。该集团是印度最大的传媒集团之一，旗下有数个知名新闻频道，如英语新闻频道CNN-IBN，英语

---

① www.rapidtvnews.com/2019080156843/essel-sells-11-stake-in-zee-to-invesco.

和印地语财经频道 CNBC-TV18 & CNBC Awaaz，以及其他时事报道、观点评论和财经新闻方面的数字媒体。2013 年 7 月，印度 18 新闻频道在英国播出。2014 年 4 月，印度 18 新闻频道在新加坡播出，其播出平台包括新加坡电信集团的米奥电视（Mio TV）和艾提思卫星公司的电景 IPTV 电视网（eVision）。

6. Kisan 电视台

Kisan 电视台开播于 2015 年 5 月 26 日，是一家面向农村地区播出的公共电视台。该台 24 小时播出，2015 年至 2016 年预算额度为 9 亿印度卢比拉（INR）。根据印度法律，Kisan 是“必须转播”的频道，因此该频道在印度主要的有线电视系统和直播到户卫星平台上播出。另外，印度国会信息技术常务委员会规定，该台必须要覆盖印度所有农民，并以当地语言或方言播出。

四、播出渠道与付费电视业

印度电视观众的主要收视渠道是有线电视和卫星电视，IPTV 和数字地面电视仍处于起步阶段。根据预测，2021 年印度卫星电视用户份额预计为 47%，有线电视用户份额预计为 48%，IPTV 预计为 0.7%。

近年来，印度付费电视业务的订户规模处于稳步增长的态势。2019 年该国付费电视业务的订户总数为 1.88 亿，此前在 2016 年为 1.69 亿，2023 年预计增至 2.10 亿。与此同时，印度付费电视业务的营业收入也处于逐年递增的态势。该国付费电视业务的营业收入在 2016 年为 83.16 亿美元，2019 年增至 122.25 亿美元，2023 年预计进一步增至 187.76 亿美元。目前，影响印度消费者选择视频业务的三个主要因素是：价格、印度本土内容和高质量的配音或字幕。印度付费电视业的 APRU 为 3.7 美元 / 月，其中卫星付费电视业的 ARPU 为 4 美元 / 月，而网络电视业务的 ARPU 则不足 1 美元 / 月。[①]

目前，印度电视运营业主要有 7 家公司，其市场份额达到了 75%。其中埃协集团（Essel）旗下的碟线电视公司（Dish TV）不仅是最大的内容提供商，也是印度最大的付费电视运营商，订户份额达到 12.9%。邓恩电视网（DEN

---

① www.digitaltveurope.com/2018/12/18/ihs-localised-content-as-important-as-price-in-indian-video-market.

Networks India)、哈特维有线电视和数据网络公司(Hathway Cable & Datacom Pvt Ltd)、视频直达公司(Videocon d2h)、锡缇有线电视公司(Siti Cable)、阳光直播电视公司(Sun DirectTV)和塔塔天空公司(Tata Sky)分列第二到第六位，订户份额分别为 12.3%、10.9%、10.4%、10.0% 和 9.3%。

1. 有线电视

从 1984 年起，孟买一些商人开始每天向特定公寓楼的电视用户播放几部印度电影的录像，这些商人也成为印度最早的有线电视经营者。由于成本低，利润高，私营有线电视服务吸引了数以千计的投资者，最常见的操作模式是由经营商把一栋公寓楼住户的电视机用电缆连起来，然后租用这栋楼的地下室整天放映租来的廉价录像带并把录像信号传输到公寓楼的住户家中，到了月底再挨家挨户收取一定的有线服务费用。这就是印度商业有线电视网络的雏形。[①] 近年来，印度着力推进有线电视的数字化进程。到 2012 年 10 月，印度孟买、加尔各答、德里和金奈四个城市的整体数字化比例已经达到 77%，其中孟买有线电视用户的数字化比例高达 99%。[②] 印度全国共有 6 万多家有线运营商，多系统运营商(MSO)1000 家。规模较大的有线电视运营商有印度有线网域公司(InCablenet)、哈特维有线电视和数据网络公司(Hathway Cable & Datacom Pvt Ltd)、印度有线及无线公司(Wire & Wireless India)、印度数字有线网(Digicable Network India)、印度邓恩电视网(DEN Networks India)等。

(1)印度有线网域公司(InCablenet)

印度有线网域公司通过有线电视 HFC 网为 28 个城市提供服务，并向 12 个城市提供四合一服务包。截至 2013 年 4 月，印度有线网域公司拥有订户 930 万户。印度有线网域公司隶属于英达斯英德传媒与传播公司(IndusInd Media & Communications，IMC)，英达斯英德传媒与传播公司为印度集团(Hinduja Group)和英特尔公司(Intel)所有，两者所持股份分别为 96.7% 和 3.3%。

(2)印度哈特维有线电视和数据网络公司(Hathway Cable & Datacom Pvt Ltd)

印度哈特维有线电视和数据网络公司成立于 1995 年，隶属于印度拉贾

① 王辰瑶:《论印度电视体制的转型》,《国际新闻界》2005 年第 5 期，第 38 页。

② India reaches 77% of cable digitization, http://www.rapidtvnews.com.

姆·拉赫亚集团（Rajam Raheia Group）。[①] 针对新兴媒体发展，该公司在 2018 年 6 月与美国奈飞公司合作，将奈飞公司的业务植入其机顶盒系统，并在自身客户服务系统中为奈飞公司提供缴费业务。用户可以一键开启奈飞网络电视平台页面，简单快捷播出奈飞平台的视频节目。

近年来，该公司订户规模呈快速增长势头，2013 年 4 月为 484 万户，到 2016 年 9 月达到了 1220 万户。该公司的主要股东为拉贾姆·拉赫亚集团（49.53%）、天空电视（StarTV，17.3%）和 ChrysCapital（14%）。

（3）印度有线及无线公司（Wire & Wireless India）

印度有线及无线公司隶属于 ZEE 娱乐实业有限公司 (Zee Entertainment Corporation。截至 2012 年 6 月，该公司拥有订户 314 万户。

（4）印度数字有线网（Digicable Network India）

印度数字有线网的用户规模增长较快，到 2013 年 4 月已有用户 1270 万户。

（5）印度邓恩电视网（DEN Networks India）

印度邓恩电视网在用户规模方面也位列前茅，但近年来用户规模有所减少，2013 年时有 1660 万用户，到 2016 年时为 1300 万用户。Promoters 持有该电视网 40.1% 的股份，OCB 持有 22.9% 的股份。2016 年，Goldman Sachs 购入该电视网 24.5% 的股份。

（6）锡提有线电视公司（Siti Cable）

锡缇有线电视公司是印度主要有线电视运营公司之一，订户份额达到了 10%，位居全国第五位。

2. 卫星电视

印度是从 2001 年才开始发展直播到户卫星（DTH）电视业的，历史相对较短。此前，印度政府一直以“危及国家安全，影响文化、道德和社会价值”等原因禁止直播卫星电视业的发展。随着信息技术的发展和国际传播格局的变化，政府改变了原来的政策，在 2000 年 11 月 2 日宣布允许印度发展直播卫星电视业。2001 年 1 月 9 日，印度电信部正式宣布了发展直播卫星电视业的规定。[②] 根据印度政府媒体主管部门 2017 年数据，印度六家直播到户卫星电视公司的订户总数

① 明安香:《全球传播格局》，社会科学文献出版社 2006 年版，第 499 页。

② 张讴:《印度文化产业》，外语教学与研究出版社 2007 年版，第 171 页。

为 6190 万。这六家公司包括空电数字电视公司（Airtel Digital TV）、视达居公司（Videocon d2h）、信任数字电视公司（Reliance Digital TV）、塔塔天空公司（Tata Sky）、阳光直达公司（Sun Direct）。另外，印度杜达山公司（Doordarshan）提供开路直播到户卫星电视业务"免费碟线"（Freedish），用户规模约为 2000 万。2017 年，直播到户卫星电视运营业的产值约为 39 亿美元，到 2020 年将达到 53 亿美元。

（1）印度碟线电视公司（Dish TV）

印度碟线电视公司创办于 2003 年，是印度首家数字直播到户电视平台。2010 年，该公司开始提供高清数字服务 Dish Tru HD。它提供 250 多个频道，包括 50 个点播频道。它覆盖印度 6600 个城镇，在全国拥有 48000 个经销商和 800 个分销点。

随着印度互联网和电信网络的普及，人们日益习惯于在移动终端上观看视频节目。为了应对人们收视习惯的改变，印度碟线电视公司借助 Ditto TV 公司的技术合作，推出了名为"碟线在线"（DishOnline）的网络电视业务。"碟线在线"应用程序可供用户免费下载，但用户需要额外支付一定的费用才能收看"碟线在线"平台上的节目回放和电影。2019 年 1 月，碟线电视公司与鸿基实验室和韩国多媒体设备制造商汉丹公司（Handan）合作，推出了一款混合电视机顶盒"碟线盒子"（Dish Box），能有效兼容传统直播电视和网络电视业务。

近年来，碟线电视公司的订户规模有所增长，2013 年 10 月时为 1100 万订户，2016 年时订户规模增长到了 1490 万户。

印度碟线电视公司隶属于 ZEE 传媒公司，股票在孟买证券交易所上市。2013 年 7 月，美国教师退休基金会（College Retirement Equities Fund）买入印度碟线公司 6.464 亿股，市值 400 万欧元。美国教师退休基金会成立于 1918 年，总部位于纽约，是美国最大的保险公司之一，也是世界上最大的退休保险公司和重要的公共投资团体。

（2）印度塔塔天空公司（Tata Sky）

印度塔塔天空公司成立于 2006 年 8 月。2008 年 10 月，它成为印度首个提供数字视频录像服务的运营商。2010 年 4 月，该公司开始提供视频点播服务和远距离多媒介（互联网、移动手机）录像功能。2010 年 6 月，塔塔天空公司提供高清数字服务。2011 年 2 月，它开始提供容量达 500GB 的 Tata Sky+ 高清数字视频录像服务。2011 年 12 月，该公司改进了按需定制服务，包括通过它的媒介传输网提供的无限制定制电影和追看电视服务。塔塔天空公司提供 160 个频道。2013 年，塔塔天空公司推出移动终端回放业务和移动直播业务，并将其命名为“无处不在电视”（Everywhere TV）。近年来，该公司订户规模有所减少，2013 年时拥有 1350 万订户，2016 年时减少到了 1200 万户。塔塔天空公司的主要股东包括香港心空网络公司（Star Network，29.8%）、塔塔集团（Tata Group，60.2%）和新加坡淡马锡控股公司（Temasek Holdings，10%）。

（3）印度里莱恩斯公司（Reliance）

2008 年 8 月，印度里莱恩斯公司推出数字电视频道。2010 年 5 月，它成为印度国内首个采用高清数字视频可录机顶盒的运营商。里莱恩斯公司（Reliance）使用 MPEG-4 压缩技术向订户提供 250 多个频道。它在印度 8200 个城镇内拥有 10 万个零售专营店，同时经营着 700 个经销公司。

（4）印度阳光直播电视公司（Sun DirectTV）

印度阳光直播电视公司成立于 2007 年 12 月，是印度首家开通高清数字频道的运营商，它的直播到户卫星电视平台播出 170 多个频道。到 2012 年底，该公司投资 6.7 亿美元发展数字卫星直播电视运营业务。该公司的主要股东是阳光电视公司（Sun TV）和马来西亚 Astro 公司。

（5）巴蒂空电公司（Bharti Airtel）

巴蒂空电公司创办于 2008 年 10 月，2010 年成为印度第二大卫星直播到户卫星平台。目前，该公司视是印度八大私营直播到户卫星电视运营公司之一。2013 年 7 月，自由媒体环球集团曾表示有意收购巴蒂空电公司的直播到户卫星电视业务。当时，巴蒂空电公司有意计划出售 25% 的股份，市值为 15 亿美元。

2018 年 6 月，巴蒂空电公司开始提供融合业务，包括宽带、固话、手机、卫星电视等。用户如果同时订阅四项业务，并通过一个账号缴费，可以享受 10% 的折扣优惠。巴蒂空电公司在 2010 年初开始提供视频录像功能，2010 年 4 月录像容量可达 160GB。空电数字电视公司（Airtel Digital TV）播出 260 多个频道，提供 100 个视频点播电影。

在移动通信和宽带业务方面，截至 2019 年初，巴蒂空电公司的移动通信业务订户总数为 2.84 亿，宽带业务订户总数为 227 万户。

在付费电视业务方面，巴蒂空电公司的订户规模呈稳步增长态势。2019 年，该公司付费电视业务订户总数为 1500 万户。此前，该公司 2013 年拥有 950 万订户，2016 年订户总数达到了 1210 万户。

（6）印度杜达山直加公司（DD Direct Plus）

印度杜达山直加公司隶属于杜达山电视公司（Doordarshan TV，DD）。该公司运营的直播到户卫星电视平台播出 59 个频道，包括杜达山电视公司旗下的 21 个频道和 38 个其他频道。2013 年底，印度杜达山直加公司更名为自由碟（Freedish）。2014 年 3 月，该公司开始提供第二个直播到户卫星电视平台，共播出 120 个频道。

（7）视频直达公司（Videocon d2h）

印度视频直达公司在 2016 年的订户总数为 500 万户。

3. IPTV

总体来说，印度交互式网络电视（IPTV）发展较为缓慢。印度主要的交互式网络电视（IPTV）运营商包括 MTNL、BSNL、巴蒂空电公司（Bharti Airtel）和里莱恩斯公司（Reliance）。

（1）MTNL

2006 年 10 月，MTNL 开始在孟买、德里提供交互式网络电视（IPTV）服务，是首家交互式网络电视（IPTV）国有运营商，目前提供 100 多个频道和 VOD 视频点播服务。

（2）BSNL

2007 年，BSNL 开始在孟买、德里之外的地区提供 IPTV 服务，2009 年推广到全国范围。目前，该公司提供 140 个频道，以及好莱坞、宝莱坞电影的 VOD 视频点播服务，还提供交互式服务和数字视频录像功能。

（3）巴蒂空电公司（Bharti Airtel）

2009 年 1 月，巴蒂空电公司在首都地区开通 Airtel Digital TV 提供交互式服务，成为第一家开展商业 IPTV 服务的私人电视运营商。

（4）里莱恩斯公司（Reliance）

里莱恩斯公司从 2010 年开始提供 IPTV 服务，播出 100 多个频道，此外还有高清版内容服务。目前正和巴蒂空电公司（Bharti Airtel）在孟买、德里等地投资发展光纤到户（FTTB）项目。截至 2013 年 4 月，该公司拥有 3 万 IPTV 用户。

4. 数字地面电视

数字地面电视（DTT）在印度的发展较慢，数字机顶盒价格偏高是目前阻碍印度数字地面电视发展的主要因素。目前，一个数字机顶盒的价格为 7000 卢布，对于普通电视观众来说难以承受。

2002 年，国有的杜达山电视公司（Doordarshan TV，DD）开始试运行地面数字业务，推出了拥有 5 个频道的数字地面电视服务。2003 年，这项服务从试验阶段步入正式的商业运营阶段。2009 年，杜达山电视公司将数字地面电视服务的重点转向提供高清电视服务，并于 2010 年 8 月在 19 个地区引入第二代欧洲数字地面电视广播传输标准（DVB-T2），同时提供高清电视服务和标准电视服务。2010 年印度政府为杜达山电视公司出资 60 亿卢布以推动数字化进程。

五、新兴媒体与网络电视

印度移动通信业近年来取得了较大发展，移动通信业务的渗透率在 2018 年达到了 90.3%；相比之下，印度宽带的渗透率仅为 7%。与此同时，印度的 4G 网络日益普及，这正在深刻改变印度民众的媒体使用方式。2019 年，印度 4G 手机用户总数为 6 亿，2022 年预计达到 9 亿。受此影响，印度民众越来越普遍地观看网络视频。就价格而言，2018 年印度移动通信业务的单位用户月均营业收入贡献额为 1.3 美元，此前在 2017 年为 1.4 美元。在移动通信业的带动下，印度网络电视业在未来几年将呈现强劲的增长态势。印度网络电视业务的营业收入在 2016 年仅为 2.39 亿美元，2019 年达到 8.71 亿美元，2023 年预计能增至 21.8 亿美元。2019 年印度网络电视订户为 1840 万户，预计到 2023 年能达到 5 亿，位居世界第二。2019 年，印度 87% 的网络视频业务订户主要在手机上观看视频，日均在网络电视平台上花费的时间长度约为 70 分钟。① 值得一提的是，印度是一个多种族、多语言国家，超过 70% 的网络视频观众倾向于观看当地语言（非印地语和英语）的视频，这也就是为什么全球性网络视频应用程序 Helo 和印度当

---

① https://www.digitaltveurope.com/2019/09/09/india-to-hit-500m-ott-subs-in-next-five-years/.

地视频应用程序 Glance 大受欢迎的原因。[①]

目前，在印度网络电视市场上，热星公司（Hotstar）位居第一，乌特（Voot）分列第二位。美国亚马逊（Amazon Instant Video）和索尼（Sonyliv）分别位居第三位和第四位。美国视频网站巨头奈飞公司（Netflix）在印度市场上仅居于第五位。印度本土公司之所以能有较好的市场表现，主要是因为平台上播出大量的本土内容。目前，网络视频付费业务仍不普及，视频新兴媒体主要采用“免费观看＋广告”盈利模式。以热星业务为例，注册用户仅有 2% ~ 3% 人付费观看其网络视频，大部分人主要观看带广告的免费内容。根据测算，印度网络电视市场 2018 年用户规模为 1 亿，市场规模为 2.8 亿美元。[②] 就境外网络电视平台竞争格局而言，美国居于优势地位。

1. 热星公司（Hotstar）

热星公司是印度本土最主要的网络电视平台，在经营模式和市场竞争策略方面都积极创新。2019 年 3 月，热星公司推出了一个新的网络电视平台“贵宾网络电视”（VIP OTT），主要播出重大体育赛事，年度资费标准为 5.32 美元。2019 年 12 月，印度网络电视平台“热星”（Hotstar）应用程序的下载量达到了 4 亿，创历史新高。2019 年，该平台下载量和活跃用户的增长主要得益于两大体育赛事的播出：一是印度板球超级联赛（IPL）；二是板球世界杯（Cricket World Cup）。

热星平台隶属于美国迪斯尼公司。

2. 印度乌特公司（Voot）

乌特公司的网络电视平台主要有四大业务类型：付费点播业务、免费点播业务、儿童视频业务和国际视频业务。乌特公司是印度本土网络电视平台，面临着来自美国网络电视平台的强劲竞争。为此，乌特公司大力推进本土内容制作，以本土内容来提升竞争力。2019 年 4 月，乌特公司开始制作 30 部本土原创影视剧。根据该公司的发展规划，乌特网络电视平台的月均活跃用户规模到 2020 年 3 月预计增至 1 亿。

---

① https://www.rapidtvnews.com/2019100357460/indian-mobile-content-consumption-to-be-driven-by-video-first-strategy.html.

② www.digitaltveurope.com/2018/01/02/netflix-far-behind-in-the-indian-ott-market.

乌特公司隶属于印度维亚康姆 18 公司（Viacom 18）。

3. 中国阿里巴巴集团

2018 年初，阿里巴巴集团宣布将在印度推出网络电视（OTT）业务。根据国际专业机构预测，印度网络视频市场规模预计从 2017 年的 3.4 亿美元增长到 2020 年的 16 亿美元，这意味着巨大的商机。目前，在新兴媒体领域，阿里巴巴在印度运营着两个主要业务：一是用户原创内容（User Generated Content，UGC）发布平台 WeMedia；另一个是基于移动浏览器的信息发布和内容分发平台 UCWeb。2014 年，阿里巴巴以 19 亿美元的价格收购了 UCWeb。近几年来，UCWeb 已经从简单的浏览器扩展成信息发布平台和内容分发平台。2016 年 6 月初，UCWeb 支持印度多种本地语言的新闻阅读应用 UC News 在印度上线。2017 年初，阿里巴巴 UCWeb 宣布，对印度和印度尼西亚投资 3000 万美元，通过吸引自媒体人、博主等具备影响力的人物加入其内容平台，促进用户原创内容业务的增长。

第八章　中亚地区

第一节　蒙古

蒙古国（Mongolia）位于亚洲中部，其国土面积156.65万平方公里，是世界第二大内陆国家。蒙古国是名副其实的“草原畜牧业王国”，国民生产总值约为130.67亿美元（世界银行，2018），总人口约为316.80万（2020），人口年龄中位数是29.8岁；全国人口中大约40%的人口集中在首都乌兰巴托。蒙古的喀尔喀蒙古族约占全国人口的80%，此外还有哈萨克等少数民族。蒙古国通用西里尔蒙古文，同时已经实现重要文书、证件等采用传统蒙古文书写。

一、概述

蒙古国电视业肇始于1967年，蒙古国国家公众广播电视台开播，此后一直保持一家独大的电视发展格局。蒙古从20世纪90年代开始进行经济改革，此前蒙古一直实行计划经济体制。经济体制改革后，私营企业逐渐发展起来。2006年，蒙古议会通过了《矿业法案》，标志着蒙古对外开放进入了一个新阶段。媒体发展与国家政治、经济发展密切相关。从20世纪末开始，蒙古私营电视台开始出现，目前最大的私营电视台之一“乌兰巴托电视台”（UBS）就成立于1992年。此后，各类私营媒体大量出现，进入了快速发展阶段。到2016年，蒙古国电视台数量达到了149家，另外有广播电台72家，杂志社102家，报纸114家。在媒体管理体制和传媒监管方面，蒙古国采取较为西方化的媒体管理体制。目前，蒙古基本放开媒体监管，普遍实施私有化。但蒙古国学习西方媒体制度并没有取得预期效果，媒体领域存在较为严重的唯利是图、无序发展等问题。

蒙古的电视台大多为私营电视台，经营所有权属于产业巨头或金融寡头，控股集团对文化内容生产不太重视，电视台在节目生产方面的自主权不大，电视台的播放内容主要服务于所归属的集团。长期以来，蒙古国产影视作品产量低，电视台本身基本没有国外影视作品购买的决定权。

蒙古国电视产业化程度以及相关基础设施建设水平仍有待提升。蒙古国内社会基础建设发展较晚，区域间的交通、通信联结程度仍不高，互联网的普及率不高，据报道，第一条高速公路在 2019 年 7 月才正式竣工。电视业的产业化程度不高还体现在市场规范化方面，以收视率调查为例，长期以来，蒙古电视收视调查工作主要由各电视台承担，电视台通常委托英国凯普彻传媒公司（Capture Media）进行收视率调查。常用方法是将机顶盒收视测量设备轮流放到不同家庭中进行收视监测，全国共有 300 余台，覆盖面低、方法相对落后。

蒙古国电视剧产业起步较晚，1994 年蒙古国乌兰巴托电视台（UBS）拍摄了一部民族题材电视剧《没有主人的家》（14 集），这标志着蒙古国第一部国产电视剧诞生。目前，蒙古国电视剧的年产量仍然较少，每年只生产 2 ~ 3 部电视剧。电视剧题材主要为都市情感、喜剧、情景剧。

对于中国而言，中蒙互为陆地边界线最长的邻国，两国的蒙古族和哈萨克族等在民族文化方面具有较大的共通性。近年来，中国非常重视对蒙关系，积极推进在广播影视文化领域的合作。由于语言相通，内蒙古广播电视台是中蒙电视合作的排头兵、也是主力军，合作成果丰硕。1997 年，内蒙古广播电视台蒙古语卫视频道在蒙古国乌兰巴托市落地，成为蒙古国民众了解中国的最直接的一个平台。1998 年蒙古国第 25 电视台（TV25）首次通过我频道引进电视剧《还珠格格》，该剧是在蒙古国播出的第一部古装题材电视剧。《还珠格格》的热播赢得了蒙古国观众的喜爱，电视剧的最后两集安排在乌兰巴托市几家电影院同时进行播出，创造了高额的票房。2014 年 8 月，习近平总书记访问蒙古国，与蒙古国总统额勒贝格道尔吉共同签署《中华人民共和国与蒙古国关于建立和发展全面战略伙伴关系的联合宣言》，宣布 5 年内将向蒙方无偿提供 25 部中国优秀影视剧译作（用喀尔喀蒙古语译制，每年 5 部约 200 集）。以此为指引，中国影视剧在蒙古国的市场份额从 2014 年的不到 7% 迅速增加到 2019 年的 23%，为促进中蒙两国友好交流营造了良好的舆论氛围。

二、传媒体制与监管法规

1. 媒体体制

蒙古电视台实行公共电视台和私营电视台并行发展的体制。20 世纪 90 年代初期，蒙古国放弃社会主义，复制学习西方政治体制。在媒体领域，蒙古国也积极学习西方媒体管理制度，放开媒体监管，推进私有化。在电视传媒领域，蒙古有了自己的私营电视台。但是，这些私营电视台普遍缺少资金，独立制作节目的能力相对薄弱。情况较好的是由政府拨款的公营电视台。但是，近年来，蒙古开始希望公营电视台自负盈亏。

蒙古国学习西方媒体制度并没有取得预期效果，导致媒体唯利是图、无序发展等问题，冲击着社会道德和公共秩序，影响国家安全。加之西方媒体以投资、控股等方式不断渗透，舆论生态日趋复杂。

2. 传媒法规

1998 年，蒙古国通过了《蒙古国新闻自由法》，禁止政府对大众媒介进行监督，禁止制定有关限制新闻自由的法律法规，禁止政府机构拥有新闻媒介等。在此背景下，蒙古国媒体数量猛增，但大多数是规模和影响都不大的媒体。

2006 年，蒙古国颁布了《蒙古国公共广播电视法》，把唯一国有的广播电视台改为公共广播电视台，以确保媒体不受任何政府或政治力量的影响，使蒙古国媒体完全实现私有化。

3. 境外频道与节目引进

蒙古国对境外电视频道的播出没有限制，但对于本国媒体播出外国电视节目设定了比例要求。1968 年蒙古国国家公众电视台开始购入苏联电视剧，掀起一时的苏联电视剧热潮，此后蒙古国大部分电视媒体纷纷从苏联引进影视节目，包括电影、电视剧、纪录片、娱乐节目等。当然这与蒙古国当时的政治、社会现状不无关系。2013 年，蒙古国政府出台行业法规，公共广播电视机构不得播出外国节目，允许独立私营广电媒体与外国媒体合作，但是本国节目不得少于 50%，并要求引进的境外影视作品必须有海外版权。另外，根据蒙古国通信管理局有关规定，国外电视剧的播放数量不得超过电视剧总播放数量的 56%。目前，蒙古国从境外引进的影视作品主要为影视剧，其次为动画片和娱乐节目，引进国家主要为美国、俄罗斯、韩国、中国等。其中从美国引进的影视剧以好莱坞电影为主，从俄罗斯引进影视剧中电影和电视剧比例相差不多，而中剧和韩剧主要为电视剧。

三、媒体机构与电视频道

1. 蒙古国电视频道

目前，蒙古国正常运行的本国卫星电视频道共有 38 个，其余均为地面电视频道或有线电视频道，只覆盖部分地区。首都乌兰巴托是电视频道较为密集的地区，较有影响的电视频道包括蒙古国国家公众广播电视台、乌兰巴托电视台、电视五台、教育电视台（ETV）、雄鹰新闻台（Eagle News）、大众电视台（MASS TV）、全球电视频道（Global TV）、时尚频道（Fashion）、电影票房频道（Movie Box）、梦想票房频道（Dream Box）、第七电视频道（Seven TV）、皇家频道（Royal）、喜爱频道（Like）、电视八频道（TV8）、第九电视频道（9TV）以及 C1、NTV、SBN、NBS、TM、OTV、VTV、Htv 等。受市场利益驱使和经济实力限制等方面的影响，蒙古电视台多以播出影视剧、娱乐、购物、新闻节目为主，频道体系不完整，没有专业的纪录片、音乐、教育、儿童等方面的频道。整体而言，蒙古国国家电视台、乌兰巴托电视台等影响较大。

（1）蒙古国国家公众广播电视台（MNB）

蒙古国国家公众广播电视台是蒙古国唯一一家官方电视台，也是蒙古首个成立的电视台。蒙古国国家公众广播电视台成立于 1967 年，最初设有 2 个频道，即二频道和四频道。当时，二频道每周二、四、六、日播出本国节目；四频道直接转播苏联卫星电视节目。周一到周五每天 6 小时，周六周日分别播出长达 15~16 个小时的节目。1981 年起播放彩色电视节目。[①] 随着无线电技术的更新，及 1991 年广播卫星的使用，目前蒙古国家公共广播电视台已经覆盖了蒙古全境，

① 陈大斌、王玉成主编《国际大众传播媒介简介》，青岛出版社 1993 年版，第 25 ~ 26 页。

包括一些偏远牧区。目前，蒙古国国家公众广播电视台拥有 5 个电视频道、3 个广播频率，节目涵盖政治、经济、社会、文化、体育、少儿、艺术等多个方面。

蒙古国国家公众广播电视台与中国内蒙古广播电视台建立和保持着友好合作关系。2001 年两台联合组织举办了“电视电影周”活动，2004 年至 2008 年两台连续五年举办了“彩虹—中蒙两国春节联欢晚会”，2009 年在蒙古国乌兰巴托市联合举办了“中蒙俄青年歌手大奖赛”等大型文艺活动。2018 年两台联合推出了大型系列节目《你好中国—你好蒙古国》，并同时在两台播出。

（2）乌兰巴托电视台（UBS）

乌兰巴托电视台创办于 1992 年，是蒙古国第一家私营电视台。乌兰巴托电视台是蒙古国实力最强的广播电视媒体之一，目前播出三个电视频道、一个调频广播频率，并发行名为《一周》的杂志。乌兰巴托电视台第一频道是综合频道（UBS），第二频道是农牧业频道，第三频道是环球频道（Global TV）。乌兰巴托电视台的电视节目较为综合，包括电影、电视剧、新闻和综艺等，其中 60% 为自制节目，40% 为引进和合拍节目。乌兰巴托电视台的新闻节目注重对国家和社会发展的促进作用，新闻内容注重“建设性”而非“批判性”或“对抗性”。另外，该电视台是蒙古国最早组织和举办文艺选秀类节目的电视台，目前才艺选秀节目仍是最受蒙古国青年的娱乐节目。

乌兰巴托电视台作为蒙古国第一家私营电视台，是对华最友好的电视台之一，自 2016 年起该电视台的三个频道均开始播出中国影视剧。该台与中国中央电视台（现为中央广播电视总台）、内蒙古广播电视台、江苏卫视等多家媒体开展业务。2014 年与内蒙古广播电视台蒙古语卫视频道合拍《你好，内蒙古》系列节目、自 2011 起每年联合举办《鱼眼国际电视节》、2016 年起联合举办《水晶新年—中俄蒙新年晚会》等。

（3）蒙古电视五台（TV5）

蒙古电视五台成立于 2003 年，是私营电视台，播出 1 个地面频道和 2 个有线频道，隶属于 Cegeen Dalai 集团。蒙古电视五台的全职员工约 100 名，另有 70 多名兼职员工。该台曾 3 次获得蒙古“年度最佳电视”奖，在观众规模、影响力等方面均在蒙古居于前列。电视五台的节目宗旨是通过政治、社会、经济、工业、体育和艺术等类型的节目，促进国家和社会发展。基于这一宗旨，该台的座右铭是“让我们发展蒙古”（Let’s Delevop Mongolia）。电视五台注重新兴媒体发展和应用，在蒙古率先进入互联网和云电视领域。

蒙古电视五台非常注重与中国媒体的合作，已经播出了多部中国优秀影视剧。2016 年 10 月 1 日“中蒙人文合作暨《电视中国剧场》启动仪式”就是中国中央电视台、内蒙古广播电视台与蒙古电视五台联合举办的。

（4）蒙古国教育电视台（ETV）

教育电视台旗下开办了亚洲票房频道（ASIAN BOX），主要播出影视剧。目前，该频道是蒙古国收视率排名第一的影视剧播出平台。

2. 境外电视频道

蒙古国地理位置重要，处于东北亚和中亚之间，是连接欧亚大陆的纽带，具有独特的国际战略位置。近年来，多个国家从全球战略出发，积极进军蒙古媒体市场，美国、英国、日本、韩国和印度电视节目在蒙古国落地播出多年。目前，美国有线电视新闻网（CNN）、福克斯新闻网（Fox News）、探索频道（Discovery）等频道，英国广播公司世界新闻频道（BBC World News）、地球频道（BBC Earth）等，日本广播协会世界频道（NHK World）、付费频道（NHK Premium），韩国广播公司世界频道（KBS World）、阿里郎频道（Arirang）、YTN 电视台世界频道（YTN World）等，以及俄罗斯第一频道、文化频道等，都在蒙古播出。以乌兰巴托地区为例，该市有线电视平台上传输的电视频道共 96 套，（2016 年），其中蒙古国本土频道 47 套，中国 7 套，俄罗斯 10 套，美国 23 套。

美国、韩国等国还以合资、注资等方式，开办有线电视、互联网、电信等业务。例如，美国彭博电视（Bloomberg TV）在蒙古播出了本土化频道“彭博电视蒙古频道”（Bloomberg TV Mongolia），节目以译制配音播出彭博电视的英语节目为主，也有当地制作的节目。雄鹰新闻台（Eagle News）创办于 1996 年，是美国与蒙古联合创办的频道，节目信号通过卫星覆盖蒙古全国。西方电视频道为了更好地占领蒙古国电视市场，通常会以乌兰巴托为中心，找一个蒙古的电视公司或者有线电视运营商，共同开发节目。一般说来，这种合作不会对本土电视文化产生巨大冲击，甚至在某种程度上也会有利于当地电视企业的发展。然而，蒙古国的问题在于它的本土电视产业尚处于起步阶段，还不具备较强的竞争力。因此，这种合作更多的是给西方文化的进入提供了更加便捷的载体和途径。以蒙古国 C1 电视台和美国综艺与体育电视网（ESPN）的合作为例，这家成立于 2006 年的蒙古国电视台与综艺与体育电视网合作制作电视节目，然而更多的时候该台是直接播出后者的节目，有的栏目甚至只是用 C1 的台标挡住综艺与体育电视网的频道标识。就这种合作而言，C1 电视台所体现的蒙古国特征是提供了蒙古播音员和对节目的蒙古语翻译。①

四、播出渠道与付费电视业

1. 有线电视

目前，蒙古国首都有“桑斯尔”“黑目”等有线电视平台。值得一提的是，蒙古在数字化和高清化方面步伐较快，目前乌兰巴托播出的大多数蒙古电视频道都实现了高清化。

桑斯尔有线电视有限责任公司成立于 1995 年，是蒙古国广电行业第一家经营有线电视的公司，创办之初覆盖乌兰巴托市 90% 的楼房用户，最高峰时用户终端将近 10 万个，可收看到 100 套以上电视节目。此后，该公司用户逐年流失，到 2016 年仅剩 1.8 万户模拟用户。2015 年 6 月，桑斯尔数字电视有限公司开始在乌兰巴托市实施无线数字电视建设项目，2016 年初正式投入运营。数字地面电视平台上传输 36 套标清、4 套高清节目，并支持车载电视等移动接收功能。

桑斯尔有线电视有限责任公司是内蒙古自治区广播电影电视局与内蒙古宝通公司及蒙古国戈尔迪公司三家机构为主创办的，最初股东有 11 家，其中中方股东 10 家，蒙方股东 1 家；中方占股 70%，蒙方占股 30%。2005 年，股权结构进行调整，中方占股 50%，蒙方占股 50%。

2. 卫星电视

蒙古数字碟线电视公司（DDish）是蒙古国最大的付费直播卫星平台。另外，蒙古数字碟线电视公司在 2012 年与桑斯尔有线电视有限责任公司合作开展数字有线电视整转业务，蒙古数字碟线电视公司提供前端设备、终端设备和节目信源等，用户收视费由两家公司平均分配。

2019 年，蒙古数字碟线电视公司卫星电视业务的订户总数为 37 万。

---

① 刘琛：《文化规避与文化传播——中国与其他东亚四国电视传媒文化传播策略比较研究》，载于姜加林、于运全主编《构建现代国际传播体系》，外文出版社 2011 年版，第 179 页。

3. 数字地面电视

桑斯尔数字电视有限公司在2015年6月开始在蒙古国乌兰巴托市实施无线数字电视建设项目，2016年初正式投入运营。数字地面电视平台上传输36套标清、4套高清节目，并支持车载电视等移动接收功能。截至2016年7月，已有3000多用户，其中车载用户600多户。

桑斯尔数字电视有限公司的主要股东有两家，其中一家是内蒙古广电网络集团下属的内蒙古无线传播有限公司，股份比例为65%。另外一家是桑斯尔有线电视有限责任公司，股份比例为35%。

第二节　哈萨克斯坦

哈萨克斯坦是中亚重要国家，哈萨克斯坦的国名取自其最大的民族哈萨克族，此为古突厥的一个直系分支民族，“哈萨克”一词在斯拉夫语中解释为“游牧战神”[①]。哈萨克斯坦是中亚经济发展水平相对最高、综合国力最强的国家，国民生产总值为1793.4亿美元（世界银行，2018）。哈萨克语为国语，官方语言为哈萨克语和俄语。该国人口规模为1909.2万（2020），人口年龄中位数为31.6岁。哈萨克斯坦是中亚电视大国，2015年发射了“哈星3号”（KazSat-3）卫星后，电视传输覆盖能力大大增强。哈萨克斯坦电视家庭规模持续增长，全国电视家庭总数约为550万；付费电视业的普及率为44%。目前，哈萨克斯坦有51家电视公司，133家有线电视运营商，6家卫星电视运营商。

① 赵永华：《中亚转型国家的新闻体制与媒介发展》，中国书籍出版社2013年版，第4页。

一、概述

哈萨克斯坦的电视历史可以追溯到20世纪50年代。1958年，阿拉木图电视台开始播出。1981年，哈萨克斯坦开始播出彩色电视节目。1990年之前，哈萨克斯坦电视管理体制一直沿袭苏联模式，电视业采取国有国营的方式。1990年，哈萨克斯坦开播了第一家私营电视台。经过五年发展，哈萨克斯坦各大城市到了1996年基本上都有了商业电视台。[①] 在21世纪初，哈萨克斯坦全国有98个电视台，其中62%的电视台并不制作节目，只是转播其他台的节目。[②] 哈萨克斯坦政府对国家控股电视台和商业电视台实行“国家订单”制度。所谓“国家订单”就是政府以招标方式向国家控股和商业电视台订购公益性节目，如公共交通、卫生等，国家控股电视台和商业电视台中标后，政府下达预算，节目完成后，政府相关部门对节目进行验收，并全程在网上公布，做到透明和公开。一般来说，国家控股电视台获得80%的政府订单，商业电视台获得20%的订单。

近年来，哈萨克斯坦电视广告收入呈下滑趋势，2009年为5.85亿美元，2010年为6.67亿美元，2011年为7.76亿美元，2012年为8.4亿美元，2013年为9.95亿美元，2014年突破了10亿美元，达到历史峰值；但随后在2015年又下降到了8.2亿美元，2016年进一步大幅下滑到了4.99亿美元。

哈萨克斯坦政府非常重视电视数字化工作。根据《信息哈萨克斯坦——2020》(*Information Kazakhstan-2020*)规划，哈萨克斯坦数字地面电视信号的人口覆盖率到2020年要达到95%。哈萨克斯坦政府从2010年开始启动模拟转数字进程，2012年在五个主要城市开始播出数字地面电视信号。2014年，政府又拨款1.96亿美元，以加快推进电视数字化进程。2014年，数字地面信号覆盖了全国370个城市。2016年，数字电视信号覆盖了1150万人口，约相当于人口总数的72%。哈萨克斯坦数字地面电视采用DVB-T标准。

哈萨克斯坦对于境内外媒体的管理日趋严格，2015年以来这种趋势尤为显著。2015年，哈萨克斯坦政府新出台了多项针对外国电视频道的管理政策。根

---

① 刘琛:《全球化背景下的亚洲电视传媒》，北京交通大学出版社2009年版，第115～116页。

② 明安香:《全球传播格局》，社会科学文献出版社2006年版，第97页。

据新政策，外国电视频道必须哈萨克斯坦注册成立当地办公司，而且将办理时限设定在 2017 年 1 月。外国资本在哈萨克斯坦电视媒体和机构中的持股比例不得超过 20%。另外，哈萨克斯坦政府还宣布，外国电视频道从 2016 年开始禁止在节目中播出广告。对于国内电视业的管制也是如此；2016 年 1 月，哈萨克斯坦修订了《哈萨克斯坦广电播出法》（*Kazakh Broadcasting Law*），禁止所有的有线电视频道播出广告。

二、传媒机构和电视频道

哈萨克斯坦境内注册的电视频道共有 308 个，其中国内频道 91 个，国外频道 217 个。境外频道主要是来自俄罗斯的俄语频道，以及来自英国、法国、美国、土耳其和乌克兰的电视频道。最初，哈萨克斯坦电视台主要是双语播出，俄语节目占 60%，哈语节目占 40%；从 20 世纪 90 年代中期开始，电视播出语言更为丰富，包括维吾尔语、德语和韩语等。目前，哈萨克斯坦有 8 个电视频道影响最大，包括哈萨克电视台（Kazakh TV，国有）、哈巴尔电视台（Khabar TV，国有）、爱阿纳电视台（EI-Arna，国有）、哈萨克商业电视台（Kazakh Commercial TV，私营）、欧亚第一频道台（Eurasia 1，私营）、31 频道（Kanal 31，私营）、7 频道（Channel 7，私营）和卡斯帕电视网（Caspionet，国有）。

1. 国有电视台

哈萨克斯坦国家控股电视台包括哈萨克斯坦广播电视公司和哈巴尔广播电视公司。国家控股电视台不享受政府拨款，广告收入占其总收入的 30% 左右，其余 70% 来自国家订单。2017 年 5 月，哈萨克斯坦信息与通信部（Information and Communications Ministry）调整了公共电视媒体布局，对一些频道进行合并，以节约财政资金；创办并开播了“哈萨克斯坦叶尔阿纳频道”（Kazakh Yel Arna），该频道主要播出哈萨克斯坦电影。

（1）哈萨克斯坦广播电视公司

哈萨克斯坦广播电视公司成立于 1920 年，目前覆盖全国 14 个地区。哈萨克斯坦广播电视公司第一频道与俄罗斯公共电视台合作，每天播出 7.5 个小时。哈萨克斯坦国家电视台是哈萨克斯坦国家广播电视公司（国家控股）下属的电视台，日播出节目15小时，覆盖率达96.25%。该台是哈萨克斯坦历史最悠久的电视台，继承了苏联时期大量宝贵的影视文献资料，以哈萨克语、俄语、维吾尔语、德语和朝鲜语播出。从2001年开始，该台由哈巴尔通信公司管理。[①]

哈萨克斯坦广播电视公司的旗舰频道是哈萨克电视台（Kazakh TV）。哈萨克电视台开播于2002年10月25日，是哈萨克斯坦第一个全国性卫星电视频道。该台的节目以新闻、资讯和教育类节目为主，每天播出24小时，播出语言为哈萨克语、俄语和英语。哈萨克电视台是哈萨克斯坦收视率最高的电视台，在节目制作水平方面处于领先地位。哈萨克电视台通过卫星覆盖了全球117个国家和地区，触达的观众人数约为51亿。

（2）哈巴尔广播电视公司

哈巴尔广播电视公司旗下包括哈巴尔电视台（Khabar TV）、叶尔阿尔纳无线电视频道以及里海网络卫星频道，其中哈巴尔电视台日播出节目14小时，受众1700万人，覆盖率达95.7%。叶尔阿尔纳无线电视频道达75.5%。里海网络卫星频道24小时播出，可覆盖欧洲、中亚、中东和北非部分地区，潜在受众高达9900万。

哈巴尔电视台是哈巴尔广播电视公司的旗舰频道，以新闻节目为主，主要在有线和卫星平台上播出。哈巴尔电视台于1995年在哈萨克斯坦国家电视台倍尔服务部的基础上建成，最初的名称是“国家电视台倍尔公司”（HTUA），以哈萨克语和俄语播出。该台的节目一般为自制，在哈萨克斯坦国内率先制作播出质量较好的电视剧，如《十字路口》《蝗虫》等。该台在北京、莫斯科、塔什干和比什凯克设有记者站。哈巴尔电视台还通过卫星播出卡斯帕电视网（Caspionet），该频道主要以俄语、哈萨克语和英语播出。

叶尔阿尔纳无线电视频道是哈巴尔广播电视公司（国家控股）下属的电视台，覆盖率为75.5%。该台是一个娱乐频道，播出电影、电视剧以及教育、文化类节目，以哈萨克语和俄语播出。该台的节目以进口为主，本国节目仅占5%，北美和拉美节目约占50%，中国节目约占30%，俄罗斯和独联体国家节目约占15%。

里海网络卫星频道是一个以新闻为主的卫星频道，隶属于哈巴尔通信公司，

---

① 赵永华：《中亚转型国家的新闻体制与媒介发展》，中国书籍出版社2013年版，第6～7、46～49页。

节目覆盖欧洲、中亚、中东以及北非等地区。该频道的主要目的是报道里海和中亚地区国家的新闻，播出语言为哈萨克语、俄语和英语。

2. 私营电视台

哈萨克斯坦从20世纪90年代初开始出现私营电视媒体。1991年和1999年，哈萨克斯坦政府分别颁布了相关法律，鼓励传媒领域的市场竞争。值得一提的是，哈萨克斯坦总统努尔苏丹·阿比舍维奇·纳扎尔巴耶夫的女儿达日嘎·娜扎芭维娃在哈萨克斯坦商业电视领域具有重要的影响力，她在国家控股电视台中担任要职，并拥有NTK和KTK等多家私营电视台。

（1）欧亚第一频道

欧亚第一频道（Eurasia 1）是俄罗斯第一频道与哈萨克斯坦合办的电视频道，覆盖率为78.6%。该频道从2001年开始在哈萨克斯坦独立播出，是在俄罗斯公共电视台设在哈萨克斯坦的地区性机构“欧亚OPT”的基础上发展而来的。

（2）哈萨克斯坦商业电视台

哈萨克斯坦商业电视台（Kazakh Commercial TV，KTK）成立于1990年，是一家股份制商业电视公司。KTK频道主要在阿拉木图和国内其他中心城市播出。

（3）31频道

31频道（Kanal 31）创办于1992年10月，节目内容主要是新闻、电影和电视剧，以哈萨克语和俄语播出。该频道的收视份额稳步提升，在2008年时为7.5%，在2009年为12.7%，在2010年为10.55%，在2011年达到了14.8%。除了在哈萨克斯坦播出，31频道从2003年7月开始还通过国际卫星在俄罗斯、乌兹别克斯坦、吉尔吉斯斯坦、塔吉克斯坦等国播出。

31频道隶属于31频道媒体集团，该集团是哈萨克斯坦国内知名度较高的媒体公司。旗下媒体还包括31广播电台、TaH电视公司、《大都市》周刊、《大都市不动产报》《大都市驾车报》《农工业》杂志以及大都市出版社。该公司被作为跨国公司，因为杜里比什凯克电视台购买了该公司的节目。这是哈萨克斯坦首次向邻国出口节目。值得一提的是，31频道媒体集团隶属于俄罗斯CTC媒体集团（CTC Media）。

（4）七频道

七频道（Channel 7）是哈萨克斯坦的一家私营电视台，成立于2009年9月

9日。到2012年底，其地面电视信号已覆盖哈萨克斯坦人口的86%。七频道提供的服务十分多元化，涵盖广播、有线电视、卫星电视、数字电视等多种播放形式。自成立以来，七频道已成功在哈萨克斯坦电视市场占据一席之地，利润指标每年增长，目前已经跻身哈萨克斯坦前五大电视媒体。

七频道的新闻节目以哈语和俄语两种语言播出，其新闻频道在哈萨克斯坦排名第三。七频道推出了多个大受欢迎的自制电视节目，如舞蹈真人秀节目《舞！舞！》和婚恋真人秀节目《完美儿媳》等。

值得一提的是，七频道从中国引进播出了多部电视剧。《母仪天下》播出后，收视反馈很好，随后又购买了《女相》播映权。

（5）HTK频道

HTK频道是哈萨克斯坦国内第一家私营电视台，播出范围几乎覆盖全国，节目主要面向青年观众。

（6）Hit TV频道

Hit TV频道的节目以音乐为主，隶属于萨哈尔媒体集团。萨哈尔传媒集团旗下的媒体包括HIT TV、FM102.2萨哈尔广播电台、萨哈尔PT中心、Zip-Zap动画集团、Shahar娱乐信息网站、萨哈尔出版社等。

三、播出渠道与付费电视业

目前，哈萨克斯坦的主要电视播出渠道是卫星电视和开路电视，其中地面开路电视在电视家庭中所占份额为34%，卫星电视所占份额为28%，有线电视为20%，IPTV为18%。就付费电视业而言，哈萨克斯坦44%的电视家庭订阅了付费电视业务。2017年，哈萨克斯坦付费电视订户总数为280万，到2022年有望增长到360万。

1. 有线电视

哈萨克斯坦有线电视包括模拟有线和数字有线两个部分，2017年模拟有线用户的市场份额为9%，数字有线为15%；预计到2022年，模拟有线用户的市场份额仅为1%，而数字有线用户份额为21%。目前，有线电视运营领域的两家主要机构是阿尔玛公司（Alma）和艾伦公司（Alem）。

阿尔玛公司是哈萨克斯坦最大的付费电视运营商，截至 2017 年 6 月订户总数为 97.5 万户。

艾伦公司在哈萨克斯坦付费电视业中具有重要地位，截至 2017 年 6 月订户总数为 20.5 万户。该公司除提供有线电视业务之外，还提供宽带业务。

2. 卫星电视

哈萨克斯坦卫星电视包括免费卫星业务和付费卫星业务两个部分，2017 年免费卫星电视业务的用户份额为 28%，付费卫星电视业务为 7%；预计到 2022 年，两者的用户份额预计分别为 29% 和 10%。哈萨克斯坦主要卫星电视运营机构是奥塔电视公司（Otau TV）。截至 2017 年 7 月，奥塔电视台公司的卫星电视用户总数为 100 万，其中付费订户规模为 34.2 万。

3. IPTV

近年来，哈萨克斯坦 IPTV 市场比其他中亚国家更具活力，且未来几年仍将保持高速增长态势。2016 年，IPTV 订户总数为 95.5 万，到 2022 年有望达到 170 万。哈萨克斯坦的主要 IPTV 运营机构是艾迪电视公司（Id TV），它隶属于哈萨克斯坦电信集团（Kazakhtelecom）。截至 2017 年 6 月，艾迪电视公司的订户规模超过了 100 万户。

第三节　吉尔吉斯斯坦

吉尔吉斯斯坦（Kyrgyzstan）是一个中亚国家，国民生产总值约为 80.9 亿美元（世界银行，2018），人口总数约为 596.5 万（2020），人口年龄中位数是 27.3 岁。吉尔吉斯语为国语，俄语为官方语言。吉尔吉斯斯坦电视家庭总数为 136.5 万，最主要的电视接收渠道为数字地面电视；数字地面电视用户总数约为 55.6 万。吉尔吉斯斯坦电视业在法律规制和媒介监管方面相对宽松自由，电视体制受俄罗斯影响较大，电视频道和内容领域也几乎被俄罗斯垄断。吉尔吉斯斯坦于 2013 年 1 月在首都比什凯克首次播出数字地面电视，采用的是 DVB-T2 标准，数字电视在未来几年将保持高速增长态势，到 2022 年在电视家庭中所占份额预计达到 66%。根据 2017 年 5 月 4 日颁布的《国家广播电视法》，该国在 2018 年全面停播模拟电视信号。

一、概述

吉尔吉斯斯坦广播业肇始于 1931 年，电视业肇始于 1958 年，吉尔吉斯斯坦公共电视台在这一年正式开播。从 1958 年至 1996 年，吉尔吉斯斯坦的电视体制较为单一，电视台都为国家所有、由国家运营管理。1997 年，吉尔吉斯斯坦出现了私营电视台，电视体制进入了多元化阶段。目前，吉尔吉斯斯坦全国主要有 1 家国家级电视台、10 家州级电视台和 20 多家私营电视台。

受地理因素限制，吉尔吉斯斯坦电视播出的主要渠道是地面开路电视和免费卫星电视，有线电视和 IPTV 市场份额非常低。吉尔吉斯斯坦 97% 的家庭拥有电视，其中 40% 的家庭可接收到 11 ~ 30 个免费电视频道，50% 的家庭（大部分在国家的北部）接收到 31 ~ 100 个电视频道（有线电视和网络电视）。7% 的家庭接收免费的卫星电视，大部分在边远地区。根据预测，2016 年至 2022 年，地面电视和卫星电视在电视家庭总数中所占份额始终保持在 95% 左右。

吉尔吉斯斯坦虽然对媒体管理较为松散，准入标准相对较低，但仍具有相对完善的法律法规体系。1992 年，吉尔吉斯斯坦开始实施了《大众传媒法》，这是该国规范传媒领域的重要法律。1997 年，吉尔吉斯斯坦议会同时颁布了《使用媒体的保障和自由法》和《记者专业活动保护法》，进一步完善了大众传媒法律体系。2006 年，吉尔吉斯斯坦议会通过了《吉尔吉斯斯坦国家机构和地方自治机构信息使用法》，该法清晰地规定了国家机构管辖下的媒体使用。此外，该国还有了一系列与传媒相关的法律，包括《许可证制度法》（1997 年）、《电子通讯和邮政法》（1998 年）、《广告法》（1998 年）、《著作权和相关权利法》（1998 年）、《信息化法》（1999 年）、《科技信息系统法》（1999 年）、《国家广播电视公司法》（2007 年）等。[①] 为了保护国产电影电视的发展，吉尔吉斯斯坦对于境外

---

① 赵永华:《中亚转型国家的新闻体制与媒介发展》，中国书籍出版社 2013 年版，第 85、87 页。

电视台和境外节目的管控越来越严格，2017 年 5 月 4 日发布的《国家广播电视法》进一步规定:（1）私营电视台转播电视节目除了被列入国家电视台的电视频道之外，在转播其他外国电视频道时，必须屏蔽广告，或者是播放吉国广告。（2）任何电视台至少 50%的电视和广播节目以及电视和广播节目应由国内生产的电视和广播节目组成，包括从 7：00 ~ 10：00 和 18：00 ~ 23：00 的时段；至少 50%的播出必须以国家语言进行，包括 7:00 ~ 10:00 和 18:00 ~ 23:00 的时段。（3）如果电影和 / 或其他电视和广播节目的语言不是国家语言或官方语言，则播出这些电影和 / 或电视和广播节目，应以国家语言或官方语言进行译制后播出。（4）转播外国电视频道必须得到文化部的许可（2018 年 1 月 4 日国家政府令）。

二、媒体机构与电视频道

吉尔吉斯斯坦的电视播出机构包括公共电视台、私营电视台和境外电视台。

1. 公共电视台

国家级公共电视台只有 1 家，即吉尔吉斯斯坦公共广播电视公司。州级公共公共电视台有 10 家，主要是各州电视台；各州电视台直接隶属于国家文化部。

吉尔吉斯斯坦公共广播电视公司（Public Broadcasting Corporation of the Kyrgyz Republic 是吉尔吉斯斯坦的国家电视台，总部位于比什凯克，在各州都设有州一级电视台）。该公司播出 5 个电视频道，包括公共电视频道（KTRK）、少儿频道（Balastan）、文化频道（Madaniyat）、音乐娱乐频道（Muzyka）和体育频道（KTRK Sport）。

吉尔吉斯斯坦公共广播电视公司的历史最早可以追溯到 1958 年成立的吉尔吉斯斯坦公共电视台，该台后来改组为吉尔吉斯斯坦国家广播电视公司，2010 年吉尔吉斯斯坦临时政府宣布将国家广播电视公司改组为公共广播电视公司，并规定公司理事会由 15 人组成，其中包括 5 名总统代表、5 名议会代表和 5 名公民代表。目前，公共广播电视公司的员工总数在 1500 名左右，其节目用吉语、俄语和英语播出，节目中一半为自制。在吉尔吉斯斯坦所有电视播出机构中，公共广播电视公司的技术设备条件较好、员工数量最多。其资金主要来自国家财政拨款，另外广告费也是重要的收入来源。

此外，吉尔吉斯斯坦一半的广播电视公司成立于 2005 年，总部位于南部城市奥什，其节目在各州的中心地区播出。该公司的前身是“奥什 -3000”广播电视公司，后根据总统法令改组为公共广播电视公司。

表 1　吉尔吉斯斯坦主要的公共电视台

序号	媒体机构名称	成立日期	政府形式	频道节目内容	覆盖区域
1	吉尔吉斯斯坦公共广播电视公司（KTPK）	1931 年	国家电视台	新闻、信息、娱乐综合频道	全国
2	综合电视台（Эл TP）	2005 年	公共电视台	信息、娱乐综合频道	全国
3	吉尔吉斯 5 号台（5-канал，40% 国家股份）	1996 年	股份公司	新闻、信息、娱乐综合频道	全国
4	奥什电视台（ОШ ТВ）	1991 年	国家电视台	社会分析频道	奥什州，贾拉拉巴德州，巴特肯州，以及乌兹别克
5	奥什（Ынтымак ТВ）	2011 年	国家电视台	文化娱乐综合频道	奥什州，贾拉拉巴德州
6	楚河州电视台（ГТРК СТВ Чуйская обл）	2011 年	国家电视台	新闻、信息、娱乐综合频道	楚河州，比什凯克市
7	塔拉斯电视台（ГТРК Таласской обл）	2011 年	国家电视台	文化娱乐综合频道	塔拉斯州
8	纳纶电视台（ГТРК Нарынской обл.）	2011 年	国家电视台	文化娱乐综合频道	纳伦州
9	伊塞克湖电视台（ГТРК Иссык-Кульской обл）	2011 年	国家电视台	文化娱乐综合频道	伊塞克湖州
10	贾拉拉巴德州电视台（ГТРК Джалал-Абатской обл.）	2011 年	国家电视台	文化娱乐综合频道	贾拉拉巴德州
11	吉尔吉斯和平电视台（МИР Кыргызстан）	1992 年	国家电视台	新闻、信息、社会分析频道	全国

2. 私营电视台

私营电视台共有 20 家，其中比较有影响的包括比什凯克独立电视台、“金字塔”电视公司、“第五频道”等。在境外电视台中，俄罗斯电视频道较有影响力。

吉尔吉斯斯坦第一个独立于国家体制之外的电视台是金字塔广播电视公司，它在1997年创建于比什凯克。[①]吉尔吉斯斯坦商业电视台分布在该国的首都和各个州，首都比什凯克的商业电视台数量最多，影响力也最大。目前，第五频道是吉尔吉斯斯坦设备最先进、专业水平最好、财政状况最佳的电视台。

“金字塔”电视公司、“第五频道”这两家电视台曾隶属于吉尔吉斯斯坦前总统巴基耶夫的儿子马克西姆·巴基耶夫。从2005年起，“金字塔”电视公司、“第五频道”就遭到马克西姆·巴基耶夫的不断侵扰，最终被其以强占的方式据为己有。在2010年吉尔吉斯斯坦政变中，反对派于2010年4月16日控制了“金字塔”电视公司和“第五频道”。

除了位于首都的商业电视台，吉尔吉斯斯坦各个州还有地方性的商业电视台。例如，奥什州有奥什广播电视公司等，贾拉拉巴德州有“9月”广播电视公司等。值得一提的是，吉尔吉斯斯坦地方电视台的工资水平较低，2007年时每月平均工资仅有700～800索姆，约合20美元。由于工资太低，记者人数较少，专业水平也难以提升。[②]

3. 境外电视台和境外节目

在中亚五国中，吉尔吉斯斯坦对于境外电视台和境外节目的管控最为松散，这严重削弱了本国电视媒体的竞争力和影响力。有研究显示，吉尔吉斯斯坦国内有80%的人口不收看本国电视节目。[③]在境外媒体中，俄罗斯的传媒数量最多，俄语媒体的影响力也最大，使用俄语的印刷媒体和广电媒体曾一度占到了70%。2012年，俄罗斯CTC传媒集团在吉尔吉斯斯坦以地面开路电视的方式播出其国际频道（CTC International），覆盖该国总人口的25%。2014年，CTC传媒集团又在吉尔吉斯斯坦播出Peretz频道。俄罗斯另外一些主流电视频道在吉尔吉斯斯坦具有较大的影响力，经常在吉尔吉斯斯坦电视频道收视率排行榜上名列前茅。吉尔吉斯斯坦首府比什凯克约有80万居民，每天收看俄罗斯公共电视台节目的就多达24.9万人。俄罗斯国家广播电视公司位居第二，日平均观众约12.36万

① 赵永华：《中亚转型国家的新闻体制与媒介发展》，中国书籍出版社2013年版，第69页。

② 赵永华：《穷媒体、无序民主与国家动荡——解析吉尔吉斯斯坦政变中的传媒之争》，《新闻与传播研究》2010年第4期。

③ 明安香：《全球传播格局》，社会科学文献出版社2006年版，第98页。

人。除了第五频道之外，吉尔吉斯斯坦几乎所有私营电视台都转播俄罗斯电视节目。以首都的国家广播电视集团为例，比什凯克独立电视台转播俄罗斯“电视台网”，“金字塔”电视台转播俄罗斯 PeH-TB 频道，“新电视网”转播俄罗斯公共电视台。为了能在全国播放，吉尔吉斯政府将三个长波频道中的两个转卖给了俄罗斯频道。①

三、播出渠道与付费电视业

吉尔吉斯斯坦电视播出的主要渠道是地面开路电视和免费卫星电视，两者的电视家庭份额达到了 95%。根据 2016 年数据，数字地面电视在电视家庭中所占份额为 40%，模拟地面电视的份额为 30%，免费卫星电视的份额为 25%，付费卫星电视的份额为 1%，数字有线电视和模拟有线电视的份额分别为 2%。因为地形地貌的原因，吉尔吉斯斯坦难以大规模发展有线电视和 IPTV。根据预测，2022 年时吉尔吉斯斯坦最主要的电视播出渠道是数字地面电视，在电视家庭总数中所占份额为 66%；其次是免费卫星电视，所占份额为 28%，付费卫星电视仅占 1% 的份额；IPTV 和有线电视的份额分别为 2% 和 3%。

吉尔吉斯斯坦最主要的付费电视运营商为奥拉电视公司（Ala TV），截至 2017 年 6 月的订户总数为 2.1 万。

德隆电视台是吉尔吉斯斯坦首都比什凯克的一家有线电视运营商，也是一家中资背景的媒体企业。德隆电视台从 2003 年开始进入吉尔吉斯斯坦，于 2005 年正式运营，先后从政府主管部门获得有线电视、互联网和固话三种业务的运营执照。德隆电视台除了经营电视运营业务之外，也开展节目自制业务。目前该台的有线电视平台上共播出约 120 个频道，其中有 4 个为自办频道。

在数字电视领域，吉尔吉斯国家微波电视广播传输股份公司（RPO RMTR）是最主要的运营商。该公司为吉尔吉斯政府所有，信号覆盖吉尔吉斯的首都比什凯克 125 万人口（约 30 万户），转播方式为地面模拟。2017 年 5 月，该公司完成模拟转数字，采用欧洲 DVB-T2 标准。该公司实现模拟转数字后，信号覆盖范

---

① 赵永华:《中亚转型国家的新闻体制与媒介发展》，中国书籍出版社 2013 年版，第 16 页。

围随之扩大，覆盖用户数由 30 万户增加至 100 万户。吉尔吉斯斯坦政府向该公司提供了四个无线频段，转播 35 个电视频道，用户免费收看，只需自行购买与 DVB-T2 标准兼容的机顶盒即可收看。

第四节　塔吉克斯坦

塔吉克斯坦（Tajikistan）是一个中亚国家，国民生产总值约为 75.2 亿美元（世界银行，2018），人口总数约为 846.8 万（2020），人口年龄中位数是 25.3 岁。塔吉克语为国语，俄语为通用语。塔吉克斯坦在 1992 年到 1997 年发生了内战，是中亚地区唯一在独立后经历过内战的国家。另外，塔吉克斯坦在“9・11”之后成为美国反恐战争世界布局中的重要国家，西方国家在政治、经济、文化以及媒体等方面对其产生了一定影响，但媒体领域的管控相对严格，主要采用国有国营的电视体制，不允许创办全国性的私营电视台，仅在部分地区允许少数几家私营电视台的存在。政府对于民众接收境外卫星节目的管控相对宽松，超过 40% 的人口通过卫星天线收看境外频道，主要是俄罗斯和乌兹别克斯坦的电视频道。

一、概述

塔吉克斯坦拥有电视机的家庭（以下简称电视家庭）总数为 135.8 万户，最主要的电视接收渠道为卫星电视和模拟地面电视，两者的用户总数分别为 55 万户和 50.9 万户。塔吉克斯坦在 2006 年开始推进模拟转数字进程，最开始采用 DVB-T 标准，后来在 2012 年改为 DVB-T2 标准。在此后几年里，数字化进程的推进速度相对迟缓。

塔吉克斯坦是中亚国家中宗教色彩最浓的国家，虽然目前正经历从宗教国家向世俗国家转变的过程，目前宗教在国家政治生活中的影响依然强大。受此影响，该国对于影视节目的管控非常严格。在塔吉克斯坦，《印刷及其他大众传媒法》是媒体领域的主要法律，此法律是在苏维埃社会主义共和国类似法律的基础上，于1990年12月14日通过的。此后，该法分别在1992年、1996年、1997年、1999年、2002年进行了修订。另外，《电视和广播电台法》于1996年12月修订，随后在1999年6月进行了补充和修改。2001年5月，《广播电视领域许可证发放条例》通过实施。根据《电视和广播电台法》，塔吉克斯坦共和国电视广播委员会有权检查电视广播机构的运行情况，包括私营媒体。这个委员会有权处理签发和吊销独立电视广播台的许可证。[①] 在境外媒体准入和境外记者管理方面，2002年5月修订的《印刷及其他大众传媒法》禁止媒体垄断，禁止外国公民和无国籍人士在塔吉克斯坦开办和经营媒体；外国记者只有在外交部进行登记注册后，国内媒体才能对其开放，但当其与塔吉克斯坦共和国法律和民族利益发生冲突时，将撤销外国记者在塔吉克斯坦的驻地记者认证。[②]

二、媒体机构与电视频道

塔吉克斯坦拥有9家全国性和地区性的国有电视台，15家私营电视台，以及31家影视制作公司。塔吉克斯坦电视播出机构原来均为国营，隶属于总统办公厅和广播电视委员会。1993年9月，塔吉克斯坦出现了第一家私营电视台，即索莫尼电视台。

1. 国有电视台

塔吉克斯坦共有4家全国性电视台，即第一电视台（1-JOJIKITON）、索菲娜电视台（SOFINA）、世界之窗电视台（JAHONNAMO）和儿童电视台（BAHORISTON）。其中，第一电视台是政治新闻频道；索菲娜电视台是文化频道，同时也播出新闻节目；世界之窗电视台是国际频道，主要播出国际新闻节目，也播出一些文艺节目。四家电视台均通过卫星播出，主要用塔吉克语播出，一些新闻节目也用俄语或英语播出。除了全国性电视台，各州还有地方电视台。

---

① 赵永华:《中亚转型国家的新闻体制与媒介发展》，中国书籍出版社2013年版，第182页。

② 同上书，第181页。

2. 私营电视台

作为第一家私营电视台，1993 年开播的索莫尼电视台以青年群体为主要受众目标，节目信号覆盖首都杜尚别。1993 年至 1997 年，塔吉克斯坦的私营电视台发展缓慢，但 1997 年塔吉克斯坦政府与反政府武装签署和平协议之后，私营电视台数量开始大幅增长，全国各主要城市都出现了私营电视台。2003 年，塔吉克斯坦私营电视台的数量一度达到了 20 多家，其中有 18 家是地方性电视台。影响较大的电视台包括位于杜尚别的首都电视台、索格特州的 CM-1 电视台和亚洲电视台、哈特隆州的库利亚布电视台、彭吉特市的形象电视台、卡尼巴达姆地区的杏花电视台。①

三、播出渠道与付费电视业

塔吉克斯坦最主要的电视播出渠道是卫星电视和模拟地面电视，两者的用户份额分别为 41% 和 37%。模拟有线电视和数字地面电视的用户份额相对较小，分别为 14% 和 8%。根据预测，2022 年塔吉克斯坦最主要的电视收视方式首先为地面数字电视，用户份额预计达到 45%；其次是卫星电视，用户份额约为 39%；有线电视位居第三，用户份额约为 16%。

塔吉克斯坦的付费电视业尚处于基本阶段，仅有部分模拟有线电视用户为付费电视订户，用户总数和营业收入规模相对较小。塔吉克斯坦全国共有 5 家有线电视公司，其中首都杜尚别的有线电视系统中播出 50 多个电视频道。

① 赵永华：《中亚转型国家的新闻体制与媒介发展》，中国书籍出版社 2013 年版，第 16、129 页。

第五节　土库曼斯坦

土库曼斯坦（Turkmenistan）是一个中亚国家，国民生产总值约为407.6亿美元（世界银行，2018），人口总数约为552.8万（2020），人口年龄中位数是29.2岁。土库曼语为官方语言，俄语为通用语。土库曼斯坦电视业整体相对封闭，电视技术、节目制作与产业发展在亚洲相对落后。

一、概述

土库曼斯坦电视机的普及率不高，拥有电视机的家庭（以下简称电视家庭）总数为83.3万，最主要的电视接收渠道为模拟地面电视和模拟有线电视；两者的用户总数分别为41.1万户和40.2万户。土库曼斯坦电视业在法律规制和媒介监管方面较为严格，电视体制为国有国营。在数字化方面，土库曼斯坦在2011年启动模拟转数字进程，但推进速度极为缓慢，到2017年底仍没有取得明显进展。

2015年以前，土库曼斯坦实施相对宽松的“天空开放”政策，允许民众自行安装卫星天线，接收境外电视节目。当时，俄罗斯和土耳其的电视频道在土耳其具有较大的影响力。2015年4月，土库曼斯坦开始实施“天空封锁”政策，禁止民众自行安装卫星天线，包括俄罗斯和土耳其在内的境外卫星频道顿时失去了市场。

二、电视频道与媒体机构

土库曼斯坦的电视业肇始于1958年。电视是土库曼斯坦最重要的媒体形态，也是信息传播的主要渠道。目前，土库曼斯坦主要有几家国有电视台。此前，土库曼斯坦通过俄罗斯Yamal-401卫星转播这些公共电视台的信号，以有效覆盖全国电视家庭。2015 年 4 月，土库曼斯坦发射了自己的卫星 MonacoSat，该卫星共有 26 个转发器，其中 12 个用于电视信号传输覆盖。2017 年 3 月，土库曼斯坦政府决定停止使用俄罗斯卫星，转而使用土库曼斯坦自有卫星。

土库曼斯坦国家电视台建立于 1958 年，隶属于公家广播电视公司。此前，该台拥有三个主要的全国性频道（TMT-1、TMT-2、TMT-3），播放土库曼语节目。2004 年底，该台开播了第四频道（TV-4），这是一个卫星频道，主要播出新闻和音乐节目，以土库曼语、英语、阿拉伯语、汉语、俄语、法语和波斯语播出。2009 年，该台开播了土库曼之声频道（Turkmen Ovazy），节目以音乐为主。

土库曼新时代电视台（Epoch of Turkmenbashi）创办于 2000 年 8 月，是由土库曼斯坦总统亲自创建的。该台以总统为重点报道对象，每天进行数小时的报道。[①]

三、播出渠道与付费电视业

土库曼斯坦的电视播出渠道相对单一，付费电视运营业处于高度欠发达状态。土库曼斯坦最主要的电视播出渠道是模拟地面电视和模拟有线电视，两者在电视家庭中所占比例分别为 49% 和 48%，免费卫星电视是该国第三种收视渠道，但在电视家庭中所占份额仅为 3%。该国还没有 IPTV，数字地面电视业没有发展起来。根据预测，土库曼斯坦在 2022 年的主要电视播出渠道仍为模拟地面定时和有线电视，两者在电视家庭中所占份额分别为 51% 和 47%，另外免费卫星电视所占份额为 2%。

① 赵永华：《中亚转型国家的新闻体制与媒介发展》，中国书籍出版社 2013 年版，第 240 页。

第六节　乌兹别克斯坦

乌兹别克斯坦（Uzbekistan）是一个中亚国家，国民生产总值约为505亿美元（世界银行，2018），人口总数约为3056.5万（2020），人口年龄中位数是30.1岁。乌兹别克语为官方语言，俄语为通用语言。乌兹别克斯坦电视机的普及率不高，拥有电视机的家庭总数为487.9万，最主要的电视接收渠道为地面电视，其中数字地面电视和模拟地面电视的用户总数分别为278.1万户和126.7万户。电视是乌兹别克斯坦最受欢迎的媒体形式。

一、概述

乌兹别克斯坦电视体制具有浓厚的苏联色彩。在苏联时期，位于俄罗斯苏维埃联邦社会主义共和国的中央电视台在节目制作和报道国家大事方面占据核心地位。各加盟共和国的电视台要与中央电视台的口径和基调保持一致，并且遵从苏联的意识形态。电视媒体是苏联宣传体系的主要工具，这些功能在乌兹别克斯坦独立后并没有退化。[①]

在数字化方面，乌兹别克斯坦在2008年启动模拟转数字进程，在塔什干和布哈拉进行数字地面电视试验播出。到2016年底，数字电视信号已经覆盖全国88%的家庭。

就新兴媒体发展而言，2019年乌兹别克斯坦的互联网用户总数约为2000万。乌兹别克斯坦碧莱集团（Beeline）的互联网规模位居该国第一，用户总数为900万。2019年4月，该公司在乌兹别克斯坦推出了该国第一个网络电视平台“碧莱电视”（Beeline TV）。[②]

---

① 赵永华：《中亚转型国家的新闻体制与媒介发展》，中国书籍出版社2013年版，第227页。

② www.broadbandtvnews.com/2019/04/23/ott-tv-debuts-in-uzbekistan.

乌兹别克斯坦电视业在法律规制和媒介监管方面较为严格，电视体制采用公私并存的发展模式。乌兹别克斯坦媒体领域的《基本法令》在1991年7月14日生效，后续又出台了几个法令条款对其进行补充，其中包括确定媒体注册规则的244号法令。[①]2007年1月，《乌兹别克斯坦共和国大众传媒法》生效。乌兹别克斯坦没有广播电视领域的特定法律，现有《哈萨克斯坦共和国广播电视节目广播电视及普及规程》《关于哈萨克斯坦共和国有线电视的临时规定》两部法规。

乌兹别克斯坦对于大众传媒领域的审查、管理和监管政策特别严格。影视节目必须经过乌兹别克斯坦国家广播电视总公司和国家信息通讯委员会下设的监管中心统一审查，在得到许可证后才能播出。涉及外国电视节目引进时，外国相关机构必须首先向乌克兰外交部新闻司提出书面申请，在得到允许后方能与乌兹别克斯坦国家广播总公司洽谈具体业务。

二、媒体机构与电视频道

乌兹别克斯坦共有12个全国性电视台和13家地方电视台，影响较大的全国性电视台主要有三家：乌兹别克斯坦电视广播公司（The National TV and Radio Company of Uzbekistan）、NTT电视台和玛卡兹电视台（Markaz）。其中，NTT电视台隶属于全国电子媒体协会（National Association of Electronic Media）。乌兹别克斯坦电视台大多以乌兹别克语播出，少数时段和节目以俄语播出。乌兹别克斯坦电视业具有一定的商业化属性，电视广告收入在整个媒体领域广告收入中所占份额保持在一般左右，2009年时为54.4%，随后一路下跌，2013年时降至50.1%，到2016年减少到46.7%。但乌兹别克斯坦电视广告的整体规模并不大，2016年电视广告营业收入仅为3150万美元。

1. 国有电视台

乌兹别克斯坦主要的国有电视台是国家电视广播公司（The National TV and Radio Company of Uzbekistan，HTPK），它是国有公司。该公司成立于1956

① 赵永华：《中亚转型国家的新闻体制与媒介发展》，中国书籍出版社2013年版，第221页。

年，最初是乌兹别克斯坦广播电视委员会，1992年成立公司，1999年成为集团公司。国家电视广播公司旗下有乌兹别克斯坦频道（O'zbekiston）、青年频道（Yoshlar）、塔什干频道（Toshkent）、体育频道（Sport）四个频道，并经营着乌兹别克斯坦电影电视公司和国家广播电视中心。在乌兹别克斯坦刚刚宣布独立时，乌兹别克斯坦国家电视广播公司的节目主要依靠俄罗斯，四个频道都通过卫星录制境外节目并加以编辑、添加字幕等，然后播出，扮演着“再传播”的角色。现在，乌兹别克斯坦频道是国家电视广播公司的主要频道，节目包括政治活动、公众人物和政府领导人演讲、公共事件报道等，政治色彩较浓，以乌兹别克语播出。青年频道以年轻观众为目标，节目包括娱乐节目和时事报道、访谈类节目等，信号覆盖全国一半的国土，以乌兹别克语和俄语播出。塔什干频道主要播出生活和娱乐类节目。体育频道是一个体育专业频道。[①]

2013年1月，国家电视广播公司新开播了两个频道，即“Madaniyat va ma'rifat”和“Dunyo bo'ylab”。“Madaniyat va ma'rifat”的节目内容主要是文化和新闻，科技和教育节目也是该频道的重要内容。“Dunyo bo'ylab”以青年、历史、地理和社会发展等作为主要的节目内容。该频道力求成为展现中亚人民生活的重要窗口，并助力乌兹别克斯坦旅游业的发展。这两个频道都从乌兹别克斯坦国家电视广播公司媒体中心新建成的演播室中播出。

2. 私营电视台

乌兹别克斯坦的私营电视台主要覆盖各州市。各州市主要私营电视台包括安集延市的MTRK电视台、费尔干纳州的Bagdad电视台、费尔干纳州的谈话电视台（Muloqot）、塔什干地区的Bekabad电视台、苏尔汉河州的联系电视台（Aloqa-AK）、撒马尔罕市的撒马尔罕电视台（Samarkand TV）。[②]

3. 境外电视频道和节目

乌兹别克斯坦在境外电视频道播出方面适度放开，包括俄罗斯公共电视台在内的俄罗斯电视频道在乌兹别克斯坦许多地方电视台播出。俄罗斯公共电视台的

① 赵永华:《中亚转型国家的新闻体制与媒介发展》，中国书籍出版社2013年版，第213、214页。

② 同上书，第215页。

节目覆盖乌兹别克斯坦全境，而且比当地受政府控制的电视台更受欢迎。①

乌兹别克斯坦主要首先是从俄罗斯引进影视剧，其次是从韩国、欧美和印度引进节目。

三、播出渠道与付费电视业

乌兹别克斯坦最主要的电视播出渠道是地面电视，在模拟转数字进程顺利推进之后，数字地面电视成为该国最主要的电视播出渠道，数字地面电视用户在全国电视家庭中所占份额高达 57%，并成为中亚地区唯一一个拥有付费数字地面电视业务的国家。除了数字地面电视，乌兹别克斯坦的模拟地面电视在用户规模上位居第二，用户份额为 26%。有线电视和卫星电视是另外两种播出渠道，用户份额分别是 12% 和 5%。根据预测，数字地面电视到 2022 年将成为乌兹别克斯坦最主要的电视播出方式，数字地面电视用户在电视家庭中所占份额预计高达 82%。有线电视、卫星电视和 IPTV 的用户份额届时分别为 12%、5% 和 1%。

乌兹别克斯坦的 IPTV 尚处于起步阶段，乌兹别克斯坦电信公司（Uzbektelecom）是该国唯一运营 IPTV 业务的公司，2016 年底时的订户总数仅为 1.3 万。

乌兹别克斯坦最大的有线电视公司是彩虹电视公司（Kamalak），该公司也运营卫星电视业务。该公司拥有 10 个俄罗斯电视频道和其他国际电视频道在乌兹别克斯坦的转播权。彩虹电视公司由乌兹别克斯坦与美国合资合营。②

① 同上书，第 223 页。

② 赵永华:《中亚转型国家的新闻体制与媒介发展》，中国书籍出版社 2013 年版，第 214 页。

主要参考文献

陈大斌、王玉成：《国际大众传播媒介简介》，青岛出版社 1993 年版。

陈接峰：《有用才王道：媒介融合时代的媒体生存法则》，科学出版社 2016 年版。

陈卫星主编《国际关系与全球传播》，北京广播学院出版社 2003 年版。

程曼丽：《海外华文传媒研究》，新华出版社 2001 年版。

崔亚娟：《数字化时代公共电视的发展研究——日本 NHK 的危机与变革》，北京大学出版社 2013 年版。

段连城：《对外传播学初探》，五洲传播出版社 2004 年版。

董旸：《韩剧攻略：当代韩国电视剧研究》，中国传媒大学出版社 2009 年版。

高伟、姜飞主编《全球传播生态发展报告（2019）》，社会科学文献出版社 2019 年版。

关世杰：《中国文化国际影响力调查研究》，北京大学出版社 2016 年版。

关世杰：《国际传播学》，北京大学出版社 2004 年版。

郭镇之：《全球化与文化间传播》，北京广播学院出版社 2004 年版。

何辉、刘朋等：《新媒体环境中国家形象的构建与传播》，外文出版社 2008 年版。

国家广播电影电视总局培训中心编著《南亚国家广播电视发展概况》，中国广播电视出版社 2010 年版。

韩瑞霞：《美国传播研究与文化研究的分野与融合》，中国大百科全书出版社 2014 年版。

胡翼青：《西方传播学术史手册》，北京大学出版社 2015 年版。

胡钰编著《新闻理论经典著作选读》，清华大学出版社 2016 年版。

姜飞主编《中国跨文化传播研究年刊 第 1 辑》，中国社会科学出版社 2016 年版。

姜加林、于运全主编：《构建现代国际传播体系》，外文出版社2011年版。

黎斌：《国际电视前沿聚焦》，中国传媒大学出版社2007年版。

李彬：《媒介话语：新闻与传播论稿》，新华出版社2005年版。

李黎丹：《发展中国家电视媒体全球化路径研究》，中国传媒大学出版社2012年版。

刘琛：《全球化背景下的亚洲电视传媒》，北京交通大学出版社2009年版。

马化腾等：《互联网+：国家战略行动路线图》，中信出版社2015年版。

明安香：《全球传播格局》，社会科学文献出版社2006年版。

刘习良主编：《中国电视史》，广播电视出版社2007年版。

施玉宇等编著《列国志 亚美尼亚》，社会科学文献出版社2010年版。

陶涵：《世界十国新闻史纲要》，文津出版社1989年版。

夏骏：《十字路口的中国电视》，清华大学出版社2006年版。

唐世鼎、黎斌：《世界电视台与传媒机构》，中国传媒大学出版社2005年版。

徐耀魁：《世界传媒概览》，重庆出版社2000年版。

杨华钢：《受众为王：数字时代的电视频道品牌营销战略》，中国广播电视出版社2007年版。

[新]袁舟：《媒体集团的经营与管理：新加坡报业控股的成功之道》，汕头大学出版社2003年版。

藏具林、卜伟才主编《中国广播电视“走出去”战略研究》，中国国际广播出版社2014年版。

赵晖：《中韩两国电视剧产业战略与策略研究》，中国电影出版社2012年版。

赵永华：《中亚转型国家的新闻体制与媒介发展》，中国书籍出版社2013年版。

赵振祥：《东南亚华文传媒研究》，世界知识出版社2007年版。

曾静平、杜振华编著：《中外新媒体产业》，北京邮电大学出版社2014年版。

张开：《全球传播学》，中国广播电视出版社2013年版。

张志：《数字时代的广播电视规制与媒介政策》，中央民族大学出版社2011年版。

张讴：《印度文化产业》，外语教学与研究出版社2007年版。

褚建勋：《中外传播政策》，科学出版社2009年版。

郑兴东：《受众心理与传媒引导》，新华出版社 1999 年版。

朱景和：《电视功过论》，中国广播电视出版社 2007 年版。

陈力丹、李林燕：《坎坷之路上的菲律宾新闻传播业》，《新闻界》2015 年第 9 期。

丁汉青：《NHK 的经营管理》，《青年记者》2005 年第 3 期。

龙一春：《20 世纪 90 年代后 NHK 发展战略的变化》，《现代传播》2006 年第 1 期。

李异平：《美国对菲律宾传媒回影响与控制》，《新闻大学》2000 年夏刊。

汤璇：《“一带一路”背景下中国媒体对外传播能力建设——基于〈马尼拉时报〉涉华报道的稿件来源分析》，《当代传播》2018 年第 1 期。

王辰瑶：《论印度电视体制的转型》，《国际新闻界》2005 年第 5 期。

赵永华：《穷媒体、无序民主与国家动荡——解析吉尔吉斯斯坦政变中的传媒之争》，《新闻与传播研究》2010 年第 4 期。

钟新、崔灿：《中国媒体全球化的正当性与竞争力——对话国际传播知名学者达雅·屠苏》，《对外传播》2019 年 6 月刊。

周树春：《自觉把握新时代国际传播的特征规律》，《对外传播》2019 年 12 月刊。

［美］埃弗里特·E. 丹尼斯、约翰·C. 梅里尔：《媒介争论：数字时代的 20 个争议话题》，王春枝译，中国人民大学出版社 2019 年版。

［美］艾伦·B. 艾尔巴兰：《传媒经济》，兰培译，东北财经大学出版社 2016 年版。

［法］巴尔比耶、拉维尼尔：《从狄德罗到因特网：法国传媒史》，施婉丽等译，上海人民出版社 2008 年版。

［英］保罗·布赖顿、丹尼斯·福伊：《新闻价值》，周黎明译，中国人民大学出版社 2014 年版。

［英］达雅·屠苏：《国际传播：延续与变革》，董关鹏主译，新华出版社 2004 年版。

［英］丹尼斯·麦奎尔：《麦奎尔大众传播理论》，崔保国、李琨译，清华大学出版社 2006 年版。

［法］迪布瓦：《好莱坞：电影与意识形态》，李丹丹、李昕辉译，商务印书

馆 2014 年版。

［美］罗伯特·福特纳:《国际传播——全球都市的历史、冲突及控制》，刘利群译，华夏出版社 2000 年版。

［加拿大］马修·弗雷泽:《软实力：美国电影、流行乐、电视和快餐的全球统治》，刘满贵等译，新华出版社 2006 年版。

［美］门罗·E. 普莱斯:《媒介与主权：全球信息革命及其对国家权力的挑战》，麻争旗等译，中国传媒大学出版社 2008 年版。

［美］詹姆斯·罗尔:《媒介、传播、文化——一个全球性的途径》，董洪川译，商务印书馆 2012 年版。

后　记

本书完稿时，新冠肺炎疫情仍在全球肆虐，疫情引发的国际舆论纷争则日渐激烈，颇有“树欲静而风不止”之势。当前，世界对中国的关注度以及中国媒体的能见度比以往任何时候都高，但西方主导的国际舆论舞台上仍然充满歧视和偏见，中国必然受到不同以往的围堵。中国发展到一定阶段，前进的阻力更大，遏制、打压和围堵来得更加激烈。[①]由此，中国的国际传播面临着更大压力，需要更大努力，我们这些国际传播领域的从业人员责无旁贷。

虽然本书算不上学术成果，但确实是我在国际传播理论研究和实践探索路途上的又一个印记。因为身处业界，我从未以自己的名义申请过任何学术课题（受邀参与过一些），在学术界也没有任何头衔或身份，属于无名之辈。对此，我安之悦之，这样才能随心而往、率性而为，在学术道路上自由驰骋、无拘无束。当然，我必须承认，自己非常幸运：我的专业学习和工作岗位一直聚焦于国际传播领域，多年未曾偏离。在职业发展的三个不同阶段，我还得以亲身经历国际传播专业的主要链条：在中央电视台中文国际频道的八年，我深入了解了国际传播的内容制作与播出；在广电总局国际合作司的四年，我得以从宏观层面掌握国际传播的顶层设计、媒介监管、政策制定等方面的知识；在中央电视台海外传播中心（中央广播电视总台国际传播规划局）的这几年，我得以系统了解国际传播的渠道、运营、商务、法律等业务。虽不敢说是“厚积薄发”，但也确实积累了丰富的资料数据和心得体会。

相比专业和工作方向的始终如一，我更为庆幸的是身处国际传播蓬勃发展的时代，国际传播理论研究和实践都拥有前所未有的发展空间。另外，我们也肩负

① 周树春：《自觉把握新时代国际传播的特征规律》，《对外传播》2019 年 12 月刊，第 4 页。

新时代国际传播的历史使命与责任，包括应对中国在崛起过程中面临的各种国际舆论挑战和传播困境等。这就更要求中国的国际传播探索一条符合中国国情和国际特点的道路，在理论和实践上都要大力进行创新突破，构建出更具指导性、引领性、实用性的路径和范式。

正是这些年的理论与实践、宏观与微观、内容与渠道，成就了这本书，也成全了我的学术追求。本书的写作前后经历了十年，逐步丰富和完善数据资料，渐进修正理论视角和研究方法。国际传播流程复杂，涉及专业领域非常多，包括电视业务、国际传播、国际商务、市场营销、法律、公关等。无论是国际传播实务还是理论研究，其实都非常具有挑战性，需要复合型知识结构和业务素养。也正是认识到这一点，在写作本书过程中，我始终战战兢兢。

完成一本书时，我总必须在后记中写下致歉和感谢的话，无关礼节，唯表心迹。首先要感谢家母给予我天高地阔般的慈爱，让我深刻感受到人生温情、人世温暖。家父去世后，我倍加珍惜和感激母亲的守护，但内心的愧疚也在与日俱增。在日本电影《记我的母亲》中，男主人公伊上洪作在父亲去世后感慨道："父亲去世以来，我在某些瞬间察觉到自己和父亲相像的部分……自己与死亡之间突然毫无阻隔，觉得接下来就要轮到自己。然而母亲还健在。死亡之海的一半，因为母亲而被遮住了。死亡与我之间的隔阂，真正消除之日便是母亲不在之时。"伊上洪作的独白蕴藏深情、富含哲理、感人至深，我也感同身受。

我要感谢唐润华先生，相知多年，亦师亦友，在学术道路上给予我这位晚辈无私关爱和鼎力提携。本书得以出版，也正是得益于他所领衔的国家社科基金重大项目"一带一路背景下中国价值观的国际传播研究"（项目批准号：17ZDA285）。另外，我要诚挚感谢亲朋、师友和同事们的关心和支持，以及包容、理解和鼓励。我要感谢中国戏剧出版社的郭峰老师，非常专业、敬业，在编辑本书过程中付出了大量心血，为本书添光增色。

无论工作还是学习，坚持方能长久，用心才得长进。于我而言，天资禀赋平平，唯有勤能补拙。本书虽酝酿数年，但仍有诸多不足甚至谬误。希望读者理解，更希望读者能多加指正。

李宇

2020 年 5 月于北京金台夕照